Great Lives ⑦
위대한 생애

맥아더 회고록 Ⅰ

반광식 / 옮김

일신서적출판사

머 리 말

　이 회고록은 역사도 아니고 자서전도 아니며, 또 일기도 아니지만 그 전부를 조금씩 겸하고 있다.
　여기에 쓴 것은 내가 직접 관계한 사건에 대한 완전한 설명은 아니고, 여러 가지 일에 대한 나의 개인적인 회상에 지나지 않는다. 다만 그 회상은 나의 메모를 정리하고, 또 나의 지휘와 감독하에서 막료들이 작성한 조사보고나 역사적 기록을 충분히 검토함으로써 신선한 작품이 되었다.
　이 기록은 장차 역사가가 전쟁이라는 상황에서 나타난 여러 가지 행위에 대하여 동기와 이유를 알고자 했을 때 도움이 될지도 모른다. 또 젊은 세대가 이 기록에 약간이나마 흥미를 가져서 자국의 정부는 필요하다면 국민을 위해서 싸우고 또 국민을 위해서 죽을만한 값어치가 있는 것을 배워주었으면 하고 희망한다.
　이 회고록을 쓰는데 있어서 가장 어려웠던 것은 어떻게 하면 수많은 중요한 사건에서 내가 수행한 역할을 설명하고, 더구나 내가 한 일을 부당하지 않게 쓸 수 있는가 하는 점이었다.
　이 기록은 미국이 경험해온 국가의 생존과 인간의 자유와 정치적 평등을 위한 위대한 싸움에서 내가 맡았던 역할, 그리고 나의 전생애에 대해서 나 자신이 직접 펜으로 쓴 것이다. 나는 거기에서 문학적 가치 따위는 조금도 기대하지 않는다. 내가 이것을 쓴 동기는 저술가가 책을 내는 동기와는 다르다. 내가 독자의 눈을 조금이라도 끌 수 있다고 생각한다면 그것은 이 기록에서 다루어진 문제의 내용에 관한 부분이다. 이 기록의 여러 가지 사실은 기록에 의해서 증명되고 있다. 비평은

나 자신의 것으로서, 여기에서 다루어진 문제에 대하여 다른 사람들이 같은 견해를 가지고 있는지의 여부는 상관없이 나 자신이 그것을 어떻게 보고 있는가를 나타내는 것이다.

  나는 이 기록을 지금까지 미국이 싸웠던 여러 번의 큰 전쟁에 참가했던 몇백만의 장병들과 헌신적인 여성들에게 삼가 바치고, 나의 아내와 아들에게 유산으로 남길까 한다.

                                                    더글러스 맥아더

차 례

제 1 장 소년시절 ─────────────── 6
  1. 신세계와 조부 …… 6
  2. 남북전쟁과 아버지 …… 9
  3. 변경의 요새 …… 17
  4. 지식욕 …… 24
  5. 필리핀의 반란 …… 31

제 2 장 군 복 ─────────────── 39
  1. 육사(陸士) 생활 …… 39
  2. 필리핀의 매력 …… 45
  3. 국내 근무 …… 53
  4. 멕시코 정찰 …… 60

제 3 장 제 1 차 세계대전 ─────────── 69
  1. 무지개 사단의 탄생 …… 69
  2. 프랑스로 …… 75
  3. 단테의 지옥 …… 82
  4. 제 84 보병여단 …… 90
  5. 공허한 종막 …… 99

제 4 장 전후시대의 변혁 ────────── 108
  1. 웨스트포인트의 개혁 …… 108
  2. 두 가지 사건 …… 117
  3. 퍼지는 암운(暗雲) …… 124

4. 〈보너스 행진〉 사건 …… 134
　　5. 달라지는 군사 사상 …… 140
　　6. 필리핀과 함께 …… 148
　　7. 앞으로의 전쟁의 성격 …… 154
　　8. 전쟁 전야 …… 160

제 5 장　태평양　전쟁 Ⅰ ──────── 168
　　1. 개전(開戰) …… 168
　　2. 퇴각(退却) …… 174
　　3. 코레히돌의 싸움 …… 186
　　4. 케손의 분노 …… 200
　　5. 탈　출 …… 206
　　6. 나는 돌아간다 …… 215
　　7. 반격 계획 …… 220

제 6 장　태평양　전쟁 Ⅱ ──────── 228
　　1. 파푸아의 싸움 …… 228
　　2. 1943년의 전략 …… 250
　　3. 라바울의 고립 …… 265
　　4. 전선의 배후에서 …… 276
　　5. 서쪽으로의 진격 …… 283
　　6. 제 18 군의 괴멸(壞滅) …… 294
　　7. 새 전략 …… 302
　　8. 게릴라 활동 …… 315

제 1 장 소년시절

1. 신세계와 조부

맥아더 가문은 스코틀랜드 출신으로, 절대적인 세력을 가진 아가일 가문과 함께 오랜 전통을 자랑하던 위대한 캠벨 가문의 혈통을 이어 받았다.

7세기 전에 캠벨 가문은 크게 둘로 갈라졌다. 그 하나가 매카테어(맥아더의 게일어 이름)의 우두머리가 되는 권리를 계승하여 실제적으로 씨족을 지배하고 있었다. 매카테어 가문의 이 지위는 15세기의 제임스 1세 시대까지 계속되었다. 그러나 그 후 정쟁(政爭)에 희생되어 사형을 당하고 영지는 몰수되었다. 살아남은 사람들은 글래스고에서 멀지 않은 로흐오에 정착했다.

미국의 건국 초기에 맥아더 가문에서 몇 사람인가가 이 인류의 평등과 인민에 의한, 인민을 위한 정치를 동경해서 이주해왔는데, 나의 직계 가족이 미국에 온 것은 나폴레옹이 워털루 싸움(1815년 6월 18일)에서 참패한 얼마 후의 일이었다.

65년 후에 태어난 나의 생일과 날짜가 같은 1815년 1월 26일에 글래스고에서 태어난 한 젊은이가 오랜 스코틀랜드의 씨족정신과 위대한 신세계에의 동경에 불타서 미망인인 모친과 함께 초기의 증기선으로 미국에 왔다. 그 이름은 아서 맥아더였다. 양친 모두 맥아더의 성을 가진 집안 출신으로 아버지는 아서 맥아더, 어머니는 결혼 전부터 사라 맥아더였다. 그 이래로 어느 세대에나 아서 맥아더가 반드시 있다.

아서 청년과 모친은 매사추세츠 주 치코피 폴즈에 정착했다. 아서는 아마스트, 웨슬리안 등 두 대학에 다니고, 뉴욕에서 법률을 공부하여 1840년에 변호사가 되었다. 그러나 인디언과의 싸움이 잦은 시대였으므로 아서는 용맹한 씨족의 일원답게 매사추세츠 주의 민병대에 참가했다. 그리고 대위가 되고 주의 서부군관구(西部軍管區) 법무관이 되었다.

이어서 아서는 오릴리아 벨쳐와 결혼하여 1845년 6월 2일에 나의 아버지가 태어났다. 이때는 서부로 가는 개척자들로 대륙 횡단의 길은 몹시 붐비고 있었다.

당시 35세인 젊은 군법무관 아서 맥아더도 아내와 네 살이 된 아들을 데리고 광대한 그레이트 레이크스 지방의 개척자의 무리에 끼었다. 이곳이야말로 웅대한 경관과 더불어 지평선 저쪽에는 기회가 기다리고 있다고 하는 지역, 한없는 야심을 드러낸, 활력이 넘치는 공간이던 것이다.

2년 후에 동부에서 온 젊은 법무관은 밀워키 시의 검사가 되었고, 그 2년 후에 차남 프랭크가 태어났다. 이어서 1855년에 민주당원으로서 출마하여 위스콘신 주의 부지사로 선출되었다.

1857년, 아서 맥아더는 위스콘신 주에서 가장 중요한 제2 순회재판소의 판사로 선출되었다. "맥아더 판사는 인격이 고결하고 판결은 공정하고도 신념이 가득 찼으며, 거동에 흠잡을 곳이 없어서 6년의 임기가 만료됨과 동시에 거의 이의없이 재선되었다."라고 기록되어 있다.

그레이트 레이크스 전역에 퍼진 맥아더 판사의 명성은 워싱턴까지 퍼져 링컨 대통령도 그를 몹시 존경하였다. 그랜트 장군이 남북전쟁의 승리 덕분에 백악관의 주인이 되었을 때 맥아더 판사도 워싱턴으로 불리어가서 컬럼비아 특별지구(수도 워싱턴의 행정상의 명칭) 최고재판소의 배석판사가 되었다.

이윽고 맥아더 판사의 이름은 전국으로 퍼졌고, 형사사건에서의 판사의 현명한 판결은 당시 전국의 법조계에서 화제가 되었다. 인정에 박한 검사들은 "맥아더 판사의 온순한 성격과 인정 많은 기질은 판결에까지 영향을 미쳐서 엄한 판결을 전혀 내리지 못한다."라고 불평했지만 판사 자신은 확고하게 믿는 바가 있었다.

맥아더 판사는 범죄를 과학적으로 처리할 것을 필생의 염원으로 삼고 있었던 것이다. 그는 미국의 재판 수속에 혁명적인 변화를 일으킨 범죄학자나 행형학자(行刑學者) 중에서도 가장 초기의 그룹에 속한다. 그가 내린 판결은 일관해서 천성적인 정의감과 인간성에의 깊은 이해를 기저로 하고 있었다. 다만 기록에 의하면 의식적인 범행으로 법을 명백하게 무시하고 있다는 증거가 있는 경우에는 판사의 판결은 역시 준엄했던 모양이다.

워싱턴의 역사에서도 보기 드물게 강하지만 부드러운 성격의 소유자였던 맥아더 판사는 18년간 이 '새로운 유형의 재판'을 계속하고 1888년 클리블랜드 대통령 시절에 퇴임했다.

이 맥아더 가문의 가장은 현명하고 꾸밈없는 위트의 소유자였다. 가정에서는 언제나 지도적인 정치가나 외교관들에 둘러싸여 있었는데, 충고를 구하러 문을 두드리는 일반 사람들도 결코 박대하지 않았다. 박애적인 사업이나 교육적인 운동에도 힘을 쏟아서 국립대학 평의원회 의장 겸 명예총재가 된 외에도 워싱턴 동물애호협회의 회장으로서 '말 못하는 동물들에게까지 정의를 알리는 운동'에 여생을 바쳤고 또 컬럼비아 특별지구 미국 구제협회의 회장으로서 동포의 빈곤이나 질병과 싸우는 일에 전력했다. 그리고 그는 《스코틀랜드 여왕 마리 스튜워트의 역사적 연구》, 《제인 그레이 사(史)》, 《영어 발전사》, 《수공업에 관한 교육》, 《잡화수필(雜話隨筆)과 소고(小考)》, 《비지니스를 위한 법률에 관한 강의》 등의 책을 남겼다.

맥아더 옹은 1896년 8월 24일 애틀랜틱 시티의 판자를 깐 보도(步道)에서 밀려오는 해변의 파도를 바라보면서 숨을 거두었다.

차남인 프랭크는 1876년에 하버드 대학을 나오고, 1890년에 변호사가 되어 뉴욕에서 순조롭게 활동하다가 그 해 12월 1일에 갑자기 죽었다.

나는 조부에 대하여 여러 가지 일을 기억하고 있다. 조부는 정말 끊임없는 정력의 소유자였고, 동시에 누구라도 끌어들이는 개성적인 매력을 지닌 분이셨다.

직업적으로나 사회적으로도, 그리고 지적으로도 조부의 관심은 참으로 폭이 넓고 어떤 문제, 어떤 인물에게도 흥미를 갖는 넓은 마음을 지니고 있었다. 몸집이 크고 풍채가 좋은 사람으로 성품이 다정해서 평소의 거동에도 정말 호감이 갔다. 정신적으로나 육체적으로 조부는 전혀 늙는 것 같지가 않았다.

2. 남북전쟁과 아버지

남북전쟁이 일어났을 때, 나의 아버지 아서 맥아더는 16세였다. 아버지는 소년시절을 밀워키에서 지내면서 아직 통나무집 시절의 키 크고 마른 나뭇꾼 에이브라함 링컨을 '커다란 이상'으로 삼고 있었다. 링컨이 대통령 선거전에 나섰을 때 아버지는 크게 흥분해서 횃불 행렬이 밀워키의 거리를 누비는 광경에 눈을 반짝거렸고, 링컨 대 더글러스의 논쟁 얘기에도 열심히 귀를 기울였다고 한다.

아버지는 대단한 독서가여서 많은 지식을 흡수했고 공립학교에서의 성적도 매우 좋았는데, '남부는 탈퇴하다.' '샘터 요새 공격받다.' '링컨, 구국의 지원병을 모집' 같은 뉴스가 퍼지자 가만히 있지 못했다.

"아버지, 나 지원병으로 나가겠어요." 하고 아버지는 청했다.

"아직 안 돼. 일 년간 군대 학교에 넣어주지. 그 다음은 하나님의 가호를 빌어주겠다."는 것이 할아버지의 대답이었다.

아버지는 이렇게 해서 1년간 고향에서 가까운 일리노이 주에 있는 사관학교에 들어갔는데, 여기에서 아버지는 전술과 전략에 선천적인 이해력을 발휘하여 크게 감탄한 교관들로부터 미국 육군사관학교에 들어가라는 권유를 받았다. 1862년 5월의 어느 날 아버지는 위스콘신 주지사로부터 대통령에게 보내는 소개장을 들고 밀워키에서 워싱턴까지의 긴 여행을 떠났다. 워싱턴에 도착한 아버지는 두리틀 상원의원을 따라서 링컨 대통령을 찾아갔다.

조부를 매우 존경하고 있던 대통령은 아직 어린 아버지의 어깨에 손을 얹고 격려해주었다. 그 해 6월에는 웨스트포인트에 대통령의 명령으로 입교할 수 있는 여분의 자리는 없지만 다음 해에는 한 자리 있다고 위로해주었다. 그리고 자신에게도 전쟁에 몹시 나가고 싶어하는 아들이 한 명 있다는 얘기를 했다.

하지만 젊은 아서는 기다릴 수 없었다. 아마 전장의 북소리와 오랜 씨족에게 전해져온 격려의 소리가 귀에 울려퍼지고 있었던 것이리라. 1862년 8월 4일, 아직 소년병 같은 아버지는 밀워키의 연대인 제24 위스콘신 보병연대 중위의 부관으로 진군 대열에 참가하여 수많은 전쟁터에서 피비린내나는 영광의 기록을 남기는 운명의 발을 내딛었다.

그런 영광의 기회가 1862년 10월 8일에 켄터키 주의 한가운데인 페리빌에서 먼저 찾아왔다. 연대는 오하이오 군 제3군단 제11사단에 속했고, 사단장은 셰리단 장군이었는데 병사들은 경험도 없고 훈련도 변변히 받지 못했었다.

사단은 남군의 맹렬한 공격을 받았는데, 미숙한 병력으로 용케도 견디어 결국 격퇴시켰다. 그때 연대의 '소년 부관'은 눈부신 활약을 했다. 중위는 용감한 행동을 칭송하는 표창장과 대위로의 명예 진급의 발령을 받았다. 당시는 의회의 명예훈장 이외에는 훈장이 없었고 명예 진급 발령이 나는 것이 관습이었다. 이것은 또한 아서 맥아더가 셰리단 장군의 신망을 얻는 시초이기도 했다.

페리빌의 전투 후, 사단은 내슈빌 근처의 밀 크리크에서 야영생활에 들어갔다. 북군이 재편성되어서 셰리단의 사단은 제14군단 제3사단이 되었다. 군사령관은 로즈크란 장군, 군단장은 맥쿠크 장군, 제24 위스콘신 연대가 배속된 제1여단의 지휘관은 실 장군이었다.

병력의 충분한 훈련없이는 전쟁에 이길 수 없다는 것을 셰리단 장군은 잘 알고 있었다. 이것은 역사가 시작된 이래로 직업적인 군인이 이런 사실을 언제나 정부에게 알리기 위해 애써온 일이다. 훈련이 있으면 성공하고 없으면 파국이 찾아온다. 좀 과장된 표현이기는 하지만 "전투에서의 승리는 전장에서가 아니라 훈련장에서 얻어진다."라고 말하기도 한다.

셰리단 자신도 다음과 같은 얘기를 했다.

"밀 크리크의 야영 중에는 시시각각으로 다가오는 징조를 보이고 있던 폭풍우에 대비해서 전원이 쉬지 않고 움직였다. 야영지는 병사 훈련 학교가 되어 연습, 행진, 정찰, 물자 조달 활동, 보초와 위병 등의 훈련이 행해지고, 또 각 여단의 야영지를 자주 바꾸어서 유사시에는 사단이 신속하게 야영지를 떠나서 움직일 수 있도록 훈련했다.

그 점에서는 조달 활동이 특히 도움이 되었으므로 병사들은 며칠씩 나가 있을 때라도 텐트나 배낭은 갖지 않고 단지 담요 한 장에 무기와 탄약과 휴대식량만 갖고 떠나서 필요하다면 약간의 물건만 몸에 지니고 행동할 수 있는 훈련을 쌓도록 했다. 포장마차의 수도 최소한으로 줄여서 여분의 차량은 전부 반환하고 장교의 휴대품도 극도로 제한함으로써 만사가 간편하게 되었다."

이 면밀한 훈련은 크리스마스때부터 새해에 걸쳐 테네시 주에서 벌어진, 북군은 머프리즈보로의 싸움이라고 부르고 남군은 스톤 강(江)의 싸움이라고 부른 격전에서 멋지게 활용되었다. 셰리단의 사단은 북군의 우익을 맡고 그 사단의 오른쪽 끝을 실 장군 여단임 맡고 그 여단의 우익을 제24 위스콘신 보병연대가 담당했다.

전선은 소총사격용의 참호에 포병대를 배치한 고정된 진지였다. 남군은 북군을 측면에서 포위하여 단숨에 눌러버리려고 새벽에 전병력으로 측면 공격을 가했다. 이 전투는 남북전쟁을 통하여 가장 격렬한 것의 하나였다. 남군은 압도적으로 우세한 병력으로 북군의 우익을 포위하려고 했지만 셰리단의 사단은 같은 장소에서 계속 오른쪽으로 회전하면서 적의 공격을 막았다. 위스콘신 연대는 이 하루 사이에 14번이나 오른쪽으로 돌면서 전선을 옮겨서, 나중에는 기묘하게도 최초의 진지에서 반대 방향을 향해서 사격하는 태세가 되었다.

처참한 살육전 끝에 연대는 병력의 40퍼센트 가까이 잃고 실 장군은 전사했다. 장군은 현재 미 육군의 위대한 부대에 그 이름이 남아 있다. 위스콘신 연대의 기병 장교는 거의 다 총을 맞고 마지막에는 부관만이 살아남아서 연대의 사실상의 지휘관이 되었다. 맥아더 대위는 뛰어다니면서 중대들을 다시 편성하여 결사적으로 버티었다. 억센 셰리단은 대위의 귓가에서 "돌아라! 아서, 도는 거야. 펀치를 먹이면서 돌아라. 적에게 쫓기지 마라."라고 외치고 있었다.

연대는 결국 버티어냈다. 셰리단은 그날 밤 말을 달려 연대로 와서 포연으로 새까맣게 되고 군복은 탄환에 찢기고 땀투성이가 된 대위의 어깨를 두드리고, 제24연대가 최초의 위치에서 반대 방향을 향하고 있는 것을 보고는 싱긋 웃으면서 "아서, 잘했네. 한 발자국도 물러서지 않았군." 하고 말했다. 맥아더 부관은 다시 표창을 받고 이번에는 소령으로 명예진급을 했다. 그는 그 후에도 전쟁이 끝날 때까지 되풀이해서 표창과 명예진급을 해서 결국 가슴에 명예훈장과 몸에는 다섯 군데에 탄환 자국이 있는 '서부의 소년 대령'이 되었다.

머프리즈보로의 전투가 있은 얼마 뒤에 맥아더 부관은 티프스에 걸려서 치커모거의 격전에는 참가하지 못했다. 연대에도 부관의 부재는 타격이 되어서 격전 도중에 연대는 지리 멸렬하게 되어 큰 손실을 보았다. 그러나 부관은 곧 회복되어서 1863년 11월의 미셔너리 리지의 싸움에서는 연대에 복귀했다. 북군은 다시 편성되어서 이번에는 그랜트 장군이 총사령관이 되고, 셰리단의 부대는 캔벌랜드 군 제4군단의 제2사단이 되었다.

미셔너리 리지 전투가 있던 날 남군은 블래그 장군 지휘 하에 미셔너리 리지를 지키고 있었다. 리지의 기슭에 소총부대 제일선의 참호가 파여져 있고 그 배후에는 험한 비탈에 일련의 방어선이 준비되어 있었다. 이 비탈은 가파르고 울퉁불퉁해서 그냥 올라가기도 어려운 곳이었다. 땅에는 뾰족한 돌들이 날카롭게 솟아 있었고 작고 깊은 골짜기가 파여져 있으며, 얽힌 덩굴로 걸어가기도 쉽지 않았다.

셰리단은 리지 기슭의 소총부대 참호를 탈취하라는 명령을 받고 부대는 굉장한 소총과 대포의 사격에 엄호를 받으면서 숲속으로 돌진하여 백병전으로 적의 제일선을 빼앗았다. 그러나 셰리단의 부대는 비탈과 정상으로부터의 집중사격 속에 놓여서 위급한 상황에 빠졌다. 나아갈 것인가, 그렇지 않으면 물러설 것인가. 이때 실제로 어떤 명령이 내렸는지는 아무도 모르는 일이지만 갑자기 제24 위스콘신 연대의 기가 앞으로 나아가기 시작했다.

연대 깃발 아래는 기수인 중사와 호위인 하사가 두 사람, 그리고 부관이 나아가고 있었다. 이 일단은 한 걸음 한 걸음 전진해갔다. 적의 사격으로 먼저 기수가 쓰러졌다. 하사 한 사람이 쓰러지려는 기를 붙잡았지만, 걸음을 내딛기도 전에 총검에 찔려서 죽었다. 또 한 사람의 하사 머리가 포탄에 날아갔다. 그러나 부관이 기를 움켜쥐고 전진을 계속했다. 부관의 주위는 마치 남군의 군복인 회색 일색이었다.

체격이 건장한 남군 중사가 아주 가까운 거리에서 부관의 얼굴을 향해 총을 쏘아서 부관의 모자가 날아갔다. 이번에는 남군의 대령이 부관의 드러난 목을 향해서 칼로 내리쳤지만 그 순간 부관은 총을 맞아서 칼은 부관의 견장(肩章)을 찢었을 뿐이었다. 북군 부대는 전혀 움직이려는 기색을 보이지 않았다. 그때 싸움의 소음 속에서 귀에 익은 부관의 목소리가 울려퍼졌다.——"나가자, 위스콘신!"

북군은 일개 사단 전체가 한 몸이 되어 푸른 군복의 파도에 용기를 북돋우면서 함성과 함께 돌진해갔다. 부대는 고함을 지르면서 한 걸음 한 걸음 괴로운 전진을 계속했다. 병사들은 마치 태풍을 만났을 때처럼 머리를 숙이고 헐떡이고 있었다. 참호의 통나무 흉벽(胸壁)에 당도하기까지의 마지막 몇 미터가 마치 끝없이 먼 거리로 생각되었다.

병사들은 차례로 쓰러지고 전진이 둔해지기 시작했다. 전진이 주춤해진 것이다. 장교들도 쓰러져서 중사들이 지휘에 나섰다. 그때 선두에서 갑자기 기가 펄럭이면서 다시 쉰 목소리로 "나가자, 위스콘신!" 하는 고함이 들려왔다. 하늘을 등에 진 부관의 실루엣을 향해서 마치 남군의 탄환이 모조리 집중되고 있는 것처럼 보였다. 그러나 부관은 흉벽 위 연대가 전부 보이는 곳에 우뚝서서 기를 흔들고 있었다. 울퉁불퉁해진 사단의 푸른 선의 끝에서 끝까지 마치 상처입은 곰과 같은 처절한 함성이 울려퍼지면서 부대는 눈을 부릅뜨고 입술을 문 채 총검을 휘두르며 마지막 몇 걸음을 내달렸다. 북군은 드디어 미셔너리 리지를 점령했다.

완전히 지친 부관은 갑자기 쓰러져서 땅에 누워 토하기 시작했다. 병사들 사이에서 웅성거리는 소리가 들려왔다. 사단장이 온 것이다. 부관은 일어나려고 했지만 비틀거릴 뿐이었다. 피와 흙으로 범벅이 된 부관의 모습은 보기에도 처참했다. 모자는 없고 얼굴은 거의 알아볼 수도 없을 만큼 포연에 그을렸으며 군복은 갈가리 찢겨져 있었다. 부관은 경례를 하려고 했지만 신경이 끊어진 팔은 도중에 털썩 내려지고 말았다. 사단장은 말없이 부관을 바라보았다. 그리고 피와 흙으로 범벅이 된 부관을 두 팔로 안고 끓기는 낮은 목소리로 "이 사람을 돌봐줘라. 이제 막 명예훈장을 쟁취한 참이다." 하고 말했다. 연대의 선임대위 E. B. 버슨즈는 맥아더 판사에게 다음과 같은 편지를 보냈다. "아서는 훌륭했습니다. 두려울 것은 아무것도 없다는 모습이어서, 아서라면 정글의 호랑이떼와도 맞설 것입니다. 이제 연대의 영웅입니다. 아시는 바와 같이 장교의 결원은 현재 투표로 보충하는 제도입니다만, 아서는 전원 일치로 소령으로 진급했습니다."

대령도 중령도 없었으므로 맥아더 소령은 연대의 지휘를 맡았고, 전쟁이 끝날 때까지 그 지위에 있었다. 그 후 소령은 중령이 되고 대령이 되었는데 북군 전체에서 최연소 대령이었다. 싸움은 다시 리사카, 아데아즈 빌, 누 호프 처치, 키네소 산(山), 피치트리 크리크, 존스보로, 라브조이 역(駅), 그리고 애틀랜타와 프랭클린 부근에서의 내슈빌 방위의 대격전으로 계속되었다.

그랜트와 셔리단은 이미 동부로 떠나고 셔먼과 뉴턴이 후임으로 와 있었다. 애틀랜타에서의 기념할 만한 전투 도중에 셔먼 장군은 제24 위스콘신 연대의 젊은 대장에게 표창장을 주어서 그 통솔력과 용기를 칭찬했다. 존스보로 근처에서 재미있는 사건이 있었다. 제24연대는 전진의 선두에 나서서 전면만이 아니라 양측면도 노출되고 말았다. 그때 군단 사령부에서 막료가 한 사람 달려와서 "대령, 군단 사령관은 당신의 부대가 전멸할지도 모른다고 걱정하고 계십니다. 적이 다가왔을 때의 당신의 계획을 즉시 상세하게 보고하라는 지십니다." 하고 말했다.

그리고 이 막료는 아주 엄숙하게 지도를 펼치고는 수첩을 꺼내 들었다. 대령이 장황하게 기술적인 점을 얘기하고 결국에는 엉뚱한 진언을 해올 것으로 예상하고 있었음에 틀림없다. 그런데 대답은 단 한마디──"적이 공격해오면 결사적으로 싸우는 것이 나의 계획이다." 라는 것이었다. 막료는 놀랐고 기쁘기도 했다. 실제로 적은 공격해왔지만 격퇴당하고 전진은 계속되었다.

키네소 산의 무모한 북군의 공격에서는 뉴턴 사단의 제24 위스콘신을 포함한 11개 연대가 연대마다 사다리꼴로 늘어서서 그 험한 산봉우리를 공격했다. 그 전날 밤 이 명령을 받은 11명의 대령이 회의를 했는데, 모두가 이 공격은 자살행위라고 생각하고 있었다. 대령들은 각기 작별의 편지를 써놓았고 결국 전원이 다치고 쓰러졌다.

맥아더도 팔과 가슴을 맞고 죽은 것으로 생각되었는데, 마침 공격이 시작되었을 때 도착한 고향에서 온 한 묶음의 편지와 작은 성경책, 그리고 작별의 편지가 방벽이 되어서 탄환은 심장에서 조금 떨어진 곳으로 비껴갔다. 맥아더 대령의 시체를 운반하러 온 사병들은 대령이 갑자기 일어서서 터벅터벅 걷기 시작했을 때 기적이라고 생각했음에 틀림없다.

애틀랜타 점령 후 셔먼은 조지아의 싸움으로 향하고 나머지는 토머스가 남아서 지휘를 맡았다. 뉴턴은 부상해서 스탠리 장군이 대신하여 내슈빌의 싸움이 시작되었다. 링컨은 재선을 위한 운동이 한창이어서 병사들의 표를 모으기 위하여 지방 행정관들과 여기저기 전선의 야영지를 찾아다녔다. 맥아더도 연대를 모아서 투표소로 인솔해갔다.

그런데 대령이 놀란 것은 대령 자신에게는 투표 자격이 없다고 하는 것이었다. 대령은 아직 19세였기 때문이었다. 순간 연대 전체가 어처구니 없는 표정이었고 그 자리의 공기가 험악해졌다. 대령은 투표 자격을 따진다는 것은 뜻밖이라는 듯이 "대령이 투표를 할 수 없다면 연대의 누구도 투표할 수는 없다. 행정관은 야영지에서 나가주기 바란다."하고 말했다.

병사들은 일제히 환호성을 올리면서 지지했다. 행정관들은 진정시키려고 열심히 설득을 했지만 중사가 "이 나쁜 놈들을 끌어내라." 하고 소리쳤으므로 급히 도망쳐버렸다. 그래서 링컨은 아마 상당한 표를 잃었겠지만 결국 결과는 마찬가지였다. 그 후 젊은 대령은 프랭클린에서 남북전쟁 최후의 싸움에 참가했다. 당시 부관으로 있던 퍼슨즈 대위는 그때의 일을 다음과 같이 회상하고 있다.

"우리는 프랭클린으로의 야간행군에서 군의 후위부대를 맡고 있었다. 우리는 카터 하우스 근처에서 우리 편 전선의 최대 약점이었던 중앙 부분의 후방에 배치되었고, 대령과 나는 A중대의 장병들과 건빵과 커피뿐인 저녁식사를 하고 있었다. 새벽 네 시 경이었는데 남군의 테네시 병사로 구성된 치텀의 사단이 갑자기 맹렬한 기세로 내습해서 전선을 돌파하여 우리의 바로 앞에까지 다가왔다.

우물쭈물할 틈은 없었다. 간격을 메우지 않으면 전군이 위태로운 정세였던 것이다. 그때 대령이 말에 올라타서 "일어나라, 위스콘신!" 하며 소리치는 것이 보였다. 대형을 갖출 여유도 없이 우리는 무턱대고 급히 적에게 달려들어 결사적인 백병전을 벌였다. 대령이 칼을 휘두르면서 선두인 남군의 기를 향해서 말을 달리는 것이 보였다. 대령의 말은 맞아 쓰러지고 대령의 어깨에도 탄환이 맞았지만 남군의 기를 쓰러뜨리려고 도보로 싸우면서 전진했다.

그때 기를 들고 있던 남군의 소령이 대령의 가슴에 탄환을 맞혔다. 나는 대령이 죽었으리라고 생각했는데, 대령은 비틀거리면서 일어나서 상대의 몸에 칼을 찔렀다. 그러나 남군 소령은 쓰러지면서도 대령의 무릎에 탄환을 쏘아서 결국 대령을 움직이지 못하도록 해버렸다. 그 무렵에는 후위의 다른 연대도 진격해와서 우리는 적을 쫓아버렸다. 대령을 옮긴 카터 하우스에 가보니까 집의 현관에는 장군 네 사람의 시체가 놓여 있었다.”

스탠리 장군은 연대와 대령에게 보낸 표창장에서 다음과 같이 얘기했다.

“어느 특정한 부대 덕분에 위급한 처지에서 구원받았다고 할 수 있는 경우는 역사에서도 드물다. 그런데 프랭클린에서의 일은 거기에 해당하는 것으로서, 제24 위스콘신 연대는 상부로부터의 명령을 기다리지 않고 자발적으로 행동을 개시해서 적을 격퇴시키고 우리 전선을 재건했다. 이런 행동은 연대의 젊은 대령 아서 맥아더의 용감한 통솔에 의한 것이었다.”

맥아더 대령은 몇 개월 병상에 있다가 전쟁이 끝나기 전에 복귀해서 연대를 고향으로 데리고 돌아갔다.

남북전쟁이 끝나고 제24 위스콘신 연대는 젊은 대령의 인솔하에 밀워키의 거리를 군중의 환호를 받으면서 의기양양하게 행진했는데 많은 인파 속에서 흐느껴 우는 소리도 들려왔다. 연대는 장병의 3분의 2를 잃었던 것이다. 연대는 1865년 6월 10일에 해산되었고 아서 맥아더는 민간인이 되었다.

3. 변경의 요새

아버지는 1년간 법률 공부를 했지만 서부의 매력에 끌렸다. 1866년

2월 23일 아버지는 제17 정규보병연대의 소위로 임관되었다가 바로 중위로 진급했고 7월 28일에는 제36보병연대의 대위가 되었다.

그 후 7년간 아버지는 인디언을 남서부의 불모의 오지로 몰아넣고 서부의 개척지에 백인의 법과 질서를 심는 귀찮은 일을 했다. 그러나 장소는 훌륭한 신천지였다. 초원이 끝나는 지점의 이 개척지는 땅도 거칠고 태양과 정적 외에는 거의 아무것도 없는 고독의 세계였다. 땅에는 아직 괭이질을 한 일이 없고 철도도 없다. 연기를 뿜는 철마가 주위를 제압하여 들소떼를 쫓아버리는 일은 없으며, 광대한 평원을 철조망으로 분단하는 모습도 아직 나타나지 않았다.

이 머나먼 땅은 아직 말과 소몰이와 고지를 가는 고독한 방랑자와 먼지나는 목장의 울타리와 번쩍번쩍 빛나는 말안장의 세계였던 것이다. 동부와 남부에는 남북전쟁이 남긴 불탄 연기와 증오가 아직 덮여 있었지만 이곳 서부는 바람과 폭우 외에는 땅을 건드리는 것도 없는 빛나는 희망의 땅——누군가가 올라오기를 기다리고 있는 미답의 산봉우리, 누군가가 지나가기를 기다리고 있는 매혹적인 개척자의 길, 힘세고 튼튼한 자만이 배를 저어갈 수 있는 기묘한 이름의 강, 물이 고인 저지와 세이지브러시의 나무들과 튼튼한 말의 세계였다.

그곳에는 원주민인 인디언들, 슈, 크로우, 블랙후트, 샤이안 등 오랜 역사를 가진 최초의 아메리카 인들이 그들의 종교나 생활 신조는 거의 외부에 알려지지 않은 채, 또 이해되지도 않은 채 살고 있었다. 이 인디언들은 푸른 하늘 밑에서 높게 솟은 절벽과 거창한 계곡과 광대한 사막, 어디를 보아도 무한한 거리를 느끼게 하는 굉장한 경관 속에서 살고 있었다. 그 인디언들도 몇 년 후에는 싸움에 져서 긍지를 빼앗기고 좁은 인디언 수용지로 갇혀버리게 되었다.

맥아더 대위가 뛰어든 곳은 가슴이 두근거릴 정도의 모험으로 가득찬 개척지인 서부였다. 아버지는 유타 지방의 롤린즈 요새 부근에서 인디언과 싸웠고 다시 와이오밍 지방의 브리지스 요새, 캠프 스탠보, 프레드 스틸 요새, 캠프 로빈슨에서도 근무했다. 어디에서나 살아가는 최대의 열쇠는 누가 먼저 방아쇠를 당기느냐 하는 것이었다.

맥아더 대위는 칸트렐, 제임스 형제, 영거 일가 등 당시의 '악한'들이나 와일드 빌 히코크, 버팔로 빌 등 '법의 사나이'들을 알고 있었다. 대위는 이러한 거친 사나이들에 의한 무질서와 폭력과 싸움의 한가운데에 놓여 있었다. 넓은 땅이나 개발되지 않은 지역은 현재에도 있지만 법과 질서를 찾으려고 하는 무서운 싸움이 지닌 굉장한 활력과 격동기의 모습을 지닌 매력에 있어서는 여기 서부에 필적할 곳은 없다.

맥아더 대위는 유니온 퍼시픽 철도가 서해안에서 뻗어오는 서전 퍼시픽과 연결되기 위해서 차츰 서쪽으로 뻗어가고 있을 때 그 호위를 맡았다. 대위는 1870년대 후반, 극심한 가뭄으로 목축업이 엉망이 되어 몇천 명이나 되는 목동들이 직업을 잃고 산야에 방황하고 있을 때에도 거기에 있었다. 또 셔리단 장군이 인디언 추장들과 싸움을 끝내기 위한 회합을 열었을 때에도 거기에 있었다.

개척지 생활 7년 후에 맥아더 대위는 저 로맨틱하고 전설적이기까지 한 매력적인 도시 뉴올리언스 근처의 잭슨 병영으로 전근 명령을 받았다. 이 도시에서 마디 그라(참회 화요일=사육제의 마지막 날)의 날에 새로운 운명이 아버지를 찾아왔다.

메리 핑키 하디는 제임스 타운 시절까지 거슬러 올라가는 오래 된 버지니아의 가문 출신이었다. 그녀의 아버지 토머스 하디는 부유한 목화업자(木花業者)로서, 엘리자베스 강 옆인 버클리에 '리버 레지'라고 부르는 굉장한 저택을 가지고 있었다. 그 일대는 지금은 노포크 번화가의 일부가 되었다. 그 집 외에 토머스 하디는 1858년에 피서지로서 노스캐롤라이나 주 핸더슨 가까이에 번 사이드라는 이름의 오래된 농장을 사들였다.

핑키 하디는 1852년 5월 22일에 리버 레지에서 태어났는데, 이 노포크의 집은 그녀가 아홉 살 때 남북전쟁에 말려들고 말았다. 북군이 이 집을 접수해서 처음에는 병원으로, 후에는 버틀러 장군의 사령부로 썼다. 핑키와 자매들은 노스캐롤라이나의 집에 무사히 있어서 실제 전쟁에 말려들지는 않았지만 전쟁의 마지막 시기에 셔먼이 애틀랜타로 향하는 도중에 번 사이드에서 야영을 해서 핑키 등은 크게 분개하기도 했다.

싸움이 끝났을 때 하디 일가는 일시 볼티모어로 옮겨갔고, 그곳에서 핑키는 마운트 드 살 학원을 최고상(賞)인 시종 뛰어난 행위에 대한 왕관과 금휘장을 받고 졸업했다. 1874년 겨울에 우아한 젊은 여성으로 성장한 그녀는 뉴올리언스를 방문했고, 그곳에서 젊은 아서 맥아더 대위와 만났다. 남북전쟁의 역전의 용사인 소년 대령도 이번에는 항복하지 않을 수 없었다.

그들은 첫눈에 반했고 이 사랑은 두 사람에게 평생 계속되었다. 37년이나 계속된, 역사상의 아름다운 사랑 이야기와 비교될 수 있을 완벽한 부부였다. 두 사람은 1875년 5월 19일에 리버 레지에서 결혼했다. 1876년 8월 1일에 아서, 1878년 10월에 맬컴의 두 아들이 태어났고 어느 경우에나 핑키는 노포크의 집으로 돌아갔었다. 맥아더 대위의 임지는 먼저 루이지애나 주 버튼루즈, 이어서 아칸소 주 리틀록으로 바뀌었다.

세 번째 아이가 태어나려고 했으므로 전처럼 리버 레지에서 출산할 준비를 갖추고 있었는데, 어떻게 예정이 잘못되어서 아이는 1880년에 리틀록의 병기창 병영에서 태어났다. 그런데 버지니아 사람은 참으로 충실하다. 노포크의 신문은 나의 출생을 커다랗게 보도하고, 거기에 '1월 26일, 더글러스 맥아더가 양친의 부재 중에 태어났다.'라는 제목을 달았다.

5개월 후에 맥아더 대위는 제13 연대 K중대 대장으로서 멀리 뉴멕시코 주의 윙게이트 요새로 향했다. 1883년에 맬컴이 죽는 비극이 있었다. 양친은 맬컴의 유체를 버지니아로 옮겨가서 노포크의 오래된 하디의 묘지에 묻었다. 어머니는 맬컴의 죽음으로 심한 충격을 받았는데, 그 때문인지 아서와 나에게 더욱 애정을 기울였다. 이 애정은

52년 후 어머니가 나의 팔에 안겨서 운명하실 때까지 변하지 않았다. 어머니와 나 사이의 애정은 나의 생애를 통해서 가장 소중한 것의 하나였다.

우리는 불과 네 사람으로 구성된 작은 가족이었는데, 이윽고 K중대는 윙게이트 요새에서 480킬로미터를 행군하여 엘파소 북쪽 96킬로의 아주 작은 요새의 포트 세덴으로 가서 리오 그란데 강의 나루터를 제로니모가 거느리는 인디언의 끊임없는 습격으로부터 지키라는 명령을 받았다. 그 행군이 나의 기억에 남은 가장 오래 된 일이다. 나는 부대의 선두에서 고참인 리플리 상사를 터벅터벅 따라가던 때의 일을 지금도 매우 생생하게 기억하고 있다.

그 후 3년간 작은 포트 셀덴의 지붕이 납작한 단층 건물이 우리 집이 되었다. K중대의 장교 두 명, 보조 군의관 한 명, 사병 마흔 여섯 명이 이 쓸쓸한 수비대의 총원이었다. 나는 이곳에서 읽고 쓰기를 배우기 전부터 승마와 사격을 익히게 되었다. 요새의 장교 부인은 맥아더 부인뿐이었다.

버지니아의 명문 출신인 어머니에게 있어서 이곳의 생활은 신경이 쓰이는 괴로운 것이었지만 어머니도 오랜 육군의 용감한 혈통을 배반하지는 않았다. 어머니는 아버지와 함께 우리 사내아이 둘의 교육을 시작했는데 간단한 읽고 쓰기를 가르치는 외에 무엇보다도 먼저 엄격한 책임감을 심어주었다. 나는 언제나 옳은 일을 하도록 배웠고, 그러기 위해서 어떤 개인적인 희생을 치르게 되더라도 그것은 무시되었다. 나는 모든 경우에 국가를 첫째로 생각할 것을 배웠다. 거짓말하는 것과 헛된 말을 절대로 해서는 안 되는 두 가지를 배웠다.

나에게 있어서 이 요새에서의 생활은 모두가 선명하고 스릴에 차 있었다. 형 외에 중위의 아들인 윌리엄 휴즈가 있었다. 우리는 무척 친해졌는데, 그로부터 몇 년인가 후에 머나먼 프랑스의 전쟁에서 전우 사이가 되리라고는 그 무렵에는 꿈에도 생각하지 못했다. 그는 제1차대전 중에 유명한 레인보우 사단에서 나의 작전참모가, 후에는 참모장이 되었던 것이다.

휴즈는 참으로 충실한 친구이고 훌륭한 장교이며 헌신적인 군인이었다. 우리는 자주 요새에서 몇 킬로미터 떨어진 리오 그란데에 매일 오는 당나귀가 끄는 물운반용 포장마차로 히치하이킹을 했었다. 또 요새 동쪽 메스칼레로의 인디언 수용지 호위를 맡고 있는 포트 스탠턴의 기병대 주둔지에서 장교나 기마병들이 찾아오면 반드시 그 무리에 끼여들고는 했었다.

그리고 해가 져서 중대가 하기식을 할 때는 우리도 함께 부동자세를 취하고 울려퍼지는 나팔 소리에 귀를 기울이면서 기가 내려오는 것을 바라보았다. 어느 날 모래 투성이인 거치른 땅에서 이상한 나라의 이야기에서나 나올 듯한 털이 많은 유령과 같은 기묘한 동물이 나타나서 요새의 당나귀와 말들이 그 모습과 냄새에 놀라 크게 소동을 부린 일이 있다.

그것은 낙타였다. 1855년, 당시의 육군 장관 제퍼슨 데이비스가 이 광대한 황야에 산재한 일련의 요새에 보급품을 운반하기 위해서 이집트에서 데려온 낙타대 중에 살아남은 것이었다.

쓸쓸한 들길을 가는 카우보이들, 모래와 깎아지른 바위뿐인 물도 없는 황야에서 양을 모는 나바오 인디언의 모습, 아드비 벽돌을 쌓아서 지은 집에 사는 호피(인디언의 일종)들, 포장마차의 대열, 개척기의 선구자인 우편마차의 기수들, 충실한 당나귀에 장비를 싣고 외로움과 고생을 함께 하면서 금을 찾아다니는 남자들, 그런 모두를 포용하고 끝없이 정적을 배경으로 펼쳐져 있는 거대한 애리조나 대계곡은 나에게 있어서 빛과 그늘이 서로 공존하면서 사막에 끊임없이 색채를 던져주는 굉장한 매력과 경이의 세계였다.

포트 셀덴에서의 생활 끝무렵에 나는 디프테리아에 걸렸다. 그것은 그 후로 나의 생애에 그림자처럼 따라다니던 죽음과의 최초의 싸움이었다. 그때 나를 돌봐주어서 목숨을 구해준 양친과 형의 따뜻한 간호를 영원히 잊을 수가 없다. 절벽 위에 서본 사람이 아니면 골짜기의 깊이는 정말 모르는 법이다.

  이 무렵 육군은 새로운 장교 교육제도를 도입하기 위해서 당시 급속하게 발전하고 있던 캔사스 주 북쪽 약 36킬로미터인 미주리 강 서쪽에 위치한 커다란 주둔지 포트 레븐워스에 기병과 보병학교를 창설했다. 각 연대에서 뽑힌 중대가 이 학교에 모여서 장교의 훈련을 맡게 되었다. K중대도 이 그룹에 들어서 우리는 1886년 말에 동부로 이동했다.

  그곳은 나에게 있어서는 새로운 세계였다. 나는 처음으로 정규 학교에 들어갔고 처음으로 같은 또래의 친구가 생겼으며 게임을 배우거나 단짝을 만들게 되었다. 나의 아버지는 남북전쟁 시절의 전우인 머프리즈보로에서의 군단장 맥쿠크 장군이나 셰리단의 오른팔 역할을 한 기병대의 메리트 장군 등과 함께 있게 되었다. 아버지는 여기에서 중대장과 동시에 학교의 법과 주임을 겸임하게 되었다.

  기마대의 훈련, 특히 사격장에서의 포병대의 실탄 사격을 구경하는 것은 나로서는 처음이었다. 나는 거기에서 1분간의 명중수가 지니는 귀중한 가치를 배웠다. 오후의 행진, 특히 아버지가 지휘하고 있을 때면 훌륭한 말을 탄 기병대가 행진하고 길다란 포신의 포차(砲車)가 땅을 울리면서 달리며, 보병대가 선회해서 중대의 전면으로 나가는 광경은 아무리 보아도 싫증이 나지 않았다. 그러나 머나먼 서부의 스릴이 아직도 나의 피를 약동시키고 있어서 주둔지 학교에서의 나의 성적은 좋지 않았다.

  아버지는 한때 학교를 떠나서 새로운 오클라호마 지방의 부머 라인의 방위대를 지휘하게 되어서 나는 따라가겠다고 졸랐다. 다시 저 개척지의 스릴과 야성적인 모험과 자유의 기풍을 맛볼 것을 기대하고 있었던 것이다. 그런데 아버지는 성적표를 가리키면서 아직 가죽바지를 입기보다는 공부가 더 중요하다고 말했다. 나는 크게 실망했다.

  당시 군의 진급은 매우 느렸다. 미국은 전례대로 전쟁 후의 군대를 안전 이하의 수준으로까지 축소시키려 하고 있었던 것이다. 아버지는 대위로 23년을 근무했을 때 맥쿠크 장군에 의해서 군무국(軍務局)에 비어있던 소령 자리에 추천되었다. 그때의 장군의 추천장에는 "대위는 틀림없이 용감함과 전쟁에서의 행동에 있어서 미국 육군에서 가장 걸출한 대위이다. 대위는 연구심이 풍부하고 동시에 군직에 숙달되어 있으며 이 지위에 적합한 법률 지식을 가졌고 개인적인 습관도 두드러지게 훌륭하며 언제나 온화하고 동시에 모두에게 겸허함을 잃지 않는다."라고 적혀 있었다. 아버지는 이 자리를 수락했다.

4. 지 식 욕

1889년 7월 1일, 아버지는 고급부관 보좌관으로서 워싱턴 근무의 명을 받았다. 워싱턴은 내가 보아오던 것과는 전혀 다른 세계였다. 나는 여기에서 눈부시게 화려한 세계, 정략(政略)과 외교 정치와 술수의 세계를 처음으로 엿보았는데 나에게 있어서는 서부 개척지의 색채와 스릴을 대신할 수 있는 것이 아니었다. 나는 매사추세츠 가(街)의 포스빌에 있는 공립학교에 들어갔고 거기에서 국민학교 과정을 마쳤다. 성적은 중간 정도밖에 되지 않았다.

형인 아서는 1892년에 위스콘신 주 오쉬코쉬 지방의 추천으로 아나폴리스의 해군학교에 입교했다. 형은 우수한 생도여서 1896년 자기 반에서 최연소의 해군 소위 후보생으로 졸업했다. 나는 형이 자랑스러웠다. 형은 운동에도 뛰어나서 800미터 레이스에서 해군학교의 기록을 깨고 모두가 동경하는 N장을 획득했다.

형은 해군에서 매우 장래가 촉망되어 소위에서 계속 진급해서 1918년에 대령이 되었고 샌디에이고에서 새루배라의 스페인 함대가 패배했을 때, 필리핀의 반란, 중국의 북청사변(北淸事變) 등 많은 전투를 목격했다. 형은 후에 잠수함의 함장이 되어 해전에서의 전략과 전술 개발을 한 최초의 한 사람이 되었다. 또 육군대학과 해군전반위원회에서도 근무했고 전함과 구축함을 타고 해상근무로도 몇 년을 지냈다.

제1차대전 중 형은 경순양함 차타누가 호의 함장으로서 독일 잠수함에 대항하여 용감성과 전공으로 해군 십자훈장을 받았다. 대서양에서의 선단 호위에서 형이 나타낸 능력과 지칠줄 모르는 정력에 대하여 육군에서도 표창장을 보냈다. 형은 1923년 12월 2일에 갑자기 죽었다. 나는 형을 진심으로 사랑해서 이 갑작스런 죽음은 그 후 나의 인생에 메울 길 없는 공백을 남겼다. 형의 아들 중에 나와 이름이 같은 더글러스는 외교계에서 출세하여 후에 주일 대사와 주 벨기에 대사를 지냈다.

1893년 9월에 나의 아버지는 산 안토니오의 포트 샘휴스턴 근무를 명받았다. 나는 몹시 기뻐서 이 이동을 환영했다. 다시 서부로 가는 것이다. 내가 잘 알고 있는 야성적인 서부는 아니었지만 말도 소도 있고 사냥도 할 수 있었다. 멕시코 인의 목축업자도 있었고, 세지부러시와 캑터스도 무성하며 넓은 공간이 펼쳐져 있었다. 문화와 야성, 새로운 것과 옛것이 이상적으로 조화된 세계, 어디와도 다른 독특한 개성적인 세계인 텍사스였던 것이다.

포트 샘휴스턴은 당시 군의 가장 중요한 주둔지의 하나로서, 내가 그때까지 본 어느 요새보다도 엄청나게 큰 요새였다. 나는 또다시 군대에 섞여서 육군 생활의 화려한 면을 보는 것이 몹시 기뻤다. 우리는 낮은 연병장의 넓다란 지역이 내려다보이는 쾌적한 숙사로 들어갔다. 나는 이곳에서 나의 인생에서의 새로운, 그리고 극히 중요한 시기로 들어섰던 것이다.

다행히도 요새 바로 바깥에 에피스코팔의 존스턴 사교구(司敎區)가 서텍사스 사관학교를 창설한 직후로서, 요새에서 사용하던 예배당의 목사 알렌 벌소어가 교장이었다. 나는 곧 여기에 입교했다. 여기에서 나의 발전에 한 가지 변화가 나타났다. 무엇을 알려고 하는 의욕, 어떤 원인을 구명하려고 하는 기분, 진리를 알고 사실을 찾으려고 하는 열의가 생겨난 것이다.

나는 차츰 강렬한 지식욕에 사로잡히기 시작했다. 난해한 수학이 분석을 재촉하는 하나의 도전으로 변하고 지루한 라틴 어나 희랍어는 과거의 지도자들의 감동적인 말에 접하는 문이 되었으며 애를 먹던 역사적 자료도 위대한 군인이 활약한 싸움과 이어지는 것이 되고 성서는 정신적인 문을 열어서 나의 신앙을 높였으며 문학은 사람의 혼을 드러내서 보여주는 것이었다.

나의 공부 시간은 차츰 길어지고 성적도 차츰 좋아져서 나중에는 학교에서 상을 많이 받게 되었다. 그러나 나는 이런 영예가 일단 받고 보면 그다지 기쁜 것이 아니라는 것도 알았다. 나는 경쟁심이 일기 시작해서 학교에서 풋볼의 쿼터백, 야구의 유격수, 테니스의 챔피언이 되었다. 우리 팀은 지는 일이 없었다.

나의 마음속에는 세계 최대의 군사학교인 웨스트포인트의 환영이 언제나 아른거리고 있었다. 이 사관학교는 라인 강이나 다뉴브 강의 가장 뛰어난 풍경과 아름다움을 겨루는 허드슨 강의 멋진 경관을 내려다보면서 언덕 위에 당당한 모습으로 서 있었다. 우측에는 베어 마운틴의 산맥에 솟아난 크로스 네스트가 듬직하게 버티고 있었고 좌측의 고지에는 다정한 스톰 킹의 고상한 모습이 우뚝 서 있었다.

이곳에는 미국의 자유를 위한 최초의 싸움에서 세워진 포트 페트남이 서 있다. 이 요새는 워싱턴 장군이 독립전쟁 중에 당시의 남부와 북부를 연결하는 통로로서 허드슨 강을 열어두기 위한 요새와 그 부속시설로 지정한다는 명령을 내린 곳이다.

위대한 전략가인 리, 그랜트, 셔먼, 셰리단, 잭슨 등은 모두 이곳이 출발점이었다. 위대한 단편소설 작가 에드거 앨런 포도 이곳 생도였고, 미국의 저명한 화가 맥네일 위슬러도 여기에서 자랐다. 또 웨스트포인트의 묘지에는 미·멕시코 전쟁을 승리로 이끈 사령관 윈필드 스코트나 몬태나 주의 작은 빅 혼 강 근처인 저 숙명적인 언덕에서 유명한 최후의 저항을 했던 조지 카스터 등도 잠들어 있다. 웨스트포인트에 들어가는 것은 나팔 소리로 자란 나의 모든 희망을 건 목표였다.

1896년 5월 26일에 아버지는 중령으로 승진했고 이듬해 1월에 양 다코타 주 근무로서 세인트폴 주재를 명받았다. 산안토니오를 떠나는 것은 정말 괴로웠다. 이곳에서의 4년간은 틀림없이 나의 생애에서 가장 행복한 시기였다. 텍사스는 나에게 있어서 언제까지나 제2의 고향이다.

1898년 봄에 밀워키의 디어볼드 오첸 하원의원이 대표하는 제4지구에서 이듬해 웨스트포인트에 생기는 공석을 두고 선발시험이 행해지게 되었다. 나는 그 시험을 쳐보기로 했다.

밀워키에서 나는 어머니와 함께 플랭킨턴 하우스에서 살고 아버지는 세인트폴로 갔는데 주말마다 아버지는 집으로 돌아왔다. 나는 맥라나간 교수가 교장으로 있는 웨스트사이드 고등학교에 들어가서 매일 호텔에서 학교까지 3.2킬로미터의 길을 도보로 왕복했다. 내가 이때만큼 열심히 공부한 적은 없었다.

웨스트포인트의 입학시험은 나의 일생에서 최초의 시험으로, 전날 밤 나는 잠을 자지 못하여 이튿날 아침 시청에 도착했을 때에는 졸도라도 할 것처럼 기분이 나빴다. 그러나 어머니의 침착한 목소리가 나의 기운을 돋워주었다. 어머니는 "더그, 겁내지만 않으면 틀림없이 붙는다. 스스로 자신을 믿지 않으면 아무도 너를 믿어주지는 않아. 자신과 독립심을 가져라. 그렇게 하면 설사 실패하더라도 최선을 다한 것이 되는 거야. 자아, 갔다와라." 하고 말했다.

시험의 채점이 끝났을 때 나는 일등이었다. 착실한 준비가 효과가 있었던 것이다. 이것은 나의 평생 잊을 수 없는 교훈이 되었다. 준비야말로 성공과 승리의 열쇠이다.

1898년 4월 7일, 미국은 스페인에 대하여 선전포고를 했다. 이것은 획기적인 사건이었다. 궁극적으로는 이것으로 미국은 그때까지 비교적 고립되어 있던 상태에서 벗어나 세계 정치의 무대로 발을 들여놓았던 것이다.

나의 아버지는 당시 쿠바 진격을 위해 집결해 있던 제3군단의 참모장으로서 치카모가 파크에 있었다. 그러나 마닐라 만에서 듀이 제독이 해중의 기뢰와 해상의 적에도 불구하고 몬토 호의 함대를 바다에서 일소시켜 대승리를 거두었을 때 미국의 눈은 일제히 필리핀으로 집중되었다.

필리핀의 역사는 조국의 자유라는 가냘픈 희망에 목숨을 바친 순교자와 애국자들의 피로 점철되어 있다. 마닐라에는 수많은 기가 펄럭였다. 콜럼버스의 아메리카 대륙 발견으로부터 27년 후에 마젤란이 처음으로 필리핀 군도를 발견한 이후는 스페인이 이 섬들을 지배했다. 그 후에는 중국, 네덜란드, 영국이 몇 번인가 마닐라를 중심으로 이 군도에 모험을 걸었다. 그러나 필리핀 지도자들의 목표는 일관해서 변하지 않았다.

자유의 맛이란 궁극적으로는 어떤 인간도 거스를 수 없는 강렬한 것이다. 미국은 스페인에 대한 저항을 돕기 위해 쿠바에 군대를 보냈던 것처럼 이번에는 스페인에 대한 저항을 돕기 위해 필리핀에 군대를 보낼 것을 계획했다. 미국의 희망은 처음에는 오래 머무를 생각은 전혀 없이 단지 독립을 원하는 사람들을 돕는 것이었다.

1898년 6월 1일, 나의 아버지는 지원병의 준장에 임명되어 필리핀에 파견되었다. 나는 다가올 육군사관학교에서의 생활을 포기하고 아버지의 부대에 입대하고 싶었지만 아버지는 현명하게도 그것을 만류했다. "장차 싸울 기회는 수없이 있을 것이고, 이보다 훨씬 큰 규모가 될 것이 틀림없다. 지금은 거기에 대비해라." 하는 것이 아버지의 의견이었다.

어머니도 나의 생각을 일소에 붙였다. 언제나 양친의 의견은 옳았지만 당시의 나는 그렇게는 생각하지 않았다. 열여덟 살 경에는 양친의 이해가 부족하다고 생각해서 속이 상하는 법이다. 그러나 훗날에는 양친이 옳았음을 절실하게 알게 된다. 7월 31일에 아버지는 부대와 함께 필리핀에 도착하여 미군 사령관 메리트 장군의 지휘하로 들어갔다. 아버지는 당시 필리핀 군과 함께 마닐라를 포위하고 있던 제1사단 제2여단장에 임명되었고, 메리트 장군은 아버지에게 마닐라 점령을 명했다.

제2여단의 전면은 완강하게 저항해와서 튼튼한 벽돌 건물이 늘어선 싱갈롱 거리에서는 대격전이 벌어졌다. 그러나 이윽고 마닐라는 함락되고 스페인과의 강화조약 교섭이 시작되었다. 메리트 장군은 제2여단장에게 표창장을 주었다.

아버지는 곧 지원병 소장으로 진급해서 제8군단 제2사단장에 임명되었다. 강화조약에 의해서 스페인은 필리핀을 미국에 양도하고, 대신 미국은 2천만 불을 지불하는데 동의했다. 미국이 이 먼 곳에 영토를 갖는다는 것이 크게 논쟁거리가 되어서 미국 내의 저명인사들은 찬반 양론으로 갈라졌다.

이 중대한 문제를 둘러싼 정계 지도자들의 연설은 모두가 몹시 감정에 넘치는 것이었다. 궁극적인 결과라는 점에서 이 문제는 아마 남북전쟁 이후로 미국이 당면한 가장 중대한 일이었을 것이다. 영토확장파와 반대파의 의견은 정면으로 대립되었다. 정부는 확장론에 기울었고, 공화당 지도자들은 대부분이 이것을 지지했다. 민주당은 그로버 클리블랜드와 윌리엄 제닝 브라이언을 선두로 대부분이 반대론을 내세웠다.

맥킨리 대통령은 다음과 같은 말로 당시 정세를 평가했다.

"필리핀 군도의 장래는 바야흐로 미국민의 손에 쥐어져 있다. 파리조약으로 해방되어 선거권을 얻은 필리핀 인들은 주인이 아니라 해방자로서의 미국민의 지도와 자유화에의 영향, 풍부한 동정, 그리고 따뜻한 자극에 의지하게 되었다.

필리핀 인 또는 미국민을 위해서 무엇이 최선인가 하는 판단은 지금 누구도 내릴 수 없다. 필리핀 인과 미국민의 이해, 필리핀 인과 미국민의 복지를 위해서 어떤 정치형태가 최적인가 하는 판단을 지금 내릴 수 있을 만큼 현명하고 지식있는 인물은 있을 수 없다.

의회가 다른 결정을 내리기까지는 행정부는 필리핀을 영유하고 유지하면서 필리핀 인에게 평화와 질서와 인정이 있는 정부를 부여하고, 또한 합법적인 활동을 계속할 모든 기회를 제공하고 절약과 근검을 장려하며 필리핀 인에게 우리는 좋은 친구이지 적이 아니고 필리핀 인의 이익이야말로 우리가 원하는 바이고 필리핀 인의 복지는 우리의 복지로 이어진다는 것, 그러나 필리핀 인의 포부도 우리의 포부도 미국의 권위가 인정되고 이해되기 전에는 실현이 불가능하다는 것, 내가 미국은 필리핀 주민에게 있어서 유익하다고 확신하고 있다는 것, 필리핀 인은 우리의 지도하에 보다 좋은 정부를 갖게 되고 미국민은 자유를 사랑하고 자국의 정부와 제도에 굳은 신념을 가지고 있으니까 필리핀 인에 대해서 자존심과 자치의 획득을 지향해서 모든 지원을 해줄 생각이라는 것을 알릴 의무를 지니고 있다.

미국의 기분에는 재국주의적인 의도는 조금도 없다. 그런 의도는 미국민의 감정, 사상, 목적과는 무관한 것이다. 우리가 지닌 귀중한 여러 원칙은 열대의 태양 밑에서도 조금도 변하지 않는다. 이들 원칙은 '자유로운 자에 의한 정복은 구원이 된다는 불변의 진리를 왜 모르는가.' 하는 가르침으로 뒷받침되어 있다.

만일 우리가 이 먼 지역의 사람들에게 이익을 가져다줄 수 있다면 누가 이견이 있을 것인가. 장차 그들이 법과 자유에 의한 정체(正體)를 이룩했을 때 지금 우리가 범하고 있는 위험과 희생을 누가 낭비라고 생각할 것인가. 우리의 영웅적인 행위와 인도적인 정신을 누가 기뻐하지 않을 것인가. 위험은 언제나 따르고, 그 뒤에는 언제나 안전한 상태가 생겨난다. 암흑과 구름은 언제나 있지만 그것을 통해서 반드시 빛이 생기고 태양이 빛난다. 희생은 언제나 따르지만 그 뒤에는 반드시 자유와 교육과 문명의 열매가 열린다.

나는 특별히 일반 미국민이 갖지 않은 소식이나 지식을 가지고 있는 것은 아니다. 나는 예언은 하지 않는다. 현재만으로도 나에게는 힘에 벅차다. 그러나 마닐라에서 흘린 피가 미국민의 것이건 필리핀 인의 것이건 그 한 방울 한 방울이 나의 가슴에 맺힐지언정 나는 자신의 시야를 마닐라 주변의 피투성이인 참호에만 국한시킬 수는 없다.

나는 시야를 더 넓게 가져서 먼 장래에 이 필리핀이 과거 1년간의 충격에서 벗어나 열대의 바다에 빛나는 보석과 같이 번영하는 나라, 물자가 풍부해서 모든 일이 가능해지고 인민은 평화의 길에 따라서 모든 나라와 무역을 하며 자유, 민권, 종교의 자유, 교육, 가정의 혜택을 받아서 훗날의 자손들까지 필리핀을 해방시키고 필리핀 인을 세계 최고의 문명의 길로 이끈데 대하여 미국에 호의를 갖는 나라가 되는 날을 기다리고 싶다."

나는 이 연설에 말할 수 없는 감명을 받았다. 그러나 그로부터 50년 가까이 지나서 이 연설이 패전한 적국의 점령에 임한 나의 지도적인 기준이 되리라고는 당시 꿈에도 생각하지 못했다.

5. 필리핀의 반란

미국은 필리핀과의 유대가 문명이 원하는 바여서 이미 물러설 수는 없다고 생각하고 있었다. 그러나 필리핀 인들은 큰 충격을 받았다. 그들의 목표는 장래가 아니라 현재이고, 지도 기간이 아니라 즉각적인 독립이 소망이었던 것이다. 그들의 지도자 에멜리오 아기날도는 당장에 반발했다.

스스로를 독재자라고 선언한 아기날도는 6월 13일에 '이 사랑하는 나라의 독립선언'이라는 것을 발표하고 지도자들에게 카비테에서의 회의를 제의했다. 그 후 몇 개월 동안 여러 회의가 열려서 근대적인 헌법이 만들어지고 아기날도 자신의 칭호는 독재자에서 필리핀 혁명 정부 대통령으로 바뀌었다.

당시 메리트 장군은 파리의 강화회의에 가고 오티스 장군이 후임으로 임명되어 있었다. 미국과 필리핀의 관계는 점점 악화되었고 1899년

2월 5일에는 결국 폭발하여 전쟁상태가 되었다. 반란이 시작된 것이다. 싸움은 길어지고 희생은 늘어났다. 혁명정부는 수도를 말론로스로 옮기고, 18세에서 35세까지의 필리핀 인은 모두 소집 대상이 되었다.

마닐라 주변의 반란군 세력은 4만, 마닐라 북쪽과 시골에서는 그 두 배로 추정되고 있었다. 이들 부대는 무기, 장비, 군기란 점에서는 모자라는 것이 많았지만 필리핀 병의 용감성은 흠잡을 데가 없었다. 오티스 장군은 아기날도 군을 괴멸시킬 목적으로 미군부대의 일제 북진을 명했다. 공격의 중심은 맥아더 장군의 제 2 사단에 두었다.

맥아더 장군이 진격을 명령받은 지역은 지형이 낮고 습지와 하천이 많아서 지금도 우기(雨期)에는 논은 물론이고 일대가 물바다가 된다. 고지대에는 수목이 밀집해서 차량은 전혀 다닐 수 없었다. 게다가 상대는 일련의 방어선을 조직적으로 만들고는 아주 교묘하게 구축한 참호에 들어가 있었다. 이렇게 보급은 어렵고 병력은 적의 반도 안 되는 형편에 놓인 제 2 사단으로서 공격은 용이하지 않았다.

맥아더 장군은 남북전쟁의 유명한 애틀랜타 싸움에서 셔먼 장군이 끊임없이 상대인 존스턴 장군의 측면을 포위해서 존스턴이 준비해둔 방위선을 계속 후퇴시키지 않을 수 없도록 만든 전례에 따라서 같은 공격계획을 세웠다. 다만 셔먼의 예와 이번 경우는 기본적인 조건에서 한 가지 큰 차이가 있었다. 셔먼의 부대는 수적으로 남군보다 훨씬 우세해서 자기 측면이 위협받으면 거꾸로 자기 전선을 늘어뜨리기만 해도 상대의 측면을 포위할 수 있었지만 이번 경우는 미군이 수적으로 열세인 점을 뛰어난 지휘로 보충해야 했다.

맥아더 장군의 전술 구상은 멋진 것이었다. 먼저 한 쪽 날개, 이어서 반대쪽 날개로 단계적으로 전진시키는 방법으로서, 먼저 한쪽 날개에 집중하고 이어서 다른 날개로 옮김으로써 적을 속이고 최초의 공격 지점에는 항상 적보다 우세한 병력을 투입해서 적의 의표를 찌르며 움직이고 있는 쪽의 날개는 언제나 적 전선에의 돌입을 활용해서 적의 날개를 포위하여 가능하면 후퇴시킨다고 하는 전술이었다. 이것이 계획대로 잘 되었다.

적의 거점은 차례로 함락되고 새로운 도시가 계속 점령되었다. 반란군은 용감하게 필사적으로 저항했지만 언제나 미군에게 선수를 빼앗겨 무너져서 전투부대로서의 힘을 차츰 잃어갔다. 연전연패한 아기날도는 1년도 안 되어 군대를 잃고 본톡 고원으로 도망쳤다.

싸움이 진전됨에 따라 아버지는 1900년 1월 2일에 정규 육군 준장, 1901년 2월 5일에 소장으로 진급했고 오티스 장군의 이임과 함께 필리핀 군 총사령관 및 필리핀 군도 군사총독에 임명되었다. 그러나 반란은 아직 끝나지 않아서 아기날도 장군의 지시로 게릴라전이 개시되었고, 장군 자신도 벤게트 부근의 산중에서 자신의 게릴라를 조직했다.

맥아더 장군이 격파, 분산시킨 반란군의 잔존병력이 또다시 움직이기 시작하여 각처에서 게릴라 부대의 핵심이 되었다. 모든 게릴라가 그렇듯이 이 게릴라 부대들도 현지 민간인의 원조와 협력으로 유지되고 있었다. 필리핀 인은 전통적으로 우세한 적에 대한 게릴라 전술에 뛰어났다. 그것은 스페인에 대한 수많은 반란에서도 증명되었다.

아버지와 그 지휘하의 미군에 대한 필리핀 게릴라 부대의 기구와 활동은 40년 후에 나와 내가 지휘한 미군부대에 큰 도움이 되었다. 또한 그 후 필리핀이 독립하고부터는 공산분자가 자기나라 군대에 대항하는 데 이용되었다.

게릴라 활동을 억제하고 게릴라에의 원조를 저지시키기 위해 미군은 강압적인 수단을 강구했다. 게릴라가 잠복한 장소나 그 지지자들의 정체에 대한 정보를 입수하기가 매우 어려웠기 때문에 미군의 정보 관계자나 군인들은 잡아온 용의자로부터 정보를 얻어내기 위하여 폭력행위라고 할 수 있는 수단을 취하고 있었다.

맥아더 장군은 군사총독으로 취임했을 때 이런 과격한 방법은 일체 중지시켰다. 장군은 그런 수단은 저항운동을 격화시킬 뿐이라고 생각했다. 저항을 종식시키는 길은 아기날도를 체포하는 것뿐이고, 그렇게 하면 아기날도를 저항의 상징으로 숭앙하는 게릴라 부대들은 붕괴되고 만다는 것이 아버지의 생각이었다.

아버지는 아기날도가 숨어 있다는 지역은 어렴풋이 짐작하고 있었지만 분명한 장소는 몰랐다. 그런데 그 장소가 밝혀질 기회가 왔다. 아기날도가 보낸 편지가 압수되어 팔라나우에 숨었다는 것을 알았다. 맥아더 장군은 마카베베의 스카우츠(아서 맥아더가 조직한 필리핀의 특수임무 부대)로 구성된 작은 부대를 그를 체포하러 파견했고, 이 부대는 아주 용감하고 교묘한 행동으로 아기날도의 체포에 성공했다.

아기날도는 마닐라로 연행되었는데 맥아더 장군은 그에게 포로라기보다는 오히려 귀빈과 같은 대접을 했다. 반란군은 자기네 우상이 없어졌다는 사실이 믿어지지 않아서 자기들을 실망시켜 항복하도록 하려는 계획일 것이라고 생각했다. 생존한 반란군의 고위장교의 한 사람인 마스카르도 장군은 부하인 젊은 소령을 바탄의 험한 산에 있는 사령부로 불렀다. 다음은 그때의 소령 마누엘 케손이 직접 한 얘기이다.

"나는 마스카르도 장군으로부터 미군에게 항복하라는 명령을 받았다. 나의 역할은 아기날도의 체포가 사실인지의 여부를 확인하는 것이었다. 그때 장군은 이렇게 말했다. '자네는 군인으로서 조국에 많이 봉사해 왔지만 이제 병이 났으니까 항복하는 편이 자네를 위해서 좋다. 미군은 이제까지 항복한 대부분의 사람들과 마찬가지로 자네를 자유로운 몸으로 해줄 것이 틀림없다. 자네는 대학으로 돌아가서 연구를 계속하여 학원활동을 하게. 조국은 교육받은 사람을 필요로 한다. 자네가 우리 동포에게 봉사할 분야는 따로 있다. 그리고 자네가 해줄 특별한 임무가 있네. 아기날도 장군이 체포되었는지 여부를 분명하게 조사하는 것이다. 만일 체포되었다면 연락을 취해서 내가 항복할 것인지 또는 끝까지 싸울 것인지에 대해서 장군의 지시를 받고자 한다고 전해주게.'

나는 마리발레스에서 밀러라는 중위에게 항복했다. 그는 내가 직접 접촉한 최초의 미국인이었다. 밀러 중위는 나를 자유롭게 대접해서 소총도 단검도 그대로 가지고 있어도 좋다고 말했다. 나는 중위에게 단검을 선물로 주었는데 35년 후에 내가 필리핀연방 대통령이 되었을 때 밀러 씨는 나에게 그 단검을 돌려보내주었다.

나는 밀러 중위에게 나의 특별임무를 얘기했는데, 중위는 "아기날도 장군이 체포된 것은 물론 사실이다. 장군은 지금 포로지만 맥아더 장군이 살고 있는 말라카낭 궁전에서 매우 정중한 대접을 받고 있다. 당신의 임무는 곧 마닐라로 전해주겠다. 아마 아기날도 장군을 당신이 직접 만날 수 있게 해줄 것이다." 하고 대답했다.

다음 날 오후 나는 작은 배로 마닐라로 따라가서 바로 말라카낭 궁전으로 안내되었다. 그리고 나는 맥아더 장군의 사무실로 안내되었다. 그곳에서 스페인 어로 나의 임무를 얘기하자 후에 필리핀 최고재판소의 일원이 된 프레드 피셔가 통역해서 맥아더 장군에게 전했다.

올려다볼 정도로 키가 큰 맥아더 장군은 똑바로 선 채 잠자코 손을 들어 홀 저쪽에 있는 방을 가리키면서 나에게 들어가라는 신호를 했다. 나는 흥분된 감정으로 떨면서 홀을 가로질러 방으로 다가갔다. 나는 단념하고는 있었지만, 그래도 방에 아무도 없기를 빌고 있었다.

입구에는 미군 두 사람이 착검(着劍)을 하고 지키고 서 있었다. 방에 들어가니까 아기날도 장군이 있었다. 내가 조국의 상징처럼 생각하던 사람, 전에 보았을 때는 영광의 정상에 있으면서 장병이나 정치가, 빈부를 불문한 온갖 계층의 사람들에게 둘러싸이고 모두에게서 존경과 숭배를 받던 그 사람인 것이다. 바로 그 사람이 방에 혼자서 포로의 몸으로 있다. 그때의 나의 기분은 표현할 길이 없다. 그로부터 42년 후인 지금 이 글을 쓰면서도 나는 아직 당시와 같은 가슴의 아픔을 느낀다. 나는 전세계가 뒤집힌 듯한 기분이 들었다.

나는 정신을 차리는데 잠시 애를 먹었지만 그래도 겨우 '나는 마스카르도 장군으로부터 전투를 계속할지 항복할 것인지에 대한 당신의 지시를 받으라는 명령을 받고 파견되어 왔습니다.' 하고 말했다. 아기날도 장군은 '나는 미국에 순종하겠다는 맹세를 했다. 따라서 나에게는 제군에게 전투를 계속하라고 조언할 자격이 없다.' 하고 대답했다.

이것으로 만사는 끝났다. 마스카르도 등은 항복했고 맥아더 장군은 대사령을 공포하고 가져오는 무기 하나에 30페소의 상금을 준다고 발표했다. 이래서 저항운동은 종식되었다."

전투의 종결로 군사총독은 전화로 깊이 상처입은 나라를 부흥시키고 장차 독립에 대비하는 어려운 일에 당면하게 되었다. 자유를 사랑하는 이 사람들에게는 주권, 그것도 미국과 필리핀을 특별한 우정으로 연결하는 그런 주권을 부여하는 것 외에는 방법이 없다는 것을 맥아더 장군은 간파하고 있었다. 최대의 어려움은 전쟁으로 생긴 증오의 감정을 어떻게 존경과 선의로 바꾸느냐 하는 것이었다.

미국의 필리핀 점령 목적에 대하여 맥아더 장군은 다음과 같이 설명했다.

"우리가 필리핀에 머물러 있는 중요한 목적은 과거 몇 세기 동안이나 인류가 구하고 서서히 발전시켜온 불멸의 사상을 이 사람들에게 도입시키고 있다는 사실에 있다. 인류에게 있어서 무엇보다도 귀중한 것이 두 가지 있다. 하나는 어느 정도의 개인적인 자유를 얻고 싶다는 희망이고, 또 하나는 불멸을 원하는 마음이다.

전자는 몇 세기 동안의 고투 속에서 서서히 생겨나고 발전해서 미국에서 완전히 꽃을 피웠다. 개인의 자유 사상은 시민이 공정한 제약 속에서 스스로의 행복을 위해 어떤 일이라도 해도 좋다는 것을 인정하고 있다. 우리는 지금 그 사상을 동양에 심으려 하고 있다. 미국기가 가는 곳에 반드시 이 사상은 따라간다. 필리핀 인이 구하고 있는 것은 우리가 부여할 수 있는 것과 완전히 일치되고 있다.

사람들은 우리에게 경제면에서 어떤 일을 할 생각이냐고 묻는다. 그러나 우리가 원하는 것은 돈이 아니라 자유를 심는 일이다. 인류는 몇 개의 파도를 그리면서 그 높은 이상을 펼쳐 왔다. 지금 그 파도는 태평양을 건너려 하고 있다."

이 말은 필리핀 전역에 전광과 같은 효과를 가져왔다. 모든 필리핀 인의 귀에 이 말은 자유의 종소리로 들렸던 것이다. 증오의 감정은 하룻밤에 사라지고 필리핀의 토착민들은 평등한 인간으로서 민정(民政)과 경제발전의 확고한 기초를 이룩하기 위한 방대한 계획에 미국과 함께 참여했다. 이 기초를 이루는 것은 대략 교육, 법률, 국방, 그리고 번영으로 나누어지는데 맥아더 장군의 행정 아래서 건설적인 기둥을 세울 완전한 기초가 만들어졌다.

교육에서는 초, 중, 고등학교로 이루어지는 자유로운 공립학교 제도가 사범학교, 공예학교, 그리고 농아와 맹인을 위한 학교까지 덧붙여서 설립되었다. 맥아더 장군은 교육 목적에 많은 예산을 투입했고 미군은 현명한 지도 아래 교육 활동에 많은 정력을 쏟았다. 이렇게 해서 미국의 문화 수준이 필리핀 인에게 확대되었고 필리핀 인들은 미군이 교육 문제에 이르기까지 관심을 기울이는 것을 경탄의 눈으로 보았다.

도처에서 교육에의 관심이 높아져 싸움이 남긴 최악의 감정은 완화되고 장래를 위한 기초가 이룩되어 갔다. 미국의 필리핀 점령 중의 교육 활동은 필리핀의 역사를 통하여 가장 로맨틱한 사건의 하나가 아니었을까 하고 나는 늘 생각한다. 십자가나 칼로 정복한 나라는 과거에 많이 있었지만, 식민화의 사업을 교육의 등불 속에서 행한 나라는 미국 외에는 없다.

법률에 있어서는 새로운 민사소송법이 전체주의적인 불공평하고 케케묵은 중세기적인 법령을 대신했다. 이 법률은 지금도 필리핀 법률 체계의 기초가 되고 있다. 이 법률로 모든 진보적인 나라의 법률의 기본인 인신보호 조례가 비로소 확립되었다. 재판소도 창설되어 필리핀 인 법률가 6명과 미군 장교 3명 등 모두 9명의 판사로 이루어진 최고 재판소가 설립되었다.

국방면에서는 당시 크게 의문시되던 정책, 즉 필리핀 인 자신에게 전투 기술의 훈련을 실시하여 장차 필리핀의 국토를 필리핀 자체의 군대가 지킬 수 있도록 한다는 정책이 채택되었다. 그것의 기초가 된 것은 맥아더 장군이 반란 진압에 사용해서 크게 성공한 마카베베 스카우츠였다. 이 계획은 더욱 확대되어 미육군 필리핀 스카우츠가 창설되었고 이 부대는 후에 일본군의 필리핀 점령 중에 굉장한 활약을 했다.

번영을 위해서는 필리핀 통화(通貨)의 채택, 공공도로 정책의 실시, 항만시설의 개선, 공직제도의 입안, 위생청의 개설, 국영산업의 장려, 관세 규정의 개정 및 선거에 의한 지방자치제의 창설 등의 방법이 사용되었다.

이러한 여러 가지 노력이 완성의 단계에 이르러서 군정에서 민정으로 이양해야 할 시기가 왔으므로 맥아더 장군은 1901년 7월 4일에 고향으로의 뱃길에 올랐다. 그로부터 몇 년이나 지난 후 마누엘 케손 대통령은 당시의 개혁의 훌륭한 성과에 다음과 같은 절실한 전별의 말을 꺼냈다.

"수많은 위대한 미국인이 근대적이고 진보적인 필리핀 국가 수립에 공헌해주었지만, 그 중에서도 우리가 특히 은혜를 입은 바가 컸던 것은 필리핀 마지막의 군사총독 아서 맥아더 장군이다. 장군은 싸움으로 우리를 정복했지만 그의 최대의 승리는 우리를 평화 속에서 정복한 일이다.

모든 외국인 중에서 장군만큼 우리를 위해준 사람은 없다. 그는 우리의 약점도 장점도 알았고 그보다도 더욱 우리를 평등한 눈으로 보고 있었다. 장군이 남긴 확고한 토대는 완전무결한 것이어서 그 후에도 우리의 성장과 발전의 기초가 되어주었다. 장군의 겸허함 때문에 이 중요한 공헌이 충분히 인식되고 있지 않지만 장군이야말로 가장 뛰어난 국가 건설의 담당자였다."

제 2 장 군   복

1. 육사(陸士) 생활

  1899년 6월 13일, 나는 미 육군사관학교에 입교했다. 4년간 그곳에서 나는 이 유명한 학교의 전통인 엄격한 일과를 보냈다. 웨스트포인트의 생활은 문화적이고 학구적인 분위기 속에서 엄격한 규율이 요구된다.
  그러나 다른 세계와는 전혀 인연이 없는 별세계이지만 만사가 단조롭고 기계적인 것은 아니다. 운동장에서의 격렬한 경쟁도 있고 댄스 등으로 아름다운 여성들과의 가슴 두근거리는 화려한 시간도 있었다. 나는 A의 성적을 얻어서 생도대의 대장도 되었고 나 스스로도 놀랐지만 그때까지의 25년간 최고의 성적으로 졸업했다.
  나에게 있어서 이 성적은 언제까지도 경이였고, 어째서 그렇게 된 것인지는 아무래도 이해할 수 없다. 나보다 머리가 좋은 사람이 동기생 중에도 많이 있었고 지금까지 24기 동안에는 더욱 많았을 것임에 틀림없다. 나는 다른 사람들보다 오래 열심히 공부한 것도 아니고, 그런 결과가 나온 이유를 굳이 생각해본다면 내가 사물의 대소 즉 무엇이 중요한가를 보는 눈이 약간 더 정확했기 때문인지도 모른다. 혹은 단지 운이 좋았던 것일까.
  즐거웠던 4년간에서 특히 기억나는 사건이 몇 가지 있는데 그 하나가 자칫 나의 육사 생활에 종지부를 찍을 뻔 했었다. 당시는 지금과는 사정이 달라서 신입생의 규율은 대부분이 상급생의 관리에 맡겨져 있었다. 그때문에 목적은 좋았지만 난폭하고 불합리한 방법으로 상급생이 신입생을 애먹이는 일이 행해지고 있었다.

내가 입교하기 1년 전에 일어난 그런 종류의 사건으로 의회에서 말썽이 생겨 매킨리 대통령의 명령으로 신입생이 어느 정도 골탕을 먹고 있는지 실태를 조사할 장성급의 사문회의가 구성되어서 1900년 12월에 사문이 개시되었다. 사문은 처음에는 거의 이 묵은 사건을 대상으로 하고 있었는데, 그러는 동안에 최근의 사건으로 옮겨져서 내가 피해자였던 어떤 사건이 조사의 주요 대상으로 떠올랐다.

나는 질문에 응해서 이 사건의 경위를 모두 상세하게 설명했지만 거기에 관계한 상급생의 이름을 밝히는 것은 거부했다. 나의 아버지와 어머니는 절대로 거짓말을 하지 말라, 절대로 헛말을 하지 말라는 두 가지 불변의 원칙을 가르쳐주었었다. 그러나 이 경우의 나의 입장은 절박한 것이었다. 만일 사문회의가 끝내 나에게 이름을 밝힐 것을 명령하고 내가 그 명령에 복종하기를 거부하는 경우에는 나는 퇴교가 되고 나의 모든 꿈과 희망은 끝장이 나고 만다는 것이 틀림없었다. 저항을 그만두고 이름을 밝혀버리는 편이 훨씬 편했고, 나에게 있어서도 형편이 좋았다. 또 그렇게 해도 나를 비난할 사람은 없었을 것이다. 그것은 내가 부딪친 최초의 커다란 유혹이었다. 어느 시대에나 인류가 당면하는 문제, 한쪽에서는 시끄러운 군중의 소리가 있고 다른 한쪽에는 다만 자신의 양심뿐이라는 괴로운 상태에 놓였던 것이다.

그때 웨스트포인트에 와 있던 나의 어머니는 내가 속으로 괴로워하고 있다는 것을 알아차리고는 사문회의가 휴회중일 때 펜글씨로 다음과 같은 시를 써서 나에게 주었다.

그대의 혼은 나의 혼
그대는 나의 마음의
모든 것임을
알아다오
아들이여 그대만큼
나를 괴롭히고

내가 기뻐하는 사람은
다시 없다
그대의 이름이
치욕의 그림자로 흐려질 때
세상의 책망은
한치의 가치도 없다
이 어머니에게 이 아들이 있다 함은
진리가 담긴 말
그대에 대한
세상 사람의 심판의 눈은
대개
어머니에게 향해진다
이 긍지높은 세상 사람으로 하여금
나를
외경의 눈으로 보도록 하는 것을
그대의 임무로 삼아다오
만일 그것이
임무라고 할 만한 것이라면
그리고 심판이 내려질 때
세상 사람에게
이렇게 말하도록 해다오
저 어머니는
뿌린 씨만의 것을
거두어 들였다.
이 사나이는
그 어머니의 아들인 것이다.

 이 시를 받았을 때 나에게는 어떻게 행동할 것인가 하는 각오가 섰다. 어떤 일이 있더라도 밀고자만은 되지 않겠다고 나는 결의했다.

그때부터 60년 이상이나 지났지만 나는 지금도 나의 이마에 구슬같은 땀이 흐르고 무릎이 덜덜 떨리고 일찍이 밀워키의 시청에서 선발시험을 치렀을 때와 같은 심한 오한이 엄습했던 것을 기억하고 있다.

나는 온갖 지혜를 다 짜내어 질문을 피하여 문제를 얼버무리려고 애썼지만 사문회의의 머리가 비상하고 노련한 장군들을 도저히 당할 수가 없었다. 그리고 결국은 두려워하던 명령이 짤막하고 단호하게 분명한 표현으로 떨어졌다. 나중에 나는 완전히 마음이 약해져서 장군들에게 동정을 빌었다.

나는 장교가 되는 것에 일생의 희망을 걸고 있다는 것, 나는 군기(軍旗)와 함께 자라온 청년이고 당시 몇만 킬로미터나 떨어진 전선에 있던 나의 아버지는 남북전쟁과 인디언 정복전에서의 장군들의 전우라는 것, 나는 어떤 형벌이라도 받겠지만 군복을 벗기는 일만은 면하게 해달라는 것 등을 간절하게 호소했는데 이윽고 말을 계속할 수 없게 되었다. 그때 의장인 늙은 장군이 "휴회한다. 이 생도를 숙사로 데리고 가라." 하고 말했다.

나는 그로부터 몇 시간 동안이나 나를 체포하러 오는 부관의 발소리를 이제나 저제나 하고 기다렸는데, 결국 발소리는 들리지 않았다. 문제의 상급생들 이름은 다른 수단으로 판명되었던 것이다. 이 일이 있은 이후로 나는 다시는 내가 옳다고 생각하는 일을 행하기를 주저하거나 자신이 어떤 꼴을 당할지를 염려해서 무릎이 떨리거나 하는 일은 없어졌고, 단 한 번의 예외를 제외하고는 오한이 엄습하는 일도 없었다.

이밖에 내가 기억하고 있는 일로는 1901년 5월 18일에 우리가 아나폴리스 해군학교의 생도들과 처음으로 야구시합을 했을 때의 일이다. 나는 육사 팀의 레프트였다. 당시는 나의 아버지가 필리핀 군사총독으로서 크게 명성을 떨치고 있을 무렵이었다. 나의 바로 옆에 해군 측의 스탠드가 있었고, 흐린 날이었으므로 해군 생도들은 비옷을 입고 있었는데 육사가 수비로 들어갔을 때에 나에게 퍼부어진 소동을 나는 영원히 잊지 못할 것이다. 비옷은 모조리 공중으로 날아올라가고 해군 생도들은 일제히 저속한 노래를 합창하기 시작했다.

너는 군사총독인가
그렇지 않으면 부랑자인가
이 쇼의 두목은
도대체 누구냐
너는 그렇지 않으면
에밀리오 아기날도인가.

그러나 나도 지고 있지만은 않았다. 3대 3의 스코어에서 투아웃일 때 타석에 들어선 나는 해군 측의 투수를 멋지게 누르고 포볼로 일루에 나갔다. 이때의 심판은 나에게 몹시 관대해서 해군 측의 포수는 포볼의 선언에 크게 분개했다. 나는 타이 콥(그 당시 미국의 유명한 야구선수) 정도는 아니었지만 당시 뛰는 데는 상당히 자신이 있었다.

그래서 나는 최초의 투구와 동시에 2루로 달려 나갔는데 예상대로 해군 측의 포수가 악송구를 했다. 2루수는 공을 놓쳤고 나는 계속 달렸다. 공이 이번에는 3루수의 머리 위로 넘어갔으므로 나는 그대로 달려서 육사측 우승의 밑거름이 된 한 점을 따냈다. 해군 생도들은 모두 훌륭한 스포츠맨들이어서 게임이 끝나자 나를 정말 군사총독처럼 대접해주었다. 나는 대학 야구의 낮은 수준에서 보아도 몹시 서투른 선수였지만 이 게임만은 나의 가장 즐거운 추억의 하나였다.

그 밖에 늙어서 돌이켜보면 아무것도 아닌 일이지만 젊었을 때에는 크게 감격했던 작은 승리도 몇 가지 있었다. 대포 견인용을 새로 온 두 마리의 말이 거칠어서 감당할 수 없게 되어 그것들을 진정시키기 위해 내가 불려간 적이 있었다. 그리고 서부시절의 거친 말 길들이기를 재현하게 된 셈이었다.

두 마리 다 멋진 밤색말로서 특별한 이상은 전혀 없이 그저 박차가 좀 심하게 죄어졌을 뿐이었다. 두 마리 모두 당장 조용해졌고 전속력으로 대포를 끌고 진지로 돌아왔을 때에는 땀 투성이가 되어 거품을 뿜고 있었지만 양같이 순했다. 담당인 포병대장 보울리 중위는 팔팔한 어조로 "맥아더 군, 잘 했어." 하고 말했다. 중위는 그 후 소장이 되었고, 육군성에서 내가 참모장이었을 때 보좌관의 한 사람이 되었다.

또 육사 최하급생 중 성적이 나쁜 조의 훈련을 맡아서 연습 성적을 상위권으로 끌어올렸을 때 담당 장교인 스미스 중위가 간결하지만 "이 연습 훈련에는 자네 아버지도 당하지 못할 걸세." 하고 칭찬해주었다. 그 말에 나는 중위를 끌어안고 싶을 정도였다. 중위는 후에 소장이 되고, 다시 스와니 대학 학장이라는 영광스러운 자리에 올랐다. '희롱하는 산책길'에서 내가 여자에게 키스하는 장면을 전술계의 장교에게 들켜서 몹시 쑥스러워했던 일도 있었다. 그러나 그 장교는 나의 점잖지 못한 행위를 보고하는 대신에 그저 씽긋 웃으면서 "축하하네. 맥아더 군." 하고 말했다.

뉴욕의 말(馬) 쇼에 갔을 때 동급생인 세버슨, E생도중대의 대장이었던 도티 라슨, 그리고 나 이렇게 세 사람만이 빠져나와서 의기양양하게 5번가의 유명한 레스토랑 렉터즈에 들어간 일도 있었다. 우리는 '다이아몬드' 짐 브래디(유명한 다이아몬드 수집가)와 악수를 하고 마티니를 아홉 잔 주문했다.

바텐더가 얼이 빠져서 "다른 여섯 사람은 어디 있습니까." 하고 묻자 도티는 나폴레옹이라도 된 듯이 뽐내는 모습으로 여분인 여섯 개의 술잔을 가리키면서 "그들의 정신(술을 뜻함)은 여기에 있다." 하고 소리쳤다. 그 다음에 우리는 어깨를 재면서 레스토랑에서 나와 벌레스크의 쇼를 보러 갔다. 우리는 몹시 즐거웠다. 도티는 후에 교장의 딸과 결혼했다. 참으로 아름다운 아가씨였다.

교실에서 제 1 부의 생도들은 아인슈타인의 상대성원리를 배우는데, 교과서의 내용이 복잡해서 도무지 알 수가 없었던 일도 있었다. 나는 교과서의 문구를 그대로 암기해서 우리의 우수한 교관 페이버거 대령이 나를 지명하여 내용을 설명하라고 했을 때 거의 책과 똑같이 마구 지껄여댔다. 대령은 좀 이상하다는 듯한 얼굴로 나를 보면서 "자네는 이 원리를 알고 있는 것인가?" 하고 물었다.

나는 뜨끔했지만 주저하지 않았다. "아닙니다, 모릅니다." 하고 대답했다. 교실은 일시에 조용해졌다. 나는 반에서 우등생이었기 때문에 그런 바보짓을 하면 성적에 큰 타격을 줄지도 몰랐던 것이다. 나는 각오를 하고 교관의 다음 말을 기다렸다. 그런데 교관은 천천히 "맥아더 군, 나도 알지 못한다네. 강의 끝." 하고 말했다. 나에게는 그것이 황금의 말로 들렸다. 나는 지금도 이 원리를 모른다.

1903년 6월 11일, 나는 육군사관학교를 졸업하고 공병 소위가 되었다. 그날 연설한 엘리프 루트 육군장관의 말은 아직도 나의 귀에 쟁쟁하다.

"미국의 역사에 나타나는 모든 전례로 보아 제군은 장차 육군을 떠나기 전에 반드시 전쟁에 참가하게 된다. 전쟁이 찾아오는 것은 피할 수 없다. 그 싸움에 대하여 제군의 조국을 위해서 대비해주기 바란다."

그날 밤 우리들 신참 소위들은 떼지어 뉴욕으로 가서 〈주르의 추장〉이라는 연극을 보았다. 배우들과도 만났는데 정말 화려한 밤이었다. 그로부터 42년 후에 나는 주르 지역을 일본군으로부터 탈환해야 할 처지에 놓였는데, 실제의 주르는 아무리 보아도 1903년 6월 11일의 밤에 본 주르와는 비슷하지 않는 곳이었다.

2. 필리핀의 매력

나의 최초의 임지는 기쁘게도 필리핀이었다. 나의 아버지는 당시 태평양 연안 사령관으로서 샌프란시스코에 사령부를 두고 있었다. 나는 졸업 후의 휴가를 그곳에서 보냈는데, 찾아오는 모든 사람을 따뜻하게 매혹시키는 이 도시에서의 한 여름은 참으로 쾌적했다.

샌프란시스코 체재 중에 일어난 두 가지 사건이 지금도 나의 기억에 뚜렷이 남아 있다. 하나는 오래 된 필란 빌에 있던 아버지 사무실에서의 일이었다. 내가 예고도 없이 아버지를 찾아갔더니 방에서는 캘리포니아의 저명 인사들이 모여서 주의 장래에 대하여 열심히 의견을 교환하고 있었다. 아버지는 나도 거기에 있으면서 얘기를 들어보라고 했다.

주지사는 캘리포니아 주의 남부를 지나가는 화물을 처리할만한 충분한 항만시설을 갖춘 항구가 없어서 애를 먹고 있었다. 그러한 항구를 만드는데 있어서는 사잔 퍼시픽 철도의 사장이나 그 밖의 업계의 거물들도 지사를 크게 지지하고 있었다. 그래서 아버지는 나로서는 기상천외라고 생각되는 계획을 제안했다.

당시는 아직 인구가 십 만도 안 되었던 로스앤젤레스까지 이어진 인공적인 항구를 만들자는 것이다. 그런 항구를 만들면 50년도 안 가서 미국 굴지의 화물 취급 항구가 된다. 자연의 혜택이 없다면 기술로서 그것을 보충해야 한다는 것이 아버지의 의견이었다.

아버지의 이 계획은 크게 환영받았고 실행으로 옮겨졌다. 그 결과는 주지하는 바와 같다. 그 후 이곳을 방문하여 끝없이 발전하고 무한한 성장력을 비장하고 있는 이 거대한 도시를 바라보았을 때, 나는 감탄하는 수밖에 없었다. 이 항구를 지키기 위해 만든 요새는 아버지의 이름을 따서 '포트 맥아더'라고 명명되었다.

또 한 가지 사건은 별로 유쾌한 얘기는 아니다. 우리가 살던 포트 메이슨에서 일하고 있던 죄수가 도망친 사건이 있었다. 이 죄수는 건장한 남자로서 커다란 낫을 들고 있어서 요새나 부근 마을에서는 큰 소동이 벌어졌다. 그 일대에서 수색대가 편성되고 아녀자들은 밖에 나가지 말라는 경고가 내려졌다.

요새는 높은 벼랑 위에 있었고 비탈길 아래는 항구였다. 비탈길은 험하고 잡초로 가득 덮여 있었다. 일찍이 인디언의 아파치 족을 쫓아서 길을 찾아낸 일이 있었던 나에게는 이 죄수의 발자취를 찾는 것은 아무것도 아니었다. 발자취는 비탈길까지 계속되고 비탈길을 내려가서 깊은 덤불 속으로 사라졌다. 죄수가 숨은 장소는 간단히 발견되어 나는

제 2 장 군 복 47

　권총을 들이대고 죄수를 움직이지 못하게 했다. 간수에게 그 죄수를 넘겼을 때 이 죄수는 나에게 침을 뱉고는 "이 웨스트포인트의 개새끼." 하고 외쳤다.
　나는 수송선 〈셔먼〉호를 타고 마닐라로 향했는데, 38일의 항해 도중에 석탄 보급을 위해 나가사키(長崎)에 들렀다. 나에게는 이것이 신비에 싸인 극동을 엿보는 첫 기회였고 당장 그 매력에 사로잡혔다. 지칠 줄 모르는 듯한 일본의 여성들이 등에 아기를 업은 채 손에 든 석탄 바구니를 놀라운 속도로 차례차례로 건네주는 것을 보면서 나는 찬탄을 금할 수 없었다. 이 찬탄의 기분은 지금도 나에게서 떠나지 않는다.
　필리핀은 나를 매혹시켰다. 기분좋은 친절함, 나의 아버지에 대한 존경과 애정, 스페인의 문화와 아메리카의 산업이 빚어내는 놀랄만한 매력적인 모습, 생활의 평범한 풍속까지도 무엇인가 특이한 매력이 있는 것으로 만들어버리는 나른한 듯한 게으른 공기, 놀기 좋아하는 사내들, 달빛처럼 섬세한 아름다운 여자들――나는 완전히 이런 것들의 포로가 되었고 아직도 거기에서 벗어나지 못했다.
　이렇게 눈에 비치고 귀에 들리는 모든 것의 매력은 나의 혈관에까지 스며들었다. 이 땅을 근대적이고 진보적인 독립국가, 미국의 이상주의의 확고한 전진기지, 동양의 진주로 만들어낸 나의 아버지 및 육군과 민정기관의 몇몇 유능한 선견지명이 있는 사람들이 가지고 있던 비전은 그대로 나에게로 옮겨졌다.
　1년의 임기 중 나는 군도의 여기 저기에서 전형적인 공병대의 임무를 수행했다. 타클로반의 측량, 마닐라 만의 항만 개량, 코레히돌 해안의 요새 구축, 바탄의 밀림에 덮인 산을 횡단하는 도로 건설, 기마리스 섬의 일로일로 항 입구의 방파제와 도크의 구축작업 등이었다. 이 마지막 임무에서 나는 말뚝으로 쓸 목재를 직접 입수해야 했기 때문에 적은 부대를 인솔하여 정글로 재목을 베러 갔다. 이 부근은 산적이나 게릴라가 우글거리는 위험한 지역이었다. 그런데 나는 전의 서부 개척시대의 훈련을 잊고 방심했다가 정글의 오솔길에서 두 명의 도둑에게 양쪽에서 습격을 당했다.

개척지의 남자라면 누구나 그렇듯이 나도 권총에는 숙달되어 있었다. 나는 두 사람을 그 자리에서 쏘아 죽였는데, 그 중 하나가 쓰러지기 전에 나를 향하여 낡은 소총을 발사했다. 탄환은 나의 전투모 꼭대기를 꿰뚫고는 뒤쪽의 작은 나무를 부러뜨렸는데 나는 아무 상처도 입지 않았다. 그때 나의 지휘하에서 감독 역할을 하던 고참 상사가 급히 달려왔다.

상사는 길가에 쓰러진 시체와 윗부분이 날아가서 아직 연기가 나고 있는 나의 전투모와 뒤에 부러진 나무를 잠시 가만히 보고 있다가 천천히 180센티미터의 체구를 바로 세워 뒤꿈치를 딱 붙여 나에게 경례를 하고는 아일랜드 사투리로 이렇게 말했다.

"소위님의 허락을 받고 말씀드린다면 앞으로 소위님의 생애에는 아무런 걱정도 필요없습니다."

이 고참 상사도 이미 오래 전에 이 세상을 떠났지만 내가 그때 만든 방파제와 도크는 그로부터 40년 후에 일본군을 몰아내기 위해 일로일로 항에 상륙했을 때에도 아직 남아 있었다.

필리핀 군도의 치안은 당시 미군 장교의 지휘하에 있던 경찰군이라고 불리는 부대가 맡고 있었다. 이 부대는 창설 이래로 명예와 영광에 찬 존재였다. 이 부대를 위해서 나는 정찰과 공병 활동에 대한 교과서를 만들어달라는 부탁을 받은 일이 있는데, 경찰대의 대령 계급을 가진 하보드 대위가 그 답례로 나를 마닐라 시내의 육·해군 클럽의 만찬에 초대해주었다. 하보드 대위의 얘기로는 자기가 관심을 두고 있는 젊은 필리핀 인 두 사람을 나에게 소개해주고 싶다는 것이었다.

이 두 사람은 산토마스 대학의 법과를 막 졸업한 마뉴엘 케손과 세르히오 오스메냐였다. 말은 약간 안 통했지만 이 만찬회는 떠들썩한 모임이 되었고 그 후 일생을 통한 우정이 생겨났다. 그러나 그날 밤의 나는 주인인 대위가 후에 지구의 반대쪽에서 미 파견군의 참모장이 되고 다른 두 사람이 모두 필리핀 연방의 대통령이 되리라고는 꿈에도 생각하지 못했다. 만일 우리가 그것을 알고 있었다면 모임은 그렇게 떠들썩하게 되지는 않았을 것이다. 혹시 반대로 더욱 떠들썩한 것이 되었을지도 모르겠다.

1904년 4월에 나는 중위로 진급했고 그 5개월 후에 수송선 〈토마스〉호를 타고 샌프란시스코로 향했다.

나는 샌프란시스코에서 금문만(金門湾)의 항만 방위와 사금(砂金) 채취 감독을 맡고 있는 캘리포니아 사금위원회에 배속되었다. 모두가 쾌적한 임무였는데, 특히 후자에서는 역마차로 스트로베리 계곡을 지나서 모험을 좋아하는 광부의 무리에 끼여들게 되어 그리운 뉴멕시코 시절의 추억이 수없이 되살아났다.

10월 초에 나는 갑자기 일로전쟁(日露戰爭) 관전을 위해 일본에 파견된 아버지에게로 가라는 명령을 받았다. 나는 이 관전에서 많은 것을 보고 듣고 배웠다. 영국인 관전자 이언 해밀턴이 생생하게 묘사했듯이 재빠른 진격 부대의 전개, 처참한 공격, 영웅적인 백병전, 완강히 버티는 방어진지, 오로지 진격하는 밀집된 부대, 날아가는 포탄과 날카로운 소총 탄환의 소리에 끄떡도 하지 않고 오직 앞으로 나아가는 병사들, 새빨간 전장, 도처에 흩어진 새하얀 시체도 보았다.

해밀턴은 후에 저 역사적인 가리볼리의 싸움에서 오스트레일리아와 뉴질랜드 부대의 사령관이 되었다. 나는 오야마(大山), 구로키(黑木), 노기(乃木), 도고(東鄉) 등 무쇠처럼 강인한 성격과 부동의 신념을 지닌 엄격한 표정에 말이 없고 접근하기 어려운 일본의 사령관들과 모두 만났다. 그리고 일본병의 대담성과 용기, 천황에 대한 거의 광신적인 신뢰와 존경의 태도에서 영원히 사라지지 않는 감명을 받았다.

우리의 실제적인 관전 목적은 일본군의 전력과 전투 방법을 관찰하는 것이었다. 당시 워싱턴에서는 차츰 불안이 고조되고 있었다. 1905년 1월, 루즈벨트 대통령은 다음과 같이 말했다.

"일본은 만일 스스로 깨달아 자국의 가장 우수한 사람들이 나라를 이끈다면 세계적으로 위대한 국가군의 지도적인 지위를 차지할 능력을 지니고 있다. 그러나 속이 좁아서 외부와의 접촉을 거부하고 일로전쟁의 승리에서 부당한 이득을 보려고 한다면 일본은 대국(大國) 전부를 적으로 만들게 된다. 일본이 아무리 굳은 결의를 갖고 있더라도 단결된 세계와 대항해서 성공할 수는 없다."

그 2개월 후에 루스벨트 대통령은 하원 군사위원회 위원장에게 다음과 같은 편지를 보냈다.

"일본은 필리핀에 야심을 가지고 있을지도 모른다. 나는 그렇지 않기를 희망하고, 또 실제로 그렇지 않으리라는 기분도 든다. 그러나 우리는 여하튼 모든 태세를 갖추어서 필리핀을 어떠한 적으로부터도 지키도록 해두어야 된다고 생각한다."

그로부터 몇 년 후 나의 아버지도 밀워키의 올드 세틀러즈 클럽에서 다음과 같은 취지의 경고를 했다.

"캘리포니아의 연방 편입에 관한 법안에 대해서 시워드 국무장관이 상원에서 연설했을 때, 장관은 '태평양 연안과 그 해변지역 및 그 앞의 방대한 수역은 앞으로 세계의 커다란 움직임의 주된 무대가 될 것이라 예상된다.' 하고 말했다. 태평양에 관련되는 여러 가지 문제의 해결이 아마 20세기의 커다란 사안이 되리라고 생각한다. 일본은 지금 미국에 대하여 결사적인 공격을 개시할 준비를 진행시키고 있다. 거기에 대항하지 않는 한 미국이 태평양 수역을 지키는 것은 불가능할 것이다."

그러나 일본의 공격이 개시된 것은 그로부터 33년 후였다. 나 자신은 일본군의 대담성과 용기에 크게 감탄했고, 일반 일본인이 검소하고 예의바르며 다정하다고 느끼고 있었다. 일본인은 인간은 게으름을 피우기보다는 일하고 있을 때가 훨씬 더 행복하고 만족스러운 상태에 있다는 노동의 존엄성을 언제부터인지 몸에 익히고 있는 것 같았다.

그러나 오만하고 봉건적인 지도층 사무라이(무사)들을 볼 때, 나는 이 칼의 신봉자들이 싸움에 이겼다는 것 때문에 장차 동양 전체도 그 지배하에 둘 수 있게 되리라는 위험한 생각을 갖기 시작한 것은 아닐까 하는 불안을 느꼈다. 이들이 때가 되었다고 생각하면 가차없이 태평양과 극동의 지배를 노리고 나설 듯한 기미는 이미 뚜렷하게 나타나 있었고 그들의 눈이 중국과 만주에서 태평양의 여러 섬으로 돌려지고 있다는 것도 의심할 여지가 없었다. 일본은 그때 이미 한국과 대만을 장악하고 있었다.

일본에 대한 아버지의 보고는 전쟁에서의 전술 내지 전략 등의 좁은 범위에 한정된 것은 아니었다. 아버지는 극동에 커다란 변동이 일어나고 있음을 이해했고 노일전쟁에서 일본이 이기기는 했지만 이 지역에서의 러시아의 세력이 완전히 사라진 것은 아니라는 사실을 충분히 간파하고 있었다. 워싱턴은 이런 종류의 상세한 분석을 원해서 아버지에게 극동의 모든 나라에 대한 포괄적인 검토를 명했었다.

아버지는 요코하마(橫浜)에서 홍콩, 싱가포르, 랭군, 캘커타를 거쳐 인도로 가고, 인도에서는 페샤와르와 케타를 방문하여 북서부의 국경지대를 보고 봄베이, 하이데라바드, 방갈로, 마드라스를 거쳐 콜롬보로 간다는 계획을 세웠다. 콜롬보에서는 동쪽으로 돌아서 자바, 태국, 인도차이나를 거쳐 상하이(上海)로 가서 중국에서 몇 개월 있을 예정이었다. 나도 아버지의 부관으로서 동행하게 되었다.

맥아더 장군은 당시로서는 광대하고 복잡한 동양의 현지 시찰을 해낼 수 있을 만한 해박한 예비지식과 이해력을 지니고 있는 소수의 육군 장교의 한 사람이었다. 아버지는 이제야 유럽 제국의 지배에서 벗어날 것을 꿈꾸고 움직이기 시작한 이 수십 억의 사람들에 대하여 포괄적인 보고를 할 수 있을 만한 자격을 몸에 지니고 있었다.

아버지는 아시아 대륙을 겨냥한 잠재적인 다툼이 실제로 어느 정도의 규모인가를 이해했고, 러시아는 당시 아무르 강을 넘어서 시베리아로 쫓겨가고 말았지만 언젠가는 또다시 만주의 풍요로운 평야로 들어올 것이며, 또 세계의 정복을 위한 싸움이 이 극동 지역에서 벌어질 날이 그다지 멀지 않다는 것을 충분히 감지하고 있었다.

나로서는 도쿄(東京))에서 히말라야 산맥의 카이버 고개에 이르고, 다시 돌아서서 바타비아와 동남 아시아에 이르는 아치형의 경로를 거친 몇 개월의 이 여행이 나의 훈련이라는 면에서는 말할 것도 없고 전 생애를 통해서 가장 중요한 사건이었다. 우리는 밀실에서 방위계획을 짜고 군사시설이나 중요 지역의 현지 시찰을 다니고, 또 크고 작은 여러 나라의 정부 사람들과 자리를 함께 했다. 임금님도 총독도 고등판무관도 우리에게 희망과 불안을 털어놓았다.

우리는 유명한 케즌과 키치너의 분쟁, 어느 시대에나 있는 경계선을 둘러싼 문관인 행정권과 군인의 직무와의 충돌에 대하여 쌍방의 의견에 귀를 기울였다. 우리는 또 카이버의 왕인 서 빈턴 블라드와 함께 아프가니스탄으로 가는 산길을 갔고, 키플링의 이야기에 나오는 킴이 갔던 그랜드 트렁크 로드(군사용 간선 도로)를 말을 타고 갔으며, 다질링을 출발점으로 해서 일찍이 영허스 밴드(영국의 유명한 탐험가 1863~1942. 그는 1904년에 인도 총독 커즌 경의 명에 따라 티베트에 가서 달라이라마와 통상 조약을 체결시켰다.)가 달라이라마를 찾아서 티베트로 들어갔던 길까지 발을 뻗었다.

우리는 식민지 제도의 이점과 단점, 식민지 제도라는 것이 어째서 치안유지에는 성공하면서 교육과 정치 경제라는 기본적인 면에서 민중의 발전에 실패하고 있는가를 목격했다. 우리는 자유세계와 노예제도의 차이에 대해서는 아무것도 모르는 채 배에 좀더 많은 음식을 넣고 몸에 좀더 나은 의복을 두르며 머리 위에 좀더 튼튼한 지붕을 얻는 것 외에는 아무런 관심도 없는 몇백 만의 혜택받지 못한 사람들 사이에 들어갔다.

여행 중에는 재미있는 사건도 몇 가지 있었다. 국민의 생활수준 향상에 열중하고 있는 진보적인 군주로 알려진 태국 왕의 만찬회에 참석했을 때의 일이다. 전등이 갑자기 꺼져서 큰 혼란이 일어났다. 내가 앉아있던 상소 가까이에 휴즈 상자가 있었으므로 나는 곧 끊어진 휴즈를 갈았다. 그런데 국왕은 몹시 기뻐하며 그 자리에서 나에게 훈장을 주겠다고 제의했다. 다행히 나는 그것을 사양할만한 상식은 지니고 있었다.

내가 이 여행에서 보고 배운 것과 내가 받은 강렬한 인상은 나의 일부분이 되어서 평생 영향을 미쳤다. 나는 서태평양과 인도양 지역에서 유럽이나 대서양에서 볼 수 없는 참된 역사적 의의와 운명을 느꼈다. 이곳에는 세계 인구의 반 이상, 그리고 아마도 문명의 장래를 지탱해 줄 원로의 반 이상이 모여 있었다. 미국의 장래, 나아가서는 미국의 존립 자체가 아시아 및 그 주변의 섬들과 떼어놓을 수 없는 관계에 있음을 나는 잘 알았다. 그 후 16년간 서태평양에 가지 않았었지만 나에게 새겨진 극동의 매력은 절대로 희미해지는 일이 없었다.

3. 국내 근무

1906년 가을에 나는 현재 포트맥네어라고 개칭된 워싱턴 바락스의 응용공학기술학교의 학생이 되었다. 그와 동시에 나는 놀랍게도 루스벨트 대통령의 부관으로 임명되었다.

이 임무는 나에게 있어서 매우 흥미 깊은 것이었다. 나는 미국의 지도적인 정치가들과 처음으로 가까이 접촉하게 되었다. 이 정치가들 중에 몇 사람인가는 명성만큼의 식견을 가지고 있다는 인상을 받았지만 대부분은 특히 말 잘하는 패들은 자기가 논의하고 있는 문제에 대하여 놀랄 정도의 무지함을 드러내고 있었다. 극동 문제에 대해서는 더욱 그랬다.

나는 시어도어 루스벨트 자신에 대해서는 크게 존경하고 있었다. 그는 미국의 제 26 대 대통령이지만 아시아의 정치에 대해서 예언자와 같은 식견이 있었고 굉장한 상상력을 지닌 정치가임이 충분히 엿보였다. 시어도어 루스벨트가 대통령에 취임했을 당시는 세계 열강 중에서 미국이 차지하고 있던 지위는 약했지만 그는 그것을 제 1 급의 지위로 끌어올려서 세계가 칭찬과 존경으로 그의 호의를 구하고 지구의 도처에서 미국 시민이 경의를 받도록 하는 입장을 확립시켰던 것이다.

그는 전례가 없을 만큼 당파를 초월한 민중의 지지를 받고 있었다. 그의 정력과 용기, 넘치는 활력, 잘난척하지 않는 꾸밈없는 성품, 모든 계층의 사람들에게 나타내는 다정한 태도, 그리고 그의 언동의 화려함까지 주위를 자극해서 모두를 평범한 능력이나 희망을 넘어선 곳까지 높여주는 효과를 올리고 있었다.

그는 극동에 대한 나의 의견에 대단히 흥미를 보여서 오랜 시간 자주 나와 얘기를 했다. 한번은 내가 대통령에게 민중에게서 큰 인기를 얻는 이유를 한마디로 말한다면 무엇인가를 물어보았더니 대통령은 "민중의 마음과 가슴에는 있지만 입에 올리지 못하는 것을 말로 표현해주는 일이다." 하고 대답했다. 또 언젠가 한 지방신문의 편집자가 날조한 대통령에 대한 전혀 근거없는 비난을 보고 내가 분개하고 있으려니까 대통령은 사람을 끌어들이는 특유의 웃는 얼굴로 "나는 나를 좋게 말해주기를 원하고는 있지만 아무 말도 안 하는 것보다는 욕이라도 해주는 편이 낫다네." 하고 말했다.

나는 대통령의 자녀들과 깊이 사귀어서 친한 친구가 되었다. 아들인 시어도어 주니어는 후에 제1차 세계대전 중 세당으로 향하는 아르곤 숲으로 진격할 때 나의 전우가 되었다. 아치볼드는 태평양전쟁 중 뉴기니아의 밀림전에서 나의 휘하에 있던 가장 우수한 대대장의 한 사람이 되었다. 카미트는 우르크 고지의 공략전 중에 폐밀 안 타르도노아 부근의 공중전에서 격추당했다.

나는 하원 의장 조 캐논에게도 몹시 끌렸다. 캐논은 저 권위있는 입법기관을 러시아의 황제와 같은 독재로 지배한 최초의 거인이었다. 나는 흔히 방청석에 앉아서 그가 하원의 지도자들을 혹은 어르고 혹은 깎아내려서 지배하는 광경을 호기심어린 눈으로 바라보았었다. 그러나 내가 캐논에게 미국의 원주민인 인디언에 대해서도 좀더 따뜻한 배려를 해달라고 청했더니 그는 참으로 동정적인 태도를 보였다.

어느 날 밤 대통령이 캐논을 위해 백악관에서 만찬회를 열어서 내가 접대 책임을 맡게 되었다. 예정으로는 손님들을 붉은 방에 모이게 하고 그 다음에 녹색 방으로 안내해서 대통령과 만나도록 한다는 순서로 되어 있었다. 나는 대통령을 예정된 장소에 안내하고, 손님들을 데려오기 위해서 붉은 방으로 들어갔다. 캐논은 사람들에게 둘러싸여서 몹시 격한 어조로 열심히 무엇인가 얘기하고 있었다.

나는 대통령이 기다린다는 것을 알고 있었기 때문에 세 번이나 사람들을 헤치고 들어가려고 했지만 아무래도 헛일이었다. 결국 기다릴 수 없게 된 나는 대사나 상원의원들을 두세 사람 밀어내고 캐논의 팔꿈치를 건드리면서 "의장님, 대통령께서 지금 여러분을 만나시겠답니다." 하고 말했다.

그런데 캐논은 나를 위아래로 노려보면서 한시도 입에서 떼지 않는 굵고 검은 시거에서 연기를 뿜어내고는 "멋대로 기다리도록 두게." 하고 소리쳤다. 그리고는 캐논이 태연하게 연설을 계속하는 데는 손님들도 몹시 즐거워했지만 나는 그렇지가 않았다. 내가 사교적인 중개역할을 맡을 만한 자격은 그날 밤 깨끗이 날아가버렸다.

기술학교를 졸업한 후 나는 잠시 위스콘신 주에서 하천 항만 관계의 임무를 맡았다가 1908년에 제3공병대대 소속으로서 포트 레븐워드에 파견되었다. 그곳에서 나는 이 요새의 21개 중대 중 가장 성적이 나쁜 K중대의 부중대장이 되었다. 그러나 이 중대의 대원들은 근무 중에 술 취하는 것만 말리면 좋은 소질을 지니고 있다는 것을 곧 알았다.

아버지와 아버지의 부하인 리플리 상사가 부하를 다루는 방식을 늘 보아온 나는 자연히 그 요령을 알고 있었다. 잘했을 때는 칭찬하고 잘못했을 때는 엄하게 질책해서 대원들의 긍지와 자존심을 강하게 해줌으로써 오래지 않아 중대 전체가 자기들은 가장 우수하다는 의식을 갖기 시작했다.

나는 대원들을 가차없이 몰아세워 하루에 40킬로미터를 걷게 하고, 배를 연결해서 다리를 구축하는 작업에서는 모든 기록을 깨도록 했으며 폭파작업의 전문가로 만들었고 본래부터 지닌 사격과 승마의 능력을 크게 향상시켰다. 그 결과 놀랍게도 전부대의 사열이 있었을 때 K중대는 최우수 성적을 올렸다.

나는 장군이 되는 것보다도 기뻤다. 장군은 되지 않았지만 나는 대대부관이 되었고 다시 일반 군무학교와 포트라일리 기병학교의 강사가 되었다. 1911년 2월 27일에 나는 대위로 진급했다.

포트 레븐워드에서의 생활은 여러 가지로 세밀하게 마음을 쓸일이 많아서 전투에 임했을 때의 공병대 장교로서의 훈련을 나에게 충분히 시켜주었다. 그 중에서도 특히 도움이 되었던 것은 파나마 운하지구에서의 근무를 자청해서 당시 괴덜스 대령이 완성시켜가던 거대한 구축작업을 견학한 일이었다.

나는 괴덜스 대령에게서 공중 위생을 배웠고 웨스트포인트 동기인 로버트 E. 우드에게서는 대규모 보급에 대하여 여러 가지 많은 것을 배웠다. 우드는 후에 시어즈 로벅 회사의 사장이 되어 소매 판매에 혁명적인 방법을 고안했다.

멕시코와의 관계가 국경 일대에서 긴장되고 있었으므로 육군성은 산안토니오에 통칭 '연습용 사단'으로 불리는 부대를 편성하여, 제3대대는 그 공병대가 되었다. 나는 어렸을 때의 땅을 또다시 볼 수 있어서 몹시 기뻤다.

산안토니오 바로 바깥에 캠프를 치자마자 나는 곧바로 옛날의 그리운 학교를 찾아갔다. 내가 풋볼 팀과 야구 팀을 지도해서 시즌마다 무패를 했던 운동장은 조금도 달라지지 않고 그대로 있었다. 땀에 젖어서 고생하던 추억을 남긴 체육관도 여전히 벌거벗은 벽을 남겨놓고 있었다. 댄스홀도, 스커트가 펄럭여서 밝은 눈이 빛나던 당시의 흔적을 그대로 간직하고 있는 것 같았다. 강당 저쪽 구석에 내가 쓰던 상처 투성이인 책상이 아직 있는 것을 보고 나는 감개무량했다.

학생들은 틀림없이 옛날 졸업생인 나를 환영하고 따뜻하게 박수를 쳐주며 다정하게 어깨를 두드려줄 것임에 틀림없다고 생각했다. 어쩌면 나는 한 마디 인사와 격려의 말을 요청받을지도 모른다. 교정으로

제 2 장 군 복

나오자 학생들이 소년같은 넘치는 활기로 장난을 치면서 뛰어나왔다.

학생들은 나를 가만히 바라보았다. 나이를 먹으면 어느 틈엔지 사라져버리는 그 날카로운 관찰의 눈이었다. 이윽고 학생들은 킥킥 웃기 시작했고, 그것이 떠들썩한 웃음이 되어 나를 큰소리로 조롱하기 시작했다. 나의 모자를 보고 웃고 있는 것이었다. 군의 규칙이 바뀐 직후여서 나의 모자는 카우보이의 모자처럼 가운데가 들어간 대신에 아주 보기 흉하게 꼭대기가 피라밋형으로 솟아나 있었던 것이다. 학생들이 일제히 "그 모자 어디서 났어요?" 하고 떠들어대는 것을 들으면서 나는 등을 돌려 학교에서 나왔다.

그러나 그날 밤 나는 행복한 어린 나날을 보냈던 옛날의 그리운 우리집을 보기 위해 작은 요새로 걸음을 옮겼다. 달빛이 대낮처럼 빛나는 밤이었는데 어디에선가 기타와 만돌린의 꿈 같은 가락이 흘러와서 몸 안의 피까지 희미하게 흔들리는 느낌이 들었다.

이윽고 꽃으로 덮이고 장미 향기에 싸인 고풍스런 현관에 다가가 내가 일찍이 애서서 키운 무화과나무가 한쪽에 아직도 서 있는 것을 보고 있자니까 갑자기 어두운 현관 그늘에서 어린 아가씨가 나왔다. 블론드 머리를 번쩍 치켜든 그림같이 아름다운 그 모습을 보고 나는 놀랐다. 나는 그 아름다움에 넋을 잃어서 말도 나오지 않았다.

그런데 그 아가씨는 전혀 상냥하지 않은 날카로운 어조로 "무얼 하고 있죠?" 하고 물었다. 나는 한방 먹은 듯이 더듬거리면서 설명하려고 했는데, 아가씨는 그것을 가로막고 "당신 취한 거죠? 나가요. 그러지 않으면 경비병을 부르겠어요." 하고 말했다.

나는 그 아가씨의 이름도 모르고 누구인지 끝내 알지 못하고 말았지만 산안토니오에 있는 4개월 동안 두 번 다시 이 집에는 발길을 돌리지 않았다. 나는 이 일에서 절대로 과거를 되찾으려고 해서는 안 된다는 것과 불은 언젠가는 재가 되고 만다는 인생의 쓴 교훈을 하나 배웠다.

포트 레븐워드로 돌아가서 오래지 않아 나는 제3대대에서의 근무를 벗어나 군무학교의 공병과 부장에 임명되었다. 제3대대의 병사들과 헤어지는 것이 참으로 괴로워서 나는 쓰라린 기분으로 작별을 고했다. 다만 내가 떠날 때 코베트 상사가 "어이, 너희들, 저 모습이 진짜 군인인거야." 하고 말했던 것이 나에게 있어서는 무엇과도 바꿀 수 없는 송별사가 되었다.

아버지는 동양에서 귀국하기 전에 의회의 특별 입법으로 아버지의 퇴임과 동시에 중장 계급은 폐지한다는 조건부로 중장으로 진급했다. 당시 최고의 계급은 소장으로서 아버지가 받은 조건은 제1차대전까지 계속되었다. 그래서 아버지는 계급으로서는 육군 최고의 장교가 되었다. 1909년 6월 2일에 아버지는 64세의 퇴임하여 고향인 밀워키로 돌아갔다.

1912년 9월 5일에 아버지가 전에 속해있던 제24 위스콘신 연대가 제15회가 되는 마지막 재회의 모임을 갖게 되었다. 아버지는 병환 중이었으므로 애석하게도 참석할 수 없다는 뜻의 통지를 보냈다. 모임 당일은 날씨가 얼마나 무더운지 이 지역에서는 전례가 없는 섭씨 40도라는 기온으로 올라가 있었다.

주지사와 이곳 출신인 두 사람의 상원의원이 참석하기로 약속되었는데, 이런 더위 때문에 모두 참석을 취소하고 말았다. 몹시 난처해진 주최자들은 위급한 자리를 옛날의 사령관에게서 구원받으려고 아버지에게 참석을 간청했다. 아버지는 이 마지막 근무에의 요청을 거절할 사람은 아니었다. 어머니가 열심히 말렸음에도 불구하고 아버지는 일어나서 옷을 입고 나갔다.

모임은 90명밖에 모이지 않았지만 커다란 육군회관에서 테이블을 둘러싸고 옛날 싸움 이야기로 꽃을 피우거나 그리운 군가를 부르기도 했다. 이윽고 사회자가 맥아더 장군을 지명해서 연설을 청했다. 아버지는 아직까지는 몸놀림이 분명해서 위엄있는 당당한 풍채를 하고 있었다.

아버지는 전처럼 가벼운 위트를 섞어가면서 지난 나날의 일들을 재현시켰다. 부대는 벌써 머프리즈보로에서 전선을 바꾸어 애틀랜타의 피치트리 크리크를 건너고 프랭클린에서 부대의 간격을 메우기 시작했다. "제군들의 무엇에도 굽히지 않는 연대는······." 거기까지 말했을 때 아버지가 비틀거렸다. 얼굴은 새파래지고 드디어 넘어지고 말았다. 그 옛날에 연대의 군의로서 아버지의 상처를 치료했던 크로닌 의사가 아버지의 곁으로 달려가서 단 한 마디 "전우 여러분, 장군은 임종할 것 같습니다." 하고 말했다.

방의 중앙에서 누군가가 주기도문을 외기 시작했다. 거기에 따라서 옛날 아버지를 따라 미셔너리 리지를 공격해 올라가고, 수많은 전당의 포화 속을 뚫고 들어갔던 90명의 노인들은 일제히 정든 사령관 옆에 무릎을 꿇고 소리를 모았다. 기도가 끝났을 때 아버지는 죽어 있었다.

연대 부관이었던 퍼슨즈 대위는 아버지가 용감하게 메고 달렸던 너덜너덜한 연대기를 벽에서 벗겨 아버지를 덮었다. 그리고는 잠시 말없이 서서 아버지의 시체를 바라보고 오래지 않아 숨을 거두고 말았다. 서부의 소년 대령이었던 아버지와 그 충실한 부관은 이렇게 해서 함께 조용한 바다와 침묵의 세계로 떠나갔다.

나의 세계는 그날 밤 뿌리채 무너지고 말았다. 그때 받은 나의 마음의 상처는 아직도 낫지 않았다.

아버지의 죽음 후 오래지 않아서 나는 포트 레븐워드에서 전임되어 워싱턴으로 가서 공병위원회의 위원이 되었다. 나의 어머니도 나와 함께 살았다. 1913년 9월에 나는 참모본부의 일원이 되었다. 이 육군의 최고기관은 당시 38명의 장교로 구성되어 작전계획의 입안 및 기타 가장 중요한 사항의 결정을 맡은 육군의 두뇌였다. 그 젊은 위원에 뽑힘으로써 나는 상상도 못했을 만큼 높은 지위에 앉게 되었다.

나는 육해군의 고관과 친하게 접촉하고 최종적인 책임은 지지 않은 채 최고 통수에 참여한다는 얻기 어려운 기회를 얻었다. 여기에서 나는 몇몇 사람들과 깊은 우정으로 맺어졌는데, 그 중에는 나보다 약간 젊은 해군 차관보인 프랭클린 루스벨트(후에 대통령이 됨)가 있었다. 매력적인 성격을 지닌 유쾌한 사람으로 나는 그를 프랭크라고 불렀다. 또 한 사람은 옛 친구 마누엘 케손인데, 당시 필리핀 판무관(辦務官)으로서 장래가 크게 촉망되고 있었다.

그러나 내가 누구보다도 밀접한 사이로 맺어진 것은 참모총장이었다. 나는 전부터 레너드 우드에 대해서 알고 있었다. 나는 어렸을 때 우드가 로턴 대위의 기병대의 일원으로서 인디언인 제로니모를 추적하던 모습을 본 일도 있었다. 우드는 그때 명예훈장을 획득했다. 또 미국과 스페인 전쟁에서 용감하게 활약했고 쿠바 군사총독으로서 쿠바의 부흥에 기념할만한 성과를 남겼던 일도 나는 알고 있었다.

우드는 원래 하버드 의과대학 출신의 의사였기 때문에 그의 숙련된 감독 밑에서 월터 리드 소장이 황열병(黃熱病)에서 전염 경로와 그 관리법을 발견하는 위대한 연구에 임했다. 내가 가장 매혹된 일은 그가 지칠 줄 모르고 전국을 돌면서 설득한 군비증강 사상의 보급활동에 그의 보좌관으로서 참여했던 것이다. 이것은 힘들고 시간이 걸리는 일이어서 쉴 틈이 거의 없었지만 그만큼 보람도 많았다.

4. 멕시코 정찰

미국과 멕시코의 관계는 점점 악화되었다. 멕시코의 푸에르토 장군은 힘으로 정권을 장악하고는 멕시코에 거주하는 미국인을 비합법적으로 체포하거나 학대하기 시작했다.

미국에 대한 푸에르토의 집요한 모욕에 윌슨 대통령은 결국 대응조치를 취하지 않을 수 없게 되었다. 미 함대가 베라크루스의 항무를 봉쇄하고 1914년 4월 21일 미국의 수병과 해병대가 동서를 포위했다. 전쟁 가능성이 높아져서 참모본부는 판스톤 장군 지휘하의 제 5 여단으로 이루어진 작은 파견부대를 베라크루스로 보냈다. 필요하다면 후속부대로서 우드 장군 지휘하에 1개군이 갈 예정이었다.

판스톤 부대가 현지에 상륙하기 4일 전인 4월 22일에 린들리 개리슨 육군 장관이 우드 장군과 협의하여 참모본부의 장교를 한 사람 베라크루스로 파견해서 현지의 지형을 정찰시키고 동시에 우드 장군과 육군성에 도움이 될 일체의 사정을 보고시키도록 하였다. 내가 그 역할에 뽑힌 데에 나는 놀랐다.

나는 우드 장군의 사무실에 불려갔고 얼마나 빨리 출발할 수 있느냐고 묻기에 한 시간 이내에 출발할 수 있다고 대답했다. 우드 장군은 만일 전쟁이 시작되면 나를 현지군의 작전참모로 삼겠다고 말했다. 그때의 나의 임무는 육군장관이 해군장관에게 보낸 4월 23일자 편지에 다음과 같이 적혀 있었다.

"나는 꼭 육군성의 대표 한 사람을 시찰과 정찰의 목적으로 현지에 파견했으면 하고 생각한다. 그것은 참모본부의 더글러스 맥아더 대위에게 맡길 예정인데, 대위는 만일 군이 멕시코에 대하여 공세를 취할 경우에는 군사령관의 참모의 한 사람으로서 현지에 머물도록 되어 있다.

맥아더 대위의 시찰과 베라크루스의 여행을 용이하게 하기 위하여 관계 해군 사령관이 대위에게 가능한 모든 편의를 제공하고, 또 내일 뉴욕에 도착할 예정인 전함〈네브라스카〉호에 대위를 편승시키도록 주선해주면 대단히 고맙겠다."

나는 베라크루스에 도착했지만, 제5여단에의 배속 명령은 받지 않았기 때문에 제5여단 사령부도 나를 정식 사령부 요원으로는 취급하지 않았다. 이 여단에는 참모본부의 장교는 한 사람도 배속되지 않아서 나를 여단의 일원으로 취급하게 되면 아마 여단 자체의 지휘계통이 혼란해졌을 것이다. 어쨌든 여단은 내가 육군성의 지휘를 직접 받는 독립된 참모장교라는 태도를 취해서 내가 받은 일반적인 명령의 실행에 있어서 나 자신의 판단으로 행동하도록 허용해주었다. 여기에는 나도 이의가 없었다.

이윽고 나는 베라크루스에서 보고 들은 것에 매우 큰 불안을 느끼기 시작했다. 부대는 행동을 일으킬 수단을 거의 갖지 못했고, 말이나 소에 의한 수송 설비도 없었으므로 사실상 못박힌 상태에 놓여 있었다. 우선 나는 이 상태를 고쳐서 장차 군이 오게 되는 경우에 여기에서 막혀 버리지 않도록 하는 것이 선결문제라고 생각했다.

그러려면 철도를 이용하는 것이 가장 좋다고 생각되었는데, 화차나 객차는 충분히 있었지만 긴요한 기관차는 어디에서도 발견되지 않았다. 기관차는 도대체 어디에 있는 것일까. 부대에서의 매우 중요한 최초의 행동이 성공할지 여부는 기관차를 구할 수 있을지의 여부에 달렸다고 해도 좋을 것이다. 그 기관차를 찾아내는 것이 나의 기본적인 임무라고 생각했다.

술에 취해서 만취된 어느 멕시코 인의 얘기에서 베라크루스와 알바라도를 연결하는 철도의 어딘가에 기관차가 많이 숨겨져 있는 모양이라는 것을 알았다. 이 사내는 베라크루스와 알바라도 간의 철도 기관사였다. 나는 직접 그 사내의 얘기가 사실인지를 확인하기 위해 당장 정찰을 나가기로 했다.

그런 정찰이 가능한지를 헌병대장인 코디어 대위와 몰래 의논했는데 코디어는 이 계획에 크게 찬성했다. 판스톤 장군의 부관 볼 중위나 문제의 철도가 있는 전진기지의 지휘관 번사이드 대위도 찬성이었다. 나는 판스톤 장군에게는 의논하지 않았다. 장군의 임무는 비밀명령으로 시(市)와 그 주변에 한정되어 있다고 보았기 때문이다.

그런데 판스톤 장군 밑의 검열총감으로 내가 어릴 때부터 알고 있던 기병대의 데이드 대령은 나의 계획에 반대했다. 데이드는 "너무 위험하네, 더글러스. 워싱턴은 전쟁을 원하지 않으니까 그런 계획은 좋아하지 않을 걸세. 그것이 성공하고 전쟁이 시작되면 다행이지만 성공하기 전에 틀림없이 게릴라에게 죽을 거야."라고 말하고는 야릇한 미소를 띠우면서 이렇게 말했다. "게릴라에게 당하지 않더라도 워싱턴에 당하네. 육군성의 패거리는 거칠기 짝이 없으니까 말야. 자네도 그것은 알고 있겠지?"

하지만 나는 이 정찰의 목적이 공격적인 것이 아니라 군에 중요한 정보를 입수하는 것뿐이니까 내가 받은 일반 지령은 충분히 이 경우에 해당된다고 생각했다. 나는 계획을 세워서 코디어 대위에게만 그 내용을 털어놓았다. 예의 멕시코 인도 얼마 간의 사례로 나의 기관차 수색을 도와줄 것을 승낙했다.

나는 당시에 써둔 그 사건의 상세한 메모를 지금도 가지고 있다. 다음은 거기에서 인용한다.

"나의 계획은 다음과 같은 것이었다. 나는 석양 무렵에 혼자서 도보로 베라크루스를 출발하여 선로에 트럭을 준비해두기로 한 멕시코 인 기관사와 만난다. 알바라도 선의 파소 델 토로에서 두 사람의 멕시코 인이 또 한대의 트럭을 준비해서 기다리고 있다. 여기에서 합류한 네 사람은 파소 델 토로에서 기관차가 발견될 때까지 알바라도 선을 따라가고 기관차가 발견되면 그 상태를 확인한다.

세 사람의 멕시코 인은 모두 철도 종업원이었기 때문에 트럭을 입수해서 약속장소에 준비해둘 만한 연고와 경험은 충분히 있었다. 나는 그들에게 내가 무사히 베르크루스에 돌아오면 지불한다는 조건으로 150불의 돈을 주기로 했다.

바람이 세고 구름이 많이 낀 밤이었다. 나는 석양 무렵에 제 7 보병연대의 분견대가 야영하고 있던 무선통신소 근처에서 누구에게도 들키지 않고 전선을 빠져나갔다. 나는 아무런 변장도 하지 않은 군복차림에 몸에 지니고 있는 것은 인식표와 작은 성경 한 권 그리고 권총뿐이었다.

예정된 장소에서 예의 멕시코 인이 트럭을 가지고 기다리고 있었다. 나는 이 사내의 몸을 조사해서, 좀 투덜거리는데도 기지고 있던 38 구경의 권총과 작은 칼을 빼앗았다. 그리고 이 사내가 배신행위를 하는 것을 막기 위해 나의 몸을 뒤져보여서, 나는 돈이 될 만한 것은 아무것도 갖지 않았으니까 나를 죽여도 한푼도 득이 되지 않는다는 것을 납득시켰다. 즉 이 사내에게는 나를 무사히 베라크루스까지 보내서 보수를 받을 때까지는 거래가 성립되지 않는다는 것을 설명한 셈이다.

우리는 아무 일도 없이 보카 델 리오까지 갔는데 자마파 강에서 철교가 부러져 있었다. 나는 트럭을 놓아두기로 하고 그것이 남의 눈에 띄지 않도록 덮어두었다. 강변을 따라 조금 가니까 작은 배가 있었으므로 우리는 그것을 타고 강을 건너서 발견되지 않도록 파소 델 토로 시내 훨씬 북쪽에서 강가로 올라갔다.

그리고 잠시 주변을 살펴보았더니 움막 옆에 조랑말이 두 마리 있었으므로 그것을 타고 선로가의 오솔길로 해서 파소 델 토로 가까이에 이르렀다. 여기에서 우리는 길을 돌아서, 시내 남쪽에서 알바라도 선에 이르렀다. 그곳에는 멕시코 인인 기관사 두 사람이 트럭을 가지고 기다리고 있었다.

타고온 조랑말을 숨겨놓은 다음 이 두 사람의 몸을 조사해보니 무기는 아무것도 가지고 있지 않았으므로 우리는 전진하기 시작했다. 한데 아무리 가도 기관차는 보이지 않았다. 이 선로는 도처에 다리나 지하수로가 있어서 멕시코 인들은 그 안전 상태를 자세히 조사하지 않고 건너는 것에는 맹렬히 반대했다. 그러나 시간이 없었으므로 그런 일 때문에 일일이 멈추어 있을 수는 없어서 위험을 알면서도 그냥 가는 수밖에 없었다.

최초로 다리에서 나는 이들을 위협해야 했는데, 그 이후로는 귀찮게 구는 일은 없었다. 반대로 나의 기분을 이해하고부터 그들의 행동은 참으로 훌륭한 것이었다. 새로운 마을이 보일 때마다 나는 한 사람을 데리고 트럭에서 떨어지고 다른 두 사람이 트럭을 마을 반대쪽까지 운전해갔다. 그 사이에 나는 그 사내를 안내자로 삼아 서로 놓치지 않도록 끈으로 이어서 마을을 멀리 돌아 반대쪽에서 트럭에 당도했다. 이것은 시간이 걸리는 방법이었지만 발각되지 않기 위해서는 그러는 수밖에 없었다.

우리는 오전 1시를 조금 지났을 무렵에 알바라도에 도착했고 그곳에서 기관차를 5대 발견했다. 그 중 2대는 차량 연결용의 기관차여서 우리에게는 소용이 없었지만 3대는 희망대로 대형기관차로서 조그만 부품이 두세 가지 없는 것 이외에는 매우 양호한 상태였다. 나는 신중히 차체를 조사하고는 귀로에 올랐다.

살리나 부근에서 올 때와 같이 한 사람을 데리고 마을을 멀리 돌고 있는데 다섯 명의 무장한 남자들이 나타났다. 모두가 도보이고 군복은 입지 않았다. 분명히 군인은 아니고 강탈을 업으로 삼고 멕시코에서 횡행하는 산적의 일원이었다. 우리 두 사람은 급히 도망치기 시작했는데 산적들은 총을 쏘면서 쫓아왔다.

산적 중에 셋은 떼어놓았지만 둘은 가까이 쫓아왔으므로 나는 목숨을 지키기 위해 이 두 사람에게 발포하지 않을 수 없었다. 둘이 다 그 자리에서 쓰러졌다. 이 사격 소리로 트럭에 있는 사내들이 겁을 먹고 도망치지나 않았을까 하고 걱정했는데, 잠시 찾으니까 마을에서 떨어진 곳에서 우리를 기다리는 것을 발견했다.

우리는 피에드라 부근에서도 짙은 안개 속에서 말을 탄 약 열 다섯 명의 산적과 거의 비슷한 상황에서 부딪쳤다. 내가 알아차리기 전에 우리는 이미 포위되어 있어서 곧 전투가 벌어졌다. 나는 달려온 말에 차여 쓰러졌고 옷에 세 발의 탄환 구멍이 뚫렸지만 다치지는 않았다. 동행한 기관사는 어깨를 맞았지만 중상은 아니었다. 나는 적어도 산적 네 명을 쏘아 쓰러뜨렸고 나머지는 도망쳐버렸다. 기관사의 상처를 치료한 다음 일행은 되도록 빨리 북쪽으로 나아갔다.

라구나 근처에서 우리는 다시 세 명의 말 탄 산적을 만나서 사격을 받았다. 산적들은 트럭과 함께 달리면서 우리를 향해 사격을 계속했다. 나는 되받아 쏘지 않았다. 트럭은 산적들을 떼어놓았는데, 산적 한 사람만이 아주 좋은 말을 타고 있어서 트럭을 쫓아와 결국 앞서서 갔다. 이 사내가 쏜 한 발이 나의 셔츠를 꿰뚫었고 두 발이 나를 15센티미터 정도로 스쳐갔으므로 부득이 이 산적을 쏘아 쓰러뜨렸다. 산적의 말은 트럭 앞쪽의 선로에 쓰러졌으므로 우리는 시체를 치우고 전진해야 했다.

  우리는 파소 델 토로에서 트럭을 버리고 숨겨둔 장소에서 조랑말을 끌어내 겨우 길을 더듬어서 보카 델 리오에 당도했다. 여기에서 우리는 조랑말을 가져온 처음 장소로 돌려보냈다. 배는 숨겨둔 장소에 그대로 있었으므로 우리는 그것으로 자마파 강을 건너기 시작했는데, 거의 다 가서 어둠 속에서 배가 나무에 부딪쳐 침몰해버렸다.

  다행히 그 일대의 수심은 1.5미터 이하였다. 그렇지 않으면 녹초가 되도록 지친 우리 상태로는 도저히 헤엄칠 수 없었을 것이다. 우리가 강가에 당도했을 때에는 훤하게 날이 새기 시작했다. 우리는 최초의 트럭을 찾아내어 그것으로 베라크루스 가까이까지 와서 전선을 넘었다."

  우드 장군은 나를 위해서 명예훈장을 신청했다. 판스톤 장군은 "정말 대단한 위험을 자청해서 실제로 거기에 부딪친 것이니까 명예훈장의 수여는 아주 타당하고도 당연한 일이다."라고 보고했고 코디어 대위도 "이것은 최고의 용기를 요하는 행위이고 나의 의견으로는 우리 군의 멕시코 상륙 이후에 있어서 유일하게 뛰어난 무훈이다. 명예훈장에 알맞은 용감한 행동을 찾는다면 맥아더의 대담한 행동은 당연히 거기에 해당된다." 하는 보고를 냈다.

  볼 중위도 다음과 같은 평을 했다.

  "맥아더 대위가 가져온 정보는 비밀로 해두는 것이 절대로 필요했다. 왜냐하면 우리 군의 그 이후의 계획은 사실상 이 정보에 기초를 두게 되었기 때문이다. 군으로서는 우선 맥아더 대위가 찾아낸 기관차를 탈취해서 부대의 전진을 위한 보급을 가능하도록 하는 것이 최초로 취해야할 공격적인 행동이 되었던 것이다.

  우리가 멕시코에 들어간 경우에 이 정보가 지닌 현실적인 가치는 아무리 강조해도 모자랄 정도이다. 나는 이 정찰에 부수된 상황을 모두 잘 알고 있어서 주저할 것도 없이 이 행동은 육군 사상 가장 위험하고도 어려운 행동의 하나였다고 생각한다. 이 행동이 명예훈장을 받을 만하다는 것은 명백해서 그것을 수여하지 않는다는 것은 극히 불공평하다고 생각한다."

그러나 육군성은 그렇게는 생각하지 않았다. 과연 "육군성의 패거리는 거칠다."고 한 데이드 대령의 예언대로였다. 내가 정찰을 결심한 것은 옳았을지도 모르고 혹은 잘못이었을지도 모른다. 어쨌든 전쟁은 일어나지 않았으므로 정찰의 결과는 결국 이용되지 않았다. 하지만 그날 밤이 남십자성 밑에서 모험으로 가득찬 밤이었다는 것만은 옛날 서부 시절의 친구들도 인정해줄 것임에 틀림없다.

워싱턴으로 돌아왔을 때, 우드 장군은 이미 없었다. 나는 얼마 후에 소령으로 진급했고 또다시 참모본부에 근무했다. 육군성의 패거리는 그렇게 거칠기만 하지는 않았던 모양이다.

한편 이 사이에 정부 내부에서 말썽이 일어났다. 대통령과 육군장관이 충돌했던 것이다. 1916년 2월에 개리슨 육군장관과 브레킨리지 육군차관보는 두 사람이 현실적이라고 생각하는 군비문제를 윌슨 대통령이 채택하지 않는다고 해서 결국 사직했고 3주일 후에 뉴턴 D 베이커가 육군장관에 임명되었다. 이 임명은 정치적인 평을 야기시켰고 반정부 신문은 베이커를 평화주의자라고 비난했다. 그러나 이렇게 사실과 반대되는 비난은 없었다.

나는 그때까지 베이커 장관과 한 번도 만난 일은 없었지만 그 평판은 알고 있었다. 베이커는 클리블랜드 시장을 두 번이나 역임해서 시정개혁으로 명성을 얻고 있었다. 그에게는 '신뢰할 수 있는 급진주의자이고 신중한 진보론자'라는 평이 있었다. '마음이 넓고 온화한 보수주의자'라고 부르는 사람도 있었다.

베이커 자신은 자기를 '평화를 위해서는 전쟁도 사양하지 않을 정도의 평화주의자'라고 자칭하고 있었다. 내가 만난 베이커는 몸집은 작았지만 마음이 넓고 투철한 두뇌와 즉석에서 적극적인 판단을 내리는 뛰어난 능력을 지니고 있었다. 그는 미국의 가장 위대한 육군장관의

한 사람이 되었다.

　나는 항상 베이커 장관과 함께 있으면서 그의 무엇에도 구애받지 않는 **빠른** 두뇌와 대항하면서 계속해서 일어나는 수많은 군사적인 성질의 문제 해명에 임했다. 전쟁, 그리고 국가적인 규모에서의 군비가 지닌 측정하기 어려운 문제가 항상 토의의 주제가 되었다. 베이커는 보도진을 다루는데 좀 애를 먹고 있어서, 1916년 6월 30일에 나를 다른 임무에 덧붙여서 육군장관의 군사보좌관으로서 육군성 홍보과장의 자리에 앉혔다.

　그 일주일 후에 나는 보도검열관이 되어 육군성 출입기자들과의 연락을 맡았다. 나는 이 기자단이나 가끔 찾아오는 특별한 기자들을 통해서 정부의 군사정책을 국민에게 설명하고 세계는 안전하다는 환상을 타파하는 일을 맡았다.

　당시 참모본부는 방위군이 전시의 외지 근무 부대로서 충분히 신뢰할 수 있는가 하는 중대한 문제를 진지하게 검토하고 있었다. 참모본부 요원의 대부분은 방위군을 그런 임무에 쓰는 것에 반대했다. 그러나 나는 예외였다. 나는 방위군의 각 부대를 지원병으로 확대시켜서 효과적이고도 신뢰할 수 있는 전투사단으로 만드는 것이 가능하다고 생각하고 있었다.

　나는 시민병(市民兵)이라는 것의 가치를 대단히 깊이 믿고 있었다. 아마 이것은 나의 아버지로부터 이어받은 것이리라. 나는 독일과의 전쟁이 시작되는 것은 확실하다고 보고 있었는데 그렇게 되는 경우에는 정규군 부대와 함께 방위군 사단도 프랑스에 파견해야 한다고 생각하고 있었다.

제 3 장 제 1 차 세계대전

1. 무지개 사단의 탄생

1917년 4월, 의회는 독일에 대하여 선전포고했다. 이것은 2년 이상이나 계속된 독일 잠수함의 무차별 공격에 대한 당연한 귀결이었다. 미국 배가 자꾸 침몰당하고 게다가 〈루시타니아〉호가 어뢰 공격을 받아 미국인이 많이 희생되었기 때문에 미국민은 크게 분개하고 있었다. 윌슨 대통령은 미국을 전쟁권 바깥에 놓아두려고 많이 노력했지만 독일이 세계의 자유를 위협하기에 이르렀으므로 의회는 결국 미국의 거대한 산업력과 인적 자원을 전쟁에 투입하기로 결단을 내린 것이다.

선전포고 이틀 전에 내가 관계하고 있던 기자와 논설가들이 전무후무한 일을 했다. 육군장관에게 검열제도를 칭찬하는 서한을 자발적으로 보냈던 것이다. 서한은 당시 워싱턴의 가장 저명한 보도 관계자 29명 전원이 서명한 것으로 다음과 같이 쓰여 있었다.

"목전에 임박한 행동의 시기에 있어 과거 오랫동안 육군성을 담당해온 기자단의 얼굴도 크게 바뀔 것이 충분히 예상된다. 우리 중에는 군대에 들어갈 사람도 있을 것이고 전쟁과 관련된 다른 분야에 들어갈 사람도 있을 것이다. 또 우리가 육군성에서 사귄 장교들도 새로운 임무를 맡을 것이 예상된다.

그렇게 되기 전에 우리 보도진은 당신에게, 그리고 당신을 통해서 더글라스 맥아더 소령에게 그 동안 소령이 군검열관이라는 괴로운 입장에 있으면서 우리에게 진력해준데 대하여 감사드린다. 맥아더 소령의 장래에 대하여 우리는 아무런 의문도 갖지 않는다. 위계와 영예가 거기에 적합한 사람에게 주어지는 한 맥아더 소령이 앞으로 위계와 영예를 얻으리라는 것은 틀림없다.

우리는 이제까지의 어려운 시기에 소령이 보여준 언제나 변함없는 친절과 인내와 현명한 조언에 대하여 감사를 드린다. 우리는 필요상 소령의 인내심을 밤낮없이 혹사시키지 않을 수 없었는데 소령은 일관해서 우리에게 배려있는 태도를 보여주었다.

맥아더 소령과 보도진 사이에 유지된 협조적인 관계가 군사적인 문제에 대한 국민의 생각에 어느 정도의 영향을 주었는가는 측정이 불가능하지만 소령이 우리를 위해서 열어준 기자회견의 시간은 결코 낭비가 아니었다. 그 결과로 만일 미국의 군사정책에 현명한 조치가 취해졌다면 소령은 우리를 통해서 대중의 생각을 형성하는데 공헌했다고 하지 않을 수 없다."

이 편지는 베이커 장관을 몹시 기쁘게 했는데, 나는 더욱 기뻤다.

유럽에 파견될 미군의 규모와 성격에 대하여 막료들이 모두 50만의 정규군으로 한다는 연구보고를 제출해서 이 문제가 갑자기 절박한 사안으로 부상했다. 이 보고서가 나에게 돌아왔을 때, 나는 과로로 지쳐 있었으므로 앞뒤도 별로 생각하지 않고 이 결론에는 완전히 반대하지만 반대 이유를 상세히 기록해봐야 아무도 주의를 기울여주지 않을 것이기 때문에 이유는 생략하겠다고 썼다.

이것은 예의를 잃은 행동이어서 바로 후회했지만 참모총장이 다수 의견을 승인해서 서류를 육군장관에게 돌렸다는 말을 듣고 그 일은 생각하지 않기로 했다. 그 이튿날 늙은 흑인이 나의 방문을 두드렸다. 이 흑인은 고급 부관 시절의 아버지 밑에 있었으므로 나와는 옛날부터 친했다. 그는 장관이 나를 부른다고 했다.

장관 방에 들어간 나는 뜨끔했다. 장관은 의자에 푹 파묻혀서 파이프를 문 채 예의 보고서를 읽고 있었다. 장관은 1분쯤이나 말없이 파이프를 피우면서 읽기를 계속했다. 틀림없이 나의 당돌한 의견을 읽는 것임에 틀림없다고 생각되어서 참으로 비참한 기분이 들었다.

겨우 얼굴을 들고 독특한, 느리지만 분명한 어조로 "소령, 나는 지금 자네 의견을 읽었네." 하고는 다시 입을 닫았다. 나는 각오를 하고 사과를 하려고 했는데, 내가 입을 열기 전에 장관은 갑자기 일어서서 "이 문제에서는 나도 자네와 같은 의견이다. 모자를 가지고 따라오게. 지금부터 백악관에 가서 문제를 모두 대통령에게 얘기하고 결재를 부탁하자." 하고 말했다. 이 말을 들은 나는 구름 위를 걷는 듯한 기분이었다.

나는 그 전에도 대통령을 자주 만났고 언제나 나에게 말을 걸 때의 대통령은 참으로 다정했다. 이번에도 예외는 아니었다. 장관과 나는 교대로 사용할 병력은 무제한으로 하고 방위군도 최대한으로 이용해야 한다는 주장을 설명했다. 우리는 한 시간 이상 그 방에 있었는데 나중에는 대통령도 우리 의견에 찬성해서 아주 장중하고 예의바른 어조로 "제군의 생각에 대체로 찬성한다. 베이커, 이 생각을 실행으로 옮기게. 그리고 소령, 솔직하게 의견을 말해줘서 고맙네." 하고 말했다.

그 후 베이커 장관은 나를 불러서 "대통령의 결정을 최대한으로 실행하려면 어떻게 하는 게 제일 좋겠나?" 하고 물었다. 나는 각 주에서 부대를 차출하여 전국에 무지개처럼 퍼지는 사단을 만들면 어떻겠느냐고 제안했다. 이 '무지개'라는 말은 영구히 이 사단의 이름이 되었다. 장관은 사단장에 민병국장인 만 장군을 뽑은 다음 또 어떤 조치가 필요하겠느냐고 나에게 물었다.

나는 만 장군은 퇴임 시기가 가까우니까 사단 참모장에는 참모본부에서 가장 우수한 대령을 보내는 것이 꼭 필요하다는 의견을 말했다. 당시 정해진 사단의 편성 규정에는 참모장 자리는 대령 계급의 장교를 두기로 되어 있었다. 나의 의견을 들은 장관은 "그 인선은 벌써 끝났네." 하면서 나의 어깨에 손을 얹고는 "그건 자네야." 하고 말했다.

나는 놀라서 어처구니가 없었는데 더듬거리면서도 말씀은 고맙지만 아직 소령에 불과하니까 자격이 없다고 말했다. 장관은 "그게 아냐. 자네는 이제 대령이야. 당장 사령장에 서명하지. 자네는 역시 공병으로 있고 싶은 거겠지." 하고 말했다. 나는 망연해 있었지만 옛날 제24 위스콘신 연대의 일이 생각나서 "아닙니다, 보병입니다." 하고 대답했다. 이것이 내가 보병장교가 된 경위이다.

이런 일이 있기 전에 나는 뜻하지 않게 몹시 슬픈 사건의 하나에 말려들었다. 1917년 2월 17일, 내가 참모본부에서 야근을 하고 있을 때의 일이었다. 고급부관실에서는 나의 오랜 친구인 페이톤 마치 중령도 야근이었다. 베이커 장관은 그날 밤 대통령을 위한 공식 만찬회를 열기 때문에 어떤 중요한 일이 일어난 경우 이외에는 연락하지 말라고 일러 놓았었다.

당시 미국이 참전하게 될 경우의 파견군 총사령관으로서는 판스톤 장군이 내정되어 있었다. 그날 밤 10시경 마치가 나에게 판스톤 장군이 신안토니오의 멘저 호텔에서 갑자기 사망했다는 전보를 가지고 왔다. 둘다 이 전보는 곧 베이커 장관에게 알리는 것이 좋겠다고 생각했으므로 나는 곧 나섰다.

장관 저택에 가자 집사가 아무도 들여보내지 말라는 분부였다면서 도무지 들여보내지 않았다. 나는 결국 집사를 밀어내고 들어가서 장관에게 전보 내용을 몰래 알리려고 기회를 엿보았다. 그런데 대통령이 나를 발견하고는 아주 명랑한 목소리로 "소령, 들어와서 모두에게 뉴스를 알려주게. 여기에서는 비밀이 없네." 하고 큰소리로 말했다. 그 말에 모두가 일제히 박수를 쳤으므로 나는 그렇게 하는 수밖에 없다고 생각했다.

나는 뒤꿈치를 딱 맞추어 경례를 하고 훈련담당 상사와 같은 어조로 "각하, 참으로 애석한 일입니다만, 판스톤 장군이 방금 돌아가셨다는 것을 보고드립니다." 하고 단숨에 외쳤다. 죽음의 신이 말을 걸더라도 이만한 효과는 없었으리라. 순간 방은 바로 죽음 그 자체와 같은 침묵에 싸였다. 핀이 떨어지는 소리도 들렸을 것이다. 나는 자신의 숨소리가 들리는 것 같았다. 다음 순간 손님들은 내가 평생 본 적이 없을 만큼 황급하게 흩어져 갔다.

　대통령과 장관은 나를 옆 방으로 데리고 가서 판스톤 부인에게 보내는 조전을 구술했다. 그것이 끝나자 대통령은 장관에게 "그럼 어떻게 해야 되겠나, 뉴턴. 군의 지휘는 누구에게 맡기지?" 하고 말했다. 장관은 잠시 잠자코 있다가 직접 대답하는 대신 나를 보고 "소령, 육군은 누구를 원하고 있다는 생각하는가?" 하고 물었다.

　이것은 어려운 질문이었지만 나는 나름대로의 분명한 의견을 가지고 있었으므로 "물론 육군을 대표해서 말씀드릴 수는 없습니다만, 저 같으면 문제없이 퍼싱 장군을 택하겠습니다." 하고 대답했다. 대통령은 탐색하는 듯한 눈으로 나를 한참 바라보고 있다가 조용한 목소리로 "그건 잘한 선택일 것이네." 하고 말했다.

　내가 퍼싱 장군을 처음 만난 것은 장군이 아직 기병대의 대위였을 때였다. 나는 웨스트포인트를 졸업한 직후로서, 우리는 샌프란시스코의 번화가에 있던 아버지의 사무실에서 만났다. 그때의 그의 풍모에서 받은 인상을 영원히 잊지 않는다. 그것은 내가 이상적인 군인으로 그리고 있던 것을 그대로 옮겨놓은 듯한 모습이었다.

　프랑스에서의 전황이 위급했을 무렵 퍼싱 장군이 〈무지개〉사단 지역에 있었을 때의 일을 나는 지금도 뚜렷하게 기억하고 있다. 전령이 총사령부로부터 퍼싱 장군에게 보낸 전보를 가지고 왔다. '벽을 등에 지고 우리의 목적이 옳음을 믿어 각자 최후까지 싸워라. 우리 고향의 안전과 인류의 자유는 모두 이 위기에 처한 우리 각자의 행동에 달려 있다.' 하는 더글러스 헤이그(1차대전 초기의 프랑스 전선, 제1군 총사령관, 영국인)의 유명한 전보였다.

　나는 퍼싱이 어떤 반응을 보이는지 지켜보았지만 전혀 표정이 달라지지 않았다. 이윽고 출발하려 했을 때 퍼싱은 무슨 걱정거리가 있으면 나오는 특유의 쉰 목소리로 "더글러스, 우리들 전생도대장은 절대로 약해져서는 안 돼." 하고 말했다. 그는 웨스트포인트의 1886년 생도대장이었다.

그 후 그가 나를 사단장으로 임명했을 때, 위대한 전사였던 군단장 찰스 페로트 서머롤도 1892년의 생도대장이었다. 그것을 평해서 누군가가 농담으로 "같은 패가 석 장 모였다. 포커라면 절호의 패다." 하고 말했는데, 퍼싱은 그 말이 마음에 들지 않아서 "군에 관련해서 도박 용어를 써서는 안 돼. 파견군이 여기 온 것은 싸우기 위해서지 트럼프 놀이를 하기 위해서가 아냐." 하고 격하게 말했던 것이다. 그 이후로 나는 혼자서 놀 때 이외에는 절대로 트럼프에 손을 대지 않았다. 이 세 사람은 후에 모두 참모총장이 되었다.

내가 참모총장이라는 영광스러운 자리에 앉은 것은 1931년인데, 그때 서머롤 장군은 나의 전임자이고 퍼싱 장군은 이미 오래 전에 은퇴했었다. 그러나 나는 제2차 세계대전에 대비해서 군의 개편과 강력화라는 중대한 문제에 대하여 자주 장시간에 걸쳐서 퍼싱 장군과 의논했었다. 장군의 현명한 조언을 얻어서 내가 난국을 타개한 일이 한두 번이 아니었다.

당시에 행한 가장 큰 개혁의 하나는 말에서 장갑차로, 안장에서 전차로 군대가 바꾸어 타는 일이었다. 이 문제를 노장군에게 얘기했을 때 장군이 전통적인 기병대에 몹시 반해 있는 것을 아는 나는 내심 조마조마했다. 장군은 이마를 찌푸린 채 말없이 내 얘기를 듣고 있었는데 과연 충격을 받고 괴로운 모양이었다.

그래서 나는 15년 전 프랑스의 피투성이 전장에서 장군이 나에게 "우리들 전생도대장은 절대로 약해져서는 안 돼." 하고 말했던 것을 얘기했다. 장군은 그 말을 듣고 큰소리로 웃으면서 "자네 계획을 완전히 지지하네." 하고 말했다. 그 때의 장군 목소리는 이미 쉬어 있지는 않았다.

퍼싱 장군의 명성은 주로 장군의 개인적인 성격에서 온 것이다. 장군은 전략의 천재도 아니고 전술면의 경험도 한정되어 있었지만 승리에의 확고한 의지와 미국 병사에 대한 절대적인 신뢰, 미국의 전력을 이용하거나 혹은 부하로 삼으려는 모든 시도에 대한 불굴의 저항이라는 점에서 군대 최고의 수준에 있었다.

장군은 국민에게 자기 나라 군대에 대한 신뢰를 심어주었고 미국을 세계에서 가장 우수한 국가의 수준으로 끌어올린 미국의 전력을 여러 외국에 인식시켰다. 태평양과 한국의 전쟁 중에 괴롭고 쓸쓸할 때 나는 몇 번이나 장군을 회상함으로써 힘을 얻었다. 장군은 문자 그대로의 호남아였고 모든 의미에서의 생도대장이었다.

2. 프랑스로

우리 사단, 정확하게는 제42사단은 뉴욕 롱 아일랜드의 가든 시티에서 가까운 캠프 밀즈에 집합했다. 이 사단의 구성은 뉴욕, 오하이오, 아이오아에서의 보병, 일리노이, 인디애나, 미네소타의 포병, 펜실베이니아, 위스콘신, 조지아의 기관총수, 매릴랜드의 박격포 대원, 버지니아의 헌병, 미주리의 통신병, 캔자스의 탄약계, 텍사스의 보급차량계, 뉴저지, 테네시, 오클라호마, 미시건, 오레곤, 네브래스카, 콜로라도 및 컬럼비아 특별구(워싱턴 시)에서의 병원차와 야전병원 요원, 루이지애나의 기병 등 각 주에 이르고 있었다.

장병의 자질은 극히 우수했다. 이 사단에 참가한 병사 중에서는 군에 명성을 남긴 위대한 군인이 많이 나왔다. 근대전에서는 병기가 중요한 요소지만 그 이상으로 중요한 것은 인적 구성――전투에 종사하는 병사와 보급, 수송, 식량, 야영, 의료에 임하는 요원의 자질이다. 〈무지개〉사단의 인적 요소의 수준이 어느 정도였던가는 장교와 사병 사이, 그리고 병사끼리의 사이가 매우 좋은 관계로 유지되었다는 것에 잘 나타나 있다. 이와 같은 정도의 관계는 다른 부대에서도 볼 수 있었을지 모르지만 그 이상은 어디에서도 볼 수 없었다.

위로는 사단장으로부터 아래로는 최하급의 병사에 이르기까지 목표 달성에 빠뜨릴 수 없는 상호 신뢰와 이해가 넘쳐 있었다. 사단은 곧바로 독자적인 분위기와 성격, 군인생활이라는 한 마디로 꼬집어 말할 수 없는 독특한 분위기가 조성되었다. 나는 이 사단에 언제나 특별한 애정을 느끼고 있어서 지금도 〈무지개〉사단의 화려한 완장을 보면 가슴이 두근거린다.

캠프 밀즈에서는 훈련 정도가 각각인 2만 7000명의 병사들을 정돈된 전력으로 만들어내기 위해 8월부터 9월에 걸쳐 밤낮 훈련을 계속했다. 나는 남북전쟁 중에 셰리단이 크게 성과를 거둔 밀 크리크 캠프에서의 훈련을 잘 기억하고 있다. 나는 서부전선의 참호전의 경험에서 많은 칭찬을 받았지만 필요없는 훈련 과정은 과감히 폐지하고 어느 시대에나 승리의 확실한 기초가 되어온 건전한 기본 원칙에 힘을 기울였다.

장병의 규율과 동작과 사기는 더할 나위가 없었다. 군법회의는 전혀 열리는 일이 없었고 휴가는 금지되었으며 외출도 제한되었다. 그 점에서는 장교나 사병이나 동등하게 취급되었다. 그렇게 해서 배가 준비되었을 때는 우리의 준비도 완료되어 있었다.

10월 18일, 우리는 호보켄에서 〈코빙톤〉호를 타고 선단(船團)과 함께 출발했다. 수송선의 생활에 익숙하지 않은 사람에게는 새롭고 좀 이상한 경험이다. 병사들에게 적당한 운동을 시키기 위해 끊임없이 연습을 시켰고 장소가 좁기 때문에 병사들이 갑판에 나가는 시간은 하루에 45분으로 제한시켰다. 그리고 전원이 항상 구명대를 입고 있었다.

밤에는 불을 끄고 바깥에서 흡연하는 것도 금지되었다. 해상을 달리면서 어둠 속에서 갑판을 손으로 더듬어 걸어가는 경험은 형언하기 어려웠다. 선상에서의 생활은 해야할 일은 어떻게든지 해내려고 항상 긴장하고 있는 상태이다. 선단은 항해 중에 매일 봉인된 명령서를 뜯어서 그날 오후에 배들이 있어야 할 위치를 지시받았다. 구명정은 전부 갑판과 같은 높이로 내려져 있었고 뗏목도 모두 로프를 벗겨서 배의 난간 옆에 놓여 있었다.

배들은 잠망경 비슷한 모양을 한 목표물을 끌고 있어서 연일 그것을 목표로 6인치 포의 사격훈련이 행해졌다. 출항 10일 후에는 목적지에서

4일 이내의 거리에 이르렀으므로 그때부터 전 장교가 항상 자기 위치에 붙어 있게 되었다. 한겨울 같은 날씨로 바닷물은 얼음처럼 차가웠다. 모든 함정이 잠수함과 기뢰가 우글거리고 있는 수역에 들어서자 지그재그의 코스를 취하기 시작했으므로 목적지를 향한 속력은 1시간 만에 1노트로 떨어졌다.

선장인 허스블룩 해군 대령은 브리지를 떠나지 않게 되었다. 그럭저럭 3일이 지났다. 마치 3주일이나 되는 것처럼 느껴지는 긴 나날이었다. 긴장이 더해왔다. 이제 24시간이면 무사히 목적지에 도착하는 것이다. 그런데 무전이 울리면서 적 잠수함의 무리가 선단을 발견해 다가오고 있다고 알려왔다. 해가 질 무렵에 나는 브리지로 올라갔다. 깜깜해서 아무것도 보이지 않았지만 우현, 좌현 하고 소리치는 선장의 팔팔하고 맑은 목소리가 들렸다.

기분나쁘고 불안한 한때였지만 저쪽에는 나의 형인 아서 맥아더 해군 대령이 지휘하는 〈차타누가〉호가 선단을 호위하고 있다는 것을 알았으므로 나의 가슴에는 훈훈한 무엇이 느껴졌다. 그럭저럭 벨 섬의 불빛이 보이기 시작했다. 선단은 로아르 강을 거슬러 올라가서 산나자르에 닻을 내렸다. 우리는 드디어 프랑스에 왔다. 선단은 7척의 잠수함에 걸렸었다. 〈코빙톤〉호는 코스를 45도로 회전함으로써 그것을 피했던 것이다. 그러나 이 배는 돌아오는 길에 침몰되고 말았다.

사단의 각 보병연대는 곧 하선하여 프랑스의 작은 〈40—8〉형 화차로 프랑스 동부 투르의 남쪽 훈련장으로 수송되었다. 포병여단은 브레통 반도의 프랑스 육군사관학교 소재지 코트키동의 포병대 훈련소로 보내어져 그곳에서 프랑스 군의 75밀리 포와 155밀리 중포를 인수하게 되었다. 사단사령부는 잔 다르크가 활약한 로렌 지방의 부클루르에 두었다.

우리 사단은 캠프 밀즈에서 신품인 기관총에 신품인 군복, 완전히 갖추어진 모포, 철모, 방독면, 이동식 조리설비, 식량, 탄약 등 대포 이외의 모든 장비를 받았고 의복과 보급품은 6개월분을 가지고 있었다.

그런데 내가 애써 모은 이 보급물자의 대부분은 튼튼한 행군용 군화 5만 켤레도 포함해서 다른 사단의 부족을 메우기 위해 총사령부에 빼앗기고 말았다. 후에 우리 사단은 보급과 장비의 보충이 되지 못해서 크게 고생하게 되었다.

또한 사단은 전체의 이익을 위해 더욱 큰 손실을 강요당했다. 사단을 편성할 때 나는 현역 중에 가장 우수한 장교들만 뽑았었는데, 이 33명의 장교는 2명만 남기고 모두 다른 곳으로 돌려졌다. 다만 편성 당초부터 사단의 중요한 지위에는 모두 대리 요원을 붙여두었으므로 위급할 때에는 이 젊은 장교들이 완벽한 활약을 보여주었다.

그런데 당시 내가 예상도 못했던 더욱 지독한 일이 사단에서 일어났다. 총사령부의 셔몬이 미군 3개 사단으로 이루어진 군단을 편성하면서 제42사단은 그 보충을 위하여 분할당하게 되었던 것이다. 만 사단장이 항의했지만 헛일이었다. 장군은 〈무지개〉사단이 미국의 전쟁노력을 결집시키는데 공헌한 부대이고 그것을 해체시키면 미국민에게 충격을 줄 것임에 틀림없으며 보충은 계속 미국에서 오는 부대로 쉽게 처리할 수 있다는 것을 침이 마르도록 호소했지만 효과가 없었다.

그래서 나는 마닐라 시절의 오랜 친구인 퍼싱 장군의 참모장 하보드 장군에게 직접 부딪쳐보기로 했다. 나는 하보드에게 사단을 한번 와서보고 이런 훌륭한 부대를 보충용으로 해도 좋은지 여부는 실정에 따라 판단해달라고 호소했다. 하보드는 와서 사단을 보자 곧 명령을 철회했다. 내가 한 일은 정상적인 수속에서 좀 벗어난 것이었기 때문에 덕분에 퍼싱의 막료 중 일부로부터 반감을 사고 말았다.

사단은 부쿨루르 지구에 잠시 있다가 롤람퐁으로 이동했고 12월 중순까지는 뮈즈 강의 골짜기에 있는 이곳 저곳의 마을과 농장으로 분산해서 주둔했다. 그 해 프랑스의 겨울은 기록적으로 추웠기 때문에 옷도 얇고 담요도 충분하지 못한 병사들은 숙사에 틀어박혀서 지독한 고생을 했다.

1918년 2월 18일, 제 42 사단은 뤼느빌 바카라 지구의 전투지역으로 들어가라는 명령을 받았다. 사단의 보병부대 4개 연대는 프랑스 부대 4개 사단과 함께 프랑스 제 7 군단의 드바즐레르 장군의 지휘하에서 전투에 종사하게 되었다.

만 사단장은 이미 떠나고 후임에는 웨스트포인트에서 퍼싱 장군의 동급생이고 야포대에서 명성을 떨친 찰스 T. 메노허 장군이 취임했다. 메노허는 유능한 군인인 동시에 행정면에서도 수완이 있는 사람으로서 성품이 친절한 성격의 소유자였다.

장군은 군이나 군단에 언제든지 연락할 수 있는 사령부에 있으면서 그곳에서 작전을 지휘하게 되어서 전선의 지휘를 나에게 맡겼다. 장군은 전후에 급속히 커진 공군의 최고 사령관이 되었다. 나는 장군과 매우 친한 사이가 되었는데, 32년 후에는 장군의 아들이 한국 전선에서 내 휘하의 사단장 부관이 되었다.

2월 26일, 나는 처음으로 독일군과 접전했다. 나는 오래 전부터 사단이 부딪칠 상대를 직접 볼 필요성을 통감하고 있었다. 완벽한 공격계획을 세워서 이론적으로는 빈틈없는 승리의 구상을 짜내는 것도 좋지만 우리의 능력과 전쟁의 지형과 적의 병력을 고려한 것이 아니면 그 계획은 혼란을 일으켜서 실패할지도 모른다.

나는 군단 사령관을 만났지만 사령관은 내가 프랑스의 기습부대에 참가해서 독일병을 잡으러 가는 것을 허락하려 하지 않았다. 그래서 솔직하게 "적을 내 눈으로 보지 않고는 나는 싸울 수 없습니다." 하고 말했다. 사령관은 베르당 영웅 중의 한 사람이어서 나의 기분을 이해하여 가보라고 허락했다. 구름이 짙게 드리운 밤이었는데, 프랑스 병사들은 엷은 빛으로 번쩍이지 않도록 얼굴을 검게 칠하고 있었다.

기습대는 철조망을 빠져나가서 독일군과 연합군 참호 사이의 황량한 폐허를 기어서 전진했다. 그런데 목표로 한 참호에 도달하기 전에 독일군 보초에게 발각되어 어둠 속에서 소총이 불을 뿜었다. 독일병의 신호는 곧 전선 전체에 퍼졌다. 도처에서 예광탄(曳光彈)이 올라가고 기관총을 쏘아댔다.

　독일군의 포병대는 전선 전방에 일제 사격을 퍼부어 기습부대를 독안의 쥐로 만들었다. 그래도 우리는 물러서지 않고 참호로 뛰어들어 사생결단의 맹렬한 싸움을 펼쳤다. 살아남은 독일병 몇 명이 보루 속으로 도망쳤는데 수류탄을 던져 넣어서 움직이지 못하게 했다.

　기습대가 돌아왔을 때 노련한 프랑스 병들은 나를 둘러싸고 손을 잡고 어깨를 두드리며 코냑과 압생트 술을 권했다. 아마 나는 이들이 본 최초의 미국 군인이었을 것이다. 드바즐레르 장군은 나의 가슴에 '크루아 드 게르' 훈장을 달아주고 나의 두 뺨에 키스했다. 이것으로 나는 프랑스 부대의 친구가 되었던 것이다.

　미군 사령부도 거기에 못지 않게 이르시쿠르 부근에서의 소규모지만 격렬한 전투에 대하여 나에게 '전투행동에서 보여준 두드러지게 영웅적인 행위와 용기'에 대해서 주어지는 은성훈장을 수여했다. 이 훈장은 나에게 좀 과분한 것으로 생각했었지만 어쨌든 받아서 기뻤다.

　3월 초에 사단은 드디어 공격을 개시하게 되었다. 제168 보병연대의 1개 대대가 살리앙 드 페이의 공격에 뽑혔다. 18년 전에 바로 이 부대가 제51 아이오아 지원병부대로서 필리핀의 반란 토벌전에서 나의 아버지를 따라 싸웠었다. 이 공격에는 단순히 독일군 참호의 일부를 빼앗아서 몇 명의 포로를 잡는다는 것 이상의 의미가 담겨 있었다.

　사단은 그때까지도 적의 습격을 견뎌내고 밤의 가스 공격에도 무너지지 않았으며 참호 근무도 제대로 하고 있었지만, 연합군이 정말 알고 싶어하고 또 독일군도 알고 싶어하는 것은 독일병과 육박전이 벌어질 경우에 양키가 어떻게 행동하는가 하는 것이었다. 세계가 싸움에 지쳐있었던 당시 이 의문의 답이 어떻게 나오는가에 따라서 누가 전쟁에 이길 것인가의 답이 도출되게 되어 있었던 것이다. 적도 우리 편도 모두 몇백만 명의 사람들이 최초로 미군부대의 공격 뉴스를 숨을 삼키고 기다리고 있었다.

　내가 공격부대에 참가하겠다고 하자 메노허 장군은 크게 기대를 걸고 허락해주었다. 행동 개시는 오전 5시 5분으로 결정되었다. 프랑스 군은 크고 작은 대포를 많이 준비하고 있었다. 행동 개시 5분 전, 즉 오전 5시 정각에 연합군의 포격이 개시될 예정이었다. 차가운 안개와 같은 비가 계속 내렸다. 하늘은 잔뜩 찌푸렸고 땅은 무릎까지 빠지는 수렁으로 변해 있었다.

독일군은 우리의 작전을 알아차리고는 40문의 대포로 정확한 사격을 퍼부었다. 사상자가 급격하게 늘어나서 나는 불안해졌다. 그럴 때에 병사들이 어떤 기분인가는 사실 여간해서 알 수 없는 것이다. 사단의 병사들은 직업군인이 아니어서 실전 중에 포화 속에 놓인 경험을 가진 사람은 거의 없었다. 나는 전선을 돌아보기로 했는데, 물론 병사들은 나를 알고 있어서 내가 나타남으로써 조금은 힘이 나는 것 같았다.

사단 전선의 배후에서는 여기저기에서 소수의 대포가 적의 포격을 제압하기 위해 가끔 반격을 하고 있었지만 효과를 거두지는 못했다. 그러나 나의 시계가 행동 개시 시각 5분 전을 가리켰을 때 밤의 대기를 진동시키면서 60문의 대포가 굉장한 굉음과 함께 불을 뿜었다. 대포들은 포수가 포탄을 재는 것도 지루하다는 듯이 쏘아댔다.

하늘이 갑자기 밝아지기 시작하고, 독일군 전선의 돌출부에서 연기와 불이 굉장한 기세로 솟아오르는 것이 보였다. 독일군 전선 전체가 두들겨 맞아서 납작해지는 것 같았다. 우리 장교와 상사들은 호각을 물고 돌격 태세를 취했다. 5시가 지났다. 장교들은 시계 바늘이 찰칵찰칵 움직이는 것을 응시하고 있었다. 2분이 지나고 3분이 지나고 5분이 지났다. 연합군의 대포는 일제히 조준을 낮추어 우리의 전선 바로 앞에 포탄을 퍼부었다.

"케이시, 준비됐나?" 나는 큰소리로 대대장에게 외쳤다. "그래!" 하고 케이시가 대답했고 일제히 호각이 울렸다. 이어서 케이시는 "돌격! 줄을 맞춰라. 유도는 잘 되고 있다. 너무 서두르지 말라. 등에 아군의 포탄을 맞는다." 하며 소리치고 있었다. 나는 가능한 한 빠른 속도로 참호에서 뛰어나가 앞으로 달렸다. 아군의 포탄 자국이 달아

오른 용광로처럼 뜨거웠다.

　순간 나는 병사들이 따라오지 않는 것이나 아닐까 하는 걱정으로 멈칫했다. 그런데 주위를 둘러볼 것도 없이 내가 순간이나마 의심을 가졌던 것이 큰 잘못이었음을 알았다. 순식간에 나는 앞에도 뒤에도 옆에도 강철의 칼날을 번득이고 함성을 지르면서 노도처럼 돌진하는 병사들에 둘러싸였다.

　케이시 소령은 이 전투에서의 활약에 대한 훈장으로서는 명예훈장(CMH) 다음으로 높은 수훈십자상(DSC)을 받았다. 이 후로 적도 아군도 〈무지개〉사단이 제일급의 전투부대임을 인정했다.

　그 후 3개월 가까운 사이에 사단은 제일선의 전투에 임해서 비교적 소규모이면서도 격렬한 싸움을 되풀이해서 몇천 명이라는 사상자를 냈다. 사단은 프랑스 제6군단의 일부로서 뒤풀 장군의 지휘하에 있었는데 6월 중순에 사단이 휴식과 보충을 위해 전선에서 물러났을 때 장군으로부터 표창장을 받았다.

　나는 살리앙 드 페이의 전투에서 부상했고 수훈십자상을 받았다. 6월 26일에 나는 준장으로 진급했다.

　　3. 단테의 지옥

　사단의 휴가는 짧았다. 독일 황태자 프레드릭 빌헬름 지휘하의 군의 집단이 루덴도르프 장군을 작전 총지휘관으로 하여 상파뉴의 평원에서 총공격을 개시하려고 한다는 것이 분명했다. 이것은 파리를 동쪽에서 포위하여 베르당의 전선 돌출부와 동쪽 국경의 방위를 맡고 있는 연합군부대를 고립시키려는 건곤 일척(乾坤一擲)의 작전이었다.

　제42사단은 7월 4일에 행동을 개시하여 일련의 강행군으로 오른쪽으로 돌아서 프랑스 제4군에 들어갔다. 사단은 프랑스 군 전선의 중앙부에 투입되어 샤롱으로 통하는 도로 옆의 수위프라는 마을 북쪽

지역을 방어하게 되었다. 샤롱은 독일군의 주요 목표가 되어 있었다.

우리의 새로운 사령관은 프랑스 군의 그로 장군이었다. 장군의 명성은 나도 잘 알고 있었다. 장군은 알제리 전에서의 공로로 '아프리카의 라이온'이라는 별명을 얻었고 장군의 갈리폴리 전은 멋진 걸작이었다. 그런데 내가 도착 보고를 하러 찾아갔을 때 본 장군의 영웅적인 모습에는 간이 서늘했다. 한쪽 팔과 한쪽 다리의 반이 없었고 붉은 수염은 햇볕에 번쩍번쩍 빛나며 군모를 비스듬히 쓰고 시원스러운 목소리로 말하는 장군의 모습에 나는 압도당했다.

나는 현대의 프랑스 군 지휘관을 전부 알고 있고 그 대부분은 어떤 기준에서 보더라도 위대한 지휘관이지만 그 중에서도 그로 장군은 뛰어나게 위대했다.

나는 페름 드 수위프에 있는 그로 장군의 사령부에서 자주 장군을 만났는데 만날수록 장군이 좋아졌다. 나의 이 호의는 이윽고 서로의 우정으로 발전했고 몇 년 후에 장군이 죽을 때까지 지속되었다. 내가 보는 장군은 이상적인 전쟁의 지휘관이었고 장군의 영지(英知)가 넘치는 애국심으로 해서 배운 몇 가지 불멸의 진리는 전쟁과 인생에 대한 나의 사상의 일부가 되었다.

내가 도착 보고를 하러 갔을 때 그로 장군은 이미 당시 독일군이 채택한 연합군의 전선을 돌파한 후 강한 거점은 그냥 지나쳐서 후방의 방위가 엷은 지역을 친다는 새로운 방어계획 전술을 완벽히 세워놓고 있었다.

신 전술은 연합군은 약간의 결사대만 남겨놓고 제일선의 참호에서 철수한다. 이 결사대는 독일군이 포격을 그치고 보병부대를 진격시킴과 동시에 로케트 신호를 올려서 그것을 후방에 알린다. 독일군이 제일선에 도달했을 때 연합군은 아군이 없어진 이 무리의 제일선을 향해서 철저한 사격을 가하여 독일군을 혼란에 빠뜨려 그 진격 속도를 둔하게 만든다. 이렇게 해서 독일군이 연합군의 주요 방위선에 도달했을 때에는 완전히 지쳐서 간단히 괴멸시킬 수 있다는 것이었다.

이것은 참호전에 깊이가 있는 방어전술을 적용한 아주 새로운 구상으로서 공격군에 대하여 '죽음의 함정'을 파놓은 효과를 기대한 것이었는데 실제로 그대로 되었다.

6월 초부터 제4군의 전면에서 적이 대규모 공세를 취할 것이 예상되고 있었는데 날이 지남에 따라 그 시기가 임박했음을 시사하는 징조가 빈번히 나타났다. 약간씩이기는 했지만 철도의 수송량이 늘기 시작했고 무기 집적장은 확장되었으며 비행장 준비가 진행되고 있었다. 연합군은 정찰활동을 강화했고 7월 14일에는 한 중위가 지휘하는 프랑스 병 기습대가 선풍처럼 독일군 전선을 돌파하여 후방 멀리 들어가서 독일군의 공격명령서를 가지고 있는 프러시아 태생의 독일병 하나를 붙잡았다.

거기에 의하면 공격 개시는 7월 15일인데, 그날 오전 0시 10분에 포격이 시작되고 오전 4시 15분에 보병부대가 포격의 지원하에 참호에서 뛰어나오는 것으로 되어 있었다. 그로는 즉시 움직였다. 독일군의 포격이 시작되기 40분 전인 오후 11시 30분에 연합군의 포격을 개시하라는 명령이 내려졌다. 일단 포격을 시작하면 적의 권내에 있는 모든 도로, 포대, 부대 집결지에 끊임없이 포탄을 퍼부으라는 명령이었다.

연합군의 1천 문의 대포가 이 역공의 포격을 개시했을 때 그 굉장함에 독일군은 몹시 놀라서 크게 당황했다. 너무나도 세밀하게 계산되어 있어 독일군의 계획은 당장 틀어지고 말았다. 그러나 오전 0시 15분에 독일군은 일제히 포격을 개시했고 그 집중포화는 하늘을 찢어서 중천의 별까지 떨어뜨릴 것처럼 생각되었다. 이 포격 소리는 160킬로미터 떨어진 파리까지 들려서 또다시 프랑스가 위태롭다는 경종으로도 들렸다.

나는 연합군의 주요 방위선에서 정세를 살피고 있었는데 오전 4시 15분 정각에 제일선에 남아있던 감시병으로부터 새벽의 붉은 하늘을 향해서 경보의 로케트가 쏘아 올려졌고 독일군이 밀물처럼 밀어닥쳤다.

독일군은 우리가 제일선의 참호를 포기했다는 것을 모르고 마구 거기에 포화를 퍼부었는데 독일군의 보병부대가 이 참호에 이르는 순간 연합군의 포화가 우박처럼 그 머리 위에 떨어졌다.

독일군은 참호를 지키는 것이 연합군의 약간의 결사대뿐이라는 것을 모르고 간단히 이 선이 돌파되는 것을 보고 공격은 성공이라고 믿은 모양이었다. 그런데 연합군의 진짜 방위선에 부딪쳤을 때는 독일군은 지쳐서 산산히 허물어져 다시 부대를 편성해서 전력을 정돈하지 않고는 한 걸음도 나아갈 수 없는 상태로 되어버렸다.

나는 그때 땀에 젖은 포수들에게 "적은 지쳤다." 하고 말했는데, 바로 그대로의 결과로 되었다. 독일군은 두세 곳에서 방위선을 돌파했지만 대부분은 그대로 밀려나버렸다. 연합군은 반격에 나섰는데 그날 오후에 결과는 명백해졌다. 독일군의 이 전쟁 최후의 대규모 공격은 실패로 끝나고 파리는 또다시 숨을 돌렸다.

나는 두 번째의 은성훈장을 받았다. 나는 그로부터 며칠 뒤의 밤에 일단의 전우들과 함께 살롱에서 승리를 축하하는 건배를 들었다. 우리는 바의 소녀들에게 잔을 들고 〈아르망티에의 아가씨〉를 합창했고 마치 학생들 같은 기세로 으쓱거리면서 떠들어댔다.

그러나 나는 어쩐지 허전했다. 철조망에 고통으로 일그러진 채 걸려 있는 시체가 아직 눈앞에서 어른거리고 있었기 때문인지도 모른다. 구역질나는 시체 썩는 냄새가 아직 나의 코에 배어 있기 때문인지도 모른다. 혹은 단지 내가 나이를 먹은 탓인지도 모른다. 어쨌든 어찌된 셈인지 놀이를 즐기는 방법을 잊어버리고 있었다.

독일 황태자의 공세가 실패함으로써 전쟁의 주도권은 4년만에 처음으로 연합군의 손으로 옮겨졌다. 연합군은 맹렬한 공세를 개시했고 이 공격은 11월 11일의 휴전까지 한시도 쉬지 않았다. 제42사단은 갑자기 샹파뉴의 전선에서 빠져서 드구트 장군 휘하의 프랑스 제6군에 배속되었다.

7월 25일, 비가 몹시 오는 깜깜한 밤에 사단은 샤토 티엘리 앞에서 버스에서 내렸다. 사단은 이튿날 새벽에 몹시 지쳐있는 제26사단과 교대할 예정이었다. 독일군이 후퇴하고 있다는 판단 아래 우리 사단에는 추격 명령이 내렸다. 그런데 이 판단은 잘못된 것이었다. 독일군은 총사령부가 생각했던 것처럼 철수 지원용인 약간의 후위부대만 남기고 퇴각하고 있었던 것이 아니라 지형이 거치른 비탈이나 엄폐하기 좋은 숲속에 강력한 부대를 매복해두었던 것이다.

튼튼한 돌담 뒤나 여기저기 건물 안에는 막대한 수의 독일군 기관총과 박격포가 숨어있어서 필사적인 저항을 해왔다. 앞에서도 옆에서도 독일군의 탄환이 날아와서 엄폐물이 없는 평지를 전진하는 것은 불가능했다. 사단의 포병대는 독일군의 거점을 침묵시킬만한 힘이 없었다. 개양귀비꽃이 만발한 언덕의 비탈에도, 숲속에도, 푸른 전원을 채색하던 덤불 뒤에도 공포와 죽음이 끊임없이 기웃거리고 있었다. 이곳에서의 6일간에 밤낮없이 펼쳐진 전투는 제1차대전을 통하여 〈무지개〉사단이 경험한 가장 희생이 큰 싸움이었다.

사단은 내가 서부에서 자랄 무렵에 인디언 토벌전에서 흔히 쓰이던 전술로 방법을 바꾸었다. 적의 완강한 거점 하나 하나에 두세 사람이 한 조가 되어 기어서 접근하여 총검과 수류탄으로 결단을 낸다는 전법이었다. 이것은 참으로 먹느냐 먹히느냐의 필사의 싸움이었다. 게다가 전혀 끝이 없는 전투였다.

하나의 거점을 빼앗으면 어딘가 예기하지 않은 곳에서 불의에 탄환이 날아와서 다시 거기에 필사적인 반격을 가한다. 같은 돌담이나 작은 숲이 몇 번씩이나 빼앗았다가 빼앗겼다가 했다. 숨돌릴 틈도 없는 무자비한 싸움이었다. 그래도 우리는 한 걸음 한 걸음씩 전진해갔다. 1킬로미터, 1킬로미터를 피로 물들이고 하루에 1천 명의 희생자를 내면서 우리는 드디어 우르크 강의 남쪽 기슭에 도달했다.

대안에는 독일군이 우익을 뮤르시 페름, 좌익을 세르지, 중앙을 세랑주에 둔 주요 방어선을 치고 있었다. 우리는 7월 28일 저녁때 무리하게 강을 건너서 육박전으로 뮈르시를 점령했다. 이어서 우리는 전선의 다른 한쪽 끝인 세르지에도 돌격을 감행했는데, 당장에 튕겨져 나왔다. 이 마을은 11번을 빼앗고 빼앗겼다 한 끝에 연기와 폐허의 마을이 되어 겨우 우리 손에 들어왔다.

그런데 중앙인 세랑주는 도무지 함락되지 않았다. 측면을 대포로 지키고 도로와 가옥을 바리케이드로 굳혔으며 독일병이 가득찬 이 마을은 마치 작은 지브롤터 같았다. 거기에서 마치 없는 것이 없다고 생각될 정도로 여러 가지 병기가 우리 머리 위에 탄환의 비를 퍼부었다. 나는 사단의 보병부대를 강의 남쪽 해안에 집결시켜서 일거에 이 마을을 습격했다.

독일군은 우리에게 집중포화를 퍼붓고 마을 동서에 배치된 기관총으로 사격을 가했지만 기세가 오른 우리의 미친 듯한 돌진은 이미 무엇에도 물러서지 않았다. 우리는 강을 건너고 비탈을 달려 올라가 184고지를 탈취하고는 마을의 독일군을 마지막 한 명까지 죽였다. 일몰까지 우리는 마을을 완전히 점령했다. 사단장은 그날 많은 장병에게 표창장을 주었고 나도 세 개째의 은성훈장을 받았다.

그날 한밤중이 지나서 사단의 전진거점 부근을 시찰하고 있는데 독일측의 전선에서 기묘한 소리가 들려왔다. 무엇인가가 폭발하고 다수의 차량이 움직이고 있는 듯한 소리였다. 그래서 세르지의 전방을 조사해보니까 적이 있는 듯한 기척이 전혀 없었다. 독일군이 철수하기 시작한 것은 분명했다. 나는 곧 추격할 것을 결심했다.

우리가 되도록 접근해서 추격하면 적은 저쪽 멀리 베슬 강에 도달할 때까지 진형을 정비할 수가 없었고 산처럼 쌓인 물자를 포기하게 되며 한편 우리는 몇천 명의 귀중한 생명을 절약할 수 있었다. 사단사령부나 군단사령부와 상의할 틈이 없어서 나는 모든 책임을 질 각오로 자신의 판단에 의지하는 수밖에 없었다.

우리 전선은 약 4킬로미터의 길이였다. 나는 직접 이 전선을 끝에서 끝까지 걸어 다니면서 각 연대에 1개 대대를 전투대형으로 전진시키고 제2의 대대는 원호부대로 그 뒤를 따르게 하고 제3의 대대를 예비대로 하라고 명령하기로 했다. 각 연대는 동시에 움직이기 시작해서 전체적으로 정돈된 전선을 유지하도록 할 예정이었다. 나는 포병대에 곧 "대담하게 전진하라."는 명령을 내렸다.

나는 오전 3시 30분에 이상의 수배를 하기 위해 전선의 우측 끝인 세르지에서 출발했다. 도중에 나는 새로운 전진거점을 찾아갈 때마다 그곳의 연락반에서 전령을 차출하여 다음 거점까지 동행하는 방법으로 적과 아군 두 전선의 사이인 이른바 '무인지대'를 지나갔는데 그때의 경험을 나는 영원히 잊을 수 없다. 나는 그렇게 참혹한 광경을 전에도 뒤에도 본 일이 없다.

시체가 높다랗게 쌓여 있는 곳도 있어서 우리는 여러 번 걸려서 넘어졌다. 시체의 수는 적어도 2천 구는 있었음에 틀림없다. 나는 그 중에서 독일군의 제일급인 사단을 포함한 6개의 사단 완장을 확인했다. 숨이 막힐 듯한 시체 냄새가 천지에 가득차고 나무는 한 그루도 서 있지 않았다. 부상병의 신음 소리와 고함 소리가 그 안에서 들려오고 무엇이라고 말할 수 없는 잡동사니의 산더미가 그 일대를 메우고 있었다.

머리 위에는 마치 벌집을 쑤신 것처럼 시끄럽게 저격병의 탄환이 날아다니고 가끔 포탄이 가까이서 작렬하여 나의 전령이 욕설을 퍼붓고 있었다. 나는 부서져서 버려진 여러 가지 종류의 대포를 100문 가까이 세었는데 기관총은 그 몇 배에 이르고 있었다. 나는 일찍이 서텍사스 사관학교에서 어느 맑게 개인 날 아침에 건방지게도 단테가 그린 지옥도는 너무 과장되었다고 평했었는데 그것이 얼마나 경솔한 말이었던가를 절실하게 알 것 같은 기분이었다.

갑자기 무슨 불빛이 잠깐 비쳐서 우리는 급히 엎드렸다. 그때 우리 바로 앞쪽에 독일군 3명 중 중위가 팔을 뻗어 우리쪽을 가리키고 상사는 기관총 위에 엎드리고 하사는 그 기관총에 탄환 띠를 장전하고 있는 것이 보였다. 나는 숨을 삼킨 채 탄환이 날아오기를 기다렸는데 아무 일도 일어나지 않았다. 몇 초가 지났는데도 기관총은 소리를 내지 않았다. 우리는 결국 기다리지 못하게 되었다.

나의 전령은 한쪽 손에 쥐고 있던 수류탄을 다른 손으로 옮겨 쥐고 회중전등을 꺼냈다. 그 동안 독일병들은 꼼짝도 하지 않았다. 그것도 그럴 것이 이 세 사람은 이미 죽어 있었던 것이다. 중위는 가슴에 포탄 파편을 맞았고 상사는 복부를 관통당했으며 하사는 머리가 날아가 있었다. 우리는 조국을 위해서 죽은 이 용감한 세 사람을 그대로 두고 길을 재촉했다.

내가 전선의 끝 연대에 도달한 것은 이미 새벽녘이었는데 마침 그때 연대장인 프랭크 매코이 대령이 연대 소속의 용감한 더피 신부와 함께 조이스 킬머 상사(미국의 저널리스트 겸 시민)를 일찍이 상사의 불멸의 시에서 노래했던 것처럼 부러진 나무 밑에 묻고 돌아오는 길이었다. 나는 곧 사단사령부로 갔다. 나는 완전히 지쳐 있었기 때문에 여럿이 부축해서 나를 의자에 앉혔다. 메노허 사단장 옆에는 뛰어난 군단사령관 헌터 리게트 장군도 있었다.

내가 한 일을 보고하자 두 장군은 몹시 기뻐했다. 나는 4일을 꼬박 새웠으므로 빨려드는 것처럼 졸려서 아무 소리도 들리지 않게 되었다. 리게트 장군이 포병대가 역습당하지 않도록 먼저 보병을 충분히 전진시킨 다음에 강을 건너도록 하라는 뜻의 말을 하는 것 같았는데 그 다음은 모른 채 나는 깊이 잠들었다.

후에 들은 얘기로는 리게트 장군이 나를 흘끔 보고는 "이거 대단하군. 메노허, 이 사람에게 표창장을 주게." 하고 말했던 모양이다. 이래서 나는 네 번째 은성훈장을 받았다.

사단은 매우 지쳐있었지만 그래도 켈리 대령 지휘하의 제117공병연대를 보병 대용으로 선두에 세워 전진시키면서 정확하고 재빠른 행동으로 벨스에 도달할 때까지 적의 저항을 허용하지 않았다. 사단은 벨스에 도달하기 전에 미 제4사단과 교대했다.

나는 프랑스로부터 레종 도뇌르 훈장과 두 개째인 크루아 드 게르 훈장을 받았다.

4. 제 84 보병여단

그 무렵에 나는 사단의 제84보병여단장에 임명되었다. 나는 사단의 막료들 한 사람 한 사람에게 깊은 경의와 애정을 느끼면서 참모부를 떠나게 되었다.

후임 참모장은 포트 세르단 시절의 나와 오랜 친구이고 또 전우인 빌리 휴즈였다. 그는 사단이 편성될 때부터 있던 사람으로 부쿨루르의 싸움에서 사단이 큰 손실을 입었을 때에 살아남은 두 사람의 막료 중의 하나였다. 새 참모장으로서 휴즈만한 사람은 구할 수 없었다. 나는 막료들로부터 '용사 중의 용사'라고 새긴 금제 시거렛 케이스를 선물받고 가슴이 뿌듯했다. 이 글귀는 물론 사실과는 아무런 관계도 없는 과장된 말이지만 이런 화려한 글귀를 택한 막료들의 기분에 나는 눈물이 날 것 같았다.

사단은 우르크의 싸움에서 참참한 유혈로 인해 병력의 반 가까이 잃었으므로 휴양지에 도착했을 때 몇천 명이나 보충을 받았다. 이 보충병들의 사기는 높았지만 훈련과 경험이 없었으므로 제84여단에 부임한 나는 이런 결점을 보완하는 데 노력했다. 우리는 물질적으로도 정신적으로도 모자라는 면을 채워서 상미엘 전선으로 출동명령을 받았을 때에는 일단 만족한 상태가 되어 있었다.

독일군은 1914년에 상미엘을 점령한 이래 4년간이나 이 도시를 장악하고 있었다. 그런데 이제 처음으로 완전히 편성된 미군 부대가 이 중요한 돌출부에 부딪치게 된 것이다. 우리는 미 제1군 제4군단의 일부로서 군참모장 드럼 대령의 능숙한 지휘하에 야간행군으로 상미엘 지구에 들어갔다. 드럼 대령은 훗날 내가 육군 참모총장이 되었을 때 소장이 되어 나의 최초의 보좌관이 되었다.

9월 10일 오후 늦게 우리는 전투명령을 받았다. 우리 사단은 상미엘 지구에 전선으로 펴고 있던 미 제89사단과 이튿날 밤에 교대해서 9월 12일 새벽에 공격을 개시할 수 있도록 태세를 취하라는 명령이었다. 명령서에는 "제42사단은 중앙에서 공격하여 적에게 주된 타격을 준다." 라고 적혀 있었다. 나의 여단은 사단 소속의 리치 대령 휘하의 제151 포병연대의 지원을 받게 되었다. 리치는 훗날 내가 참모총장이 되었을 때 육군성의 본토 방위국장에 임명된 인물이었다.

리치 대령은 총사령부의 명령이 불만이었지만 이미 행동개시 시기가 임박해서 사령부에 명령 변경을 요청하는 것은 불가능했다. 그래서 나는 리치에게 포병대의 집결방법에 대해서 필요하다고 생각하는 변경을 사양말고 실시하라고 허락해주었다. 이것은 엄밀하게 말하면 군규 위반이지만 나는 많은 부하의 생명을 구하게 되리라고 생각했으므로 상급 사령부의 야단을 맞을 각오로 그렇게 했던 것이다. 결과는 리치가 옳았음이 의심할 여지 없이 실증되었고 나도 야단을 맞지 않았다.

9월 11일, 나는 메츠의 도로변 돌격 개시용의 참호에 여단사령부를 설치했다. 그날 오후와 저녁은 조용했다. 그런데 밤에 독일군은 사령부에 맹렬한 포격을 가하기 시작하여 밤중까지 계속되었다. 그날 밤 전 전선을 통해서 독일군이 포격한 것은 나의 사령부뿐이었으므로 나는 이 지역에 스파이가 있지 않을까 하는 의심을 가졌다. 며칠 후 우리가 독일군 사령부가 있던 사토 상브노아를 점령했을 때 한 장의 지도를 발견했는데 거기에는 나의 사령부의 정확한 위치가 표시되어 있었고, 연필로 '보병여단사령부. 극히 중요'라고 씌여져 있었다.

9월 12일 오전 1시에 우리는 예비적인 포격을 개시해서 4시간 동안 쏘아댔다. 날이 밝으려고 할 무렵 나는 공격부대의 선두에 서서 전진을 시작했다. 우리 뒤에는 전차 1개 중대가 따르고 있었는데 곧 수렁에 빠져서 멈추고 말았다. 이 전차중대의 대장은 나의 오랜 친구로서 제2차대전에서 세계적으로 명성을 떨친 조지 패튼 소령이었다. 그 며칠 후 패튼은 전투에서 중상을 입었다.

나는 그때까지의 전투 경험에서 독일군의 방어전술을 충분히 알고 있었다. 독일군은 중앙의 방어에 집중해서 측면을 방치하는 버릇이 있었다. 전장이 된 부아 드 소나르는 행동이 용이한 장소였다. 우리는 약간의 손실로 독일군의 양 측면을 돌파해서 중앙을 포위했고 당황한 독일군은 모든 전선이 퇴각하기 시작했다. 우리는 밤에는 에세 마을을 점령했고 시저 이래의 군사 거점인 메츠의 요새를 바라보는 광대한 우브르 평야로 나갔다.

에세에서 나는 영원히 잊을 수 없는 광경을 목격했다. 우리의 전진이 매우 빨라서 독일군은 황망하게 철수했기 때문에 안장과 장비를 갖춘 독일군 장교의 말 한 마리가 마굿간에 매어 있었고 일체의 부품이 갖추어진 대포 몇 문과 연대 군악대의 악기가 한 벌 남아 있었다. 마을에는 아직 주민이 있었지만 대부분이 노인과 아이들이었다. 주민들은 이 마을에서 4년간이나 버티어온 사람들로서 우리가 들어간 후에도 이들은 쉽게 지하실에서 나오려고 하지 않았다

주민들은 미군이 전쟁에 참가했다는 것을 아직 몰라서 우선 우리가 미국인이라는 것을 설명해야 했다. 우리는 곧 주민 전부를 후방으로 보냈다. 노인과 아이들은 약간의 가재도구를 짊어지고 무릎까지 빠지는 수렁 속을 떠나갔다. 그 정경은 말할 수 없이 비참했다. 이와 같은 불쌍한 광경이 그 후에도 몇 번이나 다른 전쟁, 다른 전선에서 되풀이되어 나의 마음을 아프게 했다.

우리는 1만 명의 포로를 잡았다. 나의 여단은 다른 어느 부대보다도 깊이 진입해서 미군 전진의 선봉 역할을 했는데 사상자의 수는 어느 부대보다도 적었다. 나는 이것을 몹시 자랑스럽게 생각했는데, 다섯 번째의 은성훈장을 받고 이 긍지는 더욱 커졌다. 퍼싱 장군은 9월 12일의 제4군단의 활약에 대하여 "우리 부대의 용감한 돌격과 활력에 찬 행동은 조국의 국민을 분기시켰고 우리 연합 제국을 열광시켰다." 라고 칭찬했다.

한편 서 더글러스 헤이그는 "프랑스의 영국군 부대 전장병은 위대한 미국의 공세가 거둔 승리를 한없는 경의와 기쁨과 함께 환영한다."

하는 전보를 보냈고, 포시 원수는 퍼싱 장군에게 "미 제1군은 교묘하게 준비된 행동을 용감하게 실행해서 멋진 승리를 거두었다. 나는 전장병에게 진심으로 격려를 보낸다."고 타전했다.

이튿날 나는 여단을 생브누아의 선으로 진출시켰다. 저항이 매우 경미했으므로 나는 불과 12킬로미터 남짓밖에 떨어지지 않은 메츠에 대해서도 혹시 하는 기분이 들었다. 어쨌든 어떤 상황인지를 확인하기 위해 그날 밤 나는 보불전쟁(普佛戰爭)의 옛 싸움터인 마르 라 투르를 지나 메츠 시 교외에까지 접근했다. 내가 예상했던대로 시내는 사실상 무방비상태였다. 메츠의 수비를 맡은 독일군 전투부대는 다른 지역의 전투를 엄호하기 위해 일시적으로 이동해 있었던 것이다.

이것은 힌덴부르크 라인을 가장 긴요한 곳에서 돌파할 절호의 기회였다. 메츠 시라는 커다란 사냥감이 멀리 지평선 저쪽 엷은 안개 속에 희미한 윤곽을 신기루처럼 떠올리며 우리가 점령하기를 기다리고 있는 것이다. 이 도시를 점령하면 남부 독일을 고립시켜서 사실상 무방비 상태의 모젤 계곡을 지나서 독일 중앙부로 진입하는 길이 열리고 독일군 전선의 배후에 있는 거대한 보급로와 통신선을 차단해서 잘하면 전쟁 종결을 앞당길 수 있을지도 몰랐다.

나는 곧 나의 여단이 메츠로 곧장 진격해가는 것을 허용해달라고 간청했고 해질녘까지는 메츠의 유명한 공회당에 들어가보이겠다고 약속했다. 이 진언에서 나는 지난 이틀간의 전술적인 성공도 충분히 활용하지 않으면 거의 의미가 없다고 역설했다.

그런데 사단, 군단, 군의 수준까지는 나의 진언을 받아들였지만 최고사령부는 도무지 허용해주지 않았다. 이미 뮈즈 아르곤의 선으로 진격한다는 계획이 세워져 있어서 나의 안은 그 가치는 인정하지만 계획을 바꿀 수는 없다는 것이었다. 나는 이것이 제1차대전 중에 범한 가장 큰 잘못의 하나라고 언제나 생각하고 있다. 만일 우리가 이 예기치 못한 호기를 놓치지 않았더라면 그 후 몇천이라는 미국 병사의 생명을 아르곤의 숲속에서 잃지 않아도 되었을 것임에 틀림없었다.

이것은 일단 계획을 세우면 거기에 집착해서 유연성을 잃어버리는 하나의 예이고, 불행하게도 그런 경향이 근대전에서 차츰 늘어나고 있었다. 최종적인 결단이 전선에 있는 자에 의해서 내려지지 않고 몇 킬로미터나 떨어진 곳에서 정세를 추측만 할 뿐 현지의 여러 가지 가능성을 분명하게 파악하지 못한 사람들에게 맡겨져 있었다. 승리의 비결은 언제 어디에서 손을 쓰느냐에 달려 있는 것이다. 황금의 기회는 한 번 놓치면 두 번 다시 돌아오지 않는다.

적은 우물거리고 있지 않았다. 스트라스부르 등 여러 지구에서 수천의 부대를 옮겨와서 1주일이 지나기 전에 메츠는 연합군 전체가 부딪쳐도 함락되지 않을 만큼 견고해지고 말았다. 나는 방위선을 구축하라는 명령을 받고 생브누아 성에 사령부를 설치했는데 포격으로 이 성에서 당장 쫓겨나버렸다.

나는 적을 혼란시키기 위해 적 전선의 중앙에 강력한 이중공격을 가하라는 명령을 받았다. 적에게 연합군이 이 방면에서 전진을 개시하려는 것으로 생각하게 만들고 실제적인 공격은 아르곤에서 벌인다는 계획이었다. 나의 공격은 독일군의 두 강력한 거점에 대하여 행해지게 되었다. 하나는 튼튼하게 방비를 굳힌 농가인데 이것은 프랑스 특유의 집으로 여러 개의 건물이 벽으로 연결되어 있었다. 또 하나는 석조 건물뿐인 마을로 참호와 두꺼운 가시철조망을 둘러쳐놓고 있었다.

여단을 지원하는 포부대는 사단에서 파견된 라일 대령이 지휘하는 제149연대의 75밀리 포와 틴델 대령 휘하의 제150연대의 150밀리 포였다. 이 90문의 대포에서 쏜 포탄은 정확하고 압도적인 힘을 발휘하여 두 거점의 독일군 부대는 사실 괴멸되고 말았다. 나는 보병부대를 조심스럽게 움직여서 적의 사정거리 안에 들어가지 않을 정도에서 마구 큰소리를 내거나 부산한 움직임을 보이거나 했다. 사실 여단의 손실은 20명 이내의 사상자에 불과했다.

그 후 오래지 않아 사단은 전선을 떠나 제1차대전에서의 마지막 진격에 대비한 준비기간으로 들어갔다. 생브누아 전투에서 나는 여섯 번째의 은성훈장을 받았다.

10월 1일, 사단은 뮤즈──아르곤의 격력하게 움직이는 70킬로미터의 광대한 전선을 향해 이동을 개시했다. 강력한 힌덴부르크 라인의 붕괴와 독일의 패배를 목표로 100만의 미군이 세당을 향한 돌파작전에 나서려 하고 있었다. 우리는 크게 손실된 고속도로와 작은 도로를 자빠지고 엎어지면서 지나고 불타버린 숲을 가로지르고 마을과 농장을 지나서 나아갔다.

몽포콘에서 우리는 제79사단의 예비부대로서 며칠간 비에 젖은 숲 속에서 틀어박혀 대기했다. 나는 제79사단이 언덕 위의 낡은 교회 뜰에서 적에게 공격을 가했다가 실패하는 광경을 바라보고 있었다. 그때 갑자기 1개 중대의 독일 비행기가 어디에선지 급강하해서 미군이 공중에 띄워놓은 12개 이상의 관찰용 기구를 모조리 쏘아 떨어뜨렸다. 독일기가 나의 머리 위로 30미터도 안 되는 곳을 지나쳐 물러갈 때 비행사의 목에 리히트호펜(1차대전 중 독일 공군의 영웅) 중대의 노란 스카프가 펄럭이는 것을 똑똑히 보았다. 이 비행사는 지나갈 때 몸을 내밀어서 나에게 손을 흔들었다. 이것은 기관총을 쏘아대는 것보다는 훨씬 나았다. 10월 11일 오후 늦게 우리는 또다시 북상을 개시하여 기총소사로 온통 곰보가 된 길을 지나 12일 한밤 중에 에그제르몽에서 제1사단과 교대했다.

독일군이 1914년에 유럽 정복에의 진격을 개시했을 때 아르곤을 지났고 그 이후로 계속 이 지역을 점령하고 있었다. 이 부근은 공격하기는 어렵고 방어는 극히 용이한 지형이서서 프랑스 군은 한 번도 공격하지 않았었다. 4년 동안에 독일군은 이 지역을 대단히 강력한 요새로 만들어서, 연합군 수뇌부 사이에는 세계의 어느 군대가 와도 이 독일군은 몰아낼 수 없으리라는 의견도 나왔었다. 독일군 자신도 만일 미군이 공격해오면 자기네 피의 바다에 빠뜨려주겠다고 호언하고 있었다.

이 지옥과 같은 세계에 미군은 9월 26일 일제히 진격을 개시하여 한 걸음 한 걸음 불탄 숲과 산과 골짜기를 지나서 참호에서 참호로 피투성이의 싸움을 벌여 이제 독일군의 주요 방어선에 도달했다. 위협을 느끼기 시작한 독일군은 모든 바위 뒤에 기관총을 설치하고 모든 자연적인 방벽 뒤에 대포를 배치해서 대기했다.

연합군은 바야흐로 현지에서는 〈크림힐데 슈테른〉이라고 부르고 연합군에서는 〈힌덴부르크 라인〉이라고 부르는 유명한 방어선의 요충지와 대치하고 있었다. 이야말로 독일군의 강력한 아르곤 방어의 마지막 선이었다. 이곳을 돌파하면 북해의 오스텐드에 이르는 광대한 지역의 전독일군의 보급을 장악하는 두 개의 거대한 철도의 중심 세당과 메치에르를 고립시키게 된다.

세당을 빼앗으면 세당 서쪽의 모든 독일군이 측면을 위협받게 된다. 독일군이 대량으로 철수할 수 있는 철도는 모두 미군의 수중에 들어오거나 또는 미군의 포격거리 안에 들게 되어 연합군은 몇십만이라는 독일군을 포로로 잡게 된다. 그렇게 되면 전쟁은 종결된다.

미군은 그때까지의 전진에서 특히 〈힌덴부르크 라인〉의 중심점인 코트 드 샤티옹이라는 이름의 일련의 고지들 앞에서 수많은 희생자를 내고 있었다. 미군의 용맹하고 과감한 제32사단은 억지로 전진을 계속하기는 했지만 결국 심한 출혈과 소모로 힘이 다해서 밀려나고 말았다. 제91사단도 같은 운명을 더듬었다. 정규부대의 자랑인 저 유명한 제1사단조차 깊은 참호와 무한히 이어진 철조망, 그리고 무수한 대포와 기관총에서 쏟아지는 뜨거운 강철의 비 앞에 대단한 희생을 강요당했다.

거기에 이번에는 〈무지개〉사단이 투입되어 제1사단과 교대하게 된 것이다. 제1사단은 독일군에게 저지될 때까지 전진해서 독일군 전선 깊숙이 쐐기를 박고 있었는데 이 돌출부는 코드 드 샤티옹에서 내려다보이는 위치에 있어서 측면의 고지로부터 사격을 받아 전진하는 미군 부대는 마치 꼬챙이에 꿰어진 것처럼 무너졌다. 제1사단은 이 샤티옹에서의 측면공격을 받으면서 전방의 적에게 몇 번이나 정면공격을 해서 사단이 거의 소멸될 정도로 상처를 입었다.

나는 나의 여단 전면에 있는 황량하고 험한 지형을 면밀하게 정찰했다. 울창한 숲으로 덮여 구름이 물결치고 끝없이 이어진 봉우리들 사이에는 죽음의 골짜기가 있었으며 차가운 안개가 가득 깔려서 어디를 보아도 무서운 위험이 어른거리고 있었다. 여기저기에서 가스탄과 포탄이 작열하여 마치 바다에서 돌풍이 춤추는 것처럼 연기를 뿜어내고 있었다.

이제까지의 전진이 실패로 끝난 것은 코트 드 샤티옹이 모든 독일군 진지의 초점이라는 사실을 소홀히 했기 때문이어서 이 고지를 점령하기 전에는 전진은 불가능하고 반대로 이 고지를 점령하면 독일군의 모든 거점은 마치 주춧돌을 잃은 아치처럼 당장 붕괴되어버린다는 것을 나는 즉석에서 간파했다.

그래서 나는 지금까지 해서 실패했던 것처럼 부대를 일렬로 세워 공격대세로 전개시키는 것을 중지하고 대신 전력을 집중해서 먼저 코드 드 샤티옹을 탈취할 것을 제안했다. 사단과 군단의 두 사령관도 이 제안을 승인했다. 이때의 군단은 서머롤 장군이 지휘하는 제5군단이었다.

10월 11일 한밤 중에 마침 내가 작전 계획서를 다 세웠을 때 갑자기 서머롤 장군이 촛불을 들고 나의 방에 들어왔다. 몹시 여위고 지친 모습이었으므로 나는 뜨거운 커피를 억지로 권했다. 이 백발이 섞인 노장군은 나의 오랜 친구이고 장군은 나의 아버지를 몹시 존경하고 있었다.

장군은 일어서서 돌아갈 때 긴장되고 엄숙한 목소리로 "맥아더, 샤티옹을 빼앗아주게. 그렇지 않으면 5천 명의 사상자 명단을 내게 되네." 하고 말했다. 나는 "좋습니다. 장군. 꼭 빼앗겠습니다. 만일 안 되면 명단 첫머리에 내 이름을 싣겠습니다." 하고 대답했다. 이것은 허세를 부린 말로서, 나는 장군을 격려하려고 그랬던 것인데 장군은 그대로 받아들인 모양으로 입술을 떨면서 나갔다. 나는 경솔하게 말한 것을 미안하게 생각했다.

그 후 또다시 정찰 중에 나는 부상당했는데, 행동불능이 될 정도는 아니어서 그대로 임무를 계속했다. 제1사단이 많이 희생된 독일군 진지인 방위선의 중앙부는 난공 불락이었지만 측면은 약하다는 것을 곧 알았다. 적의 넓은 가시철조망과 참호의 띠는 양끝으로 갈수록 엷어져 있었다. 나는 여단의 앨라배마의 면화업자들을 왼쪽에 배치시키고 아이오아의 농부들을 오른쪽에 배치해서 양측에서 공격할 계획이었다. 공격대를 원거리에서 엄호하기 위하여 나는 모든 기관총과 대포를 동원할 작정이었다.

우리는 안개가 짙은 새벽 전에 진지를 떠났고 그 이후로는 여러 개의 작은 그룹으로 나누어져서 적의 틈을 엿보아 하나의 엄폐물에서 다음 엄폐물로 조금씩 나아갔다. 그리고 기회가 왔을 때 병사들은 일제히 모여서 분대 또는 소대단위가 되어 신속한 포위행동을 하여 비탈과 위험하지만 약간 높은 지점에 발판을 만들었다. 적진에서는 가차없이 죽음의 비를 심하게 퍼부었지만 새벽까지는 제288고지가 아이오아 출신들 손에 들어왔다.

그날 밤 나는 부대를 재정비해서 이튿날에는 270미터 높이로 솟은 제282고지에 기어올라갔고 제205고지 기슭을 싸우면서 돌아서 투일리에르 페름을 탈취했다. 코트 드 샤티옹의 마지막 방어선은 아직 남아있었지만 해질 무렵에는 로스 소령이 지휘하는 제168연대의 제1대대가 오른쪽으로 나가고 노리스 소령이 지휘하는 제167연대의 1개 대대가 왼쪽에서 철조망 틈으로 숨어들어서 두 대대는 거대한 가위의 양날처럼 일제히 양쪽에서 육박해갔다.

장교가 쓰러지면 상사가 지휘를 맡고 중대는 순식간에 병력을 잃고 소대 규모로 되었으며 마지막에는 하사가 지휘를 맡았다. 전투가 끝날 무렵에는 장교 25명, 사병 1450명의 병력으로 출발한 로스 소령의 대대는 불과 장교 6명, 사병 300명 남짓하게 되어 있었다. 이렇게 해서 코드 드 샤티옹은 함락되어 머나먼 나라에서 온 시민들이 최후의 승리의 열쇠를 쥔 것이다.

여단은 군단사령관으로부터 표창을 받았다. 메노하 장군은 퍼싱 장군에게 나의 진급을 추천해주었다. 서머롤 장군도 전적으로 찬성을 표해서 퍼싱 장군은 곧 10월 17일에 나의 진급추천장을 베이커 육군장관에게 보냈다. 베이커 씨는 이 추천을 '이 대전에서의 가장 위대한 제일선의 장군'이라는 찬사와 함께 승인했다. 이 찬사는 정말 과분한 것이어서 그 안에는 나에 대한 개인적인 호의도 다분히 포함되어 있 겠지만 나는 이 사람들이 보여준 깊은 우정을 언제나 고맙게 생각하고 있다.

나는 의회의 명예훈장(CMH)에도 추천받았는데 셔먼의 서훈(敍勳)위원회는 인정하지 않아서 대신 두 번째의 수훈십자상(DSC)을 받았다. 거기에 딸린 문서는 나의 군인다운 허영심을 충분히 만족시키는 것이었다.

5. 공허한 종막

코트 드 샤티옹의 전투 후 제42사단은 제1군단에 배속되어 세당으로의 마지막 진격을 개시했다.

도중에는 아직 독일군 부대가 도처에 남아있어서 국지적인 저항을 했고 강행군이 계속됨에 따라 부대에는 환자와 피로로 쓰러지는 자가 속출했다. 얼어붙는 듯한 추위에 식량은 모자라고 밤의 척후는 격렬한 전투에 말려들어서 사상자가 자꾸 늘어났다.

11월 5일 밤에 총사령부의 작전참모 폭스 코노 장군이 제1군사령부에 와서 사령관인 리게트 장군에게 제1, 제5군단을 거느리고 똑바로 세당으로 진격하라는 명령을 전달했다.

제1군이 취한 전투대형은 다음과 같은 것이었다.

미군 전선의 좌익과 연결해서 프랑스 제40사단을 둔다. 미군의 전선은 왼쪽에서 오른쪽으로 디크맨 장군이 지휘하는 제1군단의 제42,

제77사단, 서머롤 장군이 지휘하는 제5군단의 제1, 제2, 제89사단의 순으로 배치한다.

　제42사단이 맡은 전선은 세당에 가장 가까웠고, 따라서 적의 저항도 가장 강할 것으로 예상되었다. 멀리 후방의 제1군사령부에서는 제1군 작전참모인 조지 C 마샬 대령이 코너 장군의 지시로 전반적인 명령서를 작성했다. 그 내용은 다음과 같은 것이었다.

　"제1, 제5 양군단 사령에의 각서
　주제——군사령관으로부터의 메시지
　1. 퍼싱 장군은 세당 돌입의 명예를 미 제1군이 차지할 것을 희망한다. 제1군단의 부대들이 제5군단의 지원하에 이 희망을 실현시킬 것으로 장군은 확신하고 있다.
　2. 전 항의 메시지를 전달함에 있어서 현재는 밤 안에 우리 군이 유리한 태세를 차지한 호기임에 대하여 제관(諸官)의 주의를 환기시킨다. 경계선은 구속적인 것으로 보지 않는다.

　리게트 장군의 명령에 따라
　공식명령

　　　　　　　　　　　　　　G·C·마샬
　　　　　　　　　　　　　　참모부 G3"

　이 명령의 마지막에 있는 '경계선은 구속적인 것으로는 보지 않는다.' 하는 애매하고 색다른 문구 때문에 자칫하면 대비극이 될만한 사건이 일어날 뻔했다. 아마 명령의 진의는 그저 각 사단에 할당되어 있는 꾸불꾸불한 보급용 도로의 사용에 있어서 혼란을 야기시키지 않도록 하려는 것이었으리라. 이 도로는 지그재그로 뻗어있어서 때로는 각 사단 담당구역의 경계를 넘어서 한 사단에서 이웃 사단 지역으로 들어가 있었다.

　그런데 명령 자체가 오해하기 쉬운 데다가 제5군단이 잘못된 해석을 내렸다. 역전의 부대란 자신을 갖는 나머지 부대가 지쳐있고 정세가 혼란한 경우 등에는 거의 미친 듯한 야심적인 일을 저지르는 법이다. 제5군단 사령부는 제1군단에 통고하지 않고 제1사단에게 진행방향을 거의 90도 가까이 돌려서 제1군단의 각 사단 바로 앞을 가로지르라는 명령을 내렸다.

이 명령으로 제1사단은 다른 사단의 진행방향과는 거의 직각인 방향으로 나가게 되었던 것이다. 그래서 제1사단은 대포나 보급품 등의 짐을 모조리 벗어던지고 5개의 부대로 대형을 짜서 순식간에 제77사단을 지나서 강변 도로로 제42사단 지역으로 들어왔다. 비극적인 결과를 초래해서 어쩔 수 없는 무대가 여기에 만들어진 셈이었다.

이하는 그때 제42사단 앞에서 일어난 일을 내가 적어둔 기록이다.

"5일 밤새도록 여단을 맹렬히 움직여서 숲의 적을 일소했다. 적의 저격병 탄환 한 발이 내 상의 소매를 꿰뚫었지만 다치지는 않았다. 독일군은 정말 간단히 손을 들지 않는다. 세당 바로 남쪽에서 뮈즈 강을 공격하라는 명령을 받았다. 6일 저녁때 뮈즈 강에 이르고 해질 무렵에 여단을 연대 단위로 강변의 도로가 내려다보이는 고지에서 수백미터 서쪽에 걸쳐서 거의 동쪽을 향한 선으로 포진했다.

아무래도 몸의 상태가 좋지 않다. 밤에는 뷔르송에 사령부를 두기로 했다. 날이 새기 조금 전에 부관으로부터 제1사단의 여단장이 지금막 남쪽에서 뷔르송으로 들어왔다는 놀라운 보고를 받았다. 남쪽에서라면 우리가 전진해온 방향과 직각이 된다. 이 여단장은 에릭슨 대령으로서 제1사단장 파커 장군의 명령서를 나에게 보여주었는데 거기에 따르면 에릭슨 여단의 제16보병연대는 꼭 그 무렵에 강변의 도로로 전진해오는 중이었다.

그대로 전진하면 연대는 이제 곧 나의 여단의 사정거리 안에 들어오게 된다. 나는 부하들이 아침 안개 속에서 제16연대를 적으로 잘못볼 것을 걱정해서 급히 전선으로 달려가 제168연대장인 틴리 대령에게 상황을 얘기하고 엉뚱한 잘못을 저지르지 않도록 주의시켰다. 내가 틴리에게 가자마자 저 멀리에서 부대가 강변의 길을 따라 전진해오는 것이 보였다.

　이것이 제16보병연대가 틀림없다고 보고, 나는 업무담당 부관인 월프 소령을 데리고 여단의 전선 앞쪽으로 나갔다. 그때 갑자기 나는 미군의 척후대와 부딪쳤다. 제1사단에서 나온 블랙 중위가 지휘하는 척후대였다. 중위는 즉시 나를 알아보고 내가 멀리서 본 부대는 하젤 대령이 지휘하는 제16보병연대를 선도하는 대대라고 가르쳐주었다. 하젤은 웨스트포인트에서의 나의 급우였다.

　나는 블랙 중위에게 상황을 설명하고 곧 하젤 대령에게 돌아가서 나의 부대의 위치와 위험한 일이 일어날지도 모를 정세를 보고하라고 일렀다. 블랙 중위에게 얘기를 마쳤을 때 나는 척후대의 한 사람이 몹시 탐나는 듯한 표정으로 나를 바라보고 있는 것을 깨달았다. 나는 캐멀을 피우고 있었으므로 아마도 그 병사는 전선에서는 귀한 미국 담배를 피우는 것을 부러워하는 것이라고 생각해서 주머니에서 한 개피 꺼내서 권했다. 병사는 고맙다고 하고는 불을 붙이면서 "당신이 미국의 장군이 아니라 독일군 장군이었다면 척후대는 전원이 수훈 십자훈장을 받게 되었을텐데 하고 생각했었습니다."하고 말했다.

　나는 웃음이 나서 그 병사에게 남은 담배를 갑째 주면서 "훈장을 못 받을지 모르지만, 담배로 참아주게." 하고 말했다. 병사는 씽긋 웃고는 "정직하게 말해서 훈장보다 담배가 더 고맙습니다." 하고 말했다. 척후대가 언덕을 내려갈 때 그 병사는 후미에 있었는데 내 쪽을 돌아보고 철모를 흔들었다. 나는 모자를 벗어 흔들면서 병사가 아침 안개 속으로 사라지는 것을 보고 있었다.

　그날 오후에 제16연대는 제42사단의 부대와 함께 세당 입구에서 격전을 전개했다. 이 싸움에서 척후대의 그 병사가 전사했다는 얘기를 들었다. 나는 오늘 일곱 번째의 은성훈장을 받았다."

　이 일이 있은 이튿날 리게트 장군은 이 복잡하고 위험한 정세를 해결하기 위하여 노한 얼굴로 제1사단에게 〈무지개〉사단의 지역에서 나가라고 명했다. 그런데 결국 명령서에 쓴 퍼싱 장군의 희망은 상급사령부의 허락을 받지 못했고, 프랑스 군에게 세당 탈환의 명예를 넘겨주어서 보불전쟁에서의 프랑스 패배의 수치를 씻어주게 되었다. 이 결정에 투덜거리는 사람도 있었지만 나는 이것이 제1차대전을 통하여 프랑스 군의 훌륭한 용기와 능률적인 행동과 헌신에 보답하는 매우 좋은 방법이라고 생각했다.

그 무렵에 미군의 역사에서 보기 드문 기묘한 사건이 있었다. 미군의 어떤 규정을 내가 지키지 않는다는 비난이 나도 모르는 사이에 총사령부에 들어간 것이다. 비난의 내용은 내가 철모를 쓰지 않고 가스마스크도 휴대하지 않았으며 무기도 없이 언제나 승마용 채찍을 들고 다니고 후방에서 지휘하지 않는다는 것들이었다.

이런 개인적인 신변의 일은 고급장교인 경우 본인의 판단에 맡기도록 되어있으므로 이 비난은 모두 잘못된 것이었다. 내가 철모를 쓰지 않는 것은 쓰면 머리가 아프기 때문이고, 가스 마스크를 휴대하지 않는 것은 행동에 방해가 되기 때문이다. 내가 무기를 휴대하지 않는 것은 나의 목적이 남들을 지휘하는데 있지 직접 총싸움을 하는 것이 아니기 때문이다. 내가 승마용 채찍을 쓰는 것은 평원에서의 오랜 습관에서 온 것이다. 또 내가 일선에서 지휘하는 것은 후방에서는 효과적으로 부대를 통솔할 수 없기 때문이다.

그런데 사령부의 누군가가 어리석게도 나도 모르게 장교를 파견하여 나의 전우들로부터 은밀하게 나에 관한 의견을 묻고 다녔다. 전에 나의 막료였던 장교가 당시 사령부 소속으로 부쿨루르에 있었는데 이 장교가 수집된 보고의 일부를 나에게 알려주었다. 그 내용은 나에게 대단히 호의적인 것이어서 조사받았다는 불쾌감이 한꺼번에 날아갔다. 다음은 이 장교가 알려준 내용이다.

"우리와 처음부터 함께 있던 어느 고참 병사는 그분 이상의 장교는 세상에서 찾아볼 수 없으리라고 생각한다. 병사로서 내가 완전히 신뢰하고 싸움터로 따라갈 수 있는 인물을 찾는다면 그것은 맥아더이다. 만일 내가 연대장으로서 공격계획을 세우는데 믿을 수 있는 사단장을 찾는다면 그것은 맥아더일 것이다. 만일 내가 아버지로서 이 사람이면 내 아들의 지휘를 맡길 수 있다는 인물을 찾는다면 그것은 맥아더일 것이다."

호우 대령 휘하인 제166 오하이오 연대의 어느 하사관은 "그분은 언제라도 믿을 수 있는 사람으로서 아군에게는 친절하고 적에게는 강직하다. 한 대에 5센트짜리 시거를 물고 독일군을 몰아대는 일에서는 그 사람은 〈무지개〉사단의 어느 장병에게도 지지 않는다."

메노허 장군은 "맥아더는 이 군에서 가장 대담한 전사이다. 그런데 언젠가는 군은 그 사람을 잃게 될 것 같다. 크고 작은 어떤 싸움에서도 병사들이 머리를 쳐들고 보면 대개 곁에 맥아더가 있다. 부대가 전진할 때는 반드시 맥아더가 모자와 말채찍만으로 맨 앞에 나아가고 있다. 그 사람은 이 사단의 장병들에게 있어서 최대의 용기의 원천이고, 전원이 그 사람에게 심취해 있다."

그랑 장군은 "내가 지금까지 사귄 가장 걸출한 장교이다." 등이었다.

퍼싱 장군은 나에 대한 비난에 대한 의견을 물었을 때 "이런 어리석은 소동은 그만두게. 맥아더는 군에서 가장 우수한 지휘관이다. 나는 맥아더가 지휘관으로서 어느 정도의 소질을 가지고 있는지를 보여주는 메노허의 보고서를 지금 막 읽었는데, 메노허는 이런 식으로 말하고 있다. '맥아더는 여단장에 임명되었을 때 공격의 선두에 서게 된 자기 여단에 가서 휘하의 소령에게 저 포격이 끝나면 부하를 거느리고 자네가 선두에 서서 전진하게. 뒤에 서있어서는 안 돼. 병사들은 자네를 따라간다. 자네가 뒤에 서서 병사들에게 전진하라고 해보았자 적진은 빼앗지 못해. 자네가 선두에 서면 문제없이 정상까지 갈 수 있다. 자네가 그것을 해내면 틀림없이 수훈십자훈장을 받아주지.' 하고 말했다. 그리고 맥아더는 한걸음 물러서서 바라보면서 '과연 자네는 해냈군. 이제 훈장은 자네 것이네.' 하면서 자기 수훈십자훈장을 떼어서 소령의 가슴에 달았다. 마침 그때 포격이 끝났다. 이만큼 멋지게 머리를 쓰고 심리적인 면을 찌른 지휘통솔을 나는 별로 본 일이 없다."라고 말했다.

결국 퍼싱 장군은 정말 나를 사단장에 임명했다. 11월 6일에 나의 제42사단장 임명이 발령되었다. 나에게 있어서 그것은 감격적인 날이었다. 나의 발령과 동시에 전사단장인 메노허 장군도 한층 올라서 당시 편성중인 새로운 군단의 사령관이 되었다. 메노허 장군은 〈무지개〉사단을 떠날 때 장군 밑에서의 나의 활약에 대하여 퍼싱 장군에게 편지를 보내고 그 사본을 나의 어머니에게 보냈다. 어머니는 일생에 최대의 선물이라고 하면서 그 편지를 세상을 떠날 때까지 소중히 간직하고 있었다. 그리운 어머니의 영혼에 신의 축복이 있기를 빈다.

11월 11일 사단이 뷔즈 시에 있을 때 휴전이 되어 전쟁은 종결되었다. 우리는 다른 3개 사단과 함께 독일 점령의 임무를 맡아서 벨기에와 룩셈부르크를 거쳐 라인 강을 행군했다.

11월 하순에 나는 퍼싱 장군의 친서로 휴전조약 조인에 의하여 워싱턴에서는 장성급의 진급을 정지시켰기 때문에 애석하게도 나는 소장으로 진급할 수 없다는 연락을 받았다. 그 때문에 내가 전에 레븐워드에서 있던 대대의 대대장이었던 플래글러 소장이 제42사단의 사령관이 되고 나는 제84여단으로 돌아갔다. 나는 라인 강이 내려다보이는 신치그에 사령부를 두었는데, 이곳은 여러 세기의 전설과 로맨스적인 이야기에 어울리는 아주 멋진 곳이었다.

그 후 얼마 안 있어서 나는 목의 염증으로 빈사상태의 중병에 걸렸다. 전쟁 중에 가스를 너무 마셨던 것이다. 그러나 여단의 군의와 운이 좋았던 덕분에 겨우 회복되었다. 사단은 이 무렵에 휴식 기간을 마음껏 즐겼다. 주민들의 따뜻한 환영과 몹시 질서있는 생활태도, 그리고 검소하고 상냥한 성품 등에서 서로간에 존경과 경애가 싹텄다.

전투 중에 우리는 흔히 '라인 강에서 말에 물을 먹인다'는 것을 꿈꾸면서 기세를 올렸었는데 실제로 라인 강 주변에 와보니까 그런 경쟁적인 감정은 어느 틈에 사라지고 대신 우리는 위대한 독일민족이 지닌 본질적인 위엄과 품위를 절실하게 느끼기 시작했다.

우리는 귀국명령을 받았을 때 자신의 나라로 돌아간다기보다는 오히려 조국을 떠나는 듯한 눈물겨운 광경을 펼쳤다. 우리 사단의 최초의 배가 호보켄을 출발해서 꼭 18개월째인 4월 18일에 사단의 마지막 부대가 프랑스를 떠났다.

　나는 미국의 수훈공로훈장(DSM)을 받고 프랑스로부터 레종 도뇌르 훈장, 제8연대 명예 하사 및 메달 밀리테르 프라제르 훈장, 알프스 수렵병대대 명예 일등병의 칭호를 받았으며 그 밖에 수많은 외국의 훈장을 받았다. 나의 귀국시의 상세한 모습은 당시 나의 부관으로서 파리에서 제대하여 결혼하려고 하던 사람에게 내가 보낸 편지에 가장 잘 나타나 있다고 생각되므로 여기에 그 일부를 인용한다.

　워싱턴 D. C
　5월 13일
　친애하는 웰러!
　자네의 소포와 친절한 편지는 지금 막 받았네. 정말 고맙네. 청구서를 동봉하지 않은 것은 실수일세. 자네 앞으로 수표를 동봉하니 돈을 받아두게.
　뉴욕에는 25일에 도착했는데 얘기로 듣던 환영이라는 것은 도대체 어느 나라 일이었던 것일까. 우리를 왕중의 왕이라고 추켜세울 떠들썩한 군중은 어디로 가버린 것일까. 그리고 우리의 꿈에까지 나타나던 그 반짝이는 눈동자와 가느다란 발목은 어디로 사라진 것일까.
　그런 것은 일체 우리를 환영해주지 않았네. 어린 아이 하나가 우리가 누구냐고 묻기에 유명한 제42사단이라고 대답했더니 프랑스에 갔던 적이 있느냐고 반문했네. 우리는 괴로운 생각에 입을 다물었고, 한 사람도 마중나오지 않은 부두를 행군해서 사방으로 흩어져갔네. 쓸쓸하고 가련한 〈무지개〉사단의 말로였다네.
　싸우고 온 사람들을 환영하는 것은 아무것도 없었고 우리에게 행진을 부탁해오는 사람도 없었으며 아무도 전쟁 얘기는 들은 일도 없다는 듯한 공기일세. 게다가 저 폭리를 탐하는 무리들! 정말이지 그런

무리들뿐이네. 롤스로이스를 갖지 않은 사람은 소인이라고 할 지경일세.

게다가 물가가 오른 것을 보면! 생각해보면 파리가 훨씬 더 물가가 싼 곳이었네. 의류도 또한 몹시 비싼 모양이네. 극장 같은 곳에 가보면 여자아이들은 아무것도 입을 것이 없는 모양이네. 그래도 눈은 즐겁게 해주었네만.

나는 겨우 새로운 임무를 맡게 되었네. 육군사관학교 교장으로 웨스트포인트로 가라는 명령을 받았네.

나는 지금의 계급을 아직 가지고 있는데, 앞으로도 빼앗지 않기를 희망하고 있네. 소문으로는 제42사단의 다른 장성들은 모두 계급이 낮추어진 모양이네. 이 장성들은 지금 모두 귀환자들의 집합소에 가 있네. 이곳에서 우리는 강화조약이 어떻게 될 것인가를 걱정하고 있네. 조약이 지나치게 엄한 것 같아서 나에게는 영속적인 평화라기보다는 영속적인 전쟁을 위한 조약으로밖에 보이지 않네. 진치그의 우리 친구들이 불쌍한 생각이 드네. 그 사람들도 이 조약으로 심한 아픔을 느낄 것임에 틀림없네.

자네와 부인이 신혼여행으로 미국에 오게 되면 꼭 웨스트포인트로 나를 찾아주기 바라네. 우리는 오래 된 커다란 집에 살고 있어서 자네들이 오더라도 아무런 불편이 없을 것이네. 꼭 와주기를 기다리고 있겠네.

루이와 전쟁 중의 옛친구들에게도 안부 전해주게. 부인에게 진심으로 나의 축하를 전해주길 바라네.

맥아더

이렇게 해서 하나의 막이 내렸다.

제 4 장 전후시대의 변혁

1. 웨스트포인트의 개혁

내가 교장으로 부임했을 때의 웨스트포인트는 극히 무질서하고 혼란한 상태에 있었다. 전쟁 중에 장교를 대량으로 공급할 역할을 강요당했기 때문에 학교의 구성은 엉망이고 인원도 몹시 줄어 있었다. 그런데 미국은 프랑스에서 8690명의 장교를 전사 또는 부상으로 잃었기 때문에 육군 재건을 위해서 새로운 세대의 장교를 양성하는 것이 긴요했다.

참모총장은 나에게 분명히 "웨스트포인트는 사십 년 늦어져 있네." 하고 잘라말했다. 전쟁 중 장교의 부족으로 4년의 과정이 1년으로 단축되어서 '오랜 웨스트포인트'의 정신은 대부분 잃어버렸고 그때문에 학교를 철저하게 재건할 필요가 있다는 것이 장군 의견이었다.

그러나 당시 미국의 국민감정은 그런 재건에 나서기에는 그다지 좋은 것이 아니었다. 미국에는 전쟁의 위기가 다가오면 대대적으로 군에 힘을 기울이지만 살기 편한 평상시에는 국방의 필요를 무시해버리는 기묘한 버릇이 있었다. 이제 막 끝난 전쟁이 모든 전쟁에 종지부를 찍고 민주주의를 영구히 구하기 위한 전쟁이었다면 어째서 새삼스럽게 많은 돈을 들여서 싸우지도 않을 장교를 양성할 필요가 있느냐, 도대체 육군사관학교 따위를 둘 필요가 있느냐는 의견이 많이 대두되고 있었다.

웨스트포인트 따위는 폐지하고 어쩌면 또 전쟁이 있을지도 모른다는

제 4 장 전후시대의 변혁 109

있을 수 없는 일이 걱정이라면 각 대학에 예비역 장교의 훈련소를 두면 된다고 하는 주장도 많았다. 이런 평화론자 중에서 특히 두드러진 어느 인물은 "웨스트포인트는 미국인에게 지나치게 응석을 부리고 있다."는 저속한 말을 했고 또 그것이 크게 받아들여졌다.

의회도 절약 분위기로 육군사관학교를 심하게 축소시킬 태세였다. '평상시로 돌아가라.' 하는 것이 당시의 슬로건이 되었고 그것을 내세운 패들은 전쟁 준비 때문에 재원이 대단히 낭비되고 있다면서 크게 떠들었다. '낭비를 하지 말라. 절약이다.' 하는 것이 이들의 주장이었다.

나의 웨스트포인트에서의 일은 바로 학교의 존립 자체를 지키기 위한 싸움임을 곧 알았다. 그래서 나는 먼저 워싱턴으로 가서 의회 지도자들을 만났다. 나는 이들 대부분을 개인적으로 알고 있었다. 미국은 자유의 나라인 만큼 무엇인가 국민에게 어려운 일이 일어나면 당장 의회를 공격하는 사람들이 적지 않다.

그러나 나의 그때까지의 경험으로는 의회 사람들은 언제나 느긋하게 나의 설명을 듣고 예의바르고 능률적이며 일단 진정한 사실을 알면 당파를 초월한 애국적인 용기와 아무것도 두려워하지 않는 경의로 행동해주었다. 이번 경우도 그랬다. 그러나 의회 지도자를 붙들고 나는 다음과 같이 설명했다.

"정부가 군사면에 들이는 경비는 일종의 국가적인 보험이어서 나라는 거기에서 매년 배당을 받게 된다. 정부는 평시 또는 전시의 국가적인 필요에 알맞는 부금을 지불해야 한다. 지금 비교적 소액의 투자를 해둠으로써 미국은 장차 예측할 수 없는 비극적인 사태가 일어난 경우의 방대한 경비와 돈으로는 보상될 수 없는 생명의 손실을 적게 할 수 있다.

웨스트포인트는 해군학교와 함께 미국 전체를 통하여 자유로운 대학교육이라는 것에 공헌하고 있는 유일한 기관이다.

이 학교는 공립학교 제도의 최고의 모습을 대표하는 것으로서, 과거 한 세기 동안 미국의 교육제도를 발전시켜온 선견지명이 있는 관대한 정신으로 이 학교의 발전을 꾀해야 한다."

의회는 3년의 학교과정을 인정한다는 타협안을 채택했고 후에 나의 요청을 받아들여서 4년 과정으로 늘렸다.

그런데 내가 부딪친 최대의 문제는 학교 내부에 관한 것이었다. 나는 최초로 제출한 보고서에서 그 점을 다음과 같이 설명했다.

"나는 육군사관학교 역사의 한 시기가 끝난 것과 때를 같이 하여 이 학교 교장에 취임하게 되었다. 이제 웨스트포인트는 세계대전의 종결 후 장차 일어날지도 모를 전쟁에 대비하여 장교요원을 양성하는 것이 임무가 되었다. 이 학교에서의 훈련방법은 지금까지 일관해서 육군전체가 원하는 형의 장교를 만들어낸다는 목적에 부응해왔다. 장교가 과거에 얼마나 훌륭하게 임무를 수행했는가는 백 년 이상의 기간에 걸쳐서 세계의 전선에서 충분히 입증되었다.

따라서 학교 당국이 당면한 과제는 군대의 구성에 있어서 최고의 능률을 발휘하기 위해서는 지금까지와는 다른 형의 장교를 필요로 하는 새로운 정세가 생겨났는지, 세계대전은 그런 교훈을 남겼는지 하는 것이었다. 웨스트포인트는 육군에의 인원 공급의 기관으로 존재하는 이상 당연히 필요한 따른 훈련을 실시해야 한다."

이 문제의 해결을 맡은 자들은 문제의 중대성을 충분히 알고 그 일에 착수했다. 과거 1세기 이상 매우 훌륭한 성과를 거두어온 방법을 조금이라도 고친다는 것이 얼마나 중대한 일인가를 충분히 인식하고 있다. 변경하는 경우에는 그것에 의해서 어떤 새로운 이점이 초래된다는 것이 의문의 여지가 없을 만큼 분명하여야 하고 단순히 재건이란 이름으로 마구 변화시키는 것은 파괴적이라고 하는 것도 이해하고 있다.

또는 혁명적이 아니라 점진적인 개혁이어야 효과가 있다는 것도 인식하고 있다. 그 때문에 필요한 조언이나 의논 등의 도움을 육사의 외부에서 우수한 장교나 전문 교육자들에게 많이 청해야 한다는 것도 명백했다. 이렇게 신중히 정세를 분석한 결과 다음과 같은 결론이

제4장 전후시대의 변혁   111

나왔다.

　이번 세계대전 전까지 국가 간의 전쟁은 관계국의 인구 중에서 비교적 약간의 부분만으로 싸워왔다. 이들 직업적인 군대는 전쟁에서 마음대로 사용할 수 있을 만한 전력으로 길러내기 위해서는 대개의 경우 극히 엄한 훈련과 규율로 다스려야 할 만한 종류의 사람들로 구성되어 있었다. 따라서 장교는 비교적 반항적이고 말을 안 듣는 사내들을 틀에 박힌 단순한 방법으로 다루는 것을 배웠고 그 결과로 하나의 고정된 심리에 박혀 있었다.

　그런데 이번 대전 초기에 각국이 지금까지 의지해온 직업적인 군대로는 결말을 낼 수 없다는 것을 알게 되어 모두 놀랐다. 과거 한 세대 사이에 통신과 수송 수단이 매우 빠르고 또 복잡해진 결과로 인해 국가를 단위로 하는 공동체가 극히 밀접하게 되고 전쟁 상태에서는 관계국의 모든 남녀노소의 노력이 요구된다는 것이 이제 부정할 수 없는 사실이 되었다.

　전쟁은 교전국에 있어서 정말 총력전의 현상으로 되었다. 전쟁을 위한 요원은 부득이 전선에서도 후방에서도 급조해서 충당하게 되었고 보급과 전투의 양면에서의 노력이 너무 대규모가 되었기 때문에 인원은 최소한의 훈련만으로 사용하게 되었다.

　병사들은 대체로 무엇을 해야 하는가를 배우는 것만으로 충분했고 실패하면 어떤 벌을 받을지 모른다는 공포감을 주어서 강제할 필요는 없어졌다. 동시에 병사의 수가 매우 커졌으므로 전에 전장이 그다지 넓지 않았을 때에는 매우 효과가 있었던 엄한 방법도 이제는 적용되지 않게 되었다. 이번 전쟁에서 나타난 이런 법들은 그대로 앞으로의 전쟁에도 적용될 것이 틀림없다.

　이렇게 정세가 달라진 결과로 장교의 형도 바꿀 필요가 생겼다. 장차 장교는 옛부터 요구되던 군인으로서의 모든 기본적인 미덕은 물론 인간 감정의 움직임을 세밀하게 이해하고 국제정세와 자기 나라의 사정에 대한 광범한 지식을 지니며 사고방식을 더욱 자유롭게 해서 완전히 새로운 심경으로 지휘를 맡을 수 있는 인물이어야 한다.

"육군사관학교장으로서의 나의 목적은 당교의 모토인 '의무, 명예, 조국'이라는 말로 집약되어 있는 종래의 방침을 충실히 답습하여 어디까지나 철저하도록 노력하고 지금까지와 마찬가지로 근면의 기품을 조장하고 또 주변을 청결히 하고 생활 태도를 청결하게 하며 사고방식을 청결하게 한다는 청결의 교훈을 가르치는 한편 본교에 새로운 자유화의 분위기를 도입해서 지방적인 근성을 타파하고 남에게 강요당한 규율이 아니라 스스로 행하는 규율을 장려하며 생도의 책임감을 차츰 높여서 틀에 박힌 일을 자동적으로 하는 것이 아니라 주도권을 가진 솔선과 강한 개성을 가르치고 교과 내용을 넓혀서 현대 최고의 교육사상에 합치시키고 웨스트포인트와 육군 전체 사이에 더욱 밀접한 관계를 수립하는 일이다."

그런데 무엇이 필요한가를 말하기는 쉽지만 그것을 실행하는 것은 용이하지 않았다. 마치 장군이 말한 것은 과장이 아니었다. 학교의 교과과정은 엉망인 상태였다. 전쟁때문에 입교자의 교육생의 자격은 몹시 떨어져 있었다. 생도들의 사기도 낮았다. 이 학교의 전통적인 규율제도는 주로 상급생의 권위와 영향력을 중심으로 해서 이루어져 있었는데 상급생이 없어서는 그런 제도가 이룩될 길도 없었다.

생도들을 선배의 모범이라는 것이 전혀 없어서 생도대 전체가 과거 1세기 이상이나 이 학교 생도의 특질이었던 그 빛나는 행동기준을 제대로 몰랐다. 지금의 모습에서 예전의 웨스트포인트를 재건한다는 것은 불가능했다. 옛 웨스트포인트의 모습은 이미 없어져서 전혀 새로운 웨스트포인트를 세우는 수밖에 없었다.

그러나 위대한 사관학교로 키우기 위한 건물과 장비는 갖추어져 있었다. 옛 웨스트포인트의 전통도 졸업생들의 성격 속에 완전히 남아 있었다. 앞으로의 목표는 세계대전의 경험이 제시해주고 있었다. 이 학교에 배속된 훌륭한 장교단이 충실하고 헌신적인 활동을 해줄 것도 분명했다. 게다가 곧 4년의 교과과정이 법적으로 제정되어서 우리 일의 출발점이 되었다.

우리의 과제는 이런 기초 위에 관계자의 원조와 지도를 받아서 새로운 웨스트포인트를 이룩하는 것, 그것도 옛 웨스트포인트의 훌륭한 전통을 계승하면서 장차 일어날지도 모를 전쟁에 대비하여 가장 철저한 장교요원의 준비교육을 시키는, 다시 말하면 현대의 미국 시민에게 위급할 때에 쓸모가 있는 장교나 사병이 될 만한 교육과 지도와 감화를 줄 수 있는 인물을 내보내는 학교를 이룩하는 일이었다.

우리 계획의 기초가 된 것은 말하자면 '행동하는 민주주의'라고도 할 만한 것이었다. 이 학교의 민주주의에 의해서 생도들은 학교 밖에서의 사회적 경제적 지위가 어떻건 본인이 지닌 소질과 인품에 따라 교내에서의 위치가 결정된다는 것은 웨스트포인트에 관심을 가진 사람이 언제나 자랑스럽게 생각하고 있는 일이었다.

4년 간의 과정을 통하여 생도들은 모두 같은 옷을 입고 같은 것을 먹으며 같은 교육 과정을 밟고 같은 시각에 자고 일어나며 같은 급료를 받고 같은 경쟁에 아무런 개인적인 결점도 없이 참가하고 있었다. 4년 동안 생도들은 급우끼리조차 바깥 세계에서의 서로의 사회적 경제적 지위는 모르고 지내며 또 그런 일에 관심도 표시하지 않았다. 생도들은 자유롭게 서로 간의 평가를 결정할 수가 있다.

생도들의 군력(軍歷)을 결정하는 기본적인 조건은 단 하나인데 바로 최고의 명예심을 갖는 것, 바꾸어 말하면 전체의 성가와 안녕을 유지시킬 수 있을 만한 절도, 자기 급우, 자기가 속하는 공동체, 그리고 무엇보다도 자기의 조국에 대한 개인적인 책임감을 갖는 것이 요구된다. 사업가나 그밖의 직업에서는 개인의 행복이 주된 목표가 되지만 군대에서는 국가의 안전과 명예가 모든 것에 우선한다. 웨스트포인트가 자아내는 것을 궁극적으로 말하면 성격이라는 면에 최대의 초점이 놓여 있다.

과거에 있어서는 생도들이 그 인생의 중요한 성장기가 되는 4년 동안 국한된 범위의 문제 이외에 관심을 갖는 것이 허용되지 않아서 웨스트포인트는 편협하고 부분적으로밖에 사물을 보지 못한다는 비난을 흔히 받았다. 실제로 생도들은 바깥 세계가 어떻게 돌아가고 어떤 생각을 하고 있는가를 알 기회는 전혀 주어지지 않았기 때문에 생도들은 주변의 일에 대한 공통된 지식적, 감정적 배경이라는 것을 지니지 못한 채 졸업해서 바로 일반 사회로 끼여들게 되었다.

즉 생도들은 연령은 어른이지만 경험이라는 면에서는 고교생 정도로 세상에 나갔던 것이다. 이런 진공상태는 모든 고등교육 기관에 공통된 특전을 일부 도입함으로써 메워진다고 우리는 생각했다. 그렇게 하면 공부와 훈련의 고된 일과를 완화시키는 동시에 학교 밖의 생활과 연계를 유지하는 데 도움이 된다고 생각했던 것이다. 생도들은 이제 사관학교 구내에 갇혀 지내는 일은 없이 책임있는 청년으로 다루어지게 되었다.

군사훈련 제도에서 행한 중요한 개혁의 하나는 여름에 생도들을 정규 육군의 주둔지에 보내는 일이었다. 이 새로운 제도로 생도들은 하계 훈련 기간에 실제적인 군대의 생활상황을 직접 대할 수 있었다. 정규 군대의 사병과 동거하는 동안에 생도들은 의식적으로 또는 무의식적으로 많은 유익한 지식을 얻게 되는 것이다.

그 동안에 생도들은 능률적으로 지휘하기 위해서 빼놓을 수 없는 자신감을 얻게 된다. 또 인간성에 대해서도 지식을 넓히고, 이해, 동정, 요령 등을 배운다. 이런 경험은 생도들의 성격의 폭을 넓히고 깊이를 더하는데 크게 효과가 있었다.

체육도 내가 정열을 기울인 문제의 하나였다. 세계대전의 경험에서 보아 장교를 심한 군무에 견딜만한 건강체로 단련시킬 뿐만 아니라, 부대를 가졌을 때 체육의 감독 내지 교관이 될 만한 자격을 갖추도록 새로운 훈련과목을 두는 것이 분명히 필요했다. 장차 장교는 스스로 할 수 있을 뿐만아니라 남에게도 가르칠 수 있도록 기술을 몸에 익힐 필요가 있었다.

즉 앞으로의 장교는 어떻게 하면 부하들을 되도록 빠르고도 능률적으로 필요한 건강상태로 가져갈 수 있는가를 알고 상세하고 구체적인 체육문제를 이해하며 직접 할 수 있을 뿐만 아니라 남에게도 감화와 자극을 줄 수 있을 만한 자격을 가질 것이 요구되었다. 옛 과정에서는 체육은 희망과목으로 되어 있어서 운동을 하는 생도는 선수가 되고 싶다거나 또는 그저 즐기고 싶다는 사람에 한정되어 있었다.

그런데 세계대전은 조직적인 단체경기가 사기를 높이고 유지하는 데 매우 도움이 된다는 것을 보여주었다. 자격과 지식이 충분한 장교에 의해서 관리되는 광범위한 운동경기의 제도가 얼마나 군전체에 큰 효과를 가져오는가는 이루 다 말할 수 없다. 건강상태가 나쁜 군대는 한푼의 가치도 없다. 이 위대한 사관학교에 모범적인 운동과목을 둘 필요가 있다는 것은 명백했다. 또 웨스트포인트에 그런 과목을 두는 것은 미국의 모든 청년의 건강수준이라는 광범위한 문제에도 큰 영향을 줄 것으로 예상되었다.

그래서 생도는 모두 자격있는 교관의 감독하에 모든 중요한 운동에 참여하게 되었다. 풋볼, 야구, 농구, 축구, 라크로스(인디언이 했다는 일종의 구기), 육상, 테니스, 골프, 하키 등의 단체경기가 정규과목의 일부로 채택되었다. 생도들의 초기 예비적인 연습을 위해 25명씩 작은 그룹으로 나누어지고 나중에 중대나 대대 단위의 시합이 행해지게 되었다.

이런 유의 경쟁만큼 지도정신, 신속한 결단, 재빠른 행동, 정신과 신체의 일치된 활동, 적극성, 용기 등의 소질을 빨리 이끌어내는 것은 없다. 육체적인 조건이 지성의 장래를 결정한다고 말해도 과언은 아니리라. 이런 생각을 강조하기 위하여 나는 체육관 입구의 아치에 다음과 같은 말을 새기도록 했다.

    친구와의 경쟁의 자리에
    다른 때 다른 곳에서
    승리를 가져오는
    씨가 뿌려진다

나는 매일 장시간 학교 이사회와 함께 이런 웨스트포인트 재건의 계획을 짜고 실행으로 옮기는 일과 씨름했다. 우리는 구내 대학의 지도적인 인물들과 의논하고 육해군의 고급장교의 조언을 구하며, 전국의 일류 대학에 교관을 파견해서 배우도록 하고 학교 교수들에게 휴가를 주어서 온세계의 학계를 방문하도록 했다.

또 우리는 군사과목을 시대의 요구에 맞도록 하고 과학과목에 최신지식을 도입했으며 문화면의 기본교육으로서 고전과목을 활용하고 새로 경제와 정치과목을 추가하고 역사와 세계정세, 유럽의 실정과 극동에 관한 연구, 과학, 화학, 전기학, 항공역학, 기계, 외국어 및 육체적 정신적 도의적 훈련 과정에 지금까지 이상으로 힘을 기울였다. 특히 마지막 항목은 세계의 어느 교육기관에도 뒤지지 않는다는 자신을 가지고 있었다.

우리는 이렇게 해서 만들어진 방침과 그것을 실행하는 방법을 성공으로 이끌고 웨스트포인트에 지금까지 실증되어온 오랜 제도의 장점을 손상시키지 않은 채 새로운 것을 도입하기 위해서는 웨스트포인트 자체를 미국에서 가장 권위있는 비판에 드러내놓아야 한다는 것을 충분히 이해하고 있었다. 보도진은 예외없이 새로운 개혁에 압도적인 찬성을 표했다. 육군장관도 찬성이었다. 육군의 고급장교도 대다수 지지를 표명했다.

교육계에서는 91명의 권위있는 사람들이 개혁계획을 검토했는데 우리가 시작하려는 새로운 초석에 반대론을 펴는 사람은 하나도 없었다. 하원의원 7명으로 된 시찰단은 다음과 같은 보고를 했다.

"시찰단은 세계대전의 교훈과 경험과 희생을 기초로 해서 옛 웨스트포인트의 정신에 선 새로운 웨스트포인트를 건설한 맥아더 장군과 관계 장교들의 국가에 대한 뛰어난 공헌을 크게 인정한다."

1920년 1월에 나는 정규 육군준장으로 임관했다. 이어서 1922년 봄에 외지 근무를 제외한 장성 리스트의 톱에 올라있던 나는 육군사관학교 교장에서 전임되어 필리핀에 파견되었다. 출발 전에 나는 생도대의 수를 늘릴 것을 진언했다. 결국 증원은 실현되어 생도의 수는 1334

명에서 현재의 약 2천 5백 명으로 늘어났다.

  나의 교장 재임 중에 생도였던 사람이 그 후 매우 성공한 것을 보면 나는 한없는 만족감을 느낀다. 당시의 회색 제복을 입었던 핸섬하고 날씬한 청년들 중에서 한 사람은 통합참모본부 의장, 두 사람은 육군 참모총장, 그리고 두 사람은 공군 참모총장이 되었고 장성이 된 사람은 헤아릴 수 없을 정도로 많다. 이 사람들은 국가에 있어서 모든 평가를 넘어서는 귀중한 존재이다.

  웨스트포인트는 그 후에도 탄력성과 진보성을 유지하며 크게 움직이고 있는 세계의 변동에 상상력과 선견지명을 가지고 대처하고 있다. 나의 재임 중에 웨스트포인트는 많은 저명한 방문객을 맞았다.

  그런데 나의 청년 시절의 꿈은 권위와 책임이 따르는 엄숙한 현실 앞에 서서히 사라지려 하고 있었다. 반감이나 반발을 사지 않고 개혁을 완성시켜서 진공을 메우고 과오를 시정하며 옛 사상에 대신할 새로운 사상을 도입할 수 없는 것이다. 나에게는 차츰 적이 나타나려 하고 있었다.

  1922년 2월에 나는 결혼했는데 실패로 끝나서, 8년 후에 서로가 부적합하다고 생각하여 이혼했다.

2. 두 가지 사건

  1922년 10월 상순, 내가 탄 수송선 〈토마스〉호는 마닐라의 제5부두에 도착했다. 나의 눈앞에는 또다시 바탄의 거대한 암벽과 코레히돌의 음울한 회색땅이 여전히 열대의 열기에 싸여서 펼쳐져 있었다.

  18년만에 돌아온 기분은 멋진 것이었다. 이제 필리핀 하원의장이 된 나의 옛친구 마누엘 케손의 지칠 줄 모르는 뛰어난 지도 아래 필리핀의 경제가 크게 발전하고 있음을 보는 것도 기쁜 일이었다. 도처에 새로운 도로, 새로운 도크, 새로운 빌딩이 나타났다.

그런데 전보다 나빠진 면도 있었다. 독립과 필리핀 인의 사회적 평등화에 대한 반대운동이 등장하고 있었다. 착취, 계급적 관념, 인종적 우월감 등 시대에 떨어진 식민주의적인 사상을 지지하는 움직임도 있었다. 나는 많은 필리핀 인을 만났는데 서로의 우정과 존경의 생각이 깊어짐에 따라 나에 대한 반감 내지는 적의라고까지 생각될 만한 감정이 나타났다. 추상적인 국가간의 문제가 개인적인 문제로 바뀌어지거나, 잘 모르는 인물에 대하여 강렬한 반감을 품거나 하는 것은 참으로 기묘한 일이었다.

당시의 필리핀 총독은 나의 참모본부 시절의 참모총장이었다가 후에 퇴역한 레너드 우드 장군이었고 필리핀 주둔의 미군 사령관은 레븐워드 시절부터의 나와 오랜 지기인 조지 리드 장군이었다. 리드 장군은 웨스트포인트의 1883년 클래스의 생도대장이었고 제1차대전 중에는 미군의 가장 우수한 군단 사령관의 한 사람이었다. 우드와 리드 두 장군 모두 나에게 참으로 친절하고 따뜻한 배려를 해주었다.

나는 처음에 마닐라 군관구 사령관으로 있다가 후에 필리핀 스카우츠 여단의 여단장에 임명되었다. 이 여단은 훌륭한 부대로서 전문적인 기술을 완전히 익혔고 어디까지나 충실하고 헌신적이었다. 나는 바탄 반도를 철저하게 답사해서 마닐라 만 입구의 코레히돌 섬과는 불과 6킬로미터도 안 되는 해협을 사이에 둔 이산과 밀림인 반도의 방어 계획을 작성하라는 명을 받았다.

나는 몇 주일이나 걸려서 열기에 싸인 이 말라리아의 반도를 샅샅이 답사하면서 오솔길을 더듬었고 험한 산을 기어올랐다가 내려오고 대나무숲속을 걸어다녔다. 이 경험은 20년 후 이 반도를 미군과 필리핀 군과 일본군이 피로 물들였을 때에 나에게 도움이 되었다.

1925년 1월 17일에 나는 소장으로 진급하여 번디 장군의 후임으로 필리핀 사단장에 임명되었다. 번디는 밀워키 이래로 나의 오랜 친구로 제1차대전 중에는 제2사단장이었다. 나는 또다시 사단장이 된 셈인데 평화시의 사단장은 전시보다는 훨씬 쾌적했다. 그 후 나는 본국의 애틀랜타로 전임되어 제4군단지구 사령관이 되어 일찍이 남북전쟁에서 제24 위스콘신 연대가 넘었던 케네쇼 산이나 피치트리 크리크를 매일 보게 되었다. 나는 죽은 아버지도 곁에 함께 있으면서 눈에 띄게 세계를 뒤덮기 시작한 위기에 대하여 현명한 의견을 들려주셨으면 하고 진정으로 생각했었다.

이어서 나는 제3군단지구 사령관으로서 볼티모어로 옮겼다. 여기에서의 나의 근무는 고급장교라면 누구나 경험하는 평범한 것이었는데 두 가지 특이한 사건이 있었다. 하나는 극히 불쾌한 사건이었고 또 하나는 매우 즐거운 사건이었다. 불쾌한 사건이란 나와 동향인 빌리 미첼이 군사재판에 회부된 사건이다.

빌리 미첼은 제1차대전 중 미국의 걸출한 전투기부대 지휘관으로서 빛나는 전공을 세운 장교였는데 공군력이 모든 것을 지배하고 공군부대는 단일한 지휘계통으로 통합해야 한다는 의견으로 미국에서의 선봉이 되었다. 미첼은 이런 것을 자신의 머리로 생각해서 아직 직접 비행기 조종을 배우기 전인 1913년에 공군부대의 통일안을 하원 군사의원회에 제출했다. 미첼이 비행술을 배운 것은 1915년에서 16년이었는데 그때 그는 36세였다.

미첼과 같은 생각을 강경하게 내세우는 것은 미국뿐만 아니라 당시의 다른 여러 나라에서도 지배적이었던 전통적인 군사사상에 정면으로 도전하는 것이었다. 미첼과 같이 예언자와 같은 선견지명을 지닌 사람은 그 밖에도 약간이지만 있었다. 프랑스의 피에르 루피 장군은 1910년에 비행기 3000대의 공격부대를 만들 것을 참모본부에 제안했고 그 이후로는 미친 사람 취급을 받았다. 페르디낭 포슈 원수는 언젠가 "비행기 따위는 쓸모가 없어."라고 말했고 또 다른 기회에 "군용기는 스포츠의 도구"라고 하면서 일소에 붙였다.

미국이 제1차대전에 참전했을 때 프랑스에 있던 미군 참모본부 사람으로서 항공에 대한 충분한 지식을 가지고 있었던 것은 미첼 한 사람이었고, 더구나 당시는 공군력이 겨우 효과적인 힘을 발휘하려고 하던 시기였다. 미첼은 1917년 여름에 "미 공군의 전력은 내가 쓰고 있는 프랑스 제 뉴폴형 비행기 한 대 뿐이다." 하고 한탄했던 것이다.

그래도 미첼은 미군의 상미엘 공세를 지원하기 위해 프랑스와 영국제 군용기 1481대, 즉 요격기 701대, 정찰기 366대, 주간폭격기 323대, 야간 폭격기 91대 외에 약 20개의 정찰용 기구로 이루어진 공군부대를 편성했다. 이 작전은 제2차 세계대전에서의 대량폭격의 범례가 되었다.

프랑스에서 돌아온 미첼은 자기 견해를 군부에 억지로라도 이해시키려고 해군을 미국방위의 제일선이라고 하는 시각에 도전하여 군함에 대한 실험폭격을 허용하도록 의회와 여론에 호소했다. 미첼에 대한 반감은 특히 해군에서 매우 강했는데 실험은 1920년 6월과 7월에 실행되었다.

먼저 노획한 독일 잠수함 U117에 폭탄 12발이 떨어져서 잠수함은 16분만에 침몰했다. 독일 구축함 G102를 격침시키는 데는 폭탄 44발로 19분이 걸렸다. 독일의 경순양함 〈프랑크푸르트〉호는 14발을 맞고 25분만에 침몰했다. 7월 20일 수요일에는 독일 해군의 위대한 제독 볼프강 폰 티르비츠가 주문해서 만들어 주틀란드 해안의 해전에서 활약한 근대적인 '불침'의 대형 전함 〈오스트프리슬란트〉호에 6백 파운드 폭탄 5발이 투하되었다. 그런데 전함은 기울어졌을 뿐이고 가라앉지 않았다.

이튿날 미첼의 비행사들은 2천 파운드 폭탄 7발을 투하했고 이번에는 22분만에 침몰했다. 그런 미첼과 군 수뇌부와의 마찰은 악화될 뿐이어서 미첼은 미국 정부가 항공력의 발전을 게을리하고 있다며 미국의 항공정책을 공공연하게 비난하기 시작했다. 그 동안 그의 이름은 연일 신문에 실렸다.

1925년 9월에 미해군의 비행선 〈셰나도어〉호가 뉴저지주 레이크허스트에서 약 12개의 주를 도는 비행에 출발하여 조지아 주 아바 상공에서 폭풍우를 만나 불타버려서 지휘관과 승무원 13명이 사망하는 사고가 일어나 결국 문제가 표면화되었다. 미첼은 어느 토요일 오전

도시의 기자단에게 공개장을 발표했고 그 속에서 이런 사고는 "육해군 두 성의 무능력과 태만, 그리고 거의 반역과도 같은 국가방위행정의 직접적인 결과로 생긴 것이다." 하고 비난했다.

이 맹렬한 인신공격 때문에 미첼은 '질서와 군율을 범하는 모든 무질서내지 태만한 행위, 군무의 신의를 떨어뜨린다고 생각되는 모든 행위'에 대한 규정에 따라 군사재판에 회부되었고 나도 법정의 일원이 되라는 명을 받았다. 이것이 내가 지금까지 받은 가장 불쾌한 임무의 하나였다. 나는 미첼을 어릴 때부터 알았고 미첼은 나보다 4년 연상인데 가족끼리의 친교도 두터웠다. 미첼의 아버지는 나의 아버지와 함께 남북전쟁에서 제24 위스콘신연대에 참가했고 빌리 자신도 필리핀의 반란 토벌전에서 나의 아버지의 부대에 있었다.

나는 강력한 공군력을 가져야 한다는 생각에 전적으로 찬성이어서 공적으로도 "지상부대도 해상부대도 그 머리 위를 아군의 공군으로 지배하지 않으면 도저히 안전하게 행동할 수 없다."라는 의견을 말하고 있었다. 게다가 이 사건은 많이 알려진 함구령(緘口令)이라는 것에 대한 나의 반대에도 저촉되는 것이었다. 이 세상에서 억누를 수 없는 것이 한 가지 있다면 그것은 건전한 생각이다. 개인을 희생시킬 수는 있을지도 모르지만 그 사상은 살아남는다

미첼의 경우와 같은 군사재판에서는 선고가 3분의 2의 표로 결정된다. 재판은 6주간 계속되어 1925년 12월 17일에 법정은 3시간의 심의 끝에 유죄로 인정해서 5년간 미첼의 계급과 지휘권과 임무를 정지시키고 모든 급료와 수당을 정지시킨다는 판결을 내렸다. 유죄로 표결되었을 때 많은 사람이 내가 친구를 배반했다고 생각했고 일부 무책임한 신문은 '미첼의 박해'에 내가 가담했다고 비난했다.

이것은 사실과는 전혀 반대다. 나는 미첼을 위해서 적어도 군적 박탈만은 막게 했다. 미첼이 심한 말을 했던 것이 잘못임은 말할 것도 없다. 그러나 그의 주장이 옳았던 것도 역시 진실임은 틀림없다. 군사법정의 참석자는 비밀을 지킬 것을 선서하기 때문에 내가 실제로

어떻게 표를 던졌는가는 밝혀지지 않았다.

그러나 21년 후인 1947년 초에 위스콘신 주의 알렉산드 와일리 상원의원이 나에게 "당신의 한 표만은 법정의 표결에 반대였다." 하는 인상을 받았었는데 어떠냐고 물었으므로 나는 그것을 인정하면서 "재판에서 내가 맡은 역할에 대한 나의 기억은 확실히 옳다. 이것은 미첼도 잘 알고 있어서 언제나 내가 취한 태도에 감사하고 있었다." 하고 대답했다.

미첼은 퇴역해서 여생을 공군력 제일주의의 고취에 바치고 1936년에 죽었다. 만일 그가 제2차 대전까지 살아 있었다면 항공전에 대한 그의 예언이 대부분 실현된 것을 보았을텐데. 1946년 의회는 미첼에게 특별한 금메달을 주는 안을 채택해서 미첼의 명예를 회복시켰다.

유쾌한 사건이란 올림픽과 관련해서 일어났다. 올림픽위원회의 윌리엄 C. 프라우트 위원장이 1928년에 급사하여 후계자를 뽑는 문제가 해결되지 않아서 위원회 전체가 해산될 것 같았다. 올림픽 시기가 다가오고 있었으므로 정세는 매우 심각했다.

나는 전부터 스포츠에는 늘 깊은 관심을 가지고 있어서 내가 웨스트포인트의 교장으로 재임 중에 설치한 교내 대항 체육훈련 제도에도 힘을 기울였다. 이 제도는 미국의 지도적인 대학이나 육군의 주둔지 등에도 널리 채택되고 있었다. 그런데 프라우트 사후의 공백을 메우기 위해 내가 위원장 자리에 뽑혀서 미국 올림픽 팀의 총감독의 책임이 맡겨졌을 때에는 나 자신도 몹시 놀랐다. 참모총장은 나를 출장 형식으로 해줄 것에 동의해서 그 해 여름에 우리는 암스테르담으로 갔다.

이것은 매우 어려운 일이었다. 미국 선수가 입상할 전망은 그다지 밝지 않았던 것이다. 그러나 나는 어떻게 해서든지 미국이 이겨야 되겠다고 생각해서 선수들에게 억지로 맹연습을 시켰다. 스포츠맨만큼 기분파는 없다. 하지만 나는 때로는 꾸짖고 때로는 애원하고 때로는 달래면서 여러분은 세계 최강국의 대표로서 고상하게 지기 위하여 4만 8천 킬로미터나 되는 곳을 찾아온 것이 아니라 이기는 것이 우리의

제 4 장 전후시대의 변혁 123

목적이고 그것도 결정적인 승리를 거두어야 한다고 크게 역설했다. 결과는 그대로 이겨주었다. 미국 팀은 131점으로 1위가 되어 2위인 62점을 크게 앞섰다.

네덜란드는 참으로 살기 좋은 나라였다. 네덜란드 인의 친절하고 예의바르며 따뜻한 국민성에 우리 모두가 매료되었다. 여왕의 부군은 자주 우리를 찾아와서 우리와 크게 의기 투합했고 여왕폐하는 나를 만찬에 초대했다. 여왕폐하는 네덜란드령 지역이 많은 극동의 정세에 대해서 의견을 나누고 싶어했는데 참으로 놀라운 분이었다. 세계 정세에 대한 여왕의 지식은 완벽한 것이어서 그 후로 일어나려고 하는 세계적인 대변동을 예언자와 같은 선견지명으로 간파하고 있었다.

여왕은 진보적인 생각의 소유자로서 동인도제도의 식민지정책을 더욱 관대한 것으로 하고 싶다는 생각을 매우 강하게 가지고 있었다. 폐하는 나와의 얘기에서 일찍이 네덜란드 인의 이민들이 아메리카의 허드슨 강 계곡에 정착했을 당시의 일을 몹시 흥미있게 화제에 올렸고 무심결에 뉴욕을 옛이름인 뉴암스테르담이라고 불렀다.

만찬회 테이블에는 아름다운 '맥아더의 붉은 장미'가 가득 장식되어 있어서 그 자상한 배려에 나는 깊이 감동했다. 다만 이 장미 이름은 나를 위해서 붙여진 것으로 잘못 생각했던 모양인데 실제로는 유명한 원예가 바벙크가 나의 아버지를 위해서 붙인 것이다.

올림픽의 성과에 대하여 나는 보도진으로부터 비평을 요구받았다. 여기에 나는 좀 당황했다. 군사적인 비평을 하는 것과 신문의 스포츠란에 알맞게 지껄이는 것과는 전혀 다르다. 나는 도무지 그런 재능이 없다는 것을 자각하고 있었지만 어쨌든 능력껏 성명서를 써주었다.

우승한 우리 팀이 뉴욕에 도착했을 때 나는 참모총장으로부터 다음과 같은 편지를 받았다.

"나는 이미 일반에게 인정받고 있는 것을 전하면 충분하다고 생각하는데, 분열되어 있던 분파적인 각 단체를 강력하게 결속시켜서 선수들에게 이기겠다는 정신력과 결의와 의지력을 불어넣어서 세계에 미국 시민이 지닌 높은 이상을 알려준 것은 자네 한 사람의 공적이다. 자네는 미국인은 쉽게 포기하지 않는다는 평판을 지켜주었을 뿐만 아니라 미국인은 이긴다는 것도 알고 있다는 평판을 높여주었다.

진심에서의 감사와 함께,

자네의 친구

찰스 P. 서머롤"

서머롤 장군의 말은 참으로 고맙기는 했지만, 물론 정확한 것은 아니었다. 달리거나 뛰거나 보트를 젓거나 해서 승리를 획득한 것은 선수들 자신이다. 글 안의 '미국인은 포기하지 않는다.'고 한 문구는 복싱의 제1회전에서 이겼다고 본 미국 선수가 졌다는 판정이 내려졌을 때의 일을 가리킨 것이다. 미국 복싱 팀의 매니저는 즉석에서 출전을 포기하겠다고 주장했었는데 나는 미국인은 절대로 포기하지는 않는다고 하면서 출전을 명했던 것이다.

3. 퍼지는 암운(暗雲)

볼티모어로 돌아온 나는 자유사상이라는 껍질을 쓴 이데올로기의 압력이 차츰 전국으로 퍼져가고 있는 것을 느끼기 시작했다. 평화운동의 확대로 미국은 무방비상태로 되돌아가려는 듯한 기미를 보이고 있었다.

미국은 또다시 미국사의 어느 전쟁 후에나 되풀이해온 전철을 밟아서 위험과 불안으로 통하는 안락의 길로 나아가려 하고 있음이 명백했다. 미국 전체가 침체상태에 빠져서 파괴적인 책모가 은밀히 퍼져가고 있음을 전혀 깨닫지 못하는 모양이었다. 나는 당시의 나의 생각을 다음과 같이 표명했다.

"소련에서는 붉은 세력의 위협이 증가하고 폴란드는 혼란스러우며 루마니아는 분열의 위기에 섰고 프랑스는 모로코에서 싸우고 있으며,

니카라과에서는 혁명이 일어나고 멕시코에서는 분규가 있으며 중국에서는 내란이 일어나고 있는 현재 미국의 거리들이 또다시 행진하는 병사로 메워지고 군대의 활약을 필요로 할 날이 올 것도 충분히 예상된다. 미국의 방위 준비는 완벽하게 해두어야 한다. 일방적인 군축(軍縮)이란 생각할 수 없다. 불을 끄기 위해서 소방서를 해체하거나 범죄를 막기 위해서 경찰서를 폐지하는 그런 이치에 맞지 않는 일을 진정으로 생각하는 자는 없으리라. 미국은 자국의 권리가 존중되기를 요구함과 동시에 모든 나라의 권리를 인정한다. 그러나 인류가 기독교 정신과 합치되지 않는 동기에서 움직여지는 한 미국은 부당한 충동에서 오는 공격을 받을 위험이 있다. 우리는 대비해두지 않으면 안 된다. 스스로를 지키려고 하지 않는 자는 적어도 당연한 예의로서 남이 타당한 보호를 원하는 것을 방해해서는 안 된다.

미국은 징병제도에서 물러섰지만 두 개의 극단 사이에서 시민병(市民兵)이라는 생각이 싹터왔다. 이 시민병 문제 해결의 성공 여부에 미국의 존망이 달려 있다. 피의 시련이 찾아왔을 때 승리를 거둘 미군 사령관은 현재 미국이 시민병을 육성하고 있는 것을 신에게 감사드릴 것임에 틀림없다."

이 무렵 특히 1930년대에 나는 미국 내의 두 개의 강력한 단체인 공산주의자와 평화주의자들의 맹렬하고도 집요한 반감을 샀다. 미국의 안전은 군비가 타당한가의 여부에 달려있다고 하는 나의 신념은 이 두 단체에 굉장한 반대를 받았다.

그 후 오래지 않아 나는 필리핀 방면 사령관으로서 또다시 필리핀으로 가서 이곳의 전미군의 지휘를 맡게 되었다. 나는 이 임무를 크게 환영했다. 마닐라는 여전히 밝고 활기에 넘쳐 있었다. 나는 웨스트포인트의 동기생으로 당시 검열총감이었던 패터슨 대령, 부관인 데이비스와 트린블, 그리고 옛친구인 레디 대령 등과 함께 넓은 숙소에서 살았다. 참으로 명랑하고 떠들썩한 그룹이어서 언제나 즐거웠다.

마뉴엘 케손은 이미 모두가 인정하는 필리핀의 지도자가 되어 있었고 나는 자주 그와 만났다. 두 사람은 일본의 팽창 위협이 차츰 커지고 있는 정세에 대하여 의견을 교환했다. 몇천 명의 일본인이 남쪽 거대한 민다나오 섬의 다다바오에 들어와 있었다. 유럽에서도 아시아에서도 검은 구름이 점점이 떠돌기 시작하고 있었다. 독일은 재군비에 착수했고 일본은 세력을 뻗어서 중국에도 위협이 미치기 시작했다.

극동의 식민지들은 겨우 눈을 떠서 움직이기 시작했는데 소련은 이들 식민지의 불안정한 기둥에 몰래 구멍을 뚫어서 세력을 확대하는 실적을 크게 올리고 있었다. 동아시아 전역에 걸쳐서 대규모적인 사회적 정치적 변화가 급격히 일어나고 있었다. 이래서 아시아에는 중국, 소련, 일본이라는 세 개의 야심적인 국가가 등장했고 그 사이의 세력 다툼은 세계사의 결정적인 한 페이지를 장식하게 될 듯한 형세를 드러내고 있었다. 그리고 필리핀은 불길한 이들의 소용돌이 속으로 간단히 말려들 듯한 정세였다.

어쨌든 우리가 보유한 병력으로 훈련과 연습을 계속했는데 이 부대는 불쌍할 정도로 약체였고 더구나 워싱턴에서는 필리핀 방위에 대해서 확실한 생각을 전혀 가지고 있지 않은 모양이었다.

당시의 총독은 헨리 L. 스팀슨이었다. 스팀슨은 제1차대전 중에 포병대장으로서 시찰과 훈련 목적으로 나의 여단을 방문한 일이 있으므로 나와는 약간이지만 아는 사이였다.

총독으로서의 스팀슨은 필리핀에 대하여 도량이 넓은 관대한 태도를 유지해서 필리핀 인으로부터 존경과 사랑을 받고 있었다. 그는 방위 준비를 중시하는 쪽의 인물이어서 나의 군사훈련계획을 이해하고 크게 지지해주었다. 우리는 매우 친밀한 사이가 되었다.

1929년 7월 말, 날이 샐 무렵에 웨스트포인트의 동급생이었던 부관 에디 브라운 대령이 나를 깨웠다. 브라운은 '비밀. 맥아더 앞 친전'이라고 씌어진 전보를 나에게 주었는데 전문은 다음과 같았다.

"대통령은 귀관을 공병대 사령관에 임명할 것을 희망하고 있다. 대통령은 공병대의 활동이 홍수대책과 내륙의 수로(水路)계획 등이 더해져서 양적으로도 종류상으로도 매우 커졌으므로 거기에 알맞도록 광범위하게 공병대를 개편하기를 바라고 있다. 나는 대통령과 육군장관에게 귀관이 어디까지나 충실하고 협력적으로 대통령의 희망을 실행해주리라고 확언했다. 대통령은 귀관의 기구개편의 수완과 전문적인 능력을 신뢰하고 있고 귀관이 이 임명을 수락할 생각이 있는지 여부를 알고 싶어한다. 본건은 극비로 취급할 것. 같은 암호로 회답하기 바란다.

육군참모총장 서머롤"

나는 일찍이 공병대에 있었던 것을 매우 자랑스럽게 생각했지만 공병대에 들어갔을 때에는 그 최고 지휘관이 된다는 것은 생각해보지도 않았다. 에디 브라운은 나에게 수락하기를 자꾸 권했다. 그러나 대통령의 이런 제안을 거절하기는 어려웠지만 거절하는 편이 옳다고 생각했다. 그 무렵에 미시시피 강에 대홍수가 일어났었는데 나는 그런 문제에 있어서 거의 경험이 없었다.

나는 대통령에 대한 감사의 말과 함께 이 자리에는 두 가지 기본적인 자격을 가진 인물이 필요한데, 첫째로 그 인물은 공병기술에 뛰어난 능력을 지니고 둘째로 그 능력이 일반에게 인정받고 있어서 기술 관계자 전체가 완전히 신뢰할 수 있어야 한다고 회답했다. 이 전보에서 나 자신은 아무런 자격도 없고 과거 17년간 공병기술에서 멀어져 있었는데다가 본래 그다지 유능한 기술자는 아니라고 말하고 이 자리에는 공병대의 리틀 브라운 장군이 최적임자라고 부언했다.

에디 브라운은 어처구니가 없다는 표정으로, 내가 워싱턴의 노여움을 살 것이 틀림없으니 스스로 무덤을 파는 것과 같다고 말했다. 하지만 이것은 나 자신을 위해서도 또 그 보다 훨씬 중요한 것은 정부를 위해서도 현명한 조치였다. 리틀 브라운 장군이 임명되어서 내가 예언했던 대로 공병대 역사상 위대한 사령관이 되었다.

워싱턴의 반응도 에디 브라운이 말한 것 같지는 않았다. 1930년 8월 5일 나는 "방금 대통령은 귀관을 서머롤 장군의 후임으로 참모총장에 임명한다고 발표했다."라는 전보를 받았다. 나는 워싱턴으로 돌아가는 것은 사성장군(대장)이 되기 위해서이기는 했지만 마음이 내키지 않아서 우선 느낀 것은 어떻게든 거절했으면 하는 것이었다.

새로운 참모총장을 기다리고 있는 일이 얼마나 괴로운 것인가를 잘 알고 있었기 때문에 나는 주저하지 않을 수 없었다. 나는 진심으로 야전사령관으로서 부대와 함께 있고 싶었다. 그런데 당시 워싱턴에 살고 있던 나의 어머니는 내 기분을 짐작해서 수락하도록 하라는 전보를 보냈다. 아버지가 살아 계신다면 내가 주저하는 것을 부끄럽게 여길 것이라는 전문이었다. 그래서 만사는 결정되었다.

나는 어머니의 은혜를 언제나 절실하게 느끼고 있었다. 아버지는 한번 그런 것에 대해서 이렇게 말한 일이 있었다.

"더글러스는 아마 모친으로부터 우주의 커다란 힘에 귀를 기울여서 거기에서 내면적인 탄력성과 지구력을 끌어낼 수 있는 귀중한 잠재의식의 특기를 물려받은 모양이다."

이것은 쉽게 말하면 내가 괴로운 일을 다 참을 수 있다는 얘기이다. 나는 참기로 했다.

나는 10월(1930)에 미국으로 돌아가서 일시적으로 샌프란시스코의 제9군단지구 사령관에 취임했다. 나는 전에 아버지가 살았던 포트메이슨의 옛집에 다시 들어갔는데 다음 달에는 전국의 주요 군사시설을 둘러보았다. 11월 30일에 나는 참모총장 취임 선서를 했다.

육군장관은 패트릭 헐리였다. 헐리와 나는 개인적으로는 안면이 없지만 인상적인 성격의 인물이었다. 제1차대전에 장교로 참전했던 사람으로 후버 대통령과 함께 국방 문제에는 매우 강한 관심을 가지고 있었다. 이 두 사람은 나의 재임 중의 진언에 언제나 찬성해주었다.

워싱턴은 내가 참모본부의 풋내기 멤버였을 무렵이래 15년 동안에 완전히 달라졌고 나도 또한 변했다. 나는 이번에는 훨씬 높고 그만큼 훨씬 책임이 무거운 자리에서 활동하게 되었다. 그때까지의 31년의

제 4 장 전후시대의 변혁 129

군인생활에서는 나는 언제나 명령을 받고 정책을 지시받는 쪽이었는데 이번에는 내가 결정을 내려서 명령하는 입장이 되었다.

나는 어머니와 함께 포트 메이어의 제1호 숙사에 들어가서 큰일에 부딪칠 준비를 갖추었다. 큰일은 당장에 찾아왔다. 당시 미국 전역에 걸쳐서 전쟁은 다시 일어나지 않을 것이며 전쟁 기술은 과거의 것으로서 이제 죽은 괴물에 불과하다는 뜻의 논의가 야단스럽게 퍼졌고 더구나 설득력을 발휘하고 있었다.

의회는 육군이 집요하게 전쟁은 다시 일어난다, 그것도 예상보다 빠를지도 모른다고 하는 호소를 되풀이하는데 질려서 싫증을 내고 있었다. 이 불가피하다고 보여지는 전쟁이 어떤 성격의 것인가를 예언해서 국민이 그것을 믿도록 하고 근대적인 육군을 상정(想定)해서 설명하고 계획하고 건설하는 것이 참모총장으로서의 나의 임무가 되었다.

나는 그것을 위해서 연구요원과 연구기관을 두고, 활발한 상태를 유지하고 있는 육군의 여러 가지 학교를 두고, 유능한 참모본부를 두고, 또 나 자신의 생각을 가지고 있었다. 현대전이 거대한 공격력과 신속한 움직임과 수많은 기계를 수반하고 게다가 공격의 무기가 소수의 숙련된 전문적인 병사에게 맡겨지는 전쟁이 되리라는 것은 얼핏 보아도 명백했다.

우리는 제1차대전에서 고성능 기관총이라는 단 하나의 새로운 발명 덕분에 전략계획이 헛일이 되거나 방대한 군대가 진흙과 참호의 교착상태로 몰렸던 교훈을 값비싼 희생을 치르고 배웠다. 다음에는 강력하게 장비된 폭격대와 강철 덮개로 기관총을 뭉개버리는 전차와 거기에 부수되는 차량부대로 또다시 기동전 시대가 되리라는 것은 전문적인 군인이라면 누구라도 예견할 수 있었다.

그런데 이런 생각은 당장 맹렬한 반대에 부딪쳐서 평화주의자나 공산주의자는 물론이고 의회에서까지 심하게 비난했다. 의회의 일부 소수 그룹은 어떤 장군보다도 자기들이 전략가로서 훨씬 더 우수하다고 생각하는 모양이어서 그 연약한 견해를 억지로 나에게 떠맡기려 하는 움직임에 나는 끊임없이 괴로움을 당했다.

특히 〈보너스 행진〉 사건 이후로는 미국 내의 모든 비난자들이 나를 절호의 기회로 보는 것 같았다. 나는 매일 신문에 두들겨맞았고 군인으로서의 능력이나 개인적인 성격까지 악선전의 재료가 되었다. 이것은 정말 불쾌해서 그 불쾌함이 영구히 나를 따라다니게 되었다. 그런데 매일 밤 성경을 읽을 때마다 나는 그 불멸의 말씀 속에서 그때까지 깨닫지 못했던 새로운 교훈을 얻은 듯한 기분이 들었다.

그래도 불가피한 전쟁에 대비해서 미국을 위한 광범위한 전쟁계획의 기본선을 마련한다는 나의 주요목표는 약간씩이나마 실현되어갔다. 우리는 산업동원계획을 작성했다. 이것은 현재도 거의 그대로의 형태로 이용되고 있다. 또 전국민을 포함하는 인적자원 총동원계획도 세웠는데 이것도 그 후로 본질적인 수정은 가해지지 않았다. 또 미국의 방위태세를 개편해서 소위 '4개군계획'을 만들었는데 그 기본원칙은 현재도 살아 있다.

이 밖에 우리는 현재의 미 공군의 전신이 된 독립된 항공공격전력을 육성했고 또한 독립해서 행동하는 지상기갑부대의 시대가 올 것을 예견해서 포트 녹스에 학교를 세웠다. 현재 포트 녹스는 기갑화부대의 사령부가 되었고 그곳에서 계속 새로운 기갑화사단이 생겨나 아메바처럼 여러 개로 분리되어 필요에 따라서 군의 여러 분야에 보내지고 있다. 또 군대 전체를 개편해서 지상부대, 공군부대 및 보급부대를 각기 다른 사령관 밑에 두고 세 사령관이 참모총장에게 직접 보고하도록 했는데 이것은 제2차대전에서 큰 성과를 올렸다.

그런데 이런 것보다 더 좋았던 것은 육군 전체에 변화의 정신이 넘치기 시작한 일이었다. 일이 없어서 기력을 잃어버릴 위험 대신 새로운 활기가 넘쳤다. 아직 일반적으로 히틀러는 대단한 허풍쟁이이고 일본은 속 빈 강정이라고 생각하고 있어서 우리 정부가 절대로 미국을 전쟁에 끌어들이지 않겠다고 약속하고 있을 무렵에 우리는 1941년

제 4 장 전후시대의 변혁 131

(제2차대전이 시작된 해)의 미 육군의 중추를 이룩해냈던 것이다.

그 사이에는 수많은 지겨운 사건이 일어났다. 그 중에서도 특히 충격적인 사건이 나의 취임 후 얼마 안 있어 미국 내의 개신교 목사들과 관련해서 일어났다. 어느 유력한 교회의 주간지가 목사들에게 "당신은 앞으로 일어나게 될 전쟁을 미국의 교회는 정식으로 시인해서는 안 된다고 생각하는가 또는 지지해야 된다고 생각하는가?" 하는 설문을 했더니 19,372통의 회답 중에서 12,076, 즉 62%가 미국의 교회는 장래의 어떤 전쟁도 지지해서는 안 된다는 의견을 표명했던 것이다.

나는 다음과 같은 성명을 내서 이 문제에 정면으로 도전했다.

"대다수의 회답에 대하여 나는 무엇보다도 먼저 놀라움을 느낀다. 이 나라의 이렇게 많은 목사가 위급할 때에 미국을 지탱하기 위해서 다른 모든 시민과 마찬가지로 목사에게도 부과된 헌법상의 의무를 사전에 공개적으로 거부하는 태도를 표시했다니 그저 놀라울 뿐이다.

특권을 행사하면서 거기에 따르는 의무와 책임을 거부한다는 것은 방종한 태도인데 이런 태도를 취하는 사람들은 우리의 민주주의가 시민에게 부여하고 있는 특권을 스스로 이용하고 있다고는 생각되지 않고 미국의 방위에 가담하기 보다는 오히려 미국을 멸망시키고 싶다는 기분을 드러낸 것이다. 전쟁과 평화의 문제는 미국의 정체에서는 의회의 결정에 맡겨져 있다. 의회는 이 권리를 행사함에 있어서 우리 정체의 기반인 대다수에 의한 지배의 원칙에 따라 의회 대다수의 뜻에 의해서 움직인다. 헌법상 이런 문제에 관한 의회의 결정은 최종적인 것이어서 미국의 모든 시민은 그것을 받아들일 의무가 있다.

교회에 종사하는 사람들이 공공연하게 국법을 부인하도록 장려한다는 것은 참으로 믿어지지 않는 일로서, 우리 법령에 대하여 이렇게 포괄적인 태도를 취하는 것은 당연히 여러 가지 함축성을 낳고 여러 방면으로 파급되어간다. 이런 태도는 의심할 것도 없이 다른 어떤 법률을 어기려고 하는, 혹은 이미 어기고 있는 범죄자나 악인들에게 앞으로 힘을 더욱 복돋워줄 것임에 틀림없다. 이상한 일이지만 이것은 목사들에게 법률 위반과 개인적 쾌락의 주창자라는 낙인을 찍는 것이 된다.

종교의 자유는 우리 나라 최대의 특권이고 미국의 전역에서 볼 수 있는 훌륭한 장점이다. 그러나 정부가 없이는 종교의 자유도 없다. 우리 나라가 무력하면 정치적·경제적 자유만이 아니라 종교의 자유도 파괴되고 만다. 조국을 방어하고 우리 선조의 피로 얻어진 여러 원칙을 지킬 것에 반대해서 애국심을 물리치고 국제주의를 내세워 약탈자의 세력 앞에 무저항으로 권리를 포기하라고 가르치는 단체도 이미 그 견고함이 입증된 미국의 입장을 허물어뜨릴 수는 없다.

평화를 진정으로 사랑하면서도 옳은 것을 지키기 위해서는 죽음도 사양하지 않는 생명력이 넘치는 용감한 인간은 뼛속부터의 크리스찬이어서 과거와 마찬가지로 장래에 있어서도 그런 사람들이 모든 것을 제압할 것으로 나는 확신한다."

이것을 시작으로 해서 도의적인 싸움이 참모총장으로서의 나의 임기 내내 계속되었다. 이런 면에서 나는 그로부터 1년 후에 피츠버그 대학에서 다음과 같이 연설했다.

"평화주의와 그 동반자인 공산주의는 도처에서 우리를 둘러싸고 있다. 극장에서, 신문 잡지에서, 교회의 설교단에서, 강연회장에서, 학교에서 이 세력은 마치 안개처럼 미국의 얼굴을 덮고 소란을 원하는 세력을 조직화해서 일하는 사람의 윤리를 파괴하고 있다. 우리는 미국에 범람하고 있는 낭만주의적 성향이나 감정주의를 확고하게 뿌리박은 상식으로 바꿔놓아야 한다.

평화주의의 방법으로는 평화가 보장되지 않으며 미국을 모욕이나 침략으로부터 지킬 수도 없다. 자존심을 잃고 싶지 않은 나라는 스스로를 지킬 준비가 있어야 한다. 분별있는 사람은 누구나 전쟁이 잔혹하고 파괴적임을 알고 있다. 그러나 우리를 둘러싼 문명이라는 껍질은 전쟁열만으로는 허물어지지 않는다. 역사는 일찍이 위대했던 나라가 국방을 게을리했기 때문에 재로 돌아간 것을 여실히 보여주고 있다. 로마나 카르타고는 어떻게 되었는가. 비잔틴 제국은 어떻게 멸망했나. 저 강대했던 이집트는 어떻게 되었나. 죽음의 절규가 세계로부터 무시당한 한국은 어떻게 되었는가. 우리도 역시 멸망하기를 원하지 않는다면 대비를 해야하지 않겠는가."

나는 육군이 의회의 공격을 받았을 때는 언제나 육군을 변호했다. 장교단 1만 2255명을 삭감하는 안이 의회에 제안되었을 때 나는 다음과 같이 응수했다.

"육군은 식량이 모자라도 살아가고 의복이나 주거의 불편함도 참으며 빈약한 무기나 장비로도 어떻게든 해나갈 수 있다. 그러나 훈련된 장교의 적절한 지휘를 받지 못하는 군대는 싸움에 임해서는 처음부터 패배가 약속되어 있다. 유능한 장교를 충분히 보유하고 있는지의 여부는 승패의 갈림길이 된다. 불충분한 군대만큼 비싸게 먹히는 것은 없다. 어떤 나라의 군대에 지기 위해서 군대를 조직하는 것은 어리석음의 극치이고 완전한 돈의 낭비이다.

싸움에 지면 국방비를 줄여서 백만 불을 절약했던 것이 꺼꾸로 십억 불을 잃게 된다. 전쟁에는 이미 영예로운 패배 따위란 없다. 지면 돈이 들 뿐만 아니라 그 밖에 모든 면에서 노예의 처지로 전락한다. 조지 워싱턴과 그 공명자들이 오늘날의 미국의 기초를 이룩한 이래로 미국이 지켜온 모든 것의 진수인 자유라는 그 무형의 것도 잃어버릴 것이다. 가령 미국의 국고에 있는 돈이 방위비를 겨우 충당할 정도이고 나머지는 한푼도 없다고 하더라도 역시 그 돈은 먼저 방위비로 돌려야 한다."

장교 삭감안을 표결에 붙인 결과 175대 154로 아슬아슬하게 부결되었는데 어쨌든 우리는 이겼다.

다른 제안에서 장교의 퇴역 수당을 연 2천4백 불로 한정하고 또 퍼싱 원수의 약 1만 8천 불의 특별연금을 대폭 인하하라는 요구가 나왔다. 우리는 이 제안과도 싸워서 결국 저지했다.

나는 이때 상원 세출 위원회에 출석하여 퍼싱 원수와 같은 지위인 영국의 더글러스 헤이그 원수에게 영국군과 영국은 어떻게 보답하고 있는가를 지적했다. 헤이그는 원수로 승진해서 신탁기금이라는 형식으로 미화 약 50만 불의 특별수당을 받았고 이 기금에서의 수입은 삼대에 걸쳐서 헤이그의 가족에게 주어지게 되었다. 이것은 미화로 연간 약 3만 불의 수입이었는데 그 밖에 헤이그는 생존 중에 미화로 연 8천7백 불의 수당을 받았던 것이다.

4. 〈보너스 행진〉 사건

내가 참모총장에 재임했던 기간 중 가장 격렬한 에피소드는 소위 〈보너스 행진〉으로 알려진 사건이다. 이것만큼 대중에게 잘못 전해진 사건은 다시 없으리라. 이 사건은 당시의 정쟁(政爭)에 말려들어서 신문은 철저하게 조심성없이 그 내용을 왜곡해서 전했던 것이다.

대단한 불황이 1년 가까이 계속되어서 몇백만 명이 직업을 잃고 국민은 자신을 잃어서 대중의 사기는 1892년의 대공황 이래 최저선으로 떨어져 있었다. 5월(1932) 말에 굶주린 사람들 일단이 누더기를 걸친 전위대의 모습으로 워싱턴에 밀어닥쳤다. 의회에 압력을 가해서 예비역 군인에 대한 보너스(수당)를 현금으로 지불할 것을 즉시 결정해달라는 것이었다.

2개월 동안 이 굶주리고 헐벗은 군대는 목적을 이루지 못한 채 장려한 워싱턴 거리의 한구석에서 그야말로 밑바닥의 비참한 생활을 계속했다.

때묻고 옷은 헤어지고 기대가 희박해짐에 따라 반감이 쌓이면서 이 패들은 의회와 백악관, 그 밖의 신성한 연방정부 건물에 매일 찾아가서 정부의 지갑끈을 풀도록 하려는 노력을 계속했다. 나중에 화가 난 그들은 공산주의자들의 사주도 있어서 험악한 폭도로 화했고 워싱턴의 경찰대는 투석 때문에 어쩔 수도 없게 되었다. 이래서 문제는 단순한 사회문제의 영역을 벗어나 훨씬 심각해졌다.

국민이 마음으로부터 단결해 있는 지금에 와서 보자면 불과 30년 전에 미국의 대통령이 백악관을 습격당할 위험에 놓이고 의회가 행진하는 군중의 함성에 벌벌 떨었다는 것은 믿기 어려운 일이다. 게다가 당시의 화려한 시가전을 목격한 정부 직원이나 워싱턴 시민들이 법과 질서를 지키려는 경관대가 아니라 포위당해서 당황하면서도 반항을 계속하는 〈보너스 군〉에게 성원을 보냈다는 것도 지금으로서는 상상할 수 없는 일이다.

이 운동은 실제로는 단순히 거의 무일푼인 국고를 습격했다는 것보다는 훨씬 위험한 성격을 띠고 있었다. 〈보너스 행진〉은 피비린내 나는 폭동을 야기시켜 미국 육군을 끌어들임으로써 예비역 군인들에게 발포하도록 만들려는 모스크바의 지시를 받은 미국 공산당의 교묘한 음모로 바뀌었던 것 같다. 그들의 목표는 이 소동이 혁명적인 상황을 낳고 그것이 다른 도시로 퍼져서 결국은 전국이 소란에 휩싸이게 된다는 것이었다. 그렇게 되면 진짜 혁명이 일어날 가능성도 전혀 없지는 않았다.

순진한 재향군인 지도자의 대부분은 일행의 조직화를 꾀한 공산계열의 진의를 깨닫지 못했고, 이윽고 그런 패들이 워싱턴에서의 실제적인 지위를 장악해버렸다. 재향군인의 최고 지도자는 월터 워터즈로서 대중에게 연설하는 재능을 지닌 말을 잘하는 사람이었다. 나는 이 사람과 얘기해서 육군이 출동하는 경우에는 행진대는 얌전하게 물러간다는 데 합의했다.

일행의 대부분은 펜실베이니아 가의 허물어진 건물에서 기거하게 되었고 좀더 쉴 장소를 제공하기 위해서 나는 텐트와 야영도구를 보내어 아나스코시아 광장에 치도록 했다. 심한 식량부족을 해결하기 위해 많은 급식차를 보냈는데 이것은 의회의 심한 반대에 부딪쳤다. 하원의 어느 지도적인 의원은 의회에서 "만일 저들이 워싱턴에 주저앉아서 하루 세 끼를 공짜로 먹게 된다면 어떤 일이 일어나리라고 생각하는가. 미국에는 현재 8백5십 만의 실업자가 있고 그 대부분은 가족이 있다. 정부가 워싱턴에 있는 사람들에게 급식을 해준다고 하면 전국에서 대군중이 몰려올 것임에 틀림없다."고 말했다. 그래서 급식차를 보내는 것은 그만두게 되었다.

6월 중에는 차츰 긴장이 더해갔다. 참가자의 캠프는 자꾸 퍼져서 결국은 온 시내의 공지를 메우게 되었다. 밤이 되면 기분나쁜 표정의 사내들이 캠프 파이어 둘레에 둘러앉아서 끝없는 연설에 말없이 귀를 기울이고 있었다. 어느 연설에도 공산당의 선전이 섞여 있고 항의는 차츰 격렬해졌다. 행진자들의 고생, 한낮의 타는 듯한 햇볕, 불결한 생활환경, 그리고 의회가 양보해서 일인당 1천 불로 결정된 수당을 조금이라도 늘려주기를 지루하게 기다리는 괴로움 등이 차츰 행진자들을 지치게 했다.

6월 중에 나의 옛친구인 뉴욕 주지사 프랭클린 D. 루스벨트가 뉴욕에서 보너스행진에 참가한 사람들에게 곧 워싱턴을 떠나서 뉴욕으로 돌아온다면 주에서 철도운임을 지급하겠다고 호소했다. 다른 주도 이에 호응해서 행진자 중 진짜 재향군인은 대부분이 물러갔다. 그런데 공산계의 골수분자들은 여전히 남았고 반대로 늘어갔다. 연방수사국(FBI)이 보너스 행진 참가자 4334명의 지문을 조사한 보고로는 1069명이 살인이나 부녀 폭행, 주정 등의 전과를 가지고 있었다. 남은 패들 중에 진짜 재향군인은 1할도 되지 않았다. 워터즈는 지휘자 자리에서 쫓겨나고 공산주의자들이 지배권을 장악하고 있었다.

워싱턴 경찰의 대장은 웨스트포인트 시절의 나의 친구로서 퇴역 전에는 유능한 준장이었던 페럼 글라스포드였다. 폭력사건이 늘어남에 따라 글라스포드는 두 번이나 나에게 육군의 도움을 청해왔는데 나는 번번이 좋지 못한 방법이라고 하면서 거절했다. 그러나 7월 28일에 사태는 결국 위기를 맞았다. 5천 명의 폭도화한 군중이 재무성과 백악관을 향해서 펜실베이니아 가를 행진하기 시작한 것이다. 경관대는 5대 1의 비율로 압도당해 있었다.

글라스포드는 두들겨맞고 경찰대장의 금배지를 빼앗겼고 발포로 2

명이 죽고 20명 이상이 중상을 입었다. 정세가 이미 워싱턴 경찰로는 감당할 수 없다는 것이 명백했다. 시의 경찰 이사는 지체없이 콜롬비아 특별지구 이사회에 연방군대의 출동을 대통령에게 요청하도록 요구했고 리첼다파 이사는 즉시 대통령에게 "경관대로는 화기를 마음대로 사용하는 이외에는 질서를 유지하기가 불가능해졌다. 소수의 연방군대가 나타나면 정세는 이렇게 심각해지지 않고 폭력과 유혈은 훨씬 줄어들 것임에 틀림없다."라는 메시지를 보냈다.

대통령은 해리 육군장관을 불러서 사건 처리에 대처할 것을 명했다. 그때 대통령은 되도록 유혈을 피해서 꼭 질서를 회복하면 좋겠는데 불필요한 폭력을 막기 위해서 참모총장도 군대와 함께 출동하는 것이 어떻겠느냐는 의견을 제시했다. 그날 오후 2시 55분에 해리는 명령서를 작성하여 나에게 주었다.

근처의 부대에서 선발된 6백 명의 병력이 베리 L. 마일즈 장군 지휘하에 대기하고 있어서 곧 행동을 개시할 수 있었다. 마일즈 장군이 이 부대의 각 대장에게 내린 명령은 다음과 같았다.

"본대는 대통령의 명령에 따라 행동한다. 기병대는 펜실베이니아 가를 내려가서 시위 진압 행동을 벌인다. 보병대는 기병대의 배후에 전위대의 대형으로 전개한다. 관계지역을 포위해서 동지역을 장악하고 있는 자들을 몰아내라. 동지역 내의 부녀자에 대해서는 각별히 배려 있는 태도를 취하라."

대통령의 요청에 따라 나도 마일즈 장군과 동행했는데, 그때 내가 데리고 간 장교 두 사람은 후에 세계의 역사에 이름을 남긴 아이젠하워 소령과 패튼 소령이었다. 한 발의 총도 쏘지 않은 채 부대는 돌을 던지는 폭도에게 최루탄을 쏘면서 몰고갔다. 양쪽 모두 사망자는 한 사람도 없었고 중상자도 없었다. 저녁 9시 반에 문제의 지역은 아나스코시아 광장에 이르러서 전부 진압되었다.

힘의 시위와 부대의 훌륭한 규율과 최루탄을 충분히 씀으로써 심한 유혈을 보지 않고 진정시킬 수 있었던 것이다. 부대가 아나스코시아

강을 건너고 있을 때 육군장관으로부터 나의 판단에 따라 행동을 정지하라는 메시지가 도착했다. 나는 다리에서 폭도들을 쫓아버리자 바로 부대의 전진을 정지시켰는데 마침 그때 폭도들은 자기네 캠프에 불을 질렀다. 이것으로 그날 밤의 행동은 끝났다.

나는 밤 11시에 직접 백악관으로 가서 대통령과 해리 장관에게 보고했는데 둘다 그날의 성과에 만족을 표명했다. 해리 장관이 내게 대기하고 있는 기자단에게 성명을 발표하라고 했으므로 그날의 행동을 설명한 후 다음과 같이 말했다.

"만일 후버 대통령이 그때 행동하지 않았다면 대통령은 중대한 사태에 직면하게 되었을 것이 틀림없다. 앞으로 1주일만 방치해둔다면 정부 자체의 존립이 위태로워졌을 것이다. 대통령은 대단한 인내 끝에 겨우 이런 결단에 이르렀던 것이다. 무력을 사용하기 전에 마찰을 피하기 위해서 모든 수단을 강구했다. 그때 출동하지 않았더라면 대통령은 임무를 게을리한 것이 된다."

나는 마일즈 장군과 부대에 표창장을 주었다.

소란이 시작된 이튿날 경찰은 지도자 36명을 체포했는데 그 중에는 미국 공산당의 부통령 후보 제임스 포드, 뉴욕의 유력한 공산당원 에마누엘 레빈, 전에 공산당원으로 정평이 난 존 T. 페이스 등도 들어 있었다. 이것으로 조직은 해체되고 잔당은 사라졌다.

이 사건에 대하여 몹시 왜곡된 해석이 일반에게 유포되고 있었다. 어느 지도적인 상원의원은 의회에서의 연설에서 나를 맹렬히 공격하면서 내가 완전한 예복에 훈장을 가득 달고 백마에 올라타고는 피묻은 군도를 휘두르면서 미친 것처럼 기병대를 이끌고 무기도 없는 죄없는 시민들 속으로 마구 돌진해 들어갔다는 터무니없는 말을 했다. 물론 이 말은 아무런 근거도 없었다. 기병대의 돌격도 없었고 백마도 없었으며 완전한 예복도 없었고 군도도 훈장도 달고 있지 않았다. 나는 부대 사병과 같은 작업복을 입고 있었다.

내가 이 말의 해명을 요구하니까 이 상원의원은 그저 어깨를 움츠

리면서 단순한 정략에 불과했다고 대답했다. 프랭클린 루스벨트는 언젠가 나에게 "더글러스, 자네는 미국의 가장 훌륭한 장군이지만 정치가로서는 미국에서 최하일 것이네." 하고 말한 일이 있다. 루스벨트는 위트와 센스가 매우 뛰어난 사람이었기 때문에 이 말의 어느 쪽이 칭찬하는 말이었는지는 지금도 나는 알지 못하고 있다.

이 사건 3일 후 일요일에 뉴욕 타임즈 지는 사건과 관련해서 1면에 다음과 같은 기사를 실었다.

"당지의 공산당 본부는 어제 워싱턴에서 보너스 군의 데모가 폭동으로 발전한 데 대한 당의 책임을 인정했다. 공산당의 대변인은 13번가 동부 50의 당본부에서 '우리는 보너스 요구를 선동해서 워싱턴에서 재향군인의 데모를 지도했다. 우리는 몇 번이라도 워싱턴에 가서 일하는 자들을 위해 싸울 용의가 있다. 우리는 워싱턴을 향해서 여기에서 행진을 개시했다. 다음에도 우리가 선두에 선다.'라고 말했다."

전부터 공산당원이었음을 스스로 인정하는 벤저민 기트로는 16년 후에 낸 저서 《그들의 생애의 전부》속에서 이 사건에서의 공산당의 음모에 대하여 다음과 같이 썼다.

"7월 5일에 얼 브라우라는 재향군인은 실업자의 전위부대라고 하면서 '워싱턴의 보너스 혁명군은 차츰 악화되는 현재의 위기에 대한 대중 투쟁의 극히 중요한 선봉이 되는 것이다.'라고 말했다. 7월 28일에 정부는 행동을 개시했다. 육군참모총장 더글러스 맥아더 장군은 공산당에게 지휘받은 재향군인과 경관대의 충돌에서 재향군인 한 사람과 관계없는 구경꾼 한 사람이 죽은 다음 유혈 사태의 악화를 막기 위해 직접 현장에 나섰다.

이야말로 공산당이 바라던 일이었다. 그것이 공산당의 목표였던 것이다. 이제 공산당은 후버에게 굶주린 실업자들을 죽이는 사람이라는 낙인을 찍고 미 육군은 실업자를 탄압하기 위한 월 가의 앞잡이이며, 의회는 무기도 없는 미국의 노동자들을 때려죽이는 피비린내나는 파시스트라고 하는 비난을 퍼부을 수가 있었다."

그 1년 후에 존 T. 페이스는 의회의 어느 위원회에서 다음과 같이 증언했다.

"후버 대통령과 맥아더 장군에 대해서 끊임없이 유포되고 있는 거짓말에 대해서는 나도 일부의 책임을 느낀다. 나는 보너스 행진의 좌익, 즉 공산 계열을 지휘했다. 공산당의 간부들은 나에게 소란을 일으켜서 후버 대통령이 군대를 출동시키지 않을 수 없도록 모든 수단을 써서 피를 흘리라고 명령했다. 공산당은 재향군인이 몇 명이 죽건 그런 것은 문제삼지 않았다. 혁명의 계기를 만들려는 것이 목적으로서, 모스크바에서 폭동과 유혈을 지령했다고 나는 들었다.

7월 28일에 워싱턴 경찰이 재향군인을 한 사람 죽였을 때는 공산당의 나의 지도자들은 몹시 기뻐하고 있었다. 맥아더 장군은 모스크바가 지령한 혁명을 피를 보지 않고 진압했다. 그래서 장군은 공산당의 미움을 받는 것이다."

워싱턴 경찰이 발견한 문서 중에는 공산당이 체포할 예정인 인물의 명단이 들어 있었다. 나는 그 명단의 첫머리에 실려서 의회 계단에서 공개적으로 교수형을 당하도록 되어 있었다. 이 사건을 발단으로 해서 공산당이나 그 동조자, 숭배자들은 아무리 세월이 걸리고 어떤 수단을 써서라도 언젠가는 나를 말살시켜야 할 인물이라고 점찍었고 그 때문에 계획된 캠페인을 집요하게 계속했다. 하지만 내가 권위를 잃고 모스크바가 환희의 종을 울리기까지는 그 후로 19년이 걸렸다.

5. 달라지는 군사(軍事) 사상

나는 참모총장 재임 중에 두 번 유럽을 여행해서 군사, 정치 양면의 지도자들을 만났고 각국의 군대를 시찰했으며 전쟁의 징조에 대해서 의견을 교환했다. 나는 특히 독일과 소련에 대해서 귀중한 정보를 얻었다. 유럽에서는 가는 곳마다 굉장한 환영을 받았고 수많은 영예와 훈장을 얻었는데 이것은 물론 나의 개인적인 업적을 칭송한다기보다는 위대한 국가의 대표라고 해서 주어진 것이다.

프랑스에서는 마침 미국에서 우리도 하고 있었던 것처럼 보병의 기계화를 진행시키고 있었다. 프랑스는 보병이 차를 타고 전투지역으로 갈 날이 가까웠음을 예견하고 있었다. 부대가 밤새도록 걸어서 공격 출발점에 도달했을 때에는 몹시 지치고 머리도 둔해져서 제대로 생각도 못하는 시대는 이미 과거가 되어가고 있음을 간파했던 것이다.

이것은 내가 여러 번 의회에서 호소했던 '보병은 전선으로 트럭을 타고 가게 된다. 전투지역에 접근하기 위한 행군은 훨씬 줄어서 완전히 신선한 상태를 유지할 수 있다. 적 전선의 돌파에 성공한 보병부대는 적의 간격을 차로 신속하게 빠져나가서 적의 후방을 파괴하고 혼란하게 만들 수 있다.'라는 생각과 완전히 일치되는 것이었다.

독일은 재군비를 시작하고 있었다. 루덴돌프와 폰 제크트 등은 기동전에 대한 논문을 썼고 괴링은 공군력을 우월하게 하는 것이 세계적인 강국이 되는 열쇠라고 주장하고 있었다. 폰 힌덴부르크는 앞으로의 전쟁에서는 일반 국민이 최대의 목표가 된다고 예언하면서 다음과 같은 의견을 내놓고 있었다.

"고용인구가 밀집된 거대한 산업력의 중심이 가장 약한 목표가 된다. 전쟁에서의 최종 승리는 일반 국민이 어느 정도 공격을 견디어내는가에 달렸다는 것을 나는 예언한다. 전쟁은 기력 문제가 된다. 먼저 기력이 다하는 나라가 진다."

유고에서는 알렉산더 왕의 정예인 세르비아 부대가 소달구지로 보급을 받는 광경을 입술을 깨물면서 나에게 보여주었다. 터키에서는 의지가 굳은 지도자 무스타파 케말 아타투르크와 터키의 구식 군대를 어떻게 해서든지 전력(戰力)이 있는 군으로 육성시켜야겠다는 그의 굳은 결의에 대해서 얘기를 나누었다. 헝가리에서는 카를 국왕이 군민이 군비보다도 노는 데 열중해 있다고 불평했다

폴란드에서는 50년 전의 기준으로 보면 참으로 훌륭한 10만의 기

병대가 뛰어다니고 피르수드키 원수가 지리적으로 독일과 소련 사이에 끼여서 피할 수 있을 것 같지 않은 파국을 어떻게 타개해야 되겠느냐고 걱정하고 있었다. 체코에서는 군사 목적으로 전용할 수 있는 종류의 공장이 몇 개나 대규모로 건설되고 있었다. 한편 소련에서는 소위 소비에트주의라고 불리는 저 볼셰비즘과 니힐리즘의 가공할 사생아가 기분나쁘게 멀리서 짖어대고 있었다.

참으로 고민이 많고 혼미한 유럽이었다. 이들 나라의 대부분이 급강하 폭격기와 전차 앞에 당장 붕괴되리라는 것은 놀라울 정도로 확실했다. 나는 육군장관에게 이렇게 보고했다. "다음 전쟁은 반드시 기동전이 된다. 빨리 움직이지 못하는 자는 하느님에게서도 버림을 받는다. 하늘을 지배하지 못하는 나라는 몹시 불리한 상황으로 몰릴 것이다. 육해군의 행동을 성공시키기 위해서는 절대로 하늘에서의 엄호를 받아야 한다."

육군장관은 이 의견에 찬성이었지만 의회는 여전히 끄떡도 하지 않고 회의적이었다. 나는 때로는 고함치고 때로는 애원하며 때로는 윽박지르고 때로는 떠들어댔다. 어떤 때는 부대의 기계화와 공군력 강화의 자금을 얻기 위해 어떤 수단도 가리지 않는 시늉을 했다. 또 미국의 군대가 기거하는 비가 새는 빈민굴 같은 병영을 개조하기 위해 큰 절을 해가면서 예산을 청했다.

나는 더욱 빠른 속력——더욱 강한 화력——빨리 움직이는 기계화 병기——비행기——전차——대포——트럭——탄약을 청하고 "장차 미국의 해안을 방어하기 위해서도, 적의 지상병력을 공격하기 위해서도, 적의 보급기구의 약점을 폭격하기 위해서도 공군력에 의지하게 된다."고 경고했다.

내가 5년간의 참모총장 재임 중에 당시 항공부대도 포함되어 있던 육군의 유지를 위해서 얻어낸 예산액은 다음과 같다.

    1931——347,000,000불

    1932——335,000,000불

1933──304,000,000불
1934──277,000,000불
1935──284,000,000불

이것을 현재의 국방비 50억 불과 비교해보기 바란다.

나의 두 번째 유럽 여행은 프랑스의 연례 대연습을 참관해달라는 프랑스 정부의 공식 초청에 의한 것이었다. 프랑스 육군은 기병을 대신한 부대로 두꺼운 강철로 만든 크고 빠른 전차를 실험하고 있었다. 당시 미국의 육군은 같은 단계를 막 넘어선 참이었으므로 프랑스의 마지노 육군상은 미군의 경험에서 배웠으면 하는 희망을 가지고 있었던 것이다. 연습에서 프랑스의 고급장교 두 사람은 제1차 세계대전 때 나의 전우 포수 원수의 참모장이었던 웨이강 장군과 〈무지개〉사단의 이웃 사단을 지휘했던 감랭 장군이었다.

연습은 제1차대전 때의 샹파뉴 전선에서 행해졌는데 연습 후 세 사람이 랭스에서 연 회의에 나도 초대되었다. 회의의 주제는 독일과의 전쟁 가능성이었는데 나는 최근의 시찰에서 어떤 결론을 얻었느냐는 질문에 솔직하게 독일은 조만간에 다시 한 번 전쟁을 일으킬 것이라는 의견을 말했다.

그래서 프랑스측의 세 사람은 그런 사태가 벌어질 경우 독일보다 인구가 적은 프랑스가 어떻게 하면 공세를 취할 수 있는가 하는 문제를 철저하게 논의했다. 세 사람은 프랑스의 좌익에서 벨기에를 경유하여 행동을 벌여서 독일군의 우익을 포위하기 위해 그만한 충분한 병력이 있어야 한다는 의견이었는데, 그러기 위해서는 정면에서의 독일군의 공격에 견디면서 포위작전용의 35개 사단의 여력을 남길 방법이 있을 것이라고 생각하고 있었다.

결국 그러기 위한 유일한 방법은 포주 전선을 약간의 기동 병력으로 지킬 수 있을 정도로 요새화하는 것으로서 그렇게 하면 반격을 위한 충분한 병력이 남게 된다는 것이 세 사람의 결론이었다. 이것이 소위 마지노 라인의 시초이고 또 목적이었다. 즉 마지노 라인은 프랑스

군에게 공격의 힘을 주기 위해서 만들어진 것으로서 고정적인 방어선을 치다는 생각에서 나온 것은 아니었다.

그런데 실제로 전쟁이 발발했을 때 프랑스 군은 포위작전을 하지 않고 단지 소극적인 저항만을 계속하는 치명적인 과오를 범했다. 여기에 프랑스가 전쟁에 패배한 커다란 원인이 있었다. 왜냐하면 독일은 당시 소련과의 교전에 묶여 있어서 그런 포위작전에는 매우 약한 상태에 있었기 때문이었다. 마지노 라인은 결국 본래의 의미는 대담한 공세의 축이 되어야 할 것이었음에도 불구하고 고정적인 방어의 상징으로 이름을 남겼다. 역사는 때로는 흰 것을 검게 바꾸는 기묘한 버릇을 지니고 있다.

미국에서는 허버트 후버가 물러가고 프랭클린 루스벨트가 대통령이 되었다. 루스벨트는 지난날의 워싱턴 시절과는 많이 달라지고 또 성장해 있었다. 다만 정계에서 정상에 이른 그도 육체적으로는 매우 괴로운 병에 걸렸다. 그래도 그는 시대의 지도적인 자유주의자가 되어 세계의 모든 사람들에게 결핍에서의 자유, 공포에서의 자유, 언론의 자유 및 종교의 자유를 주자는 엄숙한 제안의 주창자가 되었다.

루스벨트 대통령 당시의 육군장관은 조지 던이었다. 광산업 경영자로서 성공하고 유타 주지사도 지낸 이 60세의 서부 사나이는 군사문제에도 깊은 관심을 가지고 있었다. 대전 중 그는 유타 주 방위회의의 일원이었기 때문에 국방문제에는 잘 통했다. 그는 육군의 모든 계획에 전적으로 찬성했고 당의 간부 중에서도 군부 지지의 중심세력이었다. 나는 날로 던에 대한 존경심이 더해갔다.

신정권 등장과 함께 의회의 평화주의자 일당이 다시 정규 군대의 장교단을 대폭 축소시키려고 많은 장교를 강제 휴가의 명단에 얹어서 그 급료를 반감시킨다는 법안을 제출했다. 나는 하원 군사위원회에 출석해서 다음과 같이 그 법안을 반박했다.

"미국 방위태세의 기초는 육군에 있고, 육군의 기초는 그 장교에게 있다. 장교는 방위태세의 혼이다. 가령 국방법에서 모든 것을 삭제한다하더라도 장교단만은 마지막까지 남겨야 하는 것이다. 사병을 전부 제대시키고 그 밖의 모든 것을 폐지하게 되더라도 이 1만 2천 명의 장교단만은 끝까지 남겨 두어야 한다는 것을 나는 전문 군인으로서 권고한다. 장교는 전체의 기구를 움직이는 핵이고 전쟁에 있어서는 한 사람의 장교가 1천 명의 사병의 가치를 지닌다. 군대라는 잡다한 인간의 모임을 하나의 정비된 단체로 키우는 것은 장교밖에 없다."

이 문제가 예산을 절약하기 위해서라는 명분의 배후에는 국방의 지주를 무너뜨려서 미국을 세계 무대에서 무력하게 만들려고밖에 생각하지 않는 공산분자의 주구들이나 감상적인 말썽꾸러기들이 좌우하는 과격단체의 은밀한 압력이 작용하고 있었다. 하지만 의회는 이런 건에 현혹되지 않아서 이 법안은 결국 폐기되고 말았다.

육군을 해치려는 움직임이 또 하나 나타났는데, 그것은 의외에도 입법기관이 아니라 행정기관에서였다. 예산국이 예산의 균형을 위해서 정규 육군의 예산을 통상적인 할당액에서 51% 삭감하고 그 밖의 명목에서도 방위군비는 25%, 편성된 예비병력용의 예산은 33%, 예비역장교 훈련비는 32%, 일반 시민의 군사교육기관비는 36%, 소총 사격연습 장려비는 75%를 각각 삭감한다고 발표했던 것이다.

우리는 이 혁명적인 예산삭감계획을 저지시키려고 예산국에 필사적으로 대항했지만 전혀 효과가 없었다. 육군장관은 걱정한 나머지 대통령에게 사적인 회담을 요청했다. 육관장관과 나 외에도 참모차장인 드럼 장군과 공병대사령관 브라운 장군도 동행했는데 회담은 아주 분위기가 험악했다. 육군장관은 육군의 입장을 간절하게 호소하고 독일과 이탈이아에 위험한 정세가 나타나고 일본은 만주와 중국에 세력을 뻗치고 있는 사실을 들어서 이런 시기에 미국의 국방을 이렇게 약체화시키는 것은 불합리할 뿐만 아니라 혹시 치명적인 결과를 초래할지도 모른다고 말했다.

그런데 대통령은 완강하게 우리의 권고를 듣지 않아 결국 격론이 벌어졌다. 그러나 던의 얌전한 말솜씨로는 루스벨트의 신랄한 웅변에

도저히 당하지 못해서 끝내는 대통령의 통렬한 변론 앞에 그는 새파래져서 입을 닫고 말았다. 나는 나라도 대통령에게 맞서는 것이 나의 의무라고 느꼈다. 나는 이 문제에 미국의 안전이 달려 있다고 생각했기 때문에 분명하게 그렇게 말했다. 대통령은 이번에는 독설의 창 끝을 정면으로 나에게 돌렸다.

루스벨트는 흥분했을 때에는 정말 말이 많아지는 사람이었다. 무거운 공기가 가득차서 당장에라도 폭발할 것 같았다. 이 광경은 터무니없는 악몽으로밖에 생각되지 않았다. 나의 생애에서 세 번째이고 마지막인 저 형언할 수 없는 오한이 엄습했다. 감정적으로 몹시 지쳐버린 나는 앞뒤 생각하지 않고 다음 전쟁에 우리가 져서 미국의 청년들의 배를 총검에 찔리고 목을 적병에게 밟히면서 진흙탕 속에 누워 마지막 저주의 말을 뱉을 때에는 맥아더가 아니라 루스벨트의 이름을 댔으면 좋겠다는 뜻의 말을 했다.

대통령은 분노로 얼굴이 새파래져서 "대통령에게 그런 말을 하는 것은 용서하지 못해." 하고 고함쳤다. 물론 이것은 대통령의 말대로여서, 나는 얘기를 한 순간 잘못했다고 생각했다. 나는 즉시 말이 지나쳤던 것을 인정하고 진심으로 사과했다. 하지만 이것으로 나의 육군에서의 경력은 끝장이라고 느꼈으므로 물러나면서 대통령에게 참모총장을 사임하겠다고 했다.

그런데 내가 문을 열고 나오려고 했을 때 루스벨트는 그 독특한 자제심을 보여주는 조용하고 침착한 목소리로 "어리석은 소리 말게, 더글러스. 이 건에서 자네가 예산을 다루지 않고는 아무것도 안 돼." 하고 말했다. 이윽고 던이 내 곁에 와서 몹시 기쁜 어조로 "자네는 육군을 구해주었네." 하고 말하는 것이 들렸는데 나는 말도 못 하고 백악관의 계단에서 토하고 말았다.

대통령도 나도 그 후로 이 이야기는 꺼내지 않았는데 그 이래로 대통령은 언제나 육군에 호의를 가져주었다. 나는 흔히 대통령에게 불려가서 사회정책의 여러 가지 계획에 대한 비평을 요청받았는데 군사문제로 의견을 물어온 일은 두번 다시 없었다. 나는 그것을 의아하게 생각했고 또 기분도 좀 나빴으므로 어느 날 저녁때 대통령과 은밀히 저녁을 먹으면서 "각하, 당신께서는 내가 잘 알지도 못하는 사회개혁이나 그 밖에 여러 가지 사회화 정책의 계획에 대해서 흔히 나의 의견을 물으시는데 군사 문제에 대해서는 전혀 나의 의견을 물으려고 하지 않으니 무슨 이유 때문입니까?" 하고 물었다.

그런데 그때의 대통령 대답에 나는 납작해졌다. 대통령은 이렇게 대답했다. "더글러스, 내가 그런 질문을 하는 것은 자네의 조언이 필요해서가 아니라 자네의 반응을 보기 위해서이네. 나는 자네를 미국민의 양심의 상징으로 보고 있단 말이네."

이 무렵의 나의 가장 즐거운 추억이라면 무엇보다도 해군과 나의 관계였을 것이다. 육군과 해군은 맹렬한 라이벌 의식에 사로잡혀 있는 듯한 말들을 흔히 하는데 이렇게 심한 거짓말은 없다. 과장된 이야기가 몹시도 센세이셔널하게 전해져 있기 때문에 육해군은 공동의 목적을 향한 충실한 파트너가 아니라 마치 불구 대천(不俱戴天)의 원수 사이인 것 같은 인상이 심어졌다.

나는 현재의 통합참모본부와 비슷한 조직이었던 통합회의의 의장으로 3년간 있었는데, 그 동안 제의된 문제 중에 아무런 마찰도 없이 전원일치로 해결되지 않았던 것은 하나도 없다. 나는 해군 군복을 입고 죽은 형과 조카를 두어서 해군에 대해서는 언제나 육군에 대한 것과 같은 애정을 느끼고 있었다. 전시와 평화시를 통한 나와의 오랜 관계에서 해군은 일관하여 최고의 충실성과 헌신과 능률을 보여주었다. 나의 지휘하에 들어온 해군 부대가 예외없이 나의 명령 이상으로 때로는 생각하지도 못했을 정도의 활약을 해주는 데에는 언제나 놀랐던 것이다.

나는 참모총장 4년의 임기를 마쳤을 때 다시 1년간 재임명되었다. 이것은 워싱턴의 임기는 모두 4년으로 한정되어 있다는 그때까지의 현명한 전례를 깨뜨리는 것이었기 때문에 나로서는 의외였다. 이 1년의 재임기간이 끝날 무렵 장차 필리핀 연방 수립과 동시에 대통령에 취임하기로 되어있던 마누엘 케손이 워싱턴에 왔다.

케손은 1946년 7월 4일로 예정되어 있던 독립 이후의 필리핀의 방위문제를 토의하기 위하여 내방했던 것인데 나를 만났을 때 필리핀을 지키는 것이 가능할까 하는 솔직한 질문을 했다. 내가 충분한 군대만 있으면 어떤 곳이라도 지킬 수 있다고 대답하자 케손은 그런 군대를 가지려면 무엇이 필요하냐고 물었다. 내가 그것은 병력, 군수물자, 자금, 그리고 무엇보다도 먼저 병사를 훈련하고 군수물자를 보급하고 자금을 만들기 위한 충분한 기간이라고 대답했다.

그러자 케손은 내가 그 일을 맡아주지 않겠느냐고 말했다. 나는 좋다고 대답하고, 다만 그것을 성공시키려면 10년의 기간과 미국으로부터의 많은 원조가 필요하다는 것을 강조했다. 실제로 나에게는 그 어느 쪽도 허용되지 않아서 전쟁은 5년도 지나지 않아서 일어났고 미국의 원조는 시기가 늦었으며 또 온 것은 미비한 것이었다.

케손과 만난 얼마 후에 루스벨트 대통령이 하이드파크로 나를 초대한 적이 있었다. 대통령은 나에게 필리핀의 연방제 수립으로 총독제는 폐지되고 대신 고등판무관을 두게 되는데 나에게 그 자리를 주고싶다고 말했다. 이것은 영광이기는 했지만 그러려면 육군에서 은퇴하게 되는데 나는 군인의 일생을 택한 것이니까 역시 군인으로 마치고 싶다고 하면서 거절했다.

워싱턴을 떠남에 있어 나는 두 개째의 수훈장(DSM)을 받았다. 그 때의 문서는 길었던 5년간의 나의 노고에 충분히 보답해주는 것이었다.

6. 필리핀과 함께

나는 어머니와 약간의 수행원을 데리고 〈프레지던트 후버〉호로 초가을의 샌프란시스코를 떠났다. 행선지는 또다시 필리핀이었다. 나로서는 다섯 번째인 극동여행이었는데 이번이야말로 본격적인 긴 여행이 되었다.

마닐라에 도착하고 오래지 않아 어머니가 돌아가셔서 오랜 세월의 우리 두 사람의 아름답고 변함없는 사이에 막이 내려졌다. 뉴멕시코의 평야에서 출발한 나의 가족 네 사람 중 세 사람이 떠나서 나는 다만 우아한 고풍의 생활로 가득찼던 옛날의 가정의 추억만을 안고 혼자 남게 되었다. 나는 후에 어머니의 유해를 미국으로 모시고 돌아갔고 어머니는 알링턴 묘지의 버지니아 흙에 싸여 아버지 옆에서 잠들어 있다.

오래 된 버클리의 집 리버 레지는 이미 오래 전에 폐허가 되었고 버클리 자체도 노포크 시에 합병되어 있었다. 노포크의 정력적인 시장 프레드 다크워드가 오래된 저택의 터를 시의 공원으로 보존하고 거기에 어머니의 이름을 붙였다고 전해주었다. 어머니가 돌아가신 몇 년 후에 옛집에서 가져온 벽돌과 나무조각을 넣어서 어머니의 출생지를 기념하는 아름다운 집이 세워졌고 그 준공식에 참석했다. 그 식에서 나는 나를 길러주고 언제나 힘을 주고 이끌어준 어머니에게 다음과 같은 말로써 어머니의 영혼을 위로했다.

"하느님을 사랑하고 나라를 사랑하는 것을 최초로 나에게 가르쳐준 분은 성인과 같은 나의 어머니였다. 그 가르침은 멀리 적지에서 결단을 내려야 할 때의 괴롭고 외로운 나에게 언제나 힘이 되어주었다. 이 추억의 집에서 하느님이 내리신 나의 임무의 길을 어머니가 이끌어 주셨던 것에 진심으로 감사를 바친다."

어머니의 사후 오래지 않아 나는 프리메이슨의 마닐라 지구회에 의해서 메이슨의 자격을 수여받았다. 1947년에 나는 제33단계(최고의 단계)의 메이슨 칭호를 받았다.

나의 필리핀 방위계획은 스위스에서 대단히 성공한 의무병역제도를 본뜬 간단한 것이었다. 필리핀 전체를 10개의 지역으로 나누어 각 지역마다 매년 4천 명의 시민을 훈련시키고 그 훈련을 맡는 기관으로 작은 직업적인 군대를 육성한다는 계획인데, 128개소에 병영을 설치하여 훈련을 받는 사람은 자택에서 가장 가까운 병영에 들어가게 했다. 각 병영의 훈련담당자는 장교 4명에 사병 12명으로, 처음에는 경찰대에서 뽑았다. 이 요원들은 후에 정규군의 중추가 되었다.

병영에서는 군사적인 면 외에도 피훈련자가 대부분 문화수준이 낮은 시골 출신임을 고려해서 건강상태를 좋게 하고 경제적인 환경을 개선하는 일에도 여러 모로 노력했다. 또 웨스트포인트에 준하는 사관학교도 설립했다. 또한 지상부대를 전력으로서 소형 고속력의 어뢰정 50척과 군용기 250대를 주력으로 하는 해군을 건설하기로 했다. 연간 예산은 8백만 불이 한도였다.

이 계획은 열매를 맺기까지는 10년의 양성기간을 둔다는 데에 기초를 둔 것으로서 필리핀 연방이 1946년에 독립할 때까지는 훈련된 40만의 전력을 40개 사단으로 편성해서 필리핀의 모든 중요한 섬에 전략적으로 배치한다는 구상이었다. 훈련용의 장비나 무기는 미국이 가지고 있는 좀 구식인 장비의 재고품을 대여받고 비상시에는 미국으로부터 근대 무기가 공급될 것에 기대를 걸고 있었다

계획 자체는 좋았지만 실제적인 성과는 가능성을 훨씬 밑돌았다. 계획은 처음부터 여러 가지 방해에 부딪혔다. 필리핀의 완전 독립을 치워버리고 전적으로 미국의 보호에 의지하자는 움직임도 상당히 강하게 나타났다. 게다가 계획이 진점됨에 따라 일본이 신경을 쓰기 시작해서 케손과 맥아더의 콤비를 헐뜯는 선전을 마구 퍼뜨렸다.

당시의 나의 막료의 보고에는 "일본의 정치 스파이가 필리핀에 잠입해 있다. 스파이는 업자, 길가의 사진사, 자전거를 탄 세일즈맨 등으로 위장해서 아무리 작은 도시나 시골에도 들어가 있다. 도처에서 그들이 눈에 뜨인다." 하는 것도 있었다. 한편 소련이 조종하는 비밀세력은 극동과 미국 사이를 이간하는 공작을 열심히 하고 있었다. 일반에게 의혹과 무기력한 공기가 퍼지는 것을 알고 케손은 대중에게 다음과 같이 호소했다.

"이 계획의 목적은 전쟁을 방지하려는 것, 싸움이 없는 평화를 이룩하려는 것이다. 이 목적은 적당한 방위태세를 갖추지 않고는 달성되지 않는다. 계획의 목표는 필리핀을 침략하려는 자에게는 값비싼 희생을 강요할 수 있을 만한 전력을 쌓아서 침략에 의하여 정치적 경제적 이익을 얻으려는 희망을 분쇄하는데 있다. 경제적 정복의 지름길을 노리는 침략이 불가능한 상태로 만들면 필리핀이 약탈적인 공격을 받을 위험은 매우 적어진다.

필리핀이 평화로운 상태를 유지하는 것은 태평양의 평화를 유지하기 위해 절대로 필요하고 따라서 이것은 세계의 희망이고 이상이기도 하다. 이 이상은 세계의 문명국이 지지해야 하는 것이고 또 지지할 수가 있다. 필리핀은 말할 것도 없이 절대로 남의 나라에 대하여 위협은 될 수 없다.

우리가 안고 있는 어려움은 크고 도처에 패배주의자가 나타나고 있다. 그러나 필리핀 인에 대한 맥아더 장군의 신뢰와 기대는 조금도 엷어지지 않았다. 그것은 나 자신이 우리나라와 우리 동포에게 걸고 있는 신뢰와도 필적한다."

그러나 케손의 웅변도 별로 효과가 없었다. 피훈련자의 수는 반 이하로 줄고 예산도 6백만 불로 삭감되었다. 역선전이 심해짐에 따라 계획에 대한 저항도 강해졌다. 미국은 아무것도 하지 않았다. 나는 미국민에게 다음과 같이 호소했다.

"필리핀 육군은 자유를 얻은 사람들이 독립과 안전을 유지하기 위해 바치고 있는 극히 영웅적인 노력의 발로이다. 필리핀 육군은 어느 나라를 위협하는 것도 아니고, 그 유일한 목적은 필리핀의 평화와 민주주의의 원칙과 기독교의 신념을 지키는 일이다. 이 군대는 미국을 포함하여 자유를 생활의 최대 신조로 삼는 모든 나라로부터 완전히 지지받을 자격을 가지고 있다."

그러나 미국은 아무런 원조도 하지 않았다. 뿐만 아니라 거꾸로 내가 "필리핀을 난공불락으로 만든다." 또는 "필리핀을 태평양의 지브롤

터로 만든다."고 했다는 등 내가 입에 담은 일도 없는 말을 지껄였다고 하여 상부에서 나는 전쟁꾼이고 극동의 평화를 위협하는 자라는 비난을 받았다. 이런 일로 해서 국무성까지도 일본이 내가 하는 일을 구실로 공격을 벌일지도 모른다는 불만을 갖기 시작했다. 백악관의 신망이 두터운 고문 프레드 하위가 실정을 조사해서 보고하라는 명을 받았는데, 이하는 그때의 하위의 의견이다.

"나는 필리핀을 방문하기 전에 케손 대통령과 미 육군과 맥아더 장군이 2백만의 필리핀 육군을 만들고 있다는 얘기 등에 대해서 여러 가지 들었으므로 속으로 방문을 망설였다. 이런 풍설의 대부분은 신문 잡지나 내가 잘 알고 있는 과격파 사람들에게서 나온 것이었다. 그러나 필리핀에 와서 보고 미국에서 유포되고 있는 그런 선전과 같은 것을 이곳에서 제국주의자들이 유포시키고 있다는 데에 놀랐다.

미국 사람들은 또다시 이용당해서 미국이 언제까지라도 필리핀을 안고 있도록 하고 케손 대통령을 실각시키며 맥아더 장군의 평판을 떨어뜨리려고 노리는 세력 때문에 불 속의 밤을 줍는 어리석음을 범하고 있는 것이나 아닐까 하는 기분이 든다. 나는 맥아더 장군을 크게 신뢰한다. 2백만의 육군을 만들고 있다는 것은 터무니 없는 얘기이고 실제로는 2만의 민병을 6개월 훈련시키는 것을 되풀이하고 있을 뿐으로, 그 주요 목적은 10년 후에 40만의 육군을 양성하는 것임을 알았다. 또 훈련에는 위생, 농업, 수산업 등도 포함되어 있어서 고향으로 돌아갔을 때 완전한 시민이 되기 위한 준비도 하고 있다는 것을 알았다.

그러나 케손 대통령의 정치가 성공을 거두고 맥아더 장군의 시민군 육성이 성공하면 제국주의정책을 펴는 세력에게는 방해가 된다. 케손 대통령이 신임을 잃고 스위스 육군과 비슷한 지금의 훈련제도가 중지되면 남는 길은 필리핀을 미군이 지키는 수밖에 없다. 미국에서 유포되는 말이나 마닐라의 제국주의적인 그룹의 태도를 보면 현재의 집요한 공격은 결국 그것을 노리고 있다고밖에 생각되지 않는다. 미국에서 태평양 문제에 관심을 가지고 있는 사람들은 실은 자기들이

제 4 장 전후시대의 변혁   153

가장 두려워하는 세력과 밀접하게 협력하고 있는 셈이다."

1937년에 나는 케손과 동행해서 일본, 미국 및 멕시코를 방문했다. 일본은 전국적으로 전쟁열에 들떠 있었다. 중국으로의 침략은 진전되고, 경제적인 필요성은 더욱 일본을 앞으로 몰아세우고 있었다. 일본이 안고 있는 문제의 일부는 환경과 산업생산국으로서 독자적인 발전을 이룩하고 있는 것에서 초래되는 것이었다. 일본은 질과 양이 우수한 노동력과 세계 제일급의 공장을 가지고 있었는데 좁은 4개의 섬에 갇혀서 천연자원이 부족했다. 일본은 설탕이 없고 그래서 대만을 차지했다. 쇠를 위해서 만주를 빼앗다. 석탄과 목재를 입수하기 위해서 중국에 침입했다. 또 국방을 위해서 한국을 점령했다.

이런 여러 나라의 산물이 없이는 일본의 산업은 마비되고 몇백만의 노동자가 직업을 잃으며 거기에서 생기는 경제 파탄은 혁명을 일으킬지도 모르는 것이다. 그러나 일본은 아직 말레이시아의 니켈과 광물, 네덜란드령 동인도제도의 석유와 고무, 미얀마와 타이의 쌀과 면화가 없었다. 일본이 필요하다면 무력을 써서라도 일본의 완전 지배하의 경제권을 이룩하려 한다는 것은 얼핏 보아도 분명했다.

필리핀에는 그 전략적 위치라는 점을 제외하면 일본이 탐낼 것은 아무것도 없어서 케손은 끝까지 필리핀이 일본의 공격에서 벗어날 수도 있다는 희망을 가지고 있었다. 케손은 도쿄(東京)에서 정중하게 대접받았지만 나에 대해서는 지금까지의 우호적인 태도에서 분명히 적의로 바뀌어 있었다.

케손은 미국에서 거의 무시당했다 케손에 대한 미국 내의 공기는 어느 사이에 냉각되어 있었다. 멕시코에서는 가는 곳마다 우호적인 대접을 받았다. 미국에서 나는 해군성을 방문하여 어뢰를 운반할 수 있도록 스피드가 빠른 모터보트가 필요하다는 희망을 얘기했다. 해군은 호의적으로 귀를 기울였고 스타크와 레히 두 제독도 그런 함정을 개발해 보겠다고 약속했다. 후에 크게 활약한 PT보트(고속 어뢰정)의 싹은 이 때 텄던 것이다.

그러나 그때의 그런 함정이 나의 생전에 극적 역할을 하게 되리라고는 꿈에도 생각하지 못했다. 몇 년 후에 엘코의 해군 파견대에 배속되어 있던 일렉트릭 보트 회사의 총지배인 프레스톤 새트핀이 4분의 1 크기의 PT보트 모형을 보냈는데 그것을 받았을 때 '은혜를 입었다'고 하는 즐거움은 나와 같은 육지 사람이 아니고는 모른다.

4월 30일 아침에 나는 뉴욕의 뮤니시펄 빌딩에서 진 매리 패어클로드와 결혼했다. 이것은 아마 내가 평생에 한 가장 현명한 일이었을 것이다. 진은 결혼 이후로 나에게 있어서 언제나 변함없는 친구이고 반려자이며 연인이고 또 충실하고도 헌신적인 지지자였다. 오랜 세월 동안 나의 변덕과 별난 버릇을 어떻게 참을 수 있었는지 나로서는 도저히 알 수 없다.

진은 테네시 주 머플리즈보로의 명망있는 가문 출신으로, 조부인 베어드는 남북전쟁 중에 남군의 대위였다. 진의 숙부 중 네 사람이나 남군에 참가했고 한 사람은 테네시 주 최고재판소의 재판장이었다

진 형제는 두 개의 대전과 한국전쟁에서 남북을 합친 미국을 위해서 싸웠다. 진은 결혼했을 때 남군 편이었고 지금도 그렇다. 내가 아내를 만난 것은 마닐라로 향하는 도중인 〈프레지던트 후버〉호 선상으로, 선장이 보스턴의 칼리 시장을 위해서 베푼 칵테일 파티 석상에서였다. 아내는 바탄, 코레히돌, 남서태평양의 각 전투를 통하여 항상 나와 행동을 함께 하면서 장병들의 진정한 사랑을 받아서 모든 부대로부터 '우리들의 가장 용감한 전사'라는 별명이 붙여졌다. 아들인 아서가 1938년 2월 21일에 태어나서 나는 작지만 세 사람의 새로운 가정을 갖게 되어 이제 외톨이는 아니었다.

7. 앞으로의 전쟁의 성격

나의 입장이 한층 복잡해지는 현상이 나타났다. 나는 미국 정부와

필리핀 정부라는 두 주인을 섬기고 있었던 셈이었는데 루스벨트와 케손 사이가 점점 냉각되어서 나로서는 도저히 수습할 수 없는 입장에 몰렸다.

루스벨트는 하와이의 안전에 불안을 느끼고 있어서 나에게 귀국하여 하와이와 미국 서해안의 지휘를 맡아주지 않겠느냐고 말해왔다. 그런데 나는 케손의 대통령 재임 6년 간은 필리핀 군사고문의 자리에 있겠다고 약속했었다. 그리고 나는 현역 장성 자리에 너무 오래 앉아 있어서 후진들에게 방해가 된다고 생각했다. 당시는 장성의 정원이 적었던 것이다. 그래서 나는 중장 계급으로 퇴역을 함으로써 이 두 가지 문제를 동시에 해결하기로 했다. 당시 나는 이미 필리핀 정부로부터 필리핀 원수에 임명되었고 또 필리핀 의회로부터 필리핀 연방을 위해 진력한 데 대한 감사장을 받았었다.

루스벨트 대통령은 나의 이 희망에 대하여 다음과 같은 정중한 편지를 주었다.

"친애하는 더글러스,

자네의 퇴역 신청을 12월 31일부로 발효시킬 것을 나는 매우 애석한 마음으로 승인했다. 조국을 위해 애써준 자네의 뛰어난 공적에 대하여 나는 개인적으로도 또 공식적으로도 감사한다. 전시와 평화시를 통해서의 자네의 발자취는 미국 역사의 빛나는 한 페이지를 장식하고 있다."

그로부터 약 1년 후 미국의 태평양 항로에 대한 재정적인 원조는 일체 중지하게 되었다는 얘기를 들었다. 믿기 어려운 얘기였지만 그런 계획이 실제로 진지하게 검토되고 있다는 확실한 증거를 달러 기선 회사가 나에게 보여주었다.

미국의 태평양 군사태세의 생명은 해상보급로를 열어두는 데 있으므로 나는 이 문제를 미국 해사위원회(海事委員會)에 상정했다. 해사위원회에 실정을 설명하면 그런 엉터리 짓은 하지 않으리라고 생각한 것이다. 나는 이 위원회의 위원장 조셉 P. 케네디 씨에게 다음과 같은 전보를 쳤는데 이 위원장의 아들이 후에 미국 대통령이 되리라고는 꿈에도 생각하지 않았었다.

"태평양에서 미국 상선들을 소멸시킬 그런 계획이 진지하게 고려되고 있다고 듣고 나는 놀라움과 심각한 실망을 금치 못한다. 상업적인 면만이 아니라 심리적으로도 또 전략적으로도 이만큼 미국의 장기적인 발전을 해치는 행위는 없다. 이 계획이 실현되면 미국의 발전, 그리고 기독교와 민주주의의 발전은 몇 세기나 뒷걸음치게 된다. 이것은 미국의 위대함에 종지부를 찍는 시초라고도 할 만한 계획이고 아마 국민의 동의에 기초를 둔 정치라는 기본원칙을 무시하는 정체를 만연시키는 결과가 된다."

내가 받은 회답은 예상대로 매우 믿음직한 것이었는데도 그것은 다음과 같다.

"1938년 2월 1일

친애하는 맥아더 장군

1월 5일부 귀하의 전보에 회답이 늦어진 것을 사과드립니다. 나는 서해안에서 몹시 바빴는데다가 돌아와서도 이제 겨우 편지를 쓸 여유가 생긴 상태입니다.

나는 미국 해사위원회가 1938년 상선법(商船法)에 규정되어 있는 임무를 전력을 기울여서 실행할 것을 보증합니다. 동 법에 의해서 해사위원회는 현재 외국 무역에 종사하고 있는 미국의 선박회사를 전부 유지시킬 뿐만 아니라 나아가서 그 기능을 개선, 확장시킬 책임을 지고 있습니다. 당신도 그 후에 들었으리라고 생각합니다만 현재 태평양에서 움직이고 있는 선박회사 중에 운영자금의 보조를 신청한 곳은 모두 해사위원회로부터 일시적이거나 또는 영속적인 보조금을 받고 있습니다.

달러 기선회사에 대해서는 1월 7일의 결정으로 해사위원회는 6개월 기간의 일시적인 보조금을 주는 데 동의했으므로 이 기간만큼은 동 회사는 지장없이 운영할 수 있을 것입니다. 이 기간이 끝나기 전에 어떤 새로운 방법을 연구해서 이 중요한 선박회사를 훨씬 더 안정된 상태로 두려고 생각하고 있습니다. 미국의 선박회사가 전이나 지금이나 어려운 형편에 있다는 것은 나를 포함한 해사위원회 전원이 충분히 알고 있고, 내가 이번에 여행한 것도 태평양 연안 특유의 그런 어려운 사정에 대해서 직접 정보를 수집하는 것이 목적이었습니다.

이 문제는 당신과는 크게 관계가 있어서 당신이 관심을 가지고 있다는 것은 잘 압니다. 미국 해사위원회는 미국의 선박회사들을 현재보다 훨씬 좋은 상태로 가져가기 위해 진지하게 노력할 것을 맹세합니다.

위원장 조셉 P. 케네디"

4년이 지나 1939년이 되어서도 워싱턴에서는 필리핀의 방위계획을 원조하는 데 대한 뚜렷한 수단은 하나도 취하지 않았다. 일본은 이미 1937년 여름에 장개석(蔣介石)과 공공연한 전쟁상태로 들어가서 침략의 손길을 서서히 뻗쳐, 중국 해안지역의 대부분을 석권하고 많은 중요도시를 점령하고 있었다.

전운(戰雲)은 유럽에도 검게 퍼지고 있었다. 1939년 9월 1일에 히틀러는 폴란드를 공격해서 단숨에 유린하고 말았다. 1940년 여름부터 가을에 걸쳐서 여러 가지 불안한 사건이 잇따라 일어났는데 영국에 대한 공습이 계속되었다. 독일의 폴란드 침공 이후 소련의 움직임은 극히 애매했다. 미국은 구축함 50척을 영국에 이양했다. 그리고 일본의 위협은 더욱 심각해졌다.

그 해 9월에 윌리엄 앨런 화이트가〈연합국을 원조하여 아메리카를 지키는 모임〉이라는 그룹의 위원장 자격으로 나에게 전보로 의견을 청해 왔다. 나는 다음과 같이 회답했다.

"당신은 미국이 문명을 위한 싸움에서 계속 영국을 원조해야 할 것인가에 대하여 나의 군사적인 의견을 요구했다. 전쟁 실패의 역사는 대부분이 '너무 늦었다'는 한 마디로 끝난다. 적성국가의 위험하기 짝이 없는 야망을 간파하는 것이 너무 늦었다는 것과 다가오는 죽음의 위험을 깨닫는 것이 너무 늦었다는 것, 대비가 너무 늦었다는 것, 저항을 위한 모든 노력을 결집시키는 것이 너무 늦었다는 것, 우방과 손을 잡는 것이 너무 늦었다는 것이다.

전쟁에서 승리를 가져오는 것은 괴상한 연금술이나 마법 따위가 아니고, 단 한 가지 전투의 중요한 지점에 적보다 우세한 전력을 집중시키는 것이다. 흩어진 적과 각각으로 대항하는 것은 역사상의 모든 정복자가 노린 일이고 추축국(樞軸國)들이 지금까지 성공을 거둔 비결도 거기에 있었다. 현재의 전쟁에서도 추축국들은 앞으로 계속 이겨서 궁극적인 승리를 거둔다는 희망을 거기에 걸고 있다.

만일 미국이 중요한 때에 그것을 깨닫지 못해서 또다시 '너무 늦었다'는 그 치명적인 문구를 되풀이하게 된다면 사상 최대의 전략적인 과오를 범하게 될 것이다. 미국의 지도자가 적당하다고 생각하는 계획적인 원조와 때를 맞추어서 영국도 스스로 노력하여 세계의 영어권 안의 국민이 각기 흐트러지는 것을 막지 않으면 안 된다. 노력을 결집시키면 독자적인 약함은 없어진다. 그리고 그것은 너무 늦지 않도록 내일이 아니라 오늘 해야 한다"

나는 또 신문으로부터 유럽 전쟁에서 볼 수 있는 과거의 전쟁과의 커다란 차이에 대한 상세한 의견을 질문받았다. 신문은 이 질문에 덧붙여서 현재 나타나고 있는 전쟁의 변화는 일찍이 내가 참모총장 시절에 예언해서 당시는 별로 믿어지지 않았던 일을 뒷받침하고 있는 것 같다고 지적하고 있었다. 나는 전쟁 기술에 대하여 다음과 같이 분석했다.

"당신은 유럽 대륙에 있어서의 현재의 전쟁에는 기술적인 면에서 커다란 변화가 나타나고 있다는 사실에 대하여 나의 논평을 요구했다. 인류의 역사는 변화로 가득 차 있지만, 특히 전쟁에 있어서는 더하다. 전쟁은 대부분의 경우 새로운 생각이나 발명이 승리를 차지했다. 세계사에 남은 싸움의 리스트는 그대로 발명의 리스트, 새로운 무기와 새로운 도구와 새로운 수단의 리스트이다. 전쟁은 본질적으로 인간의 싸움인 동시에 쇄신과 발명의 싸움이다.

역사상의 위대한 사령관 중에 전례를 맹목적으로 따른 인물은 찾아볼 수 없다. 위대한 지휘관은 언제나 그 시대의 전쟁 상황에 따른 변화를 일으켜온 것이다. 무기의 개량만이 아니라 사회적 산업적 환경에 영향을 주는 여러 가지 새로운 생각, 이를테면 내연기관, 라디오, 대량생산, 항공기 등도 모두 군사과학에 결정적인 영향을 준다. 훌륭한 장군이란 자기가 가지고 있는 재료와 자기가 놓인 환경에서 멋지게 최대의 효과를 끌어낼 수 있는 장군인 것이다.

따라서 진화는 전쟁에서 승리를 거두는 데 불가결한 요소이다. 역사상으로도 이미 세 가지 단계에 걸쳐서 기본적인 변화가 일어났다. 제1단계에서는 근접전의 보병이 주역이었다. 이 보병은 일찍이 극동에서 출몰했던 호전적인 도당의 단계로부터 고대 그리스의 중장비를 한 보병과 마케도니아의 방진(方陣)의 대형을 취한 보병을 거쳐서 로마 군단(軍團)의 병사로 발전했다. 이 사이에 군대는 고도로 조직화되고 특수기능을 갖기 시작했으며 통제기구도 많아졌다.

그런데 서기 374년 아드리아노블의 싸움에서 이 조직은 기병의 돌진 앞에 붕괴되었다. 이 조직은 말의 등자(鐙子)라는 단 한 가지 도구를 군사목적에 활용함으로써 무너졌다고 해도 과언은 아니다. 그로부터 천 년 동안은 기마병에 의한 돌격전술이 유럽의 전장을 지배했다. 진화과정은 다시 새 단계로 들어섰던 것이다.

그런데 클레시의 싸움(백년 전쟁의 결정적인 싸움)에서 영국군의 큰 활이 등장하면서 전쟁에 새로운 원거리 공격의 시대가 찾아왔다. 그것은 현대에도 아직 계속되고 있다. 그 가장 새로운 모습은 폭격기이다. 그리하여 인류는 고도로 복잡해진 전쟁기술을 낳았고 그 안에는 일국의 노력을 전부 결집시키는 대량생산의 기술도 포함되게 되었다. 제대로 이해도 못한 채 그저 관료적으로 행하는 군사적인 흉내가 얼마나 위험한가는 이미 충분히 나타나 있다. 전쟁에 있어서 한 가지만을 금과 옥조로 삼아서는 안 된다는 것은 과거의 경험이 되풀이해서 알려주고 있다.

전쟁에서 범하는 최대의 과오의 하나는 전례를 제대로 이해도 못한 채 맹목적으로 답습하는 일이다. 우리는 현재 사용되고 있는 병기나 장비가 지닌 한계에 얽매여서는 안 된다. 우리는 언제나 긴장해서 장차 병사나 기사나 화학자나 물리학자가 만들어내는 미지의 전쟁 수단이나 병기를 받아들일 준비를 해두지 않으면 안 된다. 우리는 적극적으로 모든 것을 생각해야 한다. 전쟁은 과거에 의해서 이기는 것이 아니라 미래에 의해서 이기는 것이다.

그러나 진보와 현대화의 가치 이상으로 역사의 모든 페이지에서 빛나고 있는 한 가지 불후의 진리가 있는데 그것은 전투 능력은 무엇보다도 먼저 전력을 구성하는 각개인의 심리상태와 사기에 달려 있다고 하는 것이다. 훈련과 장비가 아무리 훌륭한 군대라도 기본적인 애국심이 없고 희생과 고난을 싫어한다면 싸우기 전에 패배는 정해져 있다. 군대는 한 인간을 원칙을 위해서 죽음으로 몰아넣는 굳센 전투정신을 갖고 있어야 한다. 어떤 결점이라도 고칠 수는 있지만 패배주의만은 어쩔 수도 없다."

또 바기오의 필리핀 육군사관학교에서 나는 생도들에게 다음과 같이 훈시했다. "건전한 군사교육의 기초는 주로 수학과 역사의 두 과목에 있다. 수학은 원인에서 결과로 나아가는 질서있는 사고능력을 기르기 위해서이고 역사는 실례에 의해서 이해하고 경험으로부터 배우기 위해서이다. 불행히도 대부분의 생도가 역사 과목의 의미를 참되게 이해하지 못하고 다만 사실과 숫자를 모을 뿐이어서 내가 생각하듯이 역사로부터 원칙의 진수를 터득하려고 하지 않는다."

8. 전쟁 전야

1941년 5월 29일, 나는 육군참모총장 조지 C. 마샬 장군으로부터 다음과 같은 편지를 받았다.

"스팀슨 육군장관과 나도 극동정세를 매우 우려하고 있어서 약 3개월 전에 둘이서 얘기했을 때 위기가 발생할 경우 극동 미 육군사령관에는 발군의 능력을 지녔고 필리핀에서의 경험도 많은 귀관이 최적임이라는 결론에 도달했다. 육군장관은 아직 그럴 시기는 아니라고 생각해서 귀관의 임명을 진언하는 것을 연기하고 있지만 적당한 시기에 대통령에게 진언할 작정임을 귀관에게 알려도 좋다고 허락했다. 내가 보기에 대통령은 이 진언을 승인할 것으로 생각된다."

마샬은 또다시 7월 27일에 이번에는 전보로 다음과 같이 알려왔다. "오늘부로 극동 미 육군이라고 칭하는 부대를 설치한다. 이 부대에는 필리핀 주둔 미 육군부대, 현재의 비상사태가 계속되는 동안 미군에 편입될 필리핀 연방부대, 그 밖에 장차 배속될 부대가 포함된다. 극동 미 육군사령부는 필리핀의 마닐라에 둔다. 귀관을 극동 미육군사령관에 임명한다."

나는 중장 계급을 받았다. 내가 퇴역할 때의 계급은 대장이었다. 관청에서는 가끔 기묘한 짓을 한다. 그러나 나도 그런 것은 아무래도 좋은 나이가 되어서 끝내 이유는 묻지 않았다.

나는 얼마 남지 않은 시간에 적을 격퇴시킬 만한 전력을 구축한다는 절박한 일에 서둘러 착수했다. 나의 기본계획 완성에는 절대로 필요했던 10년이란 기간은 아무래도 반밖에 주어지지 않을 것이 분명해졌다. 시간과의 경쟁에서 우리는 분명히 불리한 입장에 놓여 있었다. 워싱턴에서는 겨우 위험한 정세를 깨달았지만 때는 이미 늦어서 미국의 병력과 자재가 서쪽을 향해서 움직이기 시작했지만 극히 빈약한 것이었다.

8월 15일에 나는 작은 필리핀 공군을 미군에 편입시키는 식에 직접 참석했다. 그때 모인 한줌밖에 안 되는 필리핀 인 조종사와 지상 근무병들에게 나는 "죽음을 두려워하지 않는 자만이 살 자격을 갖는다."고 훈시했다. 9월 1일까지는 다수의 훈련용 병영의 확장이 끝나고 그날 12개 연대가 정식으로 편입되었다. 워싱턴의 육군성은 이제 필리핀의 정세와 부족한 점에 대해서 전보다는 분명히 이해를 더했지만 태평양의 선박 부족은 여전히 보급에 지장을 주어 영국과 소련으로 가는 보급에 우선권이 주어지고 있었다.

나의 최대의 약점은 공군력이었다. 나는 각종 폭격기와 충분한 엄호용 전투기를 보유한 완전한 공군을 건설하여 그 기지로서 민다나오 섬 남부에서 루손 섬 북부에 이르는 1280킬로미터의 범위에 일련의 비행장을 만들고 비행장마다 정비공장, 보급품 저장소, 공급경보장치, 그밖에 완전히 현대적이고 능률적인 공군에 필요한 모든 장비를 갖출 것을 계획했다.

동시에 오스트레일리아에서 네덜란드령 동인도제도와 말레이지아를 거쳐 민다나오에서 마닐라로 이어지는 보급선을 구축할 것도 생각했다. 이 보급선이 완성되면 필리핀의 전략을 방위 위주에서 공세로 바꿀 수가 있을지도 모른다고 기대했다. 왜냐하면 우리 공군력으로 남쪽으로 뻗어 있는 일본의 중요한 해상보급로의 측면을 장악하면 일본으로 가는 원료품 보급의 숨통을 끊어 군수생산을 마비시켜서 일본의 남방 정복의 계획을 분쇄시켜버릴 수가 있기 때문이다. 그러나 그러려면 무엇보다도 우선 시간이 필요했다.

이 절박한 일을 육군항공대는 매우 열심히 도와주었다. 10월 중에 B17형 폭격기 9대가 클라크필드에 도착했고 이어서 요격기도 50대가 왔다. 하지만 12월까지 구성된 가동전력(可動戰力)은 불과 폭격기 35대와 요격기 7대로 처음 계획인 필리핀 방위전력의 반에도 이르지 못했다. 비행장의 시설과 장비 및 군수물자는 제로와 같았다.

또 12월 1일 현재로 지상병력은 미군부대 1만 2천 명 미만, 필리핀 스카우츠가 거의 동수, 그리고 민병부대가 1만 명으로, 그 절반 미만이 루손 섬에 배치되어 있었다. 이 병력이 받은 훈련 기간은 3분의 1이 3개월, 또 3분의 1이 2개월, 나머지 3분의 1은 1개월도 되지 않았다. 병기에 대포와 전차는 거의 없고 주된 무기는 제1차대전 초기에 쓰던 구식 엔필드 총뿐이었다.

제 4 장 전후시대의 변혁 163

해군부대는 해병 1개 연대도 포함해서 나의 지휘에서 제외되어 있었다. 함대는 전부 합쳐도 불과 순양함이 2척, 구축함 1척, 그리고 상당한 수의 잠수함과 PT보트 6척이었다.

일본과의 무력충돌의 시기가 임박했다는 징조가 매우 뚜렷하게 나타났으므로 나는 북쪽으로부터 급격하고 맹렬한 힘으로 예고도 없이 공격이 해올 것임에 틀림없다고 보고, 보유하고 있는 빈약한 전력으로 되도록 오래 거기에 대항할 조치를 강구했다.

나는 태평양전쟁 종결 후 일본측의 전쟁기록을 상세히 검토했는대 당시 일본의 전쟁 목적은 군사적으로 일리있는 것으로서 일본이 말하는 경제적 요구가 배경이었다. 궁극적인 목적은 아시아에서 완전한 헤게모니를 쥐어 서태평양에서 압도적인 우위를 차지하는 것으로서, 그러기 위해 필리핀을 정복하고 네덜란드령 동인도제도와 말레이지아의 방대한 천연자원을 수중에 넣는 것이 포함되어 있었다.

이 때문에 일본으로서는 우선 필리핀을 점령하는 것이 군사적으로 필요했다. 미국으로서는 필리핀은 동남아시아에서 일본군에게 효과적으로 저항할 수 있는 유일한 장소이고, 시간과 자원만 주어진다면 필리핀의 방어계획은 필리핀 공격을 인적으로도 전체적으로도 너무 값비싸게 먹혀서 타산이 맞지 않는 것으로 만든다는 장기적인 목표를 달성할 수 있었을 것이다.

일본군 참모차장 가와나베 도라시로(河辺虎四郞) 중장은 다음과 같이 말했다. "일본이 필리핀에 진입하기로 결의한 하나의 커다란 요소는 필리핀 방어의 10년 계획에 일본의 참모본부가 불안을 느낀 데 있었다. 계획은 이미 6년째로 접어들어서 일본의 구상에 위협을 줄 가능성이 있었다. 일본측은 너무 늦기 전에 손을 쓸 필요가 있었다."

또 육군성 군무국장 무토 아키라(武藤章) 중장도 다음과 같이 거의 같은 의견을 말했다.

"필리핀의 10년 계획은 아시아에 있어서의 일본의 팽창계획에 장애가 된 우려가 있었다. 만일 필리핀이 요새화되고 병력을 증강해서 방위가 강화되어 있었다면 일본은 미국과의 전쟁에 나설 수 없었을 것이다."

또한 제14군 정보참모 하비 히카루(羽場光) 중령은 "만일 필리핀에 5만의 병력이 더 있어서 방위가 완성되었더라면 싸움의 결과를 신중하게 재고할 필요가 있었을지도 모른다."라고 말했다. 필리핀은 번영하는 민주주의의 나라로서 아시아에 있어서의 미국의 정치적 성공의 상징이고, 일본이 내세운 국가적 도의적 주장을 정면으로 부정하는 존재였다. 따라서 일본은 필리핀을 정복하지 않으면 안 된다고 결심하고 있었던 것이다.

나는 언젠가 막료회의에서 필리핀을 '태평양의 문을 여는 열쇠'라고 말한 일이 있다. 일본은 이것을 완전히 이해하고 있었다. 왜냐하면 필리핀 군도는 일본이 세우고 있던 침략계획의 길목에 버티고 있었기 때문이다. 중국 남부와 대만의 거점에 가까운 필리핀은 일본에게는 국제적인 야망의 장애였을 뿐만 아니라 남쪽과 동쪽으로 나아가기 위한 강력한 전략적 도약대이기도 했다.

또 필리핀은 남쪽으로의 중요한 해상보급로의 측면을 장악하는 위치에 있어서 동남아시아와 남서태평양으로 펼쳐진 수송망의 중심점을 이루고 있었다. 필리핀에서는 보급로가 자바(인도네시아)로, 말레이지아로, 보르네오로, 뉴기니아로 뻗쳐 있었던 것이다. 필리핀은 경제적으로 볼 때, 일본의 대동아공영권(大東亞共榮圈)이라는 거창한 계획에 필요하지는 않았다.

일본은 태평양과 극동 해역에 배치된 연합군의 해군력을 괴멸시켜서 미국과 영국의 동양으로의 보급선을 차단시킴으로써 남방지역을 고립시킬 것을 노리고 있었다. 그렇게 하면 극동의 연합군 거점은 고립되어서 일본군의 먹이가 되어 일본의 목표 지역은 간단히 함락된다. 일본군은 비행장을 계속 전진시키면서 하늘에서의 공격을 가하여 수륙양용작전의 충분한 준비를 한다는 계산이었던 것이다.

일본군은 최초의 주요 작전으로서 진주만의 미 함대를 괴멸시키고

제 4 장 전후시대의 변혁 165

　이어서 필리핀과 말레이지아로 진격하며 그 후 되도록 빨리 보르네오로 들어간다는 계획을 세우고 있었다. 이 일련의 작전의 초기 단계로서 다른 공격부대가 세레베스와 네덜란드령 보르네오 및 수마트라의 각 목표지점을 점령하여 자바 침입을 위한 비행기의 전진기지를 만들기로 되어 있었다.

　계획은 다시 싱가포르 함락 후 수마트라를 빼앗고 적당한 시기에 버마 작전을 개시하여 중국으로의 연합국의 보급로를 차단하며, 싱가포르, 스라바야, 마닐라 주요 기지로 사용할 예정이었다. 일본군은 그 밖의 전략지역도 점령하여 전진 거점을 만들어서 연합군의 반격에 대한 바깥쪽 장벽을 구축할 것을 생각하고 있었다. 이 침략계획은 알류산 열도, 미드웨이, 피지, 사모아, 뉴브리튼, 뉴기니아, 호주의 일부, 벵갈 만의 앤다 만 제도에까지 이르러서 작전을 위한 조건이 좋다면 이 모두를 점령하거나 무력화시킨다는 구상이었다.

　일본군의 공세가 성공하면 미국은 하와이로, 영국은 인도로 밀려나고 중국의 생명선이 끊어진다. 이렇게 해서 전략적으로 극히 유리한 태세를 갖추어서 필요한 자재를 입수함으로써 전쟁을 승리로 종결시키고 극동 제패의 야망을 실현시킬 수가 있다고 일본은 생각했던 것이다.

　나는 휘하의 부대를 몇 개의 단위 병력으로 분할했다. 가장 중요한 북루손 부대는 웨인라이트 장군 휘하의 제1군단인데 적이 상륙해올 듯한 아파리와 비간의 해안 및 마닐라 북쪽 약 176킬로미터 북쪽의 공격에 약한 링가엔 만(灣)의 해안 방비를 맡겼다. 남루손 부대는 존스 장군 휘하의 제2군단인데 바탕가스에서 레가스피에 이르는 해안의 방위에 임했다. 파커 장군의 루세나 부대는 비콜 반도의 수비를 맡게 했다.

　또 체노위스 장군이 지휘하는 비사야 부대는 필리핀 군도 중앙부의 섬들에, 샤프 장군이 지휘하는 민다나오 부대는 민다나오 섬 전역에 배치했다. 코레히돌과 마닐라 만의 방위는 무어 장군에게 맡겼다. 공군부대의 지휘관은 브레리톤 장군이고 포병대장은 킹 장군이었다. 이들 지휘관은 모두 경험이 많은 신뢰할 수 있는 장교이고, 그 밖의 지상부대에도 고급장교가 지휘관으로 배치되었다.

나의 막료는 어디에도 빠지지 않을 훌륭한 인재들이어서 참모장 서덜랜드, 보급의 마샬, 공병 관계의 케이시, 정보의 윌로비, 통신의 에이켄, 포병대의 마카드, 그 밖에도 우수한 사람들이 많이 있었다. 나만큼 훌륭한 보좌진을 가졌던 사령관은 다시 없으리라.

11월 21일 브레리톤 장군이 B17형 폭격기를 클라크필드에서 민다나오로 옮겨서 대만에서의 공격범위 밖에 두자고 진언했으므로 나는 즉석에서 그것을 명했다. 11월 28일, 나는 "어떤 사태가 일어나더라도 즉시 대응할 수 있도록 조치하라."는 명령을 내려서 전부대는 경계태세로 들어갔다. 나는 특히 폭격기를 민다나오로 옮겼는지의 여부를 물었는데, 공군사령관의 막료인 스프레이크 소령은 폭격기를 전부 민다나오의 델몬테 비행장으로 옮기도록 했다고 보고했다.

그런데 실제로 옮긴 것은 폭격기의 절반이었다. 어째서 이동명령이 바로 실행되지 않았던 것인지를 나는 끝내 알지 못하고 말았다. 엄호용 전투기가 적고 분산시킬 지역이 없는 사실상 무방비 상태인 클라크필드가 심한 공격에 대하여 얼마나 무력한가를 나는 충분히 알고 있었다.

워싱턴에서 나에게 보낸 명령은 어떤 상황에도 일본군에 대하여 이쪽에서 전투를 개시해서는 안 된다는 것을 분명하게 지적하고 있었다. 필리핀 지역에서의 최초의 구체적인 행동은 적이 먼저 일으키기를 기다린다는 생각이었던 것이다. 필리핀은 국제적인 지위가 분명하지 않기 때문에 혹시 일본군의 공격을 면할 수 있을지도 모른다는 희망이 다소 있었던 모양이다. 그런 가능성은 케손만이 아니라 미국의 참모총장도 기대하고 있었다.

내가 받은 기본적인 임무에 대한 명령은 나의 군사행동을 필리핀 근해에 한정시키고 있었으므로 필리핀 해역 밖을 정찰할 수는 없었다. 따라서 적이 어느 지점을 목표로 삼고 있는지는 알 수 없었다.

12월 4일, 나의 요격기는 해상 멀리 필립핀 영해에서의 야간 경계를 시작했다. 밤마다 30킬로미터에서 80킬로미터 떨어진 해역의 상공에서 일본군의 폭격기를 발견했는데 일본기는 언제나 영해의 경계에 이르기 전에 돌아갔다. 일본기가 이런 야간비행에서 마지막으로 돌아간 것은 진주만 공격과 같은 시각이었다.

이렇게 해서 앞날에 무엇이 기다리고 있건 12월 7일 밤의 우리는 불충분한 방위태세이나마 어쨌든 가능한 한 준비를 해놓고 있었다. 배치할 것은 모두 배치했고 모든 장병과 모든 대포와 모든 비행기가 경계태세에 들어가 있었다.

제5장 태평양 전쟁 I

1. 개전(開戰)

마닐라 시간으로 1941년 12월 8일 일요일 오전 3시 40분, 나는 워싱턴에서의 장거리전화로 일본이 진주만(眞珠灣)을 공격했다는 것을 알았다. 그러나 상세한 것은 아무것도 몰랐다.

진주만은 미국이 태평양에 가지고 있던 가장 강력한 군사기지였다. 기지의 방위진은 고사포진지와 미국이 지닌 가장 우수한 비행기, 그리고 고도로 방비된 비행장과 경보장치를 갖추고 미 태평양함대가 지키고 있어서 당시 내가 가지고 있던 불완전한 육해공의 급조 부대에 비하면 얘기가 되지 않을 정도로 강력한 부대였다.

따라서 워싱턴에서의 전화를 들었을 때 내가 먼저 느낀 것은 일본군 부대는 참혹한 패배를 맛보았을 것임에 틀림없다는 것이었다. 내가 미국측의 막심한 손해를 안 것은 그로부터 상당히 지나서였다. 우리에게는 레이더 기지가 하나밖에 없어서 공습경보는 대개 눈과 귀에 의지하는 수밖에 없었다. 그날 오전 9시 30분에 우리 정찰기가 적 폭격기들이 링가엔 만을 지나서 마닐라로 향하고 있다고 보고했다.

당시 항공부대의 전술적인 지휘를 맡고 있던 브레지톤 장군은 곧 요격기의 출동을 명했는데 폭격기들은 접촉하기 전에 방향을 바꾸어 버렸다. 그 보고를 받았을 때 나는 아직 일본군이 진주만에서 실패했을 것으로 생각했었다.

적의 폭격기들이 마닐라에 접근하지 않은 것도 일본측에 곤란한 사태가 일어난 증거라는 판단을 낳게 했다. 그래서 나는 전투기의 호위를 붙인 폭격기대를 북쪽으로 보내어 정세를 판단하기 위한 정찰을 시키고 동시에 적의 전선에 약점이 보이면 그것을 이용하려고 생각했다.

그러나 그 후에 일어난 사태로 나의 계획은 곧 무산되었다. 나는 일본군이 하와이 공격에 성공했다는 말을 듣고 놀랐는데 이윽고 이번에는 내가 일본의 육군기 307대, 해군기 444대, 합계 751대로 구성된 엄청난 공격을 받았다. 우리는 7대 3의 비율로 불리했다.

오전 11시 45분, 압도적인 세력의 적 편대가 클라크필드 비행장에 다가오고 있다는 보고가 들어왔다. 우리 전투기는 곧 출동해서 이 편대와 맞섰는데, 폭격기들은 이륙이 늦어서 큰 손해를 입었다. 무어라 해도 이쪽 공군은 너무 적어서 열세 속에 어떻게 해볼 수가 없었다. 결국 손해는 피할 수 없어서 우리의 공군력은 적에게 압도당했다.

분산용의 비행장은 없고 호위 전투기도 부족하며 수리기재, 폭탄, 연료, 그밖의 부품도 결핍된 상황이었기 때문에 브레리톤 장군은 멀지 않아 휘하의 제19폭격기연대를 오스트레일리아와 자바로 대피시켜야 되겠다고 건의해왔다. 이 두 지역도 그 후 오래지 않아서 네덜란드령 동인도제도의 방위전에 말려들게 되었다.

필리핀에서는 남은 전투기대가 조지 장군의 훌륭한 지휘하에 크게 분투했지만 결국 괴멸되었다. 그래도 조지 장군은 남은 4대로 수빅 만에 마지막 공격을 가하여 증원부대를 태운 적의 수송선 한 척을 격침시킬 수 있었다.

12월 8일 아침, 아직 필리핀의 클라크필드가 일본기의 공격을 받기 전에 브레리톤 장군은 서덜랜드 장군에게 대만을 공격해야 된다는 의견을 말했던 모양이다.

아마 브레리톤도 나와 마찬가지로 일본군이 진주만 공격에 실패했기 때문에 링가엔 만에서의 공중전투를 회피했다고 생각했던 것이리라. 서덜랜드가 이 문제로 나를 만난 사실은 없고, 또 브레리톤도 나에게는 대만을 공격한다는 제안을 한 번도 꺼내지 않았었다.

나는 그 얘기를 몇 개월이 지나 신문 보도로 처음 알았는데 그런 제안이 있었다고는 사령부의 기록에 전혀 남아있지 않은 것으로 보아 아마 매우 막연한 제안이었음에 틀림없다.

실제로 적의 항공부대가 집결해 있는 대만을 약간의 폭격기가 전투기의 호위도 없이 공격한다는 것은 자살행위였을 것이다. 거리가 먼 곳의 호위는 전투기의 한정된 행동반경으로는 불가능했다. 적은 대만에서 출발하는 폭격기를 항공모함의 전투기가 호위했기 때문에 우리와는 조건이 달랐다.

브레리톤 장군에 대하여 그의 지휘하의 항공부대의 일부가 지상에서 파괴당했다는 것은 그가 임무에 태만했거나 판단의 착오를 범해서 적당한 방위수단을 취하지 않았기 때문이라는 비난이 여러 번 있었다.

분명히 브레리톤은 당시 항공부대의 지휘권을 장악하고 있었고 그 안에 지상에 있는 비행기의 보호도 포함되어 있었던 것은 사실이지만, 그가 그런 비난을 받는 것은 옳지 못하다. 브레리톤의 전투기들은 그때 클라크필드 방위를 위해 출동했었지만 적에게 들켜서 공격에 실패했던 것이다.

당시 필리핀에 있던 미국 항공부대는 대부분이 구식 비행기여서 장비는 불충분했고 비행장은 불완전하며 수리시설도 미비하여 거의 흉내만 낸 공군력이었다. 부대의 전력은 이제부터 강화시키려고 하는 단계에서 레이더에 의한 방위는 되어있지 않았고 대원은 훈련 부족에 경험도 없었다.

이 부대는 수적으로도 얘기가 안 될 만큼 열세여서 이길 가능성은 전혀 없었다. 결국 적에게 압도당했는데 한정된 능력으로 할 수 있는대로는 해보았지만 그런 결과를 피하는 것은 무리였다. 이 항공부대는 모든 점에서 완전한 체제를 갖춘 적을 상대로 하여 상상도 못할 불리한 조건 속에서 최선을 다했던 것이다.

어찌 되었건 필리핀의 우리 공군이 쓸모가 있는가 하는 문제는 진주만의 미 함대가 괴멸됨으로써 이미 의미없는 것으로 되어 있었다.

당시 태평양의 미군은 〈무지개 5호〉라는 기본적인 전략계획을 세워놓고 있었다.

이 계획은 몇 번이나 수정하고 새로운 것을 추가해서 완성된 것으로 태평양에서 전쟁이 일어나는 경우에는 해군이 해상의 보급로를 유지하고 지상 병력은 4개월 내지 6개월 동안 적의 공격을 견뎌내면 그 동안에 태평양함대가 막강한 해상전력을 동원해서 구원부대를 운반하는 것으로 되어 있었다.

그런데 해군이 보급로를 유지하지 못했기 때문에 수리자재, 병기, 폭탄, 연료 등 필요한 보급이 끊어져서 필리핀에 있는 항공부대는 활동을 못 하게 되고 말았다. 보급품의 재고도 적어서 순식간에 바닥이 났다. 따라서 일본군이 약한 미국 함대를 제어하고 필리핀을 봉쇄했을 때 필리핀의 항공부대는 가만히 두어도 오래지 않아 무력해져버릴 운명에 놓여 있었던 것이다.

진주만에 대한 일격은 태평양 함대에 손실을 주었을 뿐만 아니라 동시에 필리핀에 있는 항공부대가 장차 힘을 발휘할 가능성도 없애버렸다. 다시 말하면 필리핀의 하늘의 방위체제는 오아프섬 해역에서 가라앉은 미 함대와 함께 사라져버린 것이다.

해군 작전부장 킹 제독은 후에 다음과 같이 말했다.

"그때 미 함대가 마닐라로 가서 궁지에 몰린 현재의 미군을 구원했어야 했다고 많은 사람들이 생각하고 있는데, 그것은 불가능했다. 당시 우리가 지닌 전력으로는 그런 행동은 참담한 결과로 끝났을 것이다."

그러나 해군은 자기 힘을 과소평가했던 것이어서 궁지에 몰린 미군을 구하기 위해 봉쇄선을 돌파할 수는 있었으리라고 나는 생각한다. 일본의 필리핀 봉쇄는 어느 정도 형식적인 봉쇄였다.

민다나오 섬은 아직 미군이 굳게 지키고 있어서 연락이 닿았다. 한편 일본 해군의 대부분은 매우 촉박한 스케줄을 세워서 보르네오, 말레이지아, 인도네시아를 점령하기 이해 남하하고 있었다. 따라서 미국 항공모함이 필리핀에 접근해서 민다나오 섬의 비행장에 비행기를 보내는 것은 가능했을 것이다.

진주만에서는 항모를 한 척도 잃지 않았다. 미 해군은 그 후 2년간 한 척도 새로운 항모를 보충받지 않은 채 싸워서 커다란 전과를 올릴만한 전력을 가지고 있었던 것이다.

더구나 해군은 일본측의 암호를 해독해서 일본 함대의 소재지를 알고 있었고, 대서양과 지중해에는 연합국이 큰 해군력을 거느리고 있었다. 만일 그때 미 해군이 열심히 노력했더라면 필리핀을 일본군에게 넘겨주지 않아도 되고, 일본군의 남쪽과 동쪽으로의 진격을 저지시킬 수 있었을지도 모른다. 이런 의문은 영구히 남을 것이다.

아마 최고위층에서는 극동에서의 희생이 어떻든 대서양전쟁을 우선시킨다는 방침을 일찍부터 정하고 있었던 것이리라. 일본군의 진주만 공격 후 워싱턴에서 열린 회담에서 루스벨트 대통령과 처칠 수상은 먼저 독일을 격파하는데 집중한다는 정책을 확인했다.

유럽에서 승리를 거둘 때까지는 태평양에서의 작전은 수중에 있는 한정된 전력으로 일본군을 저지하는 정도로 해둔다고 되어 있었다. 미국의 참모총장은 이 방침을 지지하고 있었다.

그러나 불행하게도 나는 이런 중대한 회담 내용을 당시는 전혀 몰라서, 우리를 구원하기 위한 용감한 노력이 시작되려 한다고 믿고 있었던 것이다.

나는 극동에서의 미 항공력을 강화할 것을 전부터 주장하고 있었다. 만일 나의 이 계획이 실현되었더라면 전혀 다른 결과로 되었을지도 모른다.

이 점에 대하여 일본 총사령부 해군부의 작전부장 도미오카 사다도시(富岡定俊) 소장은 "일본은 오랜 경험에서 우위에 서기 위해서는 3대 1의 비율의 공군력이 있어야 한다는 것을 알았다. 만일 맥아더 사령관이 500대 이상의 공군력을 가졌더라면 일본의 필리핀 공격은 불가능했을 것이다."라고 뜻깊은 말을 했다.

또 참모본부 제1부 제3과장 아키야마 몬지로(秋山紋次郎) 대령도 "나의 의견으로는 필리핀에 장비가 우수한 공군부대가 있었더라면 진주만 공격과 대미개전의 결정은 크게 영향을 받았을 것임에 틀림없다." 하는 흥미있는 의견을 말했다.

사토 도쿠타로(佐藤德太郎) 중령(제14군 작전참모)도 다음과 같은 중요한 의견을 발표했다.

"개전 전에 우리는 맥아더 장군이 이백 대를 보유했을 것으로 추정하고 있었다. 그 배가 있었다면 우리의 필리핀 공격이 성공했을지는 의문이다. 맥아더 장군이 더 많은 공군력을 가지고 있었다면 일본군은 필리핀 공격을 완전히 단념해야 했을 것이고, 다른 지역에서 공격을 개시하는 것도 불가능했을 것이다."

또다시 저 치명적인 말인 '너무 늦었다'고 하는 경험을 우리는 되풀이했던 것이다.

그 사이에 일본군은 남지나 해를 건너서 남쪽으로 굉장히 능률적으로 작전을 전개해갔다. 이 일련의 작전은 계속해서 숨돌릴 겨를도 없이 빨리 진행되었고, 더구나 좋은 시기를 택해서 행해졌다.

일본군은 선전포고도 없이 진주만과 필리핀을 공격한 다음 바로 말레이지아에 침입했고 괌과 웨이크 섬을 빼앗았으며 그 밖에 태평양과 극동지역에 공격을 개시했다.

12월 10일에 서부 태평양 전역에서 연합군이 갖고 있던 단 두 척의 전함, 나의 친구인 필립스 제독이 지휘하는 영국의 〈프린스 오브 웨일즈〉와 〈리펄스〉호가 말레이지아 해역에서 격침되었다.

홍콩(香港)은 맨먼저 함락되었다. 이 도시는 일본군의 진격에 허무하게 무너져서 1주일도 지나기 전에 항복했던 것이다.

이어서 싱가포르가 함락되었다. 영국군은 싱가포르의 안전을 오직 말레이지아 반도의 울창한 정글에만 의지해서, 일본군이 충분한 병력으로 그것을 돌파하는 것은 불가능하다고 믿고 있었다.

따라서 특수훈련을 받은 특별장비의 일본군 부대가 밀림과 습지대를 지나 영국군의 거점을 포위했을 때 영국군은 거기에 맞설 수가 없었다. 그래서 포위된 퍼시벌 장군은 항복했다. 이것은 일본군 사령관 야마시타(山下) 장군의 멋진 전략과 전술을 보여준 전투였다.

당시 일본의 동맹국 나치 독일은 이미 유럽의 대부분을 정복했고 중동에서는 롬멜의 기갑사단이 이집트를 방어하는 영국군을 공격하고 있었다.

그러나 소련 내부로 깊숙이 침입한 독일군 부대는 모스크바 바로 앞에서 저지당했다. 이 싸움에서는 스탈린이 위대한 승리를 거두어 독일군은 320킬로미터에서 960킬로미터나 밀려났고 소련군의 대규모 반격작전이 개시되려 하고 있었다.

2. 퇴각(退却)

1941년 말에 소련이 대 독일전에서 드디어 공세를 취하려는 것을 보고 나는 소련이 일본을 북쪽에서 공격할 것을 건의했다.

소련이 그런 압력을 가하고 동시에 시베리아에 미국 공군부대를 집결시켜서 소련의 행동을 지원하면 일본의 공격력의 행동반경이 줄어들어서 개전 당초의 일본군의 전과에 반격을 가하고, 필리핀과 네덜란드령 동인도제도를 강화시킬 시간을 벌 수 있다는 것이 나의 판단이었다.

이것은 일본을 공세에서 수세로 전환시켜서 장차 실지를 회복하는 데 필요한 막대한 피와 돈과 노력을 절약할 수 있다고 믿었다. 나는 그 후 승리가 눈앞에 다달았을 때에는 태평양전쟁에 소련이 참전하는 것을 열심히 반대했지만 당시는 열심히 소련의 참전을 주장했다.

그 해 12월 10일 나는 마샬(당시의 미국 육군 참모총장)장군에게 다음과 같은 메시지를 타전했다.

"지급——극비. 적이 방대한 해·공군력을 싱가포르에서 필리핀 및 그 동쪽 일대의 지역으로 투입한 결과 일본 본토는 약체가 되어 이곳에서 입수한 확실한 정보에 의하면 적은 소련의 참전을 가장 두려워하고 있다. 지금은 절호의 기회로서 지금 곧 북쪽에서 일본을 공격하면 중대한 손실을 줄 수 있을 뿐만 아니라 일본의 남하작전의 목표지역에서 곧 압력을 제거하게 될 것이다.

또한 하늘에서 심한 공격을 가하면 현재 넓게 분산되어 있는 적의 공군력을 수축시켜서 무방비가 된 적의 석유보급로를 대량 파괴할 수 있다. 적의 공군활동이 너무 분산되어 있는 지금 멋진 수를 쓸 황금의 기회가 왔다."

그러나 나는 아무런 회답도 받지 못했고 어떤 내력이 있었는지는 모르지만 어쨌든 소련이 현재의 단계에서 대일전에 참여할 뜻이 없다는 것은 곧 분명해졌다.

12월 10일, 일본군은 루손 섬에 대한 지상공격을 개시했다. 해군의 호위를 받는 적 수송선 12척이 섬 북부의 아파리와 서해안인 비간에 부대를 상륙시켰고 미 항공부대는 이 수송선단을 공격해서 4척을 격침시키고 3척에 손실을 주었다.

나는 이 상륙을 단순히 예비적인 것이라고 판단했다. 이 두 개의 상륙작전에 나타난 적의 전력은 아직 충분한 것이 아니어서, 그 후에 올 주력부대의 측면을 지키기 위한 견제공격이거나 방어조치로밖에 보이지 않았다.

12월 12일, 적은 강력한 해군의 호위하에 남부인 레가스피에 상륙했는데 이번에도 나는 주력을 출동시키는 것을 삼가했다. 나는 워싱턴에 나의 전략을 다음과 같이 설명했다.

"나의 휘하에 있는 소수의 병력으로는 모든 해안을 지킬 수가 없다. 나의 부대 배치의 기본원칙은 적이 주력을 투입할 때까지 나의 부대를 그대로 놓아두는 것이다. 이 광대한 전투지역에서의 앞으로의 작전은 모두 이 전략구상과 그것을 실행하기 위한 전술 조치에서 벗어나지 않을 것이다."

나는 이런 생각에서 상륙한 비교적 약체인 일본군 부대를 제압하기 위해서 소수 부대밖에 출동시키지 않았고 나의 주력은 일본군 주력의 침입에 대비해서 대기시켰다.

개전 후 최초의 1주간은 넓은 지역 여기저기서 산발적인 전투가 수없이 있었지만 집중적인 공격은 아직 없었다. 적은 14회에 걸쳐서 대규모로 공습을 해왔는데 그 대신 수송기와 폭격기, 또 병력에 큰 손실을 입었고 적어도 주요 군함 2척을 잃었다.

적은 그 동안에 링가엔 지역에 상륙을 시도했는데 이것은 필리핀 육군의 한 사단이 대손실을 입혀서 격퇴시켰다. 아파리, 비간, 레가스피에서는 국지적인 전투밖에 없었다.

개전 후 첫째 주에 나타난 필리핀 민간인들의 궁핍상에 몹시 마음이 아팠다. 루스벨트 대통령은 구제 목적을 위해 2억 페소를 사용할 것을 허락해주었으므로 나는 당장 그 돈을 케손 대통령에게로 돌렸다.

개전 후 제2주에도 예비부대를 대기시켜서 적의 침투에 대비하고 있었는데, 적의 주력공격은 시작되지 않았다. 적이 어떤 성질의 계획을 가지고 어디로 주력공격을 해올지는 아직 몰랐다. 상당한 병력의 일본군 부대가 다바오에 상륙한 이외에는 대규모의 전투는 없었고 공군의 활약이 더 많았다.

적은 둘째 주에 대규모 공습을 두 번 해왔는데 대체로 피해는 적었고 사상자도 적었다. 우리 공군은 레가스피에서 적 수송선 2척을 침몰시키고, 비간에서는 적기 25대를 지상에서 파괴했다. 지상에서 잡힌 비행기만큼 무력한 것은 없다.

12월 21일에는 지상전투가 차츰 격렬해졌다. 나는 링가엔 만의 낮고 완만하게 경사진 해안선에 날카로운 경계의 눈을 돌리고 있었다. 이 해안방위선에 필리핀 육군의 제11, 제12 두 사단을 배치시키고 있었다.

12월 22일, 거짓말같이 조용한 잿빛 새벽에 드디어 적의 철추가 내려졌다. 거대한 침입군이 세 개의 수송선단으로 링가엔 만에 들어온 것이다.

제1선단은 고웅(高雄)에서 온 하라겐 사부로(原顯三郞) 해군 소장이 지휘하는 수송선 27척, 제2선단은 마코(馬公)에서 온 니시무라 요지(西村祥治) 해군 소장이 지휘하는 수송선 28척, 제3선단은 기륭(基隆)에서 온 히로세 스에히토(廣瀨末人) 해군 소장이 지휘하는 수송선 21척으로 이루어져 있었다.

합계 76척의 이 수송선은 순양함과 구축함 및 보조함선의 세 개의 호위선단이 지키고 있었다. 수송선에 타고 있는 부대는 혼마 마사하루(本間雅晴) 중장이 지휘하는 제14군단이었다. 일본군은 어디를 두드리면 좋은지 정확하게 알고 있었던 것이다. 일본군의 작전지도에는 미군의 주요 병력과 장소와 보급로가 정확하게 기입되어 있었다. 이 침입 1년 전에 일본군은 북루손의 상세한 항공사진을 찍어서 전략적으로 중요한 지역과 공격에 최적한 지점을 알아두고 있었던 것이다.

일본군의 목적은 방위병력을 빠르고 완전하게 파괴해서 되도록 빨리 남방의 물자가 풍부한 지역으로 가는 길을 여는 것이었다. 링가엔에서의 대량 상륙 이틀 후 일본군의 다른 대부대가 24척의 수송선으로 남루손 동해안인 라몬 만(灣)에 있는 아티모난에 상륙했다. 이것은 일본군이 처음에 상륙한 남쪽 레가스피보다 마닐라와 중부 루손에 훨씬 가까웠다.

이 일련의 상륙으로 혼마 장군의 전략은 곧 분명해졌다. 혼마 장군이 링가엔에 상륙한 주력과 아티모난에 상륙한 별동대로 우리를 협공할 작전이 명백했다.

이 두 부대가 급속하게 접근해오면 나의 주력부대는 중부 루손의 차폐물이 적은 평야에서 적을 앞뒤로 두고 싸워야 된다. 일본군의 전략은 루손의 방위를 단기간에 완전히 분쇄하겠다는 것이었다.

필리핀 군도의 가장 중요한 섬을 장악하면 일본군은 힘들이지 않고 그 밖의 섬들을 함락시킬 수 있을 것이다. 그것은 참으로 나무랄 데

없는 전략구상이었다. 나의 병력은 존스 장군 휘하의 제2군단과 웨인라이트 장군의 제1군단이 둘로 분단되어 두 군단이 따로 격파될 듯한 정세로 되었다.

나는 즉시 방어계획을 세웠다. 제1군단은 북쪽 링가엔 만에서 남쪽 바탄 반도의 뿌리 부분까지의 넓은 평야에서 차례로 새로운 방어선으로 후퇴하는 지구전을 펴도록 했다.

이 지구전의 엄호하에 제2군단은 마닐라의 부대도 남부나 중부평야의 부대도 전부 바탄 반도로 후퇴시키기로 했다. 바탄은 내가 지형을 잘 알고 있으므로 이곳에서 일본군의 우세한 공군력, 전차, 대포, 병력에 대항한다는 계획이었다.

가령 나의 주력부대를 마닐라 방위로 돌리면 앞뒤에서 오는 적에게 중부평야에서 압축당해서 당장 무너져버리는 것은 뻔했다. 이런 점에서 바탄 반도로 후퇴하면 내가 가진 모든 부대를 최고도로 통솔할 수 있다는 이점이 있었다. 나로서는 바탄의 숲과 계곡에 의지하는 것이 유일하게 살아나는 길이었다.

바탄 반도에서의 나의 계획은 이렇다. 먼저 남지나 해에 면한 모론과 마닐라 만 연안의 이부케이를 잇는 선에 주저항선을 둔다. 이 선이 무너지면 약 11킬로미터 후방의 방어선까지 물러간다. 그리고 반도에서 최고 고지인 마리밸레스 산맥을 넘어서 제3의 방어선을 친다. 다시 그 후방인 바탄과는 3킬로미터의 물을 사이에 둔 코레히돌을 바탄 방어의 보급기지로 삼아서 가령 마닐라가 함락되더라도 일본군이 마닐라 만을 사용하지 못하도록 한다.

여하튼 극히 우세한 적에게 포위될 위험이 속히 다가오고 있었으므로 당장 움직이지 않으면 안 되었다. 나는 어려운 문제를 안고 있었다. 일련의 재빠른 전투행동과 저지전술을 전개하면서 부대를 옆걸음으로 서쪽으로 이동시켜서 바위 투성이인 바탄 반도와 코레히돌의 요새로 보내는 일을 일본군이 북쪽에서 퇴로를 차단하기 전에 해내야 하는 것이다.

이 문제에서 가장 중요한 점은 전술적인 애로로서 칼룸피트의 다리를 무사히 건너는 것이었다. 칼룸피트는 산페르난도는 바로 남쪽에 있고 그 산페르난도의 북루손에서 마닐라로 뻗은 도로와 또 하나의 다른 바탄으로 가는 도로와의 접촉점이었다.

따라서 나의 부대가 바탄으로 가는 도로에 무사히 도달하기까지는 우선 도로변인 칼룸피트로 향하고, 그곳에서 다리를 건서서 산페르난도에 이르러야 했다. 군의 수송기관이 부족했지만 이것은 상업용의 버스와 일반인의 자동차를 이용함으로써 해결했다.

그런 차량이 남루손의 부대를 빨리 이동시키기 위해서 징발되었고 밤낮으로 길게 뻗은 차의 행렬이 마닐라에서 바탄으로 꼬리를 물고 탄약, 장비, 의약품 등을 운반했다. 차량의 호위를 맡은 파커 장군은 적의 위협을 막는 일에 밤낮으로 분투했다.

바탄 자체도 오래 방어하기 위해서 서둘러 진지를 강화했다. 라나오 서쪽 숲에 물자집적소가 만들어지고 카브카벤, 리마이, 라나오의 제방이 강화되었으며 두 개의 병원이 지어지고 도로망 특히 서해안의 도로가 개량되었다.

루손도 북부에서는 중부평야를 횡단하는 여러 개의 방어선을 지정해서 제1군단이 지연전술을 펴도록 했다. 나는 이 군단이 만일 적에게 포위라도 당하면 전멸될지도 모른다고 경고했다.

제1군단 사령관인 웨인라이트 장군은 적의 전진을 되도록 지연시키는 방어법을 당장 생각해냈다. 그의 방법은 일본군이 부대 전부를 전개할 때까지 저항해서 적이 그만큼 시간을 쓰도록 하고, 적의 전개가 끝나면 바로 천천히 후퇴해서 그 다음에 케이시 장군의 공병부대가 다리를 폭파하고 도로에 장애물을 설치한다는 방법이었다. 이 전술이 몇 번이나 되풀이되었다. 멈추어서는 싸우고, 후퇴해서는 다이나마이트를 장치한다. 처참한 피투성이의 싸움이었지만 시간을 벌 수 있었다.

일본군은 북쪽에서도 남쪽에서도 내가 전투의 배후에서 부대를 이동시키는 전략을 펴고 있다는 것을 결국 깨달았지만 때는 이미 늦었다.

화가 난 일본군은 똑바로 돌진해서 중요한 산페르난도의 십자로와 칼룸피트의 다리를 절단하려고 필사적이었다. 위급할 때에 위버 장군 휘하의 약간의 경전차대를 붙혀서 나의 마지막 예비부대를 투입했다.

이 부대는 희생이 많은 반격을 되풀이해서 남부부대가 바탄에 도착할 때까지 적의 전진을 저지했다. 겨우 후퇴의 목적지에 도착한 제1군단은 다치고 약해져서 완전히 지쳐 있었지만, 맹렬한 전투를 벌이고 있는 제2군단의 저항선 뒤에서 태세를 재정비했다.

이것은 아슬아슬한, 그야말로 촌각을 다투는 탈출이었다. 그러나 전쟁에서는 분초의 차이가 승리를 좌우한다. 케이시의 폭파대는 일본군이 밀물처럼 건너기 시작했을 때에 캄룸피트의 다리를 폭파했다.

이 부대 이동의 최대의 특색은 아슬아슬하도록 타이밍을 맞춘 일이다. 전체적인 움직임을 조절한 작전행동에 하나라도 착오가 생기면 남루손에서의 자동차부대는 차단되어 마닐라에 갇혀버리는 것이었다.

이 작전의 성공으로 병력의 대부분이 바탄 반도에 집결해서 재편성되어 그 후 바탄 방위가 가능해진 것이다. 미비(美比) 양군의 끌어 모은 부대가 해낸 이 훌륭한 철수작전은 아무리 훈련과 경험을 쌓은 사단에게도 밀리지 않는 훌륭한 것이었다.

12월 24일, 크리스마스 이브에 마닐라에서 철수하여 사령부를 코레히돌로 옮겼다. 필리핀 고등판무관과 케시 대통령 이하 필리핀 정부의 고관들도 나와 동행했다.

12월 26일, 나는 마닐라를 비무장 도시로 선언하는 다음과 같은 포고를 내렸다.

"마닐라의 도시구역이 항공 또는 지상의 공격으로 황폐화되는 것을 피하기 위해 마닐라는 군사목표로서의 성격을 갖지 않는 비무장도시임을 선언한다. 잘못을 범할 구실을 절대로 주지 않기 위해서 고등판무관과 필리핀 정부 및 모든 군의 전투설비는 되도록 신속하게 마닐라 부근에서 철수한다. 마닐라 시 당국은 일반인의 생명과 재산을 보호하기 위해 경찰군으로 강화된 경찰력을 계속 유지한다. 시민은 법에 의해 구성된 행정당국에 따르고 일상의 업무를 계속하도록 요청한다."

마닐라는 나의 부대가 이미 철수했기 때문에 이제 아무런 군사적 가치도 없었다. 마닐라 만 입구는 코레히돌과 바탄에 의해서 완전히 제압되는 지형이기 때문에 우리가 이 두 지점을 장악하고 있는 한 적이 사용할 우려는 없었다. 적은 병을 차지하기는 했지만 그 마개는 내가 쥐고 있었던 것이다.

일본군은 나의 부대가 마닐라에서 철수하리라고는 예상하지 못 했다. 이것은 그 후 일본측의 기록에서 확인되었다. 일본군 총사령부는 다음과 같은 기록을 남겨놓았다.

"이것은 훌륭한 전략이었다. 제14군은 적군의 바탄으로의 철수는 계획에 넣지도 않았고 예상조차 못 했다. 결정적인 전투는 마닐라에서 벌어지게 되고, 맥아더 장군은 마닐라 주변의 요소에 부대를 배치해서 되도록 오래 수도를 지키려고 할 것이라는 예상이었다. 따라서 이 작전은 우리 군의 허를 찔러서 우리 부대를 몹시 놀라게 했다. 우리 군의 지휘관들은 새로운 정세에 대처할 수가 없었다."

바탄으로의 철수라는 기본적인 전략구상을 세운 것과 거기에 관련된 야전사령관과 장병들의 훌륭한 행동으로 일본군은 바탄과 코레히돌의 포위작전을 강요당했고 그래서 몇 개월이나 전진을 지연시키는 결과가 되었다.

진주만에서 괴멸적인 타격을 입고 이어서 아시아의 여기저기에서 공격을 받은 다음에 바탄이 남서태평양으로의 일본군의 진격을 방해하는 유일하고 중요한 장애물이 되었던 것이다.

바탄 방위가 철저하게 불리한 조건 속에서도 집요하게 계속됨으로써 일본군의 시간표를 완전히 빗나가게 하여 연합군이 호주와 남서태평양 동부의 중요 지역에서 방위체제를 갖출 귀중한 시간을 얻게 되었다.

바탄과 코레히돌은 이렇게 해서 일본군에 대한 저항의 상징이 되고 연합군이 뉴기니와 호주에서 반격에 나서서 필리핀을 해방시키고 끝내는 일본 본토에 다다를 때까지 싸워내겠다 하는 결의를 굳게 만들었던 것이다.

일본측도 필리핀에서 시간을 오래 끈 것이 얼마나 중대한 결과를 초래했는가를 알고 있었다. 일본측의 사료(史料)는 다음과 같이 기록하고 있다.

"바탄의 저항은 정신적으로 영향을 주었다. 일본 국민에게는 바탄의 저항이 언제까지 계속될 것인가 하는 불안을 주었고 동시에 필리핀인에게는 미국이 필리핀을 버리지 않고 원조를 계속할 생각이라는 것을 알려주는 효과가 있었다."

나는 바탄으로 철수한 것이 필리핀 방어전에서 내가 행한 가장 중요한 결정일 뿐만 아니라 거기에서 생긴 영향이라는 점에서 태평양전쟁 전체를 통해서 가장 중대한 결정이었다고 언제나 생각하고 있다.

12월(1941) 중에 많은 축전과 격려 메시지가 왔다.

루스벨트 대통령에게서는,

"당신의 훌륭한 저항에 나는 공사 양면에서 축의를 표한다. 여러분의 일은 나의 머리를 떠나지 않는다. 앞으로도 활약을 빈다. 진심에서 우러난 경의와 함께."

마샬 장군에게서도 일련의 메시지가 있었다.

"귀하와 귀하의 장병이 보여주고 있는 불굴의 저항과 효과적인 활약은 미국민에게 깊은 감명을 주었고, 귀하의 지도에 대한 신뢰를 뒷받침하고 있다. 우리는 귀하에게 항공부대의 교대병력과 증원부대 및 그 밖의 병력과 물자를 보내려고 온갖 노력을 하고 있다."

이어서 "귀하의 전부대의 과감하고 기략이 풍부한 활약상에 진심으로 칭찬의 뜻을 표한다."

다시 그 후에,

"귀하의 보고와 신문 보도로 보아도 귀하의 사령부와 장병이 얼마나 훌륭하게 행동했는가를 알 수 있다. 대통령, 육군장관, 그리고 틀림없이 전국민이 일본군의 공격에 대한 귀하의 저항에 깊은 감명을 받고 있다.

귀하에게서 온 사령부 재편과 항공부대의 배치에 대한 보고를 승인한다. 어제 거듭 해군에 모든 방법을 다하여 귀하를 지원하라는 대통령의 명령이 있었다. 육군성은 극동에 최대한으로 빨리 공군력을 구축해서 완전한 제공권을 장악할 작정이므로 안심하기 바란다."

그런데 처칠 영국 수상이 참석한 워싱턴에서의 회담이 있는 후에 마샬 장군은 "요격기의 지원부대를 속히 귀하에게 보낸다는 계획은 어렵게 될 것 같다. 귀하의 계획과 명령은 육군장관이 완전히 승인했다."는 메시지를 보내왔다.

한편 전에는 나에 대해서 매우 의혹적인 비평을 하던 〈타임 라이프〉지로부터 "말씀하신 그대로였다. 전미국이 당신과 함께 있고 당신을 지지하고 있다."는 전보가 날아들었다. 나는 대장으로 승진했다.

태평양전쟁이 시작될 무렵부터 해군의 총사령관 허트 제독과 나 사이에는 의견 차이가 생겼다. 둘은 오랜 친구였지만 현지 문제에서는 의견이 맞지 않았다.

허트는 항공부대의 출격에 있어서 기종(機種)의 여하를 불문하고 해상을 날고 있는 동안은 모두 자기 지휘하에 두겠다고 강경하게 주장했다. 그는 공군을 신랄하게 비판했고, 특히 공군이 클라크필드에서 지고부터는 더욱 심했다.

허트는 필리핀 군도의 운명이 이미 다했다고 판단한 모양이어서 해군의 보급로를 확보해두려는 노력은 전혀 하지 않았다. 일본의 봉쇄에 대해서도 저항하지 않았고, 일본군의 루손도 상륙을 저지하기 위해 자기 함선을 위험에 놓이게 하는 것은 거절했다.

크리스마스 날에 허트는 함대의 대부분을 네덜란드령 동인도제도로 철수시켰는데, 결국 그는 마카살 해협에서의 절망적인 해전에서 가지고 있던 함선을 잃고 말았다.

그런데 로크웰 제독의 지휘하에 있던 코레히돌의 해군무선소, 경험이 풍부한 제4해병연대, 포함 3척, 소해정 3척, PT보트 6척, 그 밖에 자질구레한 것은 나의 지휘를 받게 되었다. 로크웰은 유능하고 협력적인 군인으로서 필리핀 전의 나머지 기간에 그의 부대는 두드러진 활약을 보였다.

12월 21일에 나는 워싱턴에 다음과 같이 타전했다.

"적 해군은 마음대로 돌아다니고 있고 그래서 한 지점에도 여러 지점에도 전력을 집중시킬 수 있는 상태에 있다. 가능하면 해군을 사용하여 어떤 시위 행동을 취해서 적이 모든 해역에서 이렇게 완전한 행동의 자유를 갖는 것을 억제해주기 바란다."

12월 28일에 거듭 다음과 같이 타전했다.

"미국은 필리핀의 노력에 대한 지원을 소홀히 하고 있다는 적의 선전이 최근 필리핀의 모든 사회 계층에 퍼지고 있고, 이 선전은 특히 미 해군이 소극적이라는 인상을 주고 있는 점과 관련해서 더욱 확산되고 있다. 워싱턴에서 특히 해군의 비협조와 관련해서 역선전을 해줄 것을 제안한다."

그런데 해군이 서쪽으로의 굉장한 반격을 개시한 것은 필리핀이 함락된 후 몇 달이나 지나서의 일이었다.

그 해 말에 코레히돌에서 대통령 임기가 끝난 마누엘 케손이 제2 대통령에 취임했다. 취임식은 특이한 배경과 무대에서 행해졌는데 그런 만큼 감동적이었다. 케손과 세이어가 멋진 연설을 했고 나도 연설 요청을 받았다. 나는 그들만큼의 웅변은 아니었을지 모르지만 열의와 감정은 넘치고 있었다. 나는 다음과 같이 말했다.

"필리핀은 4백 년 동안 가치를 위해서 투쟁해왔다. 그 고난의 시기가 끝나려 할 때, 필리핀이 바야흐로 독립에 들어서려 할 때, 위대한 결정의 순간이 찾아왔다. 그러나 아무런 망설임도, 아무런 주저도, 단 한순간의 의혹도 없었다. 필리핀은 거국적으로 그 위대한 대통령과 함께 노예가 아닌 자유를 택한 것이다. 우리는 지금 그를 취임시켰고 그렇게 함으로써 그의 위대한 결의를 재확인했다. 필리핀을 미국과 그 밖의 자유 제국과 손에 손을 잡고 필리핀이 직면한 기본적인 문제를 위해 승리를 얻을 때까지 싸워나갈 것이다. 앞으로 어떤 일이 일어나더라도 우리에게 주어진 것은 단 하나 승리이다. 이 고난의 신음, 이 어두운 죽음의 골짜기로부터 신이 고결한 필리핀 인을 지켜주시기를 빈다."

그날 밤 나는 필리핀 군도의 중부와 남부 사령관들에게 게릴라 전의 개시를 명했다. 민다나오 섬에서는 게릴라 활동의 본거지를 회교도인 모로 족(族)에 두기로 했다. 나는 과거 오랫동안 모로 족의 추장들과 밀접한 관계를 가지고 있었던 것이다.

새해가 다가왔을 때 루스벨트 대통령은 방송으로 필리핀 인에게 다음과 같이 연설했다.

"침략자 일본인에 대항하여 여러분이 용감하게 싸우는 뉴스는 모든 미국인에게 심심한 감사의 마음을 불러일으키고 있다. 미국 대통령으로서 나는 이 엄숙한 기회에 전미국민을 대표해서 여러분에게 얘기한다.

일본의 전쟁 지도자들을 철저하고 완전하게 분쇄하기 위해 미국, 영국, 네덜란드령 동인도제도, 그리고 중국 사람들이 그 능력과 자원을 바치고 있다. 이 태평양에서의 위대한 싸움에 임하여 충성스러운 필리핀 사람들은 중대한 역할을 수행할 것을 요구받고 있다.

필리핀 사람들은 그 역할을 극히 용감하게 수행해왔다. 지금도 그 것을 수행하고 있다. 대통령으로서 나는 필리핀 사람들이 지금 하고 있는 싸움에 진심어린 찬사를 표명한다. 미국민은 필리핀 사람들이 지금 하고 있고 앞으로도 계속 하려는 일을 영원히 잊지 않을 것이다.

나는 필리핀 사람들에게 필리핀의 자유를 되찾고 필리핀의 독립을 달성하여 그것을 지킬 것을 엄숙하게 맹세한다. 미국의 모든 인적 물적 자원이 이 맹세를 뒷받침하고 있다. 우리는 위대한 공통의 목적에 종사하고 있다. 나는 필리핀의 모든 사람이 각자의 임무를 수행할 것을 기대한다. 우리도 우리의 임무를 수행할 것이다."

나는 해군으로부터 온 다음과 같은 메시지를 전하겠다. "함대는 게을리하고 있지는 않다. 미해군은 일본군에 대한 강력하고 면밀하게 계획된 전투를 진행시키고 있고 이것은 필리핀 방어를 적극적으로 지원하는 결과가 될 것이다."
 또 마샬 장군에게서는 다음과 같은 메시지가 왔다.
 "절박한 전투의 시련 속에서 귀하와 귀하의 부대는 극히 불리한 상황임에도 불구하고 과감한 방어를 계속하고 있다는 것을 또다시 증명해주었다. 우리는 귀하를 원조하기 위해 가능한 모든 일을 하고 있으며 대통령은 몸소 귀하가 안고 있는 문제에 주의를 기울이고 있다."
 용감하고 단호한 말씨였는데, 나는 솔직하게 그것을 받아들였다. 그런데 아무리 날짜가 지나도 메시지가 약속한 그런 일은 아무것도 일어나지 않았다.
 1월 10일(1942), 나는 워싱턴으로 다음과 같이 타전했다.
 "우리가 해군에 의한 위협을 적에게 주지 않기 때문에 이 방면 전역에서 우리의 노력이 실패할 듯한 기색이 보이기 시작했다. 가까운 장래에 해군의 대규모적인 집중행동은 기대할 수 없다고 하더라도 적을 속일 만한 어떤 해군에 의한 사기행동이라도 취할 필요가 있다. 육해공의 적의 전력에 대하여 땅과 하늘만으로는 싸움에 이길 수 없다. 너무 늦기 전에 전투태세의 완전한 통일을 도모해야 한다."

3. 코레히돌의 싸움

 1942년 1월 17일, 나는 다시 워싱턴에 다음과 같이 타전해서 정세가 급박함을 호소했다.
 "바탄 코레히돌 지역의 식량 사정은 심각해졌다. 얼마 동안 양식을 반으로 줄여서 배급하고 있고 이런 사태는 곧 병사들의 체력의 쇠퇴를 초래할 것이 예상된다. 내가 장악하고 있는 한정된 지역에서는 식량은 전혀 입수할 수 없다. 나는 나의 지휘하가 아닌 해상의 보급로에만 의존하고 있는 상태이다. 당사령부에 필요한 식량의 보급량은 거기에

요하는 선박의 양으로 보면 극히 적은 것이다. 중형 내지 소형 선박 다수에 식량을 싣고 각 루트로 항행시켜야 한다고 생각한다. 필리핀에 접근해서 펴져 있는 봉쇄선은 극히 옅다.

 적의 폭격기는 이미 이 지역에는 없고 남쪽으로 옮겼다. 선박이 빠져나갈 수 있다는 것은 의심할 여지가 없는데, 지금까지는 이런 면에서의 시도가 전혀 되어있지 않다. 이것은 나로서는 이해하기 어려운 일이고 이런 점에 대하여 필리핀 인을 달래는 것은 점점 어려워지고 있다. 필리핀 인은 무엇인가 들여오려고 하는 노력이 전혀 행해지지 않는 것을 이해하는 데 애를 먹고 있다. 이 문제에 대한 이곳의 심리적인 반응이 얼마나 중대한 의미를 갖는가는 아무리 강조해도 모자란다. 이 면에서 어떤 대책을 세우지 않으면 미국에 대한 반감이 나타날 것도 예상된다.

 필리핀 인은 실패는 이해하겠지만 보급물자의 수송이라는 구제수단이 취해지지 않고 있다는 것은 이해할 수 없다고 말하고 있다. 그들은 이 지역에 대한 노력이 결여되어 있다는 것을 대서양에서 훨씬 강력한 봉쇄선을 돌파하여 대규모의 보급을 하려고 노력하고 더구나 성공하고 있는 사실과 비교하는 것이다.

 이러한 현지 민중의 반응은 머지 않아 병사들 사이에서도 나타날지 모른다. 굶주린 병사를 다루기는 어렵다. 현상을 타개할 수 있을 만한 소량의 식량을 보내려는 노력을 네덜란드령 동인도제도와 미국으로부터 동시에 행할 것을 나는 건의한다.

 일본군의 보급로는 몹시 길어져 있다. 일본군의 지금까지의 성공은 일본군의 힘을 말하는 것이 아니라 저항이 약했음을 보여주는 것이다. 지금 일본군에게 공격의 위협을 가하면 어느 정도 성공할 것은 틀림이 없다.

 적이 봉쇄선이라고 칭하는 것은 쉽게 돌파할 수 있다고 나는 확신한다. 이 봉쇄선이 참으로 효력을 발휘할 수 있는 것은 우리가 수동적인 태도로 그것을 사실로서 받아들이는 경우뿐이다. 점점 악화되고 있는 현상을 처리하기 위해 어떤 대책이 강구되지 않으면 참담한 결과가 오리라는 것을 나는 거듭 지적한다. 이것은 단순한 육군이나 해군의 전략방식으로 계획하거나 처리할 문제가 아니라 동양 전역과 관계가 있는 문제이다."

　당시 어찌 되었건 싸움에는 이긴다는 진지한 기분이 있었더라면 필리핀을 구하기 위해 얼마나 큰 일이 가능했을지 모른다. 이것은 영원히 수수께끼이다. 육군성이 물자보급용 선박과 승무원을 구하려는 노력을 하지 않은 것은 아니다. 그 때문에 나의 옛친구로 지금은 준장이 된 버트 할레이는 호주로 파견되었고 로벤슨 대령도 자바에 보내졌다.

　그러나 아무런 결과도 생기지 않았고 필리핀에 도착한 화물선은 세부로 가는 2척과 민다나오 섬 북안인 아나칸으로 가는 1척, 총 3척뿐이었다. 전후를 통해서 코레히돌과 바탄에 도착한 물자의 양은 불과 1100톤이었다.

　이 1월 17일의 전보를 끝으로 나는 구원을 호소하는 것을 그만두었다. 전면의 적을 판단하는 것은 가능했지만 후방에 있는 우리 편을 판단하는 일에는 완전히 실패하고 있다는 것을 알았기 때문이다.

　나는 바탄의 병력을 두 개의 군단으로 재편성해서 웨인라이트 장군 지휘하의 제1군단을 좌익에, 파커 장군 지휘하의 제2군단을 우익에 배치했다. 부대는 참호를 파고 적의 극히 우수한 포병부대에 대항하기 위해 잡다하게 끌어 모은 급조된 포병연대를 편성했다. 당시 해군의 지휘하에 있던 제4해병연대만은 바탄의 격전에 투입하지 않고 예비대로서 코레히돌 자체의 방어를 맡겼다.

　전전선에 걸쳐서 전투가 심해지고 적의 폭격기 공격은 거의 끊임없이 계속되었다. 우리 고사포단의 탄약은 눈에 띄게 적어져서 대공사격은 적을 속이기 위해서 가끔 발사하는 흉내 정도로 억제해야 되었다. 코레히돌과 인접한 요새화된 섬들에서는 상수도시설과 수도관이 사실상 괴멸 상태가 되어서 물은 엄격하게 배급해야 했다.

　일본군이 전병력으로 계획적인 공격에 나서려 하고 있다는 것은 명백했다.

1월 10일에 다음과 같은 서한을 받았다.

"미 극동육군부대 총사령관 더글러스 맥아더 장군에게

귀하도 충분히 알고 있는 바와 같이 귀하의 운명은 이미 결정되었다. 종말은 가깝다. 문제는 다만 귀하가 앞으로 얼마나 저항할 수 있는가 하는 것이다.

귀하는 이미 식량 배급을 반으로 줄였다. 용감하게 싸워온 귀하와 귀하 부대의 전투정신은 인정한다. 귀하의 위신과 명예는 이미 입증되었다. 그러나 쓸데없는 유혈을 피하고 귀하의 각 사단과 보조부대의 남은 사람들을 구하기 위해 항복할 것을 권고한다.

귀하에게 방어를 위한 시간을 주는 것은 좋지 않으므로 우리 군은 공격을 계속한다. 귀하가 우리의 권고에 응하기로 결정한 경우에는 되도록 빨리 사절을 우리 전선으로 파견하기 바란다.

그와 동시에 우리는 정전을 하고 휴전 교섭에 임한다. 그렇지 않으면 우리는 가차없이 공격을 속행하고 귀하에게는 파국이 찾아올 뿐이다.

귀하와 귀하의 병사들의 생명을 구하는 현명한 판단을 내리기를 바란다.

필리핀 파면 일본군 총사령관."

내가 이 전문에 회답하지 않자 이번에는 나의 전선에 다음과 같은 삐라가 뿌려졌다.

"이 전투의 종말은 이미 결정되었고 제군의 운명은 절박하다. 한데 맹목적인 맥아더 장군은 이 현상을 이해하지 못하고 어리석게도 우리의 제안을 거부하고 제군의 귀중한 생명을 희생시키면서 무모한 전투를 계속하고 있다.

친애하는 필리핀 병사 제군!

제군에게 남겨진 길은 단 하나가 있다. 곧 모든 무기를 버리고 너무 늦기 전에 일본군에 항복하라. 우리는 제군을 완전히 보호한다.

마지막으로 되풀이한다!

곧 항복해서 필리핀 인을 위한 필리핀 인에 의한 새로운 필리핀을 건설하라."

그날 밤 바탄 반도의 모든 참호에서는 비웃는 폭소가 터졌다.

식량사정은 많은 피난민이 부대와 함께 바탄으로 도망쳐 왔기 때문에 더욱 심각해졌다. 일본군은 바탄의 바로 북쪽인 잠발레스 주에서 겁먹은 주민들을 우리 전선으로 몰아넣어서 교묘하게 피난민의 수를 늘렸다.

일본군은 우리가 피난민에게 식량을 준다는 것을 잘 알고 있었던 것인데 이 인도적인 조치는 가뜩이나 부족한 식량 재고를 몹시 줄였다. 몇천 명이나 되는 이 불쌍한 사람들, 그것도 대부분이 노인과 아이들이었기 때문에 우리는 방어선 뒤에 피난민수용소를 만들어야 했다.

마지막에는 우리는 하루에 1천 칼로리 이하로 생명을 유지해야 했다. 어디를 보아도 그 애절한 성경의 기도 '오늘도 날마다의 빵을 주소서' 가 되풀이되고 있었다. 이렇게 점점 굶주려갔던 것이 끝내는 우리 방어진지를 멸망시키는 최대의 요소가 된 심한 소모 상태를 낳았던 것이다. 나는 코레히돌로 옮겼을 때 산꼭대기의 해안포병대의 병영에 사령부를 설치했다. 그것은 〈톱사이드〉라는 이름의 노출된 지점에 있는 건물이었는데 그곳에서는 포위지역이 모두 한눈에 내려다보였다.

과거에도 그랬지만, 나는 아무래도 적을 내 눈으로 보고 싶었다. 적을 보지 않고는 효과적으로 싸울 수 없었던 것이다. 남의 보고가 아무리 상세한 것이라도 내 눈으로 보는 것만 못했다.

내가 코레히돌에서 노출된 산 꼭대기의 건물 〈톱사이드〉에 사령부를 설치한 데는 또 한가지 이유가 있었다. 고급장교도 일반 병사와 같은 위험 속에 놓여 있고 마찬가지로 소모된다는 것을 보여주는 것은 병사들에게 좋은 영향을 준다고 생각했기 때문이다.

필리핀의 모든 마을이 불타서 연기를 뿜고 있는 동안에는 필리핀 사람들은 '유럽을 먼저' 하는 얘기를 듣고 있었다. 시민과 병사를 불문하고 필리핀 인은 한결같이 어쩔 수 없다는 분노로 초조해지고 비애와 실의의 감정이 깊어져갔다. 한편 라디오에서 흘러나오는 '도쿄(東京) 로즈'의 달콤한 목소리는 병사들의 상처받은 마음을 휘젓고 미국의 원조는 다른 곳으로 흘러가서 너희들을 기다리는 것은 패배와 죽음뿐이라고 비웃고 있었다.

방대한 양의 미국 보급물자가 소련으로 보내지고 있다는 말을 듣고 케손 대통령은 기가 막혀했다. 그런 보도를 들었을 때의 케손의 당황과 분개를 섞은 듯한 표정을 나는 잊을 수가 없다. 이 고난과 파괴의 절망에 시달리고 있는 필리핀 인들에게 안도감을 주기 위해서는 가령 사령부가 적의 공격을 받게 되더라도 눈에 잘 띄는 장소에 두는 편이 현명하다고 생각했다.

〈톱사이드〉는 평평한 산의 정상으로 코레히돌에서 가장 높고, 살기 편한 '방갈로' 타입의 장교 숙사가 있는데 그곳까지는 꾸불꾸불한 소로가 통하고 있었다.

병사들은 대부분이 비탈의 여기 저기에 만들어진 포대에서 기거했다. 장병의 가족들은 오래 전에 미국으로 송환되어 있었다. 나는 가족과 함께 남지나 해가 내려다보는 전망이 좋은 집에 들었는데, 그 부근의 경치는 아름답고 평화로웠다. 색채는 열대 특유의 것인데, 머리 위에서는 야자나무 잎이 살랑살랑 흔들리고 철쭉나무 덤불이나 여러 가지 꽃나무 사이에서 진귀한 새들이 지저귀고 있었다.

일본군은 지체없이 조용한 이 경관을 향해서 폭격을 개시했다. 방공호는 있었지만 일본군의 항공전술과 기술을 보고싶었으므로 잔디밭에 나가 있었다.

쌍발폭격기 36대가 맑은 창공에서 번쩍번쩍하면서 멋진 편대를 형성하여 다가왔다. 멀리 저쪽에 태양을 배경으로 해서 마치 은화를 뿌린 것 같았다. 다만 이 은화의 아름다움은 외관뿐이고 가져오는 것은 죽음이었다. 이 폭격기는 참으로 강력한 전쟁 무기로서 폭탄은 굉장한 파괴력을 지니고 있었다.

편대는 순식간에 머리 위로 왔고 한 무더기의 폭탄이 노출된 우리

진지에 떼지어 쏟아졌다. 하얀 콘크리트로 직선을 그리고 있는 길다란 병영들이 갑자기 허물어지면서 마치 유리상자를 때려 부순 것처럼 산산이 흩어져 날아갔다. 길다란 양철지붕은 500킬로미터나 되는 폭탄의 충격으로 중국의 5층탑의 지붕처럼 부풀어 올랐다. 파편은 종이조각처럼 날아다니고 전화선이 끊어져서 둘둘 말리면서 땅에 떨어졌다.

전차(電車)의 튼튼한 침목과 레일이 뒤틀려서 엉뚱한 방향으로 구부러졌다. 잔디밭은 커다란 구멍이 나서 연기를 뿜고 있었다. 창공은 잿빛으로 변했다.

그리고 이번에는 총격이 시작되고 이어서 다시 폭격이 있었다. 일본기는 판에 박은 듯이 이 순서를 되풀이했다. 나는 일본기의 공격방법을 그들의 작전 명령서를 보는 것보다도 확실하게 알았다. 여기에서 내가 배운 것은 그 후 나에게 도움이 되었다.

일본기는 이 순서를 3시간 되풀이했는데 그 동안 새의 울음소리 대신에 비단을 찢는 듯한 급강하 소리가 잠시도 멈추지 않았고 기관총의 탄환이 우박처럼 쏟아졌으며 고사포의 날카로운 사격음이 울려퍼졌다. 그런 다음 일본의 폭격기들은 쑥밭이 된 땅에서 안개처럼 피어오르는 먼지의 구름을 남겨두고 날아갔다.

일본의 폭격기들이 돌아간 후 나는 서둘로 〈톱사이드〉를 떠나서 〈말린타 터널〉에 사령부를 설치했다. 가까이에 집이 세 채 있어서 그 중 두 채는 고등판무관과 케손 부처가 거처했다. 나는 나머지 한 채에 들어갔다.

나의 사령부는 〈말린타 터널〉의 지선(支線)의 하나에 설치되었다. 바위산에 깊이 파여진 중앙터널은 실제로는 전차길의 종점이었는데 이 중앙 터널에서 양쪽으로 몇 개나 지선이 파여져 있어서 병원, 물자저장소, 탄약고 등으로 쓰였다.

사령부에는 아무런 장식도 없었고 백열등 밑에 사무용의 최소한의 책상과 도구들이 놓여 있었다. 공습경보가 나면 나는 막료를 한 사람

데리고 주요 도로에 피난해 와있는 필리핀 민간인들을 헤쳐가면서 바깥의 고속도로로 나가서 적기 편대가 파상공격을 하는 모습을 바라보았다. 그럴 때 도로의 필리핀 인들은 동양적인 인종의 모습으로 잠자코 앉아 있었다.

내가 밖으로 나가는 것은 조금도 용기를 과시하기 위한 것이 아니었다. 그것이 나의 임무였던 것이다. 포대의 사수나 참호의 병사들도 노출된 곳에 있는 셈이니까 그럴 때 내가 함께 있는 것을 보이는 것은 그들을 기쁘게 했다.

공포나 피로가 미묘하게 병사들의 마음을 침식하게 하는 그런 감정이 나타나는 것을 방지하는 데는 지휘자의 행동 이외에는 없다. 지도정신이라는 것은 흔히 하나의 공공연한 제스처로 결집되어서 나타난다.

가령 평화시라면 빵을 뜯는 것이 대접의 상징이 되고 인디언이 화평의 파이프를 피우는 것이 우정의 표시가 되는 것이 거기에 해당된다. 그러나 전쟁에서 효과적인 제스처를 찾는다면 그것은 지휘관과 병사들을 맺는 위험에서 생겨난 우정이라는 형태를 취하지 않으면 안 된다. 우정은 누구나 언제 죽을지 모른다는 공통된 의식에서 생겨나는 것이다.

그렇기는 하지만 나는 케손에게서 다음과 같은 편지를 받았을 때 깊이 감동했다.

"나의 친애하는 맥아더 장군,

나는 당신이 지금까지 사귄 최상의 친구로서, 또 필리핀 대통령으로서 이 편지를 쓰고 있다. 내가 이것을 쓰는 기분을 이해해줄 것을 희망한다.

나는 오늘 오후에 한창 공습 중에 당신이 대단한 위험 속에 몸을 드러내놓고 있었다는 것을 실제로 본 사람에게서 들었다.

당신은 당신네 나라의 정부와 국민, 그리고 나의 정부와 국민에 대해서 불필요한 위험을 범하지 않을 의무를 지니고 있다는 것을 서둘러 지적하고 싶다. 가령 당신에게 만일의 일이 생긴다면 필리핀의 군대와 일반 민중에게 주는 영향은 그저 낙담시키는 정도가 아니다.

따라서 나는 대통령 그리고 친구로서 우리에게 그런 불행을 주지 않기를 부탁한다.

끝으로 당신은 부인과 아들에 대해서도 의무적으로 그렇게 해야할 때 이외에는 몸의 안전에 신경을 쓸 의무를 지니고 있다는 것을 덧붙여 둔다.

당신의 헌신적인 마누엘 케손."

나는 필요 이상 임무에 충실한 일이 없고 앞으로도 할 생각은 없으며 역시 남들처럼 살고싶은 기분은 있다는 것을 그에게 보증했다.

1942년 1월 12일, 일본군은 총공격을 개시했다.

일본군 부대는 굉장한 기세의 정면공격으로 아부케이에서 모론에 이르는 32킬로미터의 전선을 돌파하려고 시도했다. 그러나 우리가 이 지역의 복잡한 지형을 잘 알고 있었던 것이 도움이 되었다.

우리는 적의 전진을 제압하며 측면에서 포격하기 위해 정확한 장소에 포대를 숨겨놓고 있었는데 그것이 황소처럼 돌진해오는 적에게 큰 손실을 주어서 그 발을 완전히 멈추게 했다. 적의 보병부대는 숫자상으로는 압도적으로 우세했지만 이 포화에 당황했고 이어서 격분했다.

일본군은 처음에 방위선의 동쪽 끝인 아부케이에 집중해서 침입해왔다. 그러나 우리는 반격해서 곧 물리쳤다. 일본군은 5일 후에 더 서쪽에서 쳐들어왔는데 이것도 물리쳤다. 다시 3일 후 이번에는 더욱 서쪽 지점과 방위선 서쪽 끝인 모론에 미친 것처럼 진격해왔는데 이것도 물리쳤다.

공격과 반격의 되풀이로 적과 우리의 전선은 톱니처럼 되었고 아부케이와 모론은 피투성이의 육박전으로 빼앗았다 빼앗겼다 했다.

일본군은 손실을 보충하기 위해 수송선으로 새로운 부대를 자꾸 실어왔다. 그런데 우리 쪽에서는 우리의 전사자를 묻을 뿐이었다. 전후를 통하여 적은 10만 명의 병력을 보충해서 최초의 전력을 유지했다.

전국이 위급할 때 적은 홍콩에서 1회의 수송선단으로 대포 50문을 실어왔다.

이런 압력 앞에 우리는 결국 퇴각하지 않을 수 없었다. 병사들은 영양실조를 일으키기 시작했고 말라리아도 부대의 체력을 깎았다. 일본군은 방위선의 중심인 나티브 산의 험한 정글로 덮인 비탈에 침입해왔는데 그것을 막지 못해서 모론이 함락되었다. 우리는 바가크에서 오리온에 걸친 제2의 방어선으로 물러났다. 일본군은 이 선도 급습해서 돌파하려 했지만 이것은 저지시켰다. 1월 말에는 혼마 장군도 한때 대규모 전투는 중지시키고 보충을 기다려야 했다. 이 휴식기간 중에도 적은 제1군단 지역에 소부대로 잠입하려 했지만 모두 전멸시켰다. 우리 전선 후방에서도 서해안에 상륙하려는 움직임도 있었지만 이것도 막아서 격퇴시켰다. 이런 적의 공격부대는 모두 괴멸되었다.

이 동안에 루스벨트 대통령이 발표한 어느 방송 연설이 필리핀의 수신 상태가 나쁘기 때문에 구원군 파견의 발표로 잘못 알려졌다. 이 잘못된 해석이 부대에 발표되어서 큰 환성이 들렸는데, 후에 그것이 정정되었을 때의 실망은 더욱 심했다.

그 후 6주간 올모크에서 바가에에 이르는 전선은 몇 번이나 일본군의 공격을 받았지만 끝내 버티어내어 적은 희생이 큰 정면공격을 그만두었다. 일본측의 기록에 의하면 혼마 장군은 이때 우리를 일소시킬 것을 단념하고 필리핀을 그냥 지나치면서 우리쪽에서 걸어오는 전투 행위만 저지시키는 정도로 해둘 것을 생각했다는 것이다.

만일 이때 조금이라도 원조가 필리핀에 있었더라면 약간의 증원부대라도 보내어졌더라면 틀림없이 결과는 성공적이었을 것이다. 이 전투의 종결을 결정한 것은, 일본측은 끊임없이 새로운 부대를 보낼 수 있었고 미국은 그렇게 하지 못했던 데에 있다.

루스벨트 대통령으로부터는 "귀하와 귀하의 장병의 훌륭한 건투에 축하를 표한다. 우리는 긍지와 이해를 가지고 귀하를 지켜보고 귀하의 일을 생각하고 있다."라는 전보가 왔다.

또 영국 왕으로부터는,

"수적으로 훨씬 우세한 적의 여러 차례의 격렬한 공격에 대한 귀하 부대의 훌륭한 저항에 대영제국 내의 귀국의 동맹국들은 한결같이 진심으로 칭찬을 아끼지 않는다. 모든 사람들이 영웅적으로 용감하게 싸우고 있는 미국과 필리핀 장병을 크게 자랑스럽게 생각할 것임에 틀림없다. 여러분에게 축의와 인사를 보낸다.

조지"

스팀슨 육군장관으로부터는,

"우리는 모두 귀관을 생각하고 있고, 귀하의 장병의 영웅적이고 훌륭한 건투에 앞으로 더욱 노력을 기울이도록 고무하는 바이다."

또 그 후에,

"귀관과 케손의 탁월한 용기와 충성심은 대통령 이하 우리 모두가 진정으로 인정하고 있다."

퍼싱 장군에게서는,

"훌륭한 활약에 대하여 귀관과 귀하 부대의 용감한 장병에게 충심으로 축의를 표한다."

육군참모총장 마샬 장군에게서는,

"귀하의 다이내믹한 지휘하에서의 미국과 필리핀 양군의 훌륭한 활약상은 이미 이 전쟁을 장식하는 영웅적인 이야기가 되었고 모든 국민을 고무시키고 있다. 귀하 부대의 성공과 귀하의 명성은 연일 신문을 장식하고 있다. 귀하의 활약은 미국으로서는 헤아릴 수 없는 만큼 귀중한 것으로서 일본군은 귀하에게 눌려서 남쪽으로의 공격을 강화할 수가 없고 그 결과 우리에게는 장차 일본의 지나치게 늘어난 군사행동을 격파하기 위해서 필요한 병력을 집결할 수 있다는 희망이 생겨났다. 귀관 및 귀하의 헌신적인 장병을 신이 지켜주기를 빈다."

격려와 칭찬의 메시지가 나에게 쇄도했고 미국의 대부분의 주에서 '주(州)의 감사'를 결의했다. 도시도, 시장도, 민간단체도 다투어 깊은 감사를 표명했고 필리핀 정부로부터는 수훈성훈장을 받았다.

그런데 나는 몹시 마음에 걸리는 편지를 한 통 받았다. 아기날도 장군에게서 온 것인데, 그 내용은 다음과 같다.

"나는 당신의 충실한 친구로서 충심을 피력하고 나의 동포가 위기에 직면해 있는 이때에 다음의 일을 당신에게 호소할까 한다. 필리핀을 전화에서 구하고 나의 동포가 계속 평화와 번영을 누릴 수 있도록 하는 것은 과거와 현재를 통한 나의 진심어린 소망이다. 미국과 일본 사이에 현재의 싸움이 일어나고 그 결과 필리핀이 전장이 된 것을 나는 매우 애석하게 생각한다. 생명과 재산의 손실은 크고 수많은 가족이 자기 집에서 쫓겨나 굶주림과 재난 등 온갖 고난을 맛보고 있다. 다리, 도로, 철도, 조선소, 도크, 방파제, 비행장 등 값비싼 공공시설이 파괴되었다.

개인의 집조차 재가 된 예가 얼마든지 있다. 시민이건 현역 군인이건 몇백, 몇천의 필리핀 인이 목숨을 잃는 값비싼 희생을 치렀다. 나의 동포는 필리핀이 미국기 밑에 있었다는 이유만으로 일본군에 대하여 무기를 들어야 했던 것이다.

이제 사정은 달라졌다. 대부분이 이미 일본군에게 점령당한 현재 필리핀의 운명은 분명해졌다. 일본군에 대항하여 전투를 계속하는 것은 낭비일 뿐만 아니라 지금 이상으로 필리핀 인의 무익한 희생을 초래하게 된다. 게다가 당신의 휘하에 있는 미국 병사들에게 절망적인 싸움을 계속하도록 강요하게도 된다. 나의 친애하는 장군, 당신은 필리핀 인의 복지를 증진시키겠다고 누차 말했고 나의 동포에 대한 애정을 자주 표명해왔다. 당신은 죄없는 시민들의 생명과 재산이 불필요하게 상실되는 것을 막기 위해 마닐라가 비무장도시임을 선언했다. 나는 당신의 필리핀에 대한 애정과 모든 사람에 대한 인도적인 태도를 깊이 믿고 있다. 필리핀의 대부분이 일본군에게 점령된 지금 어째서 저항을 계속하는 것인지 나로서는 이해할 수 없다. 이런 저항은 미국인에게 아무런 성과도 없이 필리핀 인에게 더욱 희생을 강요하는 것이다.

만일 당신이 휘하의 미국인과 필리핀 인 병사들에 대하여 내가 믿는 것처럼 참된 애정을 느끼고 있다면 인도적인 입장에서 일본군에 대한 이 무익한 싸움을 그만두어서 필리핀 인 및 미국인의 생명과 재산을 헛되이 잃는 것을 피하도록 당신의 오랜 친구의 한 사람으로서 진심으로 부탁드린다.

나는 당신의 성의있는 친구로서 일본군에 대한 이 무익한 저항을 그만둘 것을 당신에게 충심으로 부탁한다.

홍콩, 웨이크 섬, 괌의 방어부대가 영웅적인 저항 끝에 항복했던 것처럼 명예롭게 항복하기바란다. 당신의 빛나는 군의 경력에는 영향이 없다. 뿐만 아니라 인도주의는 군인으로서의 용감성과 상반되는 것이 아니므로 당신의 인도적인 정신은 걸출한 것이 되어 깊은 감사를 받을 것이다.

일본은 우리에게 명예로운 조기 독립을 약속했다. 일본 수상은 1942년 1월 21일 의회에서 '일본은 필리핀이 일본의 대동아공영권 건설에 협력한다면 기꺼이 필리핀에 독립을 준다.'라고 선언했다.

우리 필리핀 인은 독립을 바라고 있다. 이 전쟁에서 파괴된 평화를 되찾는 일은 우리의 강한 희망이다. 나에게는 나의 동포 및 필리핀에 사는 다른 사람들의 복지 이외에는 아무런 동기도 없다는 것을 이해해주기 바란다.

이것은 한 군인으로부터 다른 한 군인에게의 솔직한 호소이고 나의 진정을 애기한 것이다. 당신이 속으로는 나와 마찬가지로 나의 동포와 당신 휘하의 용감한 병사들의 복지에 대하여 깊이 우려하고 있는 것으로 믿는다.

당신의 성실한 친구, 그리고 전우로부터의 진심어린 인사와 함께."

나는 곧 이 편지의 내용을 워싱턴에 알렸다.

마샬 육군참모총장은 나에게 다음과 같이 알려왔다.

"육군성의 견해로는 이런 종류의 의견에 대항하는 유일한 방법은 우리의 선전기관을 이용하여 아기날도가 보여주고 있는 태도와 케손 대통령의 주장을 대비시켜서 후자를 칭찬하고 전자를 경멸하는 분위기를 조성하는 것이다.

이런 면의 노력을 곧 전세계에서 시작하고 그와 동시에 미국이 필리핀에서 행하고 일본이 만주와 중국에서 해온 일의 명백한 기록을 적당한 말로 비교하는 계획도 실시한다.

그 목적은 만일 아기날도가 성의를 가지고 그런 말을 하는 것이라면 그것은 무성의하고 아무런 가치도 없는 약속에 속고 있을 뿐이라는 사실을 보여주는 데에 있다. 우리는 필리핀 인의 충성과 영웅적인 행위를 칭찬하는 데에 선전의 중점을 둔다."

조지 워싱턴 데이(워싱턴의 탄생
일 : 2월 22일)에 나는 미군에 편입되어 있는 필리핀 장병의 급여에 대하여 육군성에 다음과 같은 전보를 보냈다.

"미국과 필리핀 양 육군 장병의 급료는 모두 다르다. 전쟁이 계속되는 동안 미군에 편입된 모든 장병에게 미육군과 동등한 급료를 주도록 하는 법령을 제정할 것을 건의한다. 장병에게 평등하게 전투를 시키는 이상 이 건의를 정당화시키기 위한 논의를 되풀이할 필요는 없다."

이 문제는 훗날 미국과 필리핀 두 정부 사이에 심한 논쟁을 야기시켰다.

나의 부대는 완전히 지쳐 있었다. 게릴라 활동은 제대로 되었지만 바탄과 코레히돌은 더욱 음울해져갔다. 병사들이 여위어가는 것을 보는 나의 마음은 아팠다. 군복은 마치 넝마조각처럼 되어 몸에 걸쳐지고 맨발은 침묵의 항의를 하는 것 같았다.

길게 자라서 흙투성이인 머리가 여위고 핏기없는 얼굴을 덮고 마른 목에서는 끊임없이 천한 외설과 농담이 튀어나와서 그때마다 목이 쉰 미친 듯한 웃음소리가 일어났다.

병사들은 적을 저주하고 미국을 저주하고, 침을 뱉으면서 미국 해군을 욕하고 있었다. 하지만 나의 쭈글쭈글해진, 미국에서는 몹시 평판이 나빴던 '찐달걀'이라는 별명의 모자를 볼 때마다 병사들은 갑자기 눈을 빛내면서 갈채를 보냈다.

이 필리핀 병사들은 나를 둘러싸고 '맥아더 만세'를 외치면서 나의 어깨를 두들겼다. 그리고 빈사의 환자가 떠올리는 그 해골과 같은 기분나쁜 웃음을 띠면서 일제히 "우리는 바탄의 싸움의 고아, 아빠도 없고, 엄마도 없고, 엉클 샘(미국을 말함)도 없다." 하며 큰소리로 합창했다.

이 병사들은 공격에서도 방어에서도 과감했다. 죽을 때도 사내답게 완강했다. 상처입은 비둘기가 날개를 접고 조용히 잠들 듯한 그런 순한 것이 아니다. 마치 이리처럼 대담하게 당장에라도 덤벼들 듯한 모습으로 이를 악물고 죽어갔다. 그럴 때면 이미 신경도 없는 그들의 손이 반드시 그 길고 날카로운 만도(蠻刀)에 닿아 있었다. 필리핀 병사들은 전부터 총검 대신 단도를 써왔던 것이다.

우리가 그들을 묻을 때 그 목에는 흙투성이인 끈에 십자가가 매달려 있었다. 그들은 더럽고 불결하며 냄새가 났다. 나는 그런 그들이 귀여워서 견딜 수 없었다.

4. 케손의 분노

필리핀에 대하여 본격적으로 도우려는 노력이 전혀 보이지 않은 채 날이 지남에 따라 케손의 분노도 차츰 쌓여갔다. 그는 나에게 다음과 같은 편지를 보냈다.

"우리는 지금 역사의 심판 앞에 서 있는데, 이것이 내가 죽기 전에 얘기할 수 있는 마지막 기회가 될지, 그것은 신밖에 모른다. 우리는 지금 압도적으로 불리한 조건임에도 불구하고 신 쪽에 서서 당신의 지휘하에 싸우고 있다. 그러나 어떤 정부라도 정부의 시민을 보호하는 의지와 능력을 초월해서 그 이상의 충성을 시민에게 요구할 권리가 있을지 여부는 의심스럽다.

전쟁은 우리가 일으킨 것이 아니다. 미국의 정책을 지도하는 사람들은 필리핀이 미국의 영역 안에서 가장 약한 지점임을 알고 있었을 것이다, 이 사람들은 처음부터 필리핀의 방위를 강화했어야 했던 것이다. 나는 앞날의 정세가 바람직하지 못하다고 판단하자마자 루스벨트 대통령에게 전보를 쳐서 필리핀을 미국 방위계획 안에 넣도록 요청했다. 그러나 만족스러운 회답은 얻지 못했다. 내가 스스로 방위준비를 하려고 하자 그것도 저지당했다.

이런 일들에도 불구하고 우리는 필리핀의 입장에 대해서는 잠시의 망설임도 없었다. 우리는 귀국 편에 서서 싸우기로 결의했고 지금까지 우리로서 할 수 있는 일은 다했으며 지금도 정세가 허용하는 한의 일은 다하고 있다.

그러나 도대체 언제까지 우리는 외톨이로 놓여있어야 하는 것일까. 워싱턴에서는 필리핀 전선은 중요하지 않아서 지금 당장, 혹은 필리핀의 저항력이 없어질 때까지 구원할 필요는 없다고 결정하고 있는 것일까.

만일 그렇다면 나는 그것을 분명하게 알고 싶다. 왜냐하면 나는 필리핀의 대통령으로서 내가 전력을 쏟아서 이끈 동포들을 구할 책임이 있기 때문이다. 나는 또 내가 소집해서 지금 전선에 나가 있는 병사들에 대해서도 대단히 우려하고 있다.

전쟁의 최종적인 결과라는 점에서는 이 병사들이 지금 여기에서 피를 흘리는 것이 전혀 필요없는 일이 아닐까. 만일 그렇다면 이 병사들을 지금 죽게 하는 것이 과연 정당한 일일까. 나의 마음속에 이것을 분명하게 정해두고 싶다. 워싱턴은 필리핀의 지금의 정세, 그리고 필리핀의 안전과 복지가 무시되고 있다는 인상에서 오는 우리의 감정을 충분히 알고 있지 않은 모양이다.

얼마 전에 나는 이 문제에 대하여 미국 대통령에게 전보를 보냈는데 한 마디의 회답도 없었다. 나와 나의 정부의 각료와 모든 가족이 여기에서 치르고 있는 희생은 아무런 가치도 없는 것일까. 나는 당신만은 전혀 증원이 오지 않는다는 데 대한 나의 불안을 알아주리라고 확신하고 있고 당신이 한 번 더 워싱턴에 증원군의 급파를 요청할 것으로 믿고 있다."

나는 곧 이 편지를 워싱턴으로 보냈다. 루스벨트 대통령은 케손 대통령에게 회답을 보내고 거기에서 다음과 같이 말했다.

"나는 맥아더 장군에게 보낸 당신의 서한을 완전히 이해하면서 읽었습니다. 귀국 사람들에 대한 피할 수 없는 임무에 대하여 당신이 얼마나 깊은 성의에 넘치는 기분으로 계시는가를 나는 이해합니다. 우리 모두가 지키려고 싸우고 있는 목적 때문에 헛된 희생을 강요하려는 생각은 나에게는 털끝만큼도 없다는 것을 보증합니다. 그러나 바탄의 방위자들이 보여주고 있는 훌륭한 저항은 극동에서 종국적인 완전한 승리를 거두는 데 두말할 여지 없는 공헌을 하고 있음을 최대한으로 강조할까 합니다.

필리핀으로 구원을 보낼 시기를 확언할 수는 없지만, 우리가 동원할 수 있는 선박은 모조리 남서태평양을 향해서 결국은 침입자를 분쇄하고 당신의 나라를 해방할 병력을 수송하고 있습니다. 우리 부대의 강화가 하루라도 빨리 이루어진다는 것은 극히 중요하고 그 시간을 번다는 데 있어서 바탄의 방위군은 우리에게 극히 효과적인 지원을 해주고 있는 것입니다. 당신의 뛰어난 지도하에서 귀국의 사람들이 충심으로 보여주고 있는 충성심과 용기와 희생 정신에 대하여 나는 칭찬과 감사의 말을 다할 수 없습니다. 귀국의 여러분은 자유로운 민주주의의 가장 위대한 전통을 보여주고 있습니다.

케손 대통령은 루스벨트 대통령의 고상한 말에 응해서 필리핀 전역에 다음과 같이 방송했다.

"모든 필리핀 인이 힘을 내어 전쟁에서 우리 병사들의 애국적인 용기를 믿고 특히 미국을 신뢰할 것을 나는 강력하게 요청한다. 미국은 반드시 이 전쟁에서 이긴다. 미국은 이 싸움에서 지기에는 너무나도 크고 너무나도 강하다. 미국이 우리의 기대에 보답해줄 것을 나는 알고 있다."

그러나 필리핀에는 아무것도 오지 않았고 미국의 방송은 방대한 양의 군수품이 유럽으로 보내어지고 있다는 얘기를 끊임없이 들려주었으므로 케손은 격분했다. 당시 워싱턴이 신경을 쓰는 것은 대서양 전쟁이지 대일전이 아니어서 필리핀이 당시에 유행하던 슬랭으로 '브러시 오프'(박정한 응 대 라는 뜻)를 당하고 있다고 생각했다.

그는 환자용 휠체어에 앉은 채 결핵으로 고생하면서 미국의 방송에서 몇천 대의 비행기가 곧 생산되고 그것도 대서양으로 보내진다는 얘기를 들을 때마다 답답한 울분을 느끼고 있었다.

케손의 헌신적인 아내 도나 오로라는 남편을 위로하려고 애썼지만 효과가 없었다. 그의 입에서는 격렬한 비난의 말이 튀어나오게 되었다. 그는 나의 재주 많은 정보참모로서 스페인 어가 유창한 윌로버 장군에게 이렇게 말했다.

"30년간 나는 나의 동포를 위해서 일했고 동포를 위해서 희망을 가져왔다. 지금 그 동포가 자기를 지켜주지도 못하는 깃발을 위해서 불타 죽고 있다.

나는 이렇게 유럽만이 화제가 되는 것에 참을 수 없다. 나와 또 나의 동포가 여기에 있는 것이다. 그리고 당장 정복자의 발에 짓밟히고 있는 것이다. 그들이 자랑하는 비행기라는 것은 도대체 어디에 있단 말인가. 미국의 먼 친척인 유럽의 운명에 신경을 쓰고 있는 사이에 그 딸인 필리핀은 뒷방에서 폭행을 당하고 있다."

케손은 드디어 루스벨트에게 미국은 즉시 필리핀에게 독립을 승락하고 이어서 미국과 일본 사이의 정세로 필리핀을 중립화시킨다는 제안을 포함한 통렬한 편지를 썼다. 모든 필리핀 인 병사를 제대시키고 필리핀에서의 모든 전투를 종식시킨다는 것이다. 이 메시지의 일부는 다음과 같다.

"9주간에 이르는 전투가 있었는데도 아직 미국에서는 약간의 원조도 오지 않았다. 다른 지역, 즉 네덜란드령 동인도제도, 호주, 아일랜드, 영국, 소련, 그리고 아마 다른 나라들에게는 원조의 손길이 있었겠지만 이곳에는 아무것도 오지 않았을 뿐만 아니라 무엇인가를 보내려고 하는 시도조차 하고 있지 않는 것 같다.

현존하는 최강의 함대를 가진 미·영의 해군은 필리핀에 대하여 원조를 한다는 따위는 계산에 넣지 않은 전략을 짜고 있는 것으로 보인다. 그 결과 미국은 스스로는 완전히 안전한 입장에 있으면서도 약간의 시간을 벌기 위해 필리핀을 거의 완전한 멸망 상태로 몰아넣으려 하고 있는 것이다.

당신은 우리를 종국적으로는 해방시키겠다고 말하고 있지만 필요한 것은 지금 우리를 구원하고 보호하는 일이다. 현실이 이런 이상 우리는 필리핀 인과 필리핀을 이 재해에서 구하기 위한 조치를 스스로 취해야 하고 이것은 나의 전시 내각의 일치된 생각이며 또 모든 동포도 같은 생각임을 확신한다.

현명한 전략에 의하여 현재로는 필리핀의 3분의 2는 점령되지 않았다.

미국과의 신뢰 관계를 끊고 이상의 일을 달성시키겠다고 하는 것은 아니다. 다만 현재 우리가 하고 있는 일은 단지 다른 지역의 방위를 돕기 위해서 가능한 한 오래 이곳에서 절망적인 싸움을 계속하려고 하는 것으로밖에 생각되지 않는 것이다.

하지만 마지막 승리를 얻기 위해 필리핀을 희생시킬 필요는 없다. 귀 정부의 관계자들은 되풀이해서 이 세계대전의 종말을 결정하는 것은 히틀러와의 싸움이라고 말하고 있다. 나의 조국을 두 개의 강대국의 대결장으로 파괴하지 않더라도 이 지역의 기본적인 문제는 해결할 수 있다고 나는 생각한다."

여기에 이어서 필리핀 중립화의 제안이 설명되어 있었다.

내가 케손의 서한을 세이어 고등판무관에게 보였더니, "미국에서 도움이 올 희망이 없다면 필리핀을 곧 독립시켜서 중립화한다는 케손 대통령의 제안은 당연할 것이다."라는 의견이었다.

그러나 나는 이 제안을 포기하도록 간곡하게 케손을 설득하려 애쓰면서 그것을 지지하지 않고 미국이나 일본이 그것을 승인하는 일도 절대로 있을 수 없다고 분명하게 말했다. 케손은 말없이 듣고 있다가 이윽고 입을 열어서 이 서한을 보내는 진의를 털어놓았다.

이 계획을 미국이나 일본이 받아들일 가능성이 없으므로 비현실적인 제안임은 충분히 알고 있지만 무엇인가 이런 식으로 충격을 주는 것 이외에는 워싱턴에 극동의 중요성을 인식시킬 수 없다고 생각한다. 이런 식의 행동으로 주의를 끄는 것이 지금 절대로 필요하고 그렇지 않으면 가령 연합국이 유럽의 전쟁에서 이기더라도 사태는 이미 늦어진다는 것이 케손의 의견이었다.

그는 내가 이 제안을 승인하는 것은 기대하지 않지만 순수하게 군사적인 입장에서 군사정세의 평가를 해줄 수는 없겠느냐고 부탁했다. 나는 그것을 실행해서 워싱턴에 훈령을 요청했다.

케손의 서한은 워싱턴을 놀라게 했고 대통령, 스팀슨 육군장관, 그리고 마샬 장군은 진심으로 걱정했다. 내가 훈령을 요청한 데 대하여 루스벨트 대통령에게서 다음과 같은 회답이 왔다.

"나는 회답으로서 케손 대통령의 제안에 정치적인 면에서 본정부가 동의할 가능성을 완강하게 부정한다. 나는 방위군 중에 필리핀 인 장병의 항복을 고려하는 권한을 귀하에게 준다. 이것은 그런 행동이 필요하다고 귀하가 판단한 경우에 실행하고, 그런 경우에도 필리핀 인 장병은 미군의 군무에 복무하고 있다는 사실을 항상 염두에 두지 않으면 안 된다.

거기에 관한 일체의 세부 사항은 귀하의 판단에 맡긴다. 그 안에는 부대의 분리계획 및 귀하의 판단으로 필요하다고 생각되는 경우 미국인 장병을 포트 밀즈(뉴기니)로 철수시키는 일도 포함된다. 이것들을 언제 어떤 단계에서 실행하는 가도 귀하에게 맡긴다.

미군은 저항의 가능성이 조금이라도 남아있는 한 계속 필리핀에 미국기를 게양한다. 최후까지 일본의 침략에 저항하는 의무와 필요는 필리핀에서 우리가 당면하고 있는 다른 어떤 의무보다도 중요하다.

따라서 나는 머지 않아 귀하가 극히 절박한 상태로 몰릴지도 모른다는 것을 충분히 알면서도 대단히 어려운 임무를 귀하에게 맡긴다. 지금 벌어지고 있는 이 위대한 투쟁에서 귀하와 귀하 지휘하의 미국인 장병이 미국을 위해서 할 수 있는 일은 어떤 칭찬의 말로도 감사를 다하지 못한다."

나는 곧 다음과 같이 회답했다.

"내가 지휘하는 필리핀 인 부대를 항복하라고 할 생각은 털끝만큼도 없다. 나는 바탄에서 전멸할 때까지 싸우고 코레히돌에서도 그렇게 할 작정이다."

5. 탈 출

마샬 장군은 나의 부인과 아들 아서를 잠수함으로 탈출시키는 것이 어떻겠느냐고 제안했다.

군사 정세는 급속히 악화되어서 내가 사랑하는 이 두 사람을 탈출시킬 기회가 또다시 있을지 여부도 불투명했다. 케손 부처와 세이어 부처도 곧 탈출할 계획이므로 마샬의 제안을 받아들이라고 나에게 강권했다.

그것은 나의 생애에서 드물게 절박한 한 때였다. 한 사람의 고독한 노인과 한 사람의 훨씬 젊고 다정하고 패기있는 여자와의 아름다운 사랑 이야기가 마지막 시련에 놓여 있었다.

하지만 나는 아내에게 묻기 전부터 그녀의 대답을 알고 있었다. 아내에게서 케손 부처에게로 돌아간 나는 "아내는 끝까지 나와 함께 있을 모양이다. 우리는 같은 컵으로 함께 마시는 사이니까."라고만 말했다.

그 말을 들은 케손 대통령 부인 도나 오로라는 온몸으로 숨을 삼켰고 케손의 눈에는 눈물이 넘쳤는데 두 사람 다 아무 말도 하지 않았다. 두 사람은 잘 알고 있었던 것이다.

나는 마샬의 동정적인 제안에 "나와 가족은 방위군과 운명을 같이 한다."고 회답했다. 이튿날 마샬로부터 "나와 가족은 방위군과 운명을 같이 한다." 하는 문장이 마음에 걸린다는 회답이 왔다. 마샬은 이 회답에서 장차 더욱 위험하고 부자유한 상태에서 가족과 내가 운명을 같이 하기로 맹세한 코레히돌 방위군과 헤어지지 않을 수 없게 될 새로운 임무가 나에게 주어질지도 모른다는 것을 암시하고 있었던 것이다.

케손은 앞서 루스벨트 대통령에게 보낸 서한의 목적이 완전히 이루어졌다고 생각하고 있었다. 사실 그의 서한 이후로 태평양에서의 미국의 노력은 두드러지게 좋아졌다. 케손은 루스벨트에게 다음과 같은 회답을 보냈다.

"내가 전시 내각의 일치된 승인하에 보낸 제안에 대하여 당신의 신속한 회답을 받은 것을 감사드립니다. 당신의 결정의 배후에 있는 이유를 충분히 이해하고 있고 앞으로는 거기에 따라서 행동하겠습니다."

세이어 고등판무관 부처는 2월 20일에 잠수함으로 호주로 향했다. 부처는 개전 당초부터 위엄과 용기를 가지고 행동하여 커다란 책임에 따른 괴로운 부담을 완전하게 수행했다. 나는 두 사람이 안전한 장소로 옮기는 것을 기뻐했지만 헤어지는 것은 애석했다.

케손 일가도 뒤쫓아서 떠났다. 이 가족은 참으로 훌륭했다. 자신들의 일은 전혀 생각하지 않고 자기 나라의 일 이외에는 안중에 없는 진정한 애국자였다.

모두가 잠수함으로 출발할 때 나는 작별 인사로 도나 오로라를 안고 "이 다음에 당신이 태양을 볼 때는 다른 세계에서 빛나고 있을 거예요." 하고 말했다. 케손을 두 팔로 안았을 때 나는 "마누엘, 자네는 끝까지 해낼 것일세. 자네는 자네 나라의 아버지야. 하느님이 자네를 지켜줄 것일세." 하고 말했다.

케손은 언제나 손가락에 끼우고 공용서류에 찍을 때 사용하던 도장이

달린 반지를 빼어서 나에게 주고는 눈물섞인 목소리로 토막 토막 "자네 시체가 발견될 때 모두가 자네가 나의 나라를 위해 싸웠다는 것을 알아주기를 바라겠네." 하고 말했다.

이 부처는 내 아들의 대부이고 나는 두 사람을 진심으로 사랑하고 있었다.

2월 21일, 마침 내 아들의 네 번째 생일에 마샬로부터 루스벨트 대통령이 나를 민다나오로 옮겨서 필리핀 남부 방위를 위한 새로운 작전기지를 만들도록 할 것을 고려하고 있다고 알려왔다. 같은 날, 나는 그런 사실을 몰랐지만 호주의 캔버러에서 각의(閣議)가 열려서 나를 곧 호주로 옮겨 신설된 워싱턴에 요청한다는 결정이 내려졌다. 커틴 호주 수상으로부터 이런 제안을 받은 루스벨트 대통령은 되도록 빨리 민다나오로 가서 그곳의 방위체제를 안정시킴과 동시에 호주로 가라고 명령한 친서를 나에게 보내왔다.

내가 먼저 느낀 것은 장교를 그만두고 한 지원병으로서 바탄의 부대에 참여해서라도 명령의 뒷부분은 이행하고 싶지 않다는 것이었다.

그러나 서덜랜드 참모장 이하 나의 모든 막료가 그런 기분에 반대했다. 막료들은 호주에 병력과 병기와 수송선이 대량으로 집결되어 있음에 틀림없으니까 나는 구원작전을 지휘해서 곧바로 필리핀으로 돌아올 수 있다고 나를 설득했다.

막료들은 또 싫으면 출발을 연기하는 것이 어떻겠느냐는 의견을 내놓았다. 나는 결정을 이틀간 연기한 다음에 대통령에게 내가 떠나는 경우의 결과의 중대함을 경고한 전보를 보냈다.

전문의 내용은——필리핀을 충분히 지원하지 않았기 때문에 어려운 정세에 처했고 내가 어느 정도 그것을 지탱할 수 있었던 유일한 이유는 필리핀의 군과 민중이 나에게 절대적인 신뢰를 주었던 데에 있다. 따라서 내가 갑자기 떠나는 것은 필리핀 전선의 붕괴를 초래하지 않을 수 없다. 때문에 나의 출발을 연기시켜주기 바란다——라는 취지였다.

나는 전문 끝에 다음과 같이 덧붙였다.

"이 문제에 대해서는 나의 생각을 중시해주기 바란다. 이곳에 있는 나로서는 필리핀에 대해서 잘 아는데, 이런 미묘한 행동에는 올바른 시기를 택하지 않으면 갑자기 모든 것이 붕괴되는 결과가 되지 않을 수 없다.

이곳 사람들은 지금 나를 의지하고 있다. 내가 곧 필리핀을 구원하는 일 이외의 이유로 빼돌려진다는 생각을 만일 필리핀 인이 갖게 된다면 어떻게 설명해도 소용이 없다."

이틀 후 나는 마샬 장군에게서 다음과 같은 전보를 받았다.

"귀하의 전보를 대통령은 신중히 고려했다. 대통령은 귀하의 출발 시기와 그 방법의 세부사항은 모두 귀하의 결정에 맡길 것을 명령했다."

그 후 3주간 나는 워싱턴에서의 압력이 차츰 강해짐에도 불구하고 계속 버티었다. 바탄에서 적진을 돌파하여 잼벌레스 산맥으로 들어가서 강력한 게릴라 활동을 하는 것도 생각해 보았다. 그런데 마침 그때 일본군의 정예 사단이 바탄과 필리핀의 각 섬에서 뽑혀 나가서 우리 전선에 가해져 있던 압력이 갑자기 약해졌다.

나는 마샬에게 "우리는 지구전의 교착상태로 들어가게 될지도 모른다."는 전보를 쳤다. 곧바로 마샬로부터 호주의 상황으로 내가 빨리 그곳에 도착하는 것이 긴급하게 필요해졌다는 전보가 와서 결국 나는 출발 준비를 하게 되었다.

내가 먼저 신경을 쓴 것은 동행자를 뽑는 일이었다. 나의 가족 이외에 군인 17명이 동행하게 되었는데 이 군인들은 장차 필리핀 행방에 쓸모가 있다는 점에서 뽑힌 사람들로서 그 대부분이 후에 남서태평양지역 사령부의 막료가 되었다. 이들 중에는 여러 가지 점에서 유능한 장교라고 해서 뽑힌 로크웰 제독과 레이 해군 대령 등 두 사람의 해군 장교도 있었다.

나를 욕하는 패들은 내가 누구를 동행자로 뽑았더라도 비난거리로 삼았을 것이다. 독기어린 얘기가 몇 가지나 퍼져서 차츰 과장되어 전해졌다. 그 중에서도 아마 그것 보란 듯이 전해졌으리라고 생각되는 얘기는 내가 중환자인 미국인 간호원들을 코레히돌에 남겨둔채 마닐라 호텔의 내 방에서 가져왔던 가구(일설에는 피아노도 포함하여)를 배에 실었다는 것이었다.

사실 그때 코레히돌을 떠난 일행은 나도, 나의 가족도 포함해서 한 사람에 가방 한 개만이 허용되었고 그밖에는 아무런 짐도 없었다. 나는 중국인 하녀인 아 체를 일행에 포함했다고 심한 비난을 받았다. 그런데 동양에서 살아본 사람이면 알겠지만 하녀란 완전히 가족의 일원이 되는 것이고, 특히 아 체는 아서가 태어났을 때부터 우리와 함께 살았다. 만일 아 체가 남겨지고 코레히돌이 함락된다면 우리와의 관계 때문에 고문 끝에 살해되고 말았을 것이다.

나는 필리핀에서의 탈출을 잠수함으로 하기보다는 PT보트로 봉쇄선을 돌파하기로 결심했다.

당시는 아직 존 D. 버클리 해군 대위가 지휘하는 제3고속 어뢰정대에 이 배가 4척 남아있었으므로 우리는 작전 계획을 짰다. 적에게 발견되는 경우에는 공격할 계획이었고 도망칠 것은 생각하지 않았다.

PT보트는 전장 23미터, 가벼운 베니어 판의 선체에 패커드의 발동기를 단 배로서, 수중에 남은 4척은 오랫동안 격렬한 활동을 계속했기 때문에 스피드는 떨어져 있었지만 그래도 일본의 순양함이나 구축함보다는 뛰어난 스피드를 지니고 있었다.

배마다 앞뒤로 모두 16개의 어뢰가 붙어 있었다. 어뢰 한 개는 능히 구축함 한척, 때로는 순양함 한 척도 격침시킬 수 있다. 버클리 대위는 어뢰 발사에 최적인 마름모꼴의 대형을 취할 계획을 세웠다. 일본의 순양함에 발견되는 경우에는 곧 공격에 나서서 일제히 어뢰를 발사하고 그 다음은 빠른 스피드에 의존한다는 계획이었다.

나는 뒤에 남아서 지휘를 맡을 웨인라이트 장군을 불러서 작별을 고했다. 웨인라이트는 내가 웨스트포인트에서 최상급생이었을 때의 최하급생으로서 그의 초기 군사교육에 나도 상당히 관계했었다. 그는 1906년의 생도대장이었다.

제 5 장 태평양 전쟁 Ⅰ 211

군인다운 훌륭한 체격을 가진 웨인라이트는 전쟁에서도 멋진 활약을 해서 장교 이하 모두에게 평판이 좋았다. 그런 그에게 나는 "짐, 내가 돌아올 때까지 버티어주게." 하고 말했다.

나는 결국 돌아오게 되었지만 그때는 이미 늦었다. 바탄의 참호에서 싸운 병사들을 위해서도, 코레히돌 포대의 용감한 포수들을 위해서도, 또 짐 웨인라이트를 위해서도.

1942년 3월 11일 오후 7시 15분에 나는 현관에 앉아있는 아내에게로 가서 "진, 이제 차를 탈 시간이야." 하고 다정하게 말했다. 우리는 조용한 드라이브 끝에 버클리가 PT보트에서 대기하고 있는 남쪽 부두로 갔다. 다른 일행들은 이미 배에 타고 있었다.

그 날은 종일 부두 근처가 단속적인 포격을 받고 있었다. 나는 가족인 아내와 아서와 아 체를 태우고 천천히 뒤를 돌아보았다. 부두에는 병사들이 서서 가만히 나를 바라보고 있었다.

나는 이 병사들과 같은 식량을 먹어서 11킬로그램이나 체중이 줄어 있었다. 전진 생활에서 낡고 헤진 군복을 입은 나의 모습은 훈장이 찬란하게 빛나는 씩씩한 사령관은커녕 무섭게 여위고 초라하게 보였음에 틀림없다.

전에는 아름답던 이곳이 얼마나 많이 변했는가. 나는 눈앞에 펼쳐진 무참하게 황량해진 풍경, 불탄 구멍 투성이인 바위들을 둘러보았다. 높은 나무나 작은 덤불에 꽃으로 뒤덮였던 산뜻한 푸른 경치는 이미 없어졌고 모든 빌딩이나 움막, 땅에서 솟아있는 일체의 것이 날아가 버렸다.

눈에 보이는 모든 것이 한시도 그치지 않는 폭탄의 비에 찢기거나 무너졌고 섬의 끝에서 끝까지 불탄 자리가 새까만 얼룩무늬를 남기고 있었다. 여기저기에 크게 입을 벌린 틈 사이에서는 아직도 간간히 불꽃을 뿜어내고 있었다. 모두가 검은 일색인 폐허였다.

〈톱사이드〉의 산 위에서는 대포가 아직도 열심히 주위의 어둠을 찢는 소리를 내면서 붉은 불꽃을 뿜어내고 있었다. 나는 산산이 찢기고 불탄 정상의 자리로 눈을 돌렸다.

그곳에는 육군사관학교에서의 나의 동급생 폴 벙커가 지휘를 맡고 있었던 것이다. 40년 전에 우리는 모두 웨스트포인트의 매우 유명한 풋볼 팀의 멤버였다. 다만 벙커는 올 아메리칸 팀에 두 번씩 뽑힌 스타였고 나는 훨씬 아래인 팀의 매니저 역이었다.

눈을 감자 그 갈색 머리를 휘날리면서 95킬로그램의 거구가 감당못할 힘으로 달리고 뛰어들고 돌진하는 모습이 어렴풋이 떠올랐다. 나의 귀에는 "벙커, 비켜." 하고 소리치는 찰리 데일리의 날카로운 목소리가 아직도 어른거리고 있었다. 벙커와 그 밖에 저 산 위에 있는 많은 사람들은 돈독한 우정의 끈으로 맺어진 나의 오래고 오랜 친구들이었다.

어둠이 다가와서 희미한 밤바람이 수면에 잔잔한 파도를 일으키기 시작했다. 저녁부터의 사격은 그쳐서 희미한 물결 소리 외에는 완전한 침묵이 찾아왔다. 마치 죽음이 폐허의 악취 속을 걷고 있기라도 한 것처럼 메슥거리는 밤기운이 자욱하게 주위를 덮고 있었다.

나는 작별 인사로 모자를 쳐들자 턱의 근육이 갑자기 당겨지고 검게 탄 얼굴이 금방 창백해지는 것을 느꼈다.

누군가가 "장군이 돌파할 수 있는 기회는 얼마나 되겠나, 상사." 하며 묻고 있었다. "글쎄, 모르겠는걸. 그분은 운이 좋으니까 말야. 다섯 번에 한 번 정도는 될까?" 하는 태평스러운 대답이 들려왔다. 나는 어뢰정에 타서 "준비가 됐으면 떠나도 좋아." 하고 말을 걸었다.

불과 4척의 낡은 PT보트이기는 했지만 그 임무는 함대의 크기로도 헤아릴 수 없는 특수한 의의를 지니고 있었다. 배경은 내가 어렸을 때의 미국 서부가 아니고 혼자서 말을 달려 요새를 뒤로 하고 인디언의 포위를 돌파하려는 젊은이도 아니었다. 만일 실패하면 기병대가 구원하러 달려오는 형편이 아니었다.

이것은 총사령관과 중요한 막료들이 새로이 강력한 전투 개시를 지휘하기 위해 몇천 킬로미터라는 적의 경계망을 돌파해서 다른 전역

(戰域)으로 옮겨가려고 하는 절박한 행동이었던 것이다. 일본측도 이 움직임의 의미를 작게 보지는 않았다. 도쿄 로즈는 만일 내가 잡히면 도쿄의 궁성 앞 광장이나 궁성에서 내려다보이는 근위사단의 전통적인 열병식장에서 나를 공개적으로 교수형에 처하겠다고 기세 좋게 발표하고 있었던 것이다.

이 황량한 밤에는 나는 5년 후에 도쿄 로즈가 나의 처형을 예고했던 그 궁성 앞 광장에서 연합군 최고사령관으로서 연합군 부대의 최초의 열병식에 임하게 되리라고는 꿈에도 생각하지 못했다.

저녁 8시 30분에 4척의 어뢰정은 항구의 기뢰 부설해역의 입구에 모였고, 45분 후에는 폭음과 함께 뛰어나갔다. 버클리의 배가 선두였고 로크웰 제독의 배가 후미를 맡았다.

어뢰정이 민트로 섬을 향해 남쪽으로 달리기 시작하자 해안선에 커다란 모닥불이 계속해서 나타났다. 봉쇄선을 돌파하려는 자가 있다는 것을 알리는 신호였다. 어뢰정의 엔진 소리를 들은 모양인데 PT보트의 폭음이 폭격기의 비행음과 비슷하기 때문에 적은 분명히 잘못 알았던 모양이다.

몇 시간은 아무 일도 없이 지나갔다. 파도가 작은 배의 얇은 선체를 때리고 시계는 점점 나빠졌다.

일본 해군의 봉쇄함대에 접근함에 따라서 우리들의 긴장은 점차 높아졌다.

갑자기 눈앞에 함대의 모습이 나타났다. 천천히 흐르는 이상할 정도로 온화한 구름을 배경으로 순양함의 무리가 기분나쁜 윤곽을 보이고 있었다. 우리는 숨을 멈춘 채 정체를 알아보려고 최초의 포탄이 날아오는 것을 기다렸다.

10초, 20초, 꼭 1분이 지났다. 그러나 포성은 울리지 않았다. 바다가 거칠고 우리 배가 너무 작아서 보지 못한 모양이었다. 버클리는 서둘러 코스를 바꾸어서 적함의 서쪽을 북으로 향하여 어둠을 타고 빠져나갔다. 비슷한 사태가 밤새도록 계속해서 일어났지만 우리의 행운은 변하지 않았다.

　파도는 더욱 거칠어져서 우리의 작고 낡은 새까만 배는 크게 흔들렸다. 흩어지는 물보라는 마치 엽총의 산탄과 같이 세차게 우리의 피부를 때렸다.

　우리는 파도 사이에 떨어졌다가는 다시 산과 같은 물의 비탈을 기어오르고 그리고 다시 반대쪽에 떨어졌다. 어뢰정은 장난감처럼 밀려서 순간 공중에 떴다가 곧장 엎어질 듯이 되었다고 생각하면 다시 움직이기 시작해서 앞으로 돌진했다.

　나는 후에 그때의 경험을 마치 콘크리트의 믹서 속에 들어가 있는 듯 했었다고 평했었다. 4척의 배는 대형을 유지하기는 이미 불가능해져서 새벽 3시 반 경 결국 대형이 무너졌다. 버클리는 몇 시간이나 다른 배들을 모으려고 애썼지만 헛일이었다. 이렇게 되면 집합지점으로 되어있는 무인도인 큐요 섬까지 각자가 당도하는 수밖에 없었다.

　최초로 큐요 섬에 닿은 것은 제2호정이었다. 이 배는 갑자기 아침 안개를 통하여 시속 48킬로미터 정도로 나아가고 있는 일본의 구축함인 듯한 배를 발견했다. 2호정은 서둘러 가솔린이 든 드럼통을 내던져서 도망칠 준비를 하고 동시에 전투 개시를 위해 어뢰발사관을 열었다.

　그런데 발사 신호를 막 내리려고 했을 때 다가오는 배는 PT41호 (맥아더 원수가 타고 있던 배)임을 알았던 것이다. 이것은 정말 위기 일발의 행운이었다. 이윽고 제3호도 왔다. 제2호는 연료를 버리고 말았으므로 움직이지 못하게 되어 승무원은 모두 다른 두 척의 PT정에 옮겨 탔다.

　큐요 섬에서 한 척의 잠수함이 우리와 만나기로 되어있었는데 나타나지 않았다. 배들은 뜨거운 햇볕 속에서 적기의 눈을 피하기 위해 위장을 하고는 물 속의 한 점처럼 조용히 기다리고 있었다.

　제4호는 도착하지 않았고 더 기다릴 수는 없었다. 나는 민다나오 해를 남진해서 민다나오 섬 북안인 카가얀으로 향하라고 명령했다. 이번에는 로크웰의 배가 선두에 서고 PT41호가 그 뒤를 따랐다. 밤 하늘은 맑게 개이고 바다는 몹시 거칠었다.

갑자기 우리가 가는 길을 막듯이 검고 위협적인 적의 전함이 한 척 나타났다. 너무 가까워서 비키거나 도망칠 틈은 이미 없었다. 우리는 엔진을 끄고 가만히 서서 전투 준비를 했다. 초침이 재깍재깍 움직여서 몇 분인가 지났지만 전함은 전혀 신호의 플래시를 보내지 않은 채 우리 앞을 가로질러서 천천히 서쪽으로 움직여갔다.

전함은 만일 우리를 보았더라도 필리핀의 고깃배라고 생각했음에 틀림없었다. 우리의 앞길은 드디어 해방되었다.

6. 나는 돌아간다

3월 13일 금요일 오전 7시에 우리는 카가얀의 부두에 도착했다. 부두에는 샤프 장군이 마중나와서, 그의 부대에는 이상이 없다는 보고를 했다. 다바오는 적의 손에 들어갔지만, 앞으로는 바탄이 함락되더라도 그의 게릴라전 강화계획은 잘 진행되고 있다는 보고였다.

우리 일행을 데려가기 위해 호주에서 폭격기 4대를 보냈는데 2대는 도착하지 않았고 1대는 만 안에 추락했다. 나머지 1대는 몹시 낡아서 못 쓸 상태였으므로 샤프 장군은 우리가 새벽에 도착하기 전에 빈 채로 호주로 돌려보냈다는 것이었다.

호주에서 다시 3대를 보냈는데 며칠이 걸려서 3월 16일 저녁 8시에야 겨우 그 중 2대가 도착했다. 모두 너무 낡아서 조종사의 말을 빌리면 "추잉 검과 짐을 묶는 밧줄로 끼어맞춘 듯한 것"이었다. 우리는 한밤중이 조금 지나 델몬트 비행장에서 출발했는데 내가 탄 비행기는 엔진 하나가 불꽃만 뿜은 채 활주로를 미끄러져갔다. 우리는 적기가 초계하고 있는 적의 점령지역 상공을 지나가야 했으므로 어둠 때문에 발견되지 않기를 바라는 수밖에 없었다.

그러나 티모르 섬 상공에서 결국 발견되어 적기가 추적해왔다. 우리는 적이 우리가 착륙할 것으로 예상하고 있던 다윈 상공에서 항로를 바꾸어, 적기가 마침 다윈을 공격하기 시작했을 때에 64킬로미터 남쪽인 바출러필드에 착륙했다.

적기는 착각을 깨달았지만 때는 이미 늦어서 적의 급강하 폭격기와 전투기가 바출러를 내습한 것은 내가 이미 새로운 비행기로 남쪽인 앨리스스프링스로 떠난 10분 후였다. 나는 착륙했을 때 디크 서덜랜드에게, "아슬아슬했군. 그러나 전쟁이란 이런 것이야. 이기느냐 지느냐, 사느냐 죽느냐는 종이 한 장 차이지." 하고 말했다.

바출러필드에 도착했을 때 나는 기자들로부터 담화 발표를 요청받았으므로 다음과 같이 말했다.

"나는 미국 대통령으로부터 일본의 전선을 돌파하여 코레히돌에서 호주로 가라는 명령을 받았다. 내가 알기로 그 목적은 일본에 대한 미국의 공세를 준비하는 것이고 그 최대의 목표는 필리핀을 구조하는 데 있다. 나는 여기에 왔지만 나는 다시 돌아간다."

무심결에 한 말이었지만 "나는 돌아간다."라는 어구는 필리핀 인에게는 마술과 같은 힘을 지닌 약속으로 들렸던 모양이다.

이 말은 하나의 불을 붙여서 하나의 상징이 되어 필리핀 인은 그 주위에 불굴의 정신을 불태우면서 모여들었고 마지막에는 그 밑에서 승리와 자유를 획득했다.

이 문구는 벽에 페인트로 씌여졌고 해변에 그려졌으며 우편물의 우표에 새겨지고 교회의 복도에서 속삭여졌다.

그것은 지하로 거대한 파도가 되어 퍼져서 일본군의 총검으로도 침묵시킬 수 없는 힘찬 외침이 되었던 것이다.

바탄의 정세는 급속히 종결로 나빠져서 항복이 가까웠다는 소문이 들려왔다. 나는 곧 마샬 장군에게 다음과 같이 타전했다.

"나는 어떤 환경이나 상황하에서도 바탄 사령부가 항복하는 것에 절대로 반대한다. 이왕 전멸될바에야 적에게도 충분한 손해를 주기 위해 전장에서 전멸되어야 한다. 이런 목표에 따라서 나는 오래 전에 식량이나 탄약이 떨어진 경우의 조치에 대하여 포괄적인 계획을 세

위두었다.

이 계획은 좌익의 제1군단이 표면적인 포격 준비를 해서 양동작전을 펴고 우익의 제2군단이 갑자기 기습에 나서서 수빅 만의 적 진지를 탈환하며, 이어서 제1군단이 정면 공격을 한다는 것이다. 만일 이것이 성공하면 적의 기지에서 보급품을 탈취할 수 있고 그러면 아마 정세를 역전시킬 수 있을 것이다.

성공하지 못하고 우리 부대가 패배하는 경우에는 적에게 중대한 손실을 준 다음 잔여 부대가 잼벌레스 산맥으로 도망쳐 들어가서 현재 북쪽에서 활동하고 있는 부대와 함께 게릴라전을 계속할 수 있다. 나는 기꺼이 일시적으로 바탄 사령부로 돌아가서 이 작전을 지휘하겠다."

그러나 워싱턴은 승인하지 않았다. 만일 승인했더라면 사상자 2만 5천 명으로 추정되는 항복 후의 그 가공할 '죽음의 행진'은 절대로 일어나지 않았을 것이다.

등불은 드디어 꺼졌다. 바탄은 굶주림으로 쓰러져 버렸다. 그렇게 될 것은 예상하고 있었지만 실제로 항복했다는 소식에 접했을 때 엄청난 충격을 받았다. 나는 그 충격에서 아직도 충분히 벗어나지 못했다. 바탄의 항복에 대하여 내가 한 말은 이것밖에 없었다.

"바탄의 부대는 당장에라도 꺼지려 하는 가느다란 희망을 찾아서 최후까지 싸우겠다는 의지를 그대로 관철하고 사라져갔다.

이렇게도 적은 것만 가지고 이렇게도 많은 일을 해낸 부대는 달리 없고 시련과 고뇌에 찬 그 마지막 시간은 참으로 이 부대다운 종말이었다.

눈물에 젖어죽은 대원의 어머님들에게는 그리스도의 희생과 영광이 아들에게 내린 것이고 그들은 하느님 곁에 간 것이라고 나는 말씀드리는 수밖에 없다."

그 후 머지 않아 코레히돌도 함락되었다. 이 항복에는 필리핀에서의 우리의 모든 부대가 포함되어 있었기 때문에 게릴라 활동은 결정적인 타격을 받았다. 그때까지는 일본군의 점령지역은 거의 도시에 한정되어 있어서 시골은 아직 비교적 자유로웠다. 나는 이것으로 다시 첫걸음부터 시작해야 했다.

코레히돌의 항복 소식에 접했을 때 나는 마닐라 만 입구에서 5개월이나 버티어온 장병들의 용기와 저항에 다음과 같은 마지막 작별의 말을 보냈다.

"코레히돌은 나의 평을 들을 필요가 없다. 코레히돌의 이야기는 이미 그 대포의 포구에서 얘기되고 있다. 코레히돌은 적의 탄환으로 스스로의 묘비명을 새긴 것이다.

그러나 코레히돌이 쏜 마지막 탄환의 피투성이로 얼룩진 연기 속에서 입술을 깨문 채 바짝 여위고 처참한 형상을 했으면서도 공포를 모르던 장병들의 환영을 영원히 보고 있을 것이다."

이 괴로운 기억과 나의 가슴 속의 고통은 영원히 나에게서 떠날 것 같지 않다.

바탄의 '죽음의 행진'과 그 생존자가 수용소에서 받은 참혹한 잔학행위의 내용을 내가 안 것은 그 후 몇 개월이 지나서였다.

일본군에서 탈출한 3명의 미국 병사가 게릴라 부대에 구출되어 잠수함으로 브리스베인(호주)으로 수송되어왔다. 이 병사들의 보고는 충격적인 것이어서 그 내용을 다음과 같은 성명과 함께 보도진에 발표하라고 명령했다.

"전쟁 포로에게 야만적이고 잔혹한 학대행위가 저질러진다는 것을 보여주는 이 의심할 여지 없는 기록에 접해서 나는 전신에 말할 수 없는 혐오감을 느낀다. 이것은 군인의 명예를 지탱하는 가장 신성한 법도를 범하는 행위이고 일본 군인의 신조에 씻을 수 없는 오점을 남기는 것이다.

근대 전쟁에서 명예로운 군직(軍職)을 이렇게 더럽힌 나라는 일찍이 없었다. 정의라는 것을 이렇게 야만스럽게 짓밟은 자들을 적당한 기회에 응징하는 것은 앞으로의 나의 신성한 의무라고 알고 있다.

전능하고 정의로운 신은 반드시 무력한 장병에 대한 이 가공할 범죄행위를 벌하실 것임에 틀림없다. 어쩔 수 없는 불리한 상황 속에서 고귀하고 용감하게 싸워온 이 장병들을 지휘했다는 것은 나로서는 얻기 어려운 영예이다."

그런데 그날 안으로 워싱턴에서는 포로에 대한 잔학행위의 내용을 발표하는 것을 일체 금지했다. 따라서 이 병사들의 보고도 나의 성명도 결국 발표되지 못하고 말았다. 당시 유럽 우선의 전쟁노력을 기정방침으로 삼고 있는 미국 정부는 아마 미국의 여론이 일본에 대하여 좀더 격렬한 반응을 보여주라고 요구하고 나오는 것을 두려워한 것이리라.

그 원인이야 무엇이든 권력의 자리에 있는 자가 '뉴스를 조작한다'고 하는 경향이 불행하게도 여기에서 비롯되었던 것이다. 이 사건은 자유를 위해서는 빼놓을 수 없는 보도의 자유를 억제하려는 최초의 움직임이었고 겉보기로는 아무것도 아닌 구실하에 보도의 자유, 나아가서는 자유로운 국민이 가진 자유 그 자체를 위협하는 일종의 검열제도를 도입하려고 하는 것이었다.

일본 국내에서도 이 일본 군인이 행한 잔학행위는 한 마디도 발표되지 않았고 항복 후에 그 진상이 밝혀졌을 때 일본 대중의 섬세한 감수성은 미국민이나 연합국 국민들에 못지 않을 정도로 심한 충격을 받았던 것이다.

나는 명예훈장을 받았다. 아버지가 살아계셨다면 그때 내가 받은 무훈문서를 보고 기뻐하셨을 것임에 틀림없다.

거기에는 다음과 같은 문구가 있었다.

"필리핀에 대한 침략에 저항하는 준비를 갖춘 현저한 지도정신, 침입해온 일본군과의 전투에 있어서 임무를 초월한 용감성과 불굴의 태도 및 바탄 반도에 있어서의 영웅적인 방위와 공세의 작전행위에 대하여 훈장을 수여한다. 맥아더 장군이 동원하고, 훈련하고, 통솔한 군은 병사와 무기 양면에서 극히 우세한 적을 상대로 용감하게 방위해서 세계적으로 용명을 떨쳤다.

신변의 위험을 돌보지 않고 심한 포화와 폭격 속의 모든 위기에 처해서 보여준 냉정한 판단은 부대의 사기를 고무했고 필리핀 민중의 저항심을 진작시켰으며 미국의 군대에 대한 미국의 신뢰를 확고히 했다."

코레히돌 함락 1년 후에 나는 뉴기니의 전선에서 다음과 같은 기도를 올렸다.

"미국기는 지금 쓰러져서 그 자랑스러운 깃발은 시궁창 속에서 짓밟히고 있고 우리의 장병과 부인들은 이제 볼수도 없는 감옥의 고역에서 신음하면서 혹사당하고 있으며 우리의 보호하에 있던 1천 6백만의 충성스러운 필리핀 인은 과거 수많은 군대가 자랑해온 기사도의 이상을 지니지 못한 정복자 밑에서 노예의 괴로움에 허덕이고 있다.

나는 잃어버린 목적을 지향했던 사람들의 지도자였다. 나의 상처받은 마음속으로부터 자비로운 하느님이 머지 않아 그들에게 구원의 손길을 뻗쳐서 그들이 사멸하기 전에 구해주시기를, 또다시 너무 늦어지는 일이 없기를 빈다.

코레히돌은 1년 전의 오늘 항복했다. 본래는 황량한 전화의 흔적이 가득한 암산에 불과한 이 섬이 다른 여러 지역과 마찬가지로 죽음과 파국에 의해서 이제는 성스러운 곳으로 되었다. 더구나 이 섬은 다시는 없는 불멸의 요소, 한 국가의 명예를 상징하는 것이 되었다. 우리의 깃발을 다시 일으켜 세울 때까지는 우리는 인류에 대한 보상을 해야 할 의무를 지니고 있다.

저 황폐해진 마지막 요새의 처참한 잔해를 되찾을 때까지는 우리는 전능하신 하느님 앞에 무릎꿇는 가련한 탄원자에 지나지 않는다."

7. 반격 계획

멜버른에서 내가 받은 환영은 귀가 멍멍할 정도였다. 몇천 명이나 되는 군중이 한성을 올리면서 철도역을 메우고 거리에 넘쳐서 나를 맞아주었다.

나는 놀라서 처음에는 내가 이 환영의 대상임을 잘 몰랐다. 오스트레일리아 방송국이 몇 마디 말을 청했으므로 다음과 같이 말했다.

"나는 오스트레일리아의 군인과 직접 협력할 수 있게 된 것을 기뻐한다. 나는 오스트레일리아 군에 대해서 제1차대전 당시부터 알고 있고 매우 존경하고 있다.

우리들의 공동 목적이 궁극적으로 성공하리라는 것을 나는 믿어 의심치 않지만 근대전에서 성공을 거두기 이해서는 용기와 죽을 각오 이상의 것이 요구된다.

즉 적의 이미 알려진 전력에 대항할 만한 충분한 병력과 물자를 준비해야 한다. 어떤 장군이라도 무에서 유를 낳을 수는 없다.

내가 성공하느냐 실패하느냐는 각 정부가 나에게 부여해줄 지원에 달려있다. 어쨌든 나는 최선을 다하겠다. 나는 군인으로서의 신념을 앞으로도 잃지 않을 것이다."

그러나 나에게 보여준 이 믿음직한 환영도 7백만 명의 호주 국민의 대부분이 위험한 패배주의에 사로잡혀 있다는 사실을 숨길 수는 없었다.

먼저 이 패배심리를 낙관적인 기분으로 바꾸어 놓는 것이 첫째 문제라는 것을 나는 곧 깨달았다. 낙관적인 기품이야말로 이 용감하고 참을성 있는 국민의 진짜 성격에 어울리는 것이었다.

필요한 것은 패배가 아니라 승리를 약속하는 전략을 제시하는 일이었다. 나는 커틴 수상에게 곧 회견을 요청했다. 수상은 내가 호주에서의 임무를 부여받는 데 큰 역할을 한 사람이었다.

나는 호주 특유의 나무가 우거진 320킬로미터의 초원길을 차를 달려서 커틴 씨와의 첫 회합을 위해 수도 캔버라로 갔다.

당시 정권을 맡고 있던 존 커틴은 노동당 당수였다. 강한 성격과 탁월한 능력으로 철도 기사에서 수상이 된 인물로서 소탈하고 무뚝

뚝한 인품이었지만 완전히 신뢰할 수 있는 진정한 애국자였다.

그는 영국 왕에 대해서는 충성스러웠지만 태평양 국가들이 위대하고 장래성이 있다는 것을 진심으로 믿고 있었다. 내가 호주에 도착하기 전에 커틴은 다음과 같은 의견을 말했었다.

"호주는 영국과의 전통적인 우정에 있어서는 아무런 꺼림칙함도 느끼지 않고 미국에 기대하고 있다는 것을 나는 분명하게 해둔다. 우리는 영국이 안고 있는 문제를 알고 있다. 우리는 영국이 언제 닥칠지도 모르는 침략의 위기에 놓여있다는 것, 그리고 힘을 분산시키면 위험하다는 것을 알고 있다. 우리는 호주가 쓰러지더라도 영국은 해 나갈 수 있다는 것도 알고 있다.

그러나 호주는 절대로 쓰러지지 않는다. 우리는 미국을 중심으로 해서 전국이 역전될 때까지 버틸 만한 자신과 능력을 쌓도록 하는 계획을 짜내는 데 노력을 기울일 것이다. 태평양전쟁이 전반적인 전쟁의 부수적인 부분에 지나지 않는다는 생각을 나는 용납하지 않는다. 우리 정부는 태평양전쟁을 중요한 싸움으로 본다."

영국의 수상, 불타는 지도정신으로 영국을 절망적인 위기에서 구한 저 위대한 처칠은 커틴 씨의 이 말에 따뜻한 격려의 메시지를 보내고는 워싱턴의 백악관에서의 기자회견에서 미·호간의 군사동맹은 지리적으로 당연한 일이고 그것으로 영국과 호주 사이의 유대가 약해지리라고는 생각하지 않는다고 말했다.

그러나 한 사람은 귀족이고 또 한 사람은 민중을 배경으로 하는 강력한 두 인물은 전쟁이 길어짐에 따라 자주 충돌했다.

커틴은 호주인의 표현을 빌리면 '깨끗한 사람'이듯이 나에게는 알기 쉬운 타입의 인물이었다. 우리는 곧 신뢰와 협력적인 기분과 호의를 서로 갖게 되었고 이런 관계는 그 후 어떤 경우에도 허물어지지 않았다.

회담이 끝나서 일어섰을 때 나는 이 건장한 노동당 지도자의 어깨를 안고는 "수상, 당신과 나는 둘이서 이 일을 해낼 것입니다. 우리에게는 그것이 가능하고 또 그렇게 합시다. 당신은 후방을 돌봐주십시오. 나는 전선의 일을 맡겠습니다." 하고 말했다.

그날 밤 나는 의회가 마련한 화려한 만찬회에 수상과 함께 주빈으로 초대되었다. 거기에서 나는 다음과 같이 연설했다.

"나는 호주 전국에서 보내준 따뜻한 환영에 깊이 감동하고 있습니다. 귀국이 방문자에게 따뜻하게 대해준다는 것은 온세계에 알려져 있지만 나는 이렇게 환영을 받으리라고는 꿈에도 생각하지 못했습니다.

호주를 방문한 것은 이번이 처음입니다만 나는 벌써 고국에 있는 듯한 기분이 되었습니다. 우리 양국 사이는 의식이나 동맹조약이나 외교관습 등과는 다른 것으로 맺어져 있습니다. 우리의 관계는 그런 혈족 관계에서 오는 것이고, 때문에 우리는 같은 포부, 같은 희망과 소원, 같은 이상, 앞날의 운명에 대한 같은 꿈을 지니고 있는 것입니다.

내가 오늘밤 여기에 있는 것은 우리의 단결을 구체적으로 보여주는 것입니다. 나는 영원한 노예화에 반대하는 개인적 자유의 위대한 십자군에 참여하는 한 군인으로서 여기에 왔습니다. 우리가 최후에는 승리를 거둔다는 나의 신념은 무엇으로도 허물어뜨릴 수가 없습니다.

우리의 옳은 목적을 지키기 위해 나는 오늘밤 여러분에게 자유로운 세계의 군인의 규범이 지닌 패배를 모르는 정신을 가지고 왔습니다. 우리에게는 승리 아니면 죽음이 있을 뿐입니다. 그 목표를 향해서 나는 나의 모국이 가진 거대한 힘을 있는대로 나의 동포의 피를 마지막 한 방울까지라도 바칠 것을 여기에서 맹세합니다."

호주는 결국은 버림을 받아서 지고 말 것이라는 불안을 안고 있던 수백 만의 호주인에게 있어서 나의 말은 갑자기 희망의 횃불에 밝은 불이 켜진 것과 같았다. 나는 최초의 커다란 장애를 뛰어넘었다.

내가 당장에 부닥친 중요한 문제는 호주 자체의 방위를 어떻게 하느냐는 것이었다. 호주의 현실적인 군사정세는 거의 수습을 못할 상태였다. 병력은 극단적으로 약했고 더구나 일본군은 언제 침입해올지 모르는 정세였다.

호주 지상군의 대부분은 중동에 파병되어 있었고 미국은 여기에

1개 사단밖에 두지 않았는데 그것도 완전하게는 훈련되지 않았다. 호주 공군은 고물에 가까운 비행기밖에 없었고 게다가 발동기나 부품, 인원까지 부족했다. 해군에는 항모와 전함이 한 척도 없었다. 정세는 참으로 서글픈 것이었다.

호주의 모든 지휘관들의 생각이나 계획은 이런 정세로 보아 부득이한 일이지만 방위 외곬이었다. 즉 호주 동해안의 복판인 브리스베인에서 남쪽인 아델레이드까지 대략 달링 강을 따라서 가상의 선을 긋고 그 선을 사수한다는 것이다.

이 계획에서는 호주대륙의 4분의 3 이상을 차지하는 광대한 서부와 북부지역을 포기하도록 되어 있었다.

〈브리스베인 라인〉후방 지역은 중요 도시가 너덧 개 있어서 인구의 대부분이 집중해 있는 호주의 심장부였다.

호주의 북부 지역이 적의 수중에 들어가는 경우에는 뉴기니는 포기하고 〈브리스베인 라인〉북쪽에서 초토전을 편다는 계획이 세워져 있었다. 호주 북부의 공장과 시설은 폭파하고 군사시설도 파괴하며 항만시설도 사용불능 또는 수리불능으로 만든다는 전술이었다.

이것은 소극적인 방위만을 생각한 계획으로서 결과는 패배와 파멸을 가져올 뿐이라고 나는 생각했다. 이러한 소극적인 계획으로는 가령 전술적으로는 성공하더라도 결과는 주위의 지역과 해역을 적에게 정복당한 채 반영구적으로 호주대륙에 갇혀서 공세로 전환할 희망은 전혀 가질 수 없게 된다.

호주 국민은 홍콩의 함락을 보고 타이와 말레이지아가 점령된 데에 겁을 먹었고 일본군이 라바울과 솔로몬 군도의 북부에 진주하기에 이르러서는 드디어 목이 조이는 듯한 기분이 되어 있었다.

적의 계획은 기분나쁘게도 분명했다. 다음에는 뉴기니를 빼앗고 호주로 쳐들어와서 미국으로 이어지는 생명선을 끊어버릴 것임에 틀림없었다.

나는 이 호주군의 계획을 모조리 폐기하고 방위선을 훨씬 앞쪽인 뉴기니아 동부로 정해서 일본군을 오웬스탠리 산맥의 험한 산악에서 저지하는, 즉 호주의 방위전을 국경 훨씬 밖에서 벌일 것을 결심했다.

만일 이것이 성공하면 호주는 침입에서 구제되고 나는 방어에서 공세로 옮길 기회를 잡아서 적으로부터 주도권을 빼앗아 전진해서 공격을 개시할 수가 있다.

이 결심은 내가 지금까지 내린 가장 어렵고 위험이 많은 결정의 하나였다.

그러나 이것은 극히 중요한 결정으로서 그 최종적인 효과는 세계 전략에 결정적인 영향을 주었던 것이다.

호주 국민은 이 계획으로 갑자기 밝은 기분이 되었고 굉장한 열성으로 나를 도울 준비에 착수했다.

사실 전쟁의 전 기간을 통하여 호주인뿐만 아니라 그 밖의 나의 지휘하에 있던 외국인——네덜란드, 영국, 뉴질랜드, 필리핀 등 각국 사람들과 완전한 협력 관계를 가질 수가 있었다.

마찰이나 오해 등이 전혀 없었을 뿐만 아니라 서로의 존경과 선의와 호의가 전국의 모든 부대 사령관, 막료, 장병 사이에 고루 퍼져 있었던 것은 국제 혼성부대의 모범이 되기에 족하리라고 생각한다.

관계 각국과 각부대가 각기 독특한 국민성을 발휘하면서도 완전한 신뢰를 모았던 것은 태평양전쟁에서 승리를 획득한 커다란 요소였다.

마침 이 무렵 처칠 수상은 루스벨트 대통령에게 일본은 호주로의 진격을 중지하고 대신 인도를 공격할 의도인 듯하다는 판단을 전하고 태평양에 구축된 미국의 전력을 동남아시아의 영국군에게로 돌려주면 좋겠다는 희망을 해왔다.

이것은 루스벨트 대통령에게 상당히 깊은 인상을 준 모양이어서 대통령은 나에게 친서로 의견을 물어왔다.

나는 거기에 답해서 5월 8일(1942)에 대체적인 정세를 다음과 같이 대통령에게 보고했다.

"코레히돌이 함락되어 필리핀에서의 저항이 무너지고 미얀마가 짐으로써 새로운 정세가 벌어졌다. 필리핀에 있는 적의 적어도 2개 사단과 모든 항공부대가 다른 군사행동으로 전용되리라고 생각된다. 말레이지아와 네덜란드령 동인도제도의 일본군 부대는 두 지역의 주민이 온순하여 많은 수비대는 필요없기 때문에 재편성해서 다른 지역에서의 공세에 사용할 가능성이 있다.

적은 이미 예비적인 움직을 보이고 있는데 그 목표는 처음에는 아마 뉴기니 및 미국과 호주 사이의 보급로가 될 것으로 생각된다. 앞에서 지적한 일련의 일들로 서태평양에서 적의 극히 위험한 전력이 부상하고 있다. 앞으로 정지 상태가 계속된다고는 거의 생각할 수 없다.

나의 견해로는 일본군이 현재의 시기에 인도에 대하여 대규모 작전을 개시한다는 것은 있을 수 없다. 인도가 일본의 군사적 야망의 범위에 들어가 있다는 것은 틀림없지만 전략적으로는 그것을 훗날로 미루는 것이 일본으로서는 유리하다.

한편 남쪽으로의 일본군의 진격은 일련의 기지를 만듬으로써 유리하게 되어 있고 더구나 그 좌익은 위임통치령인 섬들로 지켜지고 있다. 따라서 일본은 계속 남쪽으로 향할 준비가 되어 있는 형편이다. 게다가 일본은 이 해역에서의 작전을 틈타서 동부에서의 해·공부대를 재편성할 수가 있다.

인도로의 일본군의 진격에는 그러한 잇점이 없다. 일본은 충분한 지원기지도 없이 인도양으로 들어가게 되어 그 해상 전력을 어느 쪽의 바다로도 집중시킬 수 없는 상태로 된다. 인도에서 결정적인 전투를 하기 위해서는 군사적으로 극히 커다란 준비가 필요하므로 이상과 같은 상태에서는 실행할 수 없다.

거기에 비해서 일본이 현재의 시기에 남쪽으로 진격을 계속하는 것은 장차 일본이 서쪽으로 진격하는 경우의 안전도를 높이는 것이 된다. 이러한 정세에 따라 호주와 태평양 지역을 충분히 방어하고 끊임없이 전면의 방위를 유지하면서 동시에 적의 앞으로의 남하에 대하여 측면에서 위협을 가할 태세를 갖추는 것이 가장 중요하다고 나는 생각한다.

이 행동에 이어서 되도록 **빠른** 시기에 공세로 옮겨야 한다."

결국 일본은 인도로 집중하지 않고 남쪽으로의 공격을 계속했고 미국은 태평양 지역을 강화해서 나중에 공격으로 옮겼다. 호주는 중동에서 훌륭한 활약을 보인 3개 사단을 소환했다.

일본군은 뉴기니 동부로 육박하기 시작했다. 이미 일본군 부대는 뉴기니 서부를 점령해서 라에와 살라모아에 강력한 진지를 만들고 있었다. 일본군의 다음 목표는 포트 모레스비였다. 일본군은 이곳을 호주 침입작전의 주요기지로 삼으려 하고 있었던 것이다.

포트 모레스비를 탈취하려는 일본군의 최초의 노력은 라에에서 육지를 통해 행해졌는데 이것은 산악과 정글의 길로 보급을 해야 했기 때문에 약화되어서 결국 포기했다.

두 번째 시도는 산호해(珊瑚海)를 넘어서 동쪽에서 포위하는 수륙작전이었다.

이것은 해상의 전투로 저지했고 전투 자체는 무승부였지만 일본군은 상륙용 부대를 실은 수송선이 물러가야 했다.

일본군의 세 번째 노력은 부나를 기지로 활용하여 오웬스탠리 산맥의 중앙을 넘으려고 하는 것이었다.

제6장 태평양 전쟁 II

1. 파푸아의 싸움

 1942년 6월 13일 미국 의회, 호주 의회, 그리고 필리핀 망명 정부는 나의 군인생활 43년을 기념해서 그 날을 〈맥아더 데이〉로 지정했다. 나는 벌써 만 62세가 넘었지만 안타깝게도 현관의 흔들의자나 따뜻한 난로가의 슬리퍼 등과는 인연이 멀었고 그 후로도 오랜 고난의 세월이 계속되었다.
 나는 우선 총사령부를 브리스베인으로, 이어서 포트 모레스비로 옮겼다. 포트 모레스비가 확보되면 적을 내가 선택한 장소, 즉 오웬 스탠리 산맥을 사이에 두고 싸우도록 만들 수 있는 것이다.
 표고 약 4천2백 미터인 밀림으로 덮인 이 산맥은 뉴기니 동부 전역을 꿰뚫는 천연의 장애물이다. 산맥을 넘으려면 꾸불꾸불한 산길밖에 없고 후방인 포트 모레스비는 치솟은 절벽으로 충분히 지켜지고 있었다.
 달리 적이 공격할 길을 찾는다면 뉴기니 동쪽 끝인 밀르느 만(湾)을 통해서 오는 수밖에 없었고 이것은 포트 모레스비에 충분한 공군기지를 빨리 만들면 저지시킬 가망이 있었다. 문제는 나의 방위병력의 중심을 호주에서 2천4백 킬로 전진시켜서 적이 장악하기 전에 이 방위선을 확보하는 일이었다.
 이 작전은 시간과 공간 양면에서 거의 해결이 불가능한 장애를 안고 있었다. 우선 전투기용의 비행장과 증폭격기 기지를 처음에는 파푸아로의 비행이 가능한 범위에, 이어서 파푸아 자체에 만들어야 했다. 전진 지역에서 보급과 병력 증강을 후방인 호주에서 해야 하며 더구나 호주의 항구의 태반은 멀리 미국 서해안에서 오는 물자를 갈아 싣는 일 이외에는 아무것도 하고 있지 않다는 문제가 있었다.

또 미지의 지역을 조사해서 지도를 만들고 아무도 모르는 해역의 해도(海圖)를 만들어야 했고 뉴기니 주민의 우호적인 협력도 필요했다. 또한 경험이 있고 수적으로도 우세한 적과의 전투에 대비해서 우리 병력을 훈련시킬 필요가 있었다. 게다가 이런 모든 일을 바다를 건너서 일본의 해군력이 지배하고 있는 지역에서 행하지 않으면 안 되는 것이다.

이 계획이 성공한다는 나의 확신에 의심을 갖는 경향도 적지 않았다. 많은 사람들이 여러 가지 어려운 문제로 보아 실현이 불가능하다고 생각하고 있었다. 이 작전에 참여한 장병이 나의 신뢰를 배반하지 않고 온갖 어려움을 극복해서 끝내 그것을 성공시켰다는 것은 영구히 칭송할 만하다. 결과는 나의 희망대로 되었고 그래서 호주가 구출되었다는 것은 의심할 여지가 없었다.

일본군은 몹시 놀랐다. 일본 해군 남동방면 함대의 선임참모인 오마에 도시카즈(大前敏一) 대령은 다음과 같이 말했다.

"1942년 봄에 일본군은 맥아더 장군이 뉴기니에 포진해서 그곳에서 호주를 방위할 것은 예상하지 않고 있었다. 장군이 뉴기니를 일본군에 대한 공세 작전의 기지로 쓰리라고는 일본측으로서는 생각하지도 못했다.

맥아더 장군은 뉴기니를 유지할 만한 병력을 갖고 있지 않았고 일본 해군은 장군을 뉴기니에서 쫓아낼 수 있다는 자신을 가지고 있었기 때문에 장군이 포트 모레스비에 방위선을 칠 수는 없다는 것이 일본측의 생각이었다. 일본측은 다윈과 타운즈빌의 공습에 성공했으므로 그 공습을 저지할 수 없었던 점으로 보아 맥아더 장군이 보유한 전력이 형편없다고 판단하고 있었던 것이다.

일본의 육·해군 고급사령부는 그런 태도였다."
이 의견은 뉴기니전에 참가한 일본군의 다른 지휘관에 의해서도 뒷받침되고 있다.
그렇지 않아도 곤란한 문제가 많은 데다 뉴기니 자체의 어려움이 있었다. 워낙 오지이고 감당할 수 없다는 점에서 이 섬은 일본군에 못지 않은 적이었다. 군사 행동을 취하는 데 이렇게 지독하게 어려운 천연의 장애를 여러 가지 안고 있는 땅은 세계에서도 별로 예가 없었다.
산봉우리가 치솟고 계곡이 깊이 파여져 있는 거대한 산맥, 광대한 뉴기니를 거의 다 뒤덮어 길도 없는 정글, 어느 보고서가 "마구 얽힌 나무 뿌리와 스프와 같은 코가 내려앉은 듯한 냄새가 나는 시궁창의 반죽"이라고 표현한 악취를 풍기는 니퍼야자와 망그로브의 습지대, 정글의 진창 바다, 물이 불은 채 전혀 줄지 않는 냇물, 날카롭고 뾰죽한 잎이 사람의 머리보다도 높게 뻗쳐 있는 쿠나이 풀의 위험한 덤불, 대부분이 해도에 실려있지 않은 위험한 암초, 빈약한 항만——뉴기니와 그 주변은 모든 것이 전투행위를 방해하도록 되어 있다고밖에는 생각되지 않았다.
지독한 자연 조건은 지형만이 아니었다. 정력을 빨아내는 듯한 강렬한 열기에다 습기가 심하고 잦은 비는 형언할 수 없을 만큼 격렬하게 퍼부었다. 건강을 위한 조건은 세계 최악의 부류에 들어가는 것이었다.
말라리아의 발생률을 낮추기 위해서는 극히 엄격하고 귀찮은 규칙을 지키는 수밖에 없었다. 뎅그 열(熱)이 만연하고 사망률이 높은 흑수열(黑水熱)도 끊임없는 위협이었다. 세균성 적리(細菌性赤痢)와 아메바 적리의 발생도 우리를 위협했고 약간의 상처로도 쉽게 열대성 궤양이 발생했다. 잠시라도 주의를 게을리하는 병사에게는 티프스균, 버짐, 십이지장충, 무서운 피부병 등이 기다리고 있었다. 병은 그야말로 조금도 용서없는 적이었다. 이런 감당 못할 걱정에 덧붙여 어디에나 무수한 벌레가 득실거려서 모기, 파리, 거머리, 진드기, 개미, 이가 방심만 하면 당장에 덤벼들었다. 뉴기니는 자연의 거의 모든 위협이 근대전이 지닌 급격하고 아무런 예고도 없는 위험과 결부된, 말하자면 남서태평양의 축도라고도 할만한 지역이 되었던 것이다.

뉴기니의 지형과 기후가 전투 부대에 어떤 영향을 주었는가는 그 후에 제출된 공식 보고서에서 다음과 같이 묘사되어 있다.

"지형과 기후에서 오는 심리적인 요소는 극히 중대했다. 젖은 참호나 늪에서 며칠이나 엎드려서 지낸 병사들은 눈에 띄게 체력이 줄었다. 이렇게 체력을 소모한 병사들은 몹시 신경질적으로 되어서 정글의 귀에 익지 않은 소리를 들으면 일본군이 움직이는 것이라고 믿어버렸다. 이러한 반응이 끊임없이 병사들의 마음을 괴롭혔고 나중에 병사들은 비참한 공포 상태에 빠져서 전투 행위에 견디지 못하게 되었다."

나의 지휘하에 있는 육·해·공 삼군은 모두 내가 만족할 만한 것이 못 되었다. 해군은 소규모이고 균형을 잃고 있었다. 항공모함이 없기 때문에 직접적인 항공병력의 지원을 받지 못하고, 따라서 소규모이고 부수적인 작전에만 적합하였다.

호주 공군은 제대로 태세를 갖추려면 아직 몇 개월이나 필요한 상태였다. 미 공군 요원의 기구나 훈련 정도도 표준에는 이르지 않아서 만족할 상태로 되려면 아직도 몇 개월의 부단한 노력이 필요했다.

지상부대도 앞에 가로놓인 방대한 임무에는 불충분했다. 해·공군과 마찬가지로 수적으로 부족했을 뿐만 아니라 전투에 필요한 장비와 엄격한 훈련이 전혀 되어 있지 않았다.

내가 부딪친 가장 어려운 문제의 하나는 병력 외에도 보급 물자와 장비를 운반할 해상의 수송 능력이 부족하다는 것이었다. 작전을 충분히 전개시키고 이어서 광범위한 지역에 퍼져 있는 부대에 보급하는 데 필요한 배가 모자랐던 것이다.

때문에 보급 물자와 장비의 양은 처음에 병사가 휴대하는 것이나 뒤에 부대 유지를 위해서 보내는 것이나 모두 때로는 위험할 정도로까지 줄이지 않으면 안 되었다. 남서태평양으로 보내지는 보급의 비율은 세계의 어느 전쟁보다도 적어서 때로는 표준 비율의 반에도 미치지 못했다. 남서태평양 지역에 보내진 미국으로부터의 보급은 미국의 모든 군사 자원의 1할을 훨씬 밑도는 것이었다

작전은 보급면에서 커다란 위험을 범할 각오로 계획하고 실행해야 했다. 적극적으로 전투를 진전시켜서 연합군이 전쟁의 주도권을 빼앗고 그것을 유지하기 위해서는 그런 위험을 범하는 것이 아무래도 필요했던 것이다. 모든 보급 물자가 부족하기 때문에 무언인가 특정한 전술 행동을 취하려 할 때에는 임시 변통의 준비밖에 할 수 없었다.

보급면에서의 작전의 어려움은 전투용 장비도 병력도 부족하기 때문에 더욱 심한 것이 되었다. 항만, 보급 거점, 그리고 험한 정글에 비행장을 만드는 일 등은 전투를 효과적으로 시작하기 전에 꼭 필요한 것이었지만 그것을 구축할 만한 장비도 병력도 없었다. 절박한 상황인 데다가 절대로 필요한 특정한 병기도 모자라는 경우가 있어서 그 해결에 고심했다.

그러나 어두운 얘기만 있는 것은 아니었다. 유능한 새로운 지휘관이 속속 도착했다. 제일급의 숙련된 군인인 존 블레이미 장군은 호주 육군의 사령관에 임명되었는데, 그 후의 활약은 평판에 어긋나지 않았고 당연한 일이지만 후에 원수로 승진했다.

웨스트포인트 출신인 스티븐 J. 챔벌린 장군이 나의 작전참모가 되었다. 막료로서 판단이 건전하고 주의 깊으며 전술면의 세부 사항에 있어서 천재인 동시에 대담한 전략 사상을 지녀서 나의 사령부에 새로운 힘을 더해주었다.

미국에서는 로버트 아이켈버거 장군이 군단사령부 요원을 데리고 도착했다. 그는 내가 육군 참모총장이었을 때의 참모본부 비서로서 미 육군사관학교의 교장이 되어 있었다. 전쟁에서도 두려움을 모르는 제일급의 지휘관이 되었고 특히 호주인에게 평판이 좋았다.

공군사령관으로는 조지 C. 케니 장군이 왔다. 대전 중의 모든 우수한 공군 지휘관 중에서 케니 장군만큼 전투 지휘의 삼대요소인 적극적인 통찰력, 항공전술과 전략의 완전한 경험과 지식, 그리고 병력과 장비

양쪽에서 최대한의 전투능력을 끌어내는 재능을 겸비한 인물은 다시 없었다.

그는 위급한 처지에서 사태를 개선하는 그 월등한 재능으로 표준 이하의 전력을 가공할만한 무력으로까지 만들어냈고 적과의 교전에서는 열세인 경우에도 반드시 제공권을 잡았다. 그는 전선부대의 지휘관으로서 화이트헤드 장군을 데리고 왔는데 그도 케니에 못지 않은 소질을 지닌 지휘관이었다.

케니 장군은 호주 주둔 미 항공부대의 사령관으로 취임했을 때 직접 보유한 항공력을 한대 한대 꼼꼼하게 조사했다. 그 결과 우리 수중에는 B17형 폭격기가 62대 있었지만 그 중에서 날 수 있는 상태인 것은 불과 5대에 불과하다는 것을 알았다.

그 밖의 B17형기는 전투에서 손실을 입었거나 새로운 부품의 도착을 기다린다거나 하는 이유로 지상에 못박혀 있었다. 전선에서 항공기를 정비하는 문제가 아직 해결되지 않은 것이다. 날지 못하는 비행기만큼 쓸모없는 것은 없다. 지상에 못박혀 있는 공군은 이미 공군이 아니다.

케니가 얼마나 정확한 생각의 소유자인가는 모든 비행기를 언제라도 날 수 있는 상태로 해둔 것으로 훌륭하게 나타났다. 일본측은 끝내 이 문제를 해결하지 못했고 그것이 일본군이 제공권을 상실한 큰 원인이 되었다. 우리 공군은 여러 차례에 걸쳐 웨와크에서도 라바울에서도 홀랜디아에서도, 또 필리핀에서도 지상에서 수리나 부품의 도착을 기다리는 일본 공군부대의 비행기를 몇백 대나 격파했다.

항복 후 나는 일본에 도착해서 일본 본토의 각 비행장에서 발견된 약 8천 대의 일본측 군용기를 시찰했는데, 모두가 95%에서 98%까지는 완전한 모습이고 단지 어떤 작은 부품이 모자란다는 이유만으로 날지 못하는 상태에 있었다. 이 8천 대가 움직일 수 있었다면 일본의 전쟁능력은 얼마나 달라졌을지 헤아릴 수도 없을 정도이다.

이 비행기들은 정비를 하는 것과 하지 않는 것의 차이를 비극적으로 말해주는 것이었다. 세부에 좀더 신경을 쓰고 좀더 노력한다는 것이 결코 대단한 일이 아닌데, 어찌된 셈인지 일본은 이 사소한 차이의 선을 뛰어넘을 수가 없었다. 그러나 이 사소한 선이 승리와 패배의 아슬아슬한 차이를 가져오는 것이다.

내가 가장 든든하게 생각한 것은 호주 국민이 일체가 되어 눈부신 지원을 해준 일이었다.

전력 공급은 불과 7백 만인 호주의 인구를 크게 줄였다. 군에서 필요한 수를 채운 후에 호주의 노동력은 2백 만을 약간 넘을 정도의 남자가 남게 되었다. 그러나 내가 '오스트레일리아의 마음과 영혼' 이라고 부르던 커틴 수상이 이끄는 노동당 정부의 훌륭한 통솔하에 이 작은 노동력에서 거대한 성과가 생겨났던 것이다.

전쟁기간 전체를 통하여 호주는 보급면에서 극히 중요한 공헌을 했다. 1942년의 마지막 3개월의 절박한 시기에 미국에서 온 보급물자의 양은 10만 톤을 밑돌았고 뉴기니 전선에의 보급은 '현지 자원을 최대한으로 활용하라.'고 하는 육군성의 지시를 문자 그대로 실행함으로써 겨우 보충할 수 있었다.

남서태평양 지역의 우리 육군과 공군 부대는 자급자족이라는 면에서는 다른 어느 전역보다도 훨씬 뛰어났다. 1942년 후반에 이들 부대가 쓴 물자의 65% 내지 70%는 현지의 산물이나 제품으로 충당했던 것이다. 게다가 나는 미국에서 얻은 것보다 많은 양의 보급물자를 인접한 남태평양에 주었다. 그러니까 미국의 실질적인 부담이라는 점에서는 나의 남서태평양 지역은 자급자족으로 유지한 것이 된다. 이 훌륭한 호주의 전쟁 노력은 커틴이 만들어낸 것이었다.

이렇게 불리한 조건에도 불구하고 공병대 지휘관인 패트 케이시는 비행장을 건설하고 항만을 파고 도로망을 넓혀서 우리가 계획대로 북쪽으로 가는 것을 가능하게 했다.

마침 그 무렵 나는 미국의〈전국 아버지의 날 위원회〉로부터 '올해의 아버지'로 지명되는 명예를 얻었다. 아들 아서를 사랑하고 있는 만큼 나는 이 지명에 깊이 감동했다. 나는 다음과 같은 전보를 쳐서 이 명예를 진심으로 감사하게 받았다.

"〈전국 아버지의 날 위원회〉의 이번 지명만큼 나를 깊이 감동시킨 것은 없습니다. 나는 군인이 직업이고 그것을 크게 자랑스럽게 알고 있습니다만, 아버지인 것은 그보다 훨씬 큰 자랑이라고 생각하고 있습니다. 군인은 건설하기 위해서 파괴합니다만, 아버지는 다만 건설할 뿐이고 파괴하는 일이 없습니다.

군인은 죽음을 가져오지만 아버지는 창조와 삶을 가져오는 존재입니다. 죽음을 가져오는 자의 집단은 강력할지 모르지만 삶의 모임은 그 이상으로 강력합니다. 내가 떠난 후에 아들이 전쟁의 내가 아니라 가정에서 함께 '하늘에 계신 아버지'에게 날마다 기도를 올렸을 때의 나를 기억하고 있어 주기를 바라고 있습니다."

6월 3일에 중부 태평양에서 전반적인 전략적 정세를 크게 바꿀 만한 해전이 벌어졌다. 미 해군은 일본의 암호 해독에 성공하여 미드웨이 섬 남서쪽에서 적의 강력한 집단과 부딪칠 준비를 완전히 갖추고 있었던 것이다.

이 해전에서 우리의 함재기는 미드웨이에서 날아온 지상기의 지원을 받아서 적의 항모 4척과 중순양함 1척을 격침하고 구축함 1척에 큰 타격을 주었다. 우리쪽 손실은 항모와 구축함이 각 1척이었다. 이곳에서도 산호해 해전과 마찬가지로 적과 아군의 군함은 한 번도 서로의 시야에 들어가지 않았고 한 발의 포탄도 직접 교환하지는 않았다. 해상전투에서의 공군이 차지하는 지배적인 역할을 분명하게 보여준 해전이었다.

이 결정적인 승리로 태평양의 해군력은 균형을 되찾았고 하와이와 미국 서해안에 대한 위협은 제거되었다. 그 이후의 적의 작전행동은 아츠와 키스카두 섬에 상륙한 알류샨 열도 방면을 제외하고는 남태평양과 남서태평양의 두 지역으로 한정되게 되었던 것이다.

미드웨이 해전 후 일본군은 뉴기니 방면에 집중해서 최초의 목표를 밀르느 만에 두었다. 이 만의 전략적인 중요성을 적은 갑자기 인식했던 것이다. 이 만은 일본군에게 있어서 포트 모레스비 공격을 하늘에서 지원하기 위한 기지가 될 뿐만 아니라 그렇게 함으로써 해안의 길을 장악할 수가 있었다. 일본군은 이 길을 통해서 침입하여 오웬스탠리 산맥을 넘어오는 정면공격과 호응하면 측면에서 포트 모레스비를 탈취할 수 있는 것이다.

나는 일찍부터 밀르느 만의 전략적 가치를 깨닫고 있었다. 이 만이 적에게만이 아니라 나의 공세계획을 위해서도 중요하다는 것을 잘 알고 있었다. 오웬스탠리 산맥은 일본군의 공격에 대한 강력한 장애가 되는 반면에 연합군이 전진하는 경우에도 장애가 된다.

이에 반해서 연합군이 밀르느 만을 기지로 삼으면 뉴기니 동단을 돌아서 파푸아의 해안을 따라 부나로, 이어서 주요 목표인 라에와 살라모아로 가는 길을 열어서 산맥을 모두 피할 수 있다. 동시에 밀르느 만을 연합군 수중에 둠으로써 포트 모레스비의 동쪽 측면이 확보된다.

이 판단에 따라서 나는 밀르느 만의 끄트머리에 육해공군의 기지를 비밀리에 만들 것을 명했다.

연합군은 해안을 따라 나아가서 밀르느 만의 기지로 예정된 지점에 도달했다. 이 전진은 은밀하고도 교묘하게 행해졌으므로 나의 계획의 첫 단계는 적의 저항을 전혀 받지 않고 이루어지게 되었다.

밀르느 만을 강화한다는 나의 계획을 눈치챘더라면 일본군은 전력을 기울여서 그것을 방해했을 것임에 틀림없다. 그 증거로 일본군은 우리가 먼저 이 중요한 지점을 차지했다는 것을 알자마자 굉장한 기세로 반격해왔다.

내가 멜버른을 떠나서 북쪽으로 향하기 전에 호주에서 망명정권을 수립하고 있던 필리핀의 케손 대통령은 루스벨트 대통령의 초청으로 배를 타고 미국으로 떠났다. 커틴 호주 수상과 내가 전송했는데 선실에서 케손은 나를 보고 "사실을 말해주면 좋겠네. 당신은 내 나라를 해방시켜서 나의 국민에게 자유를 줄 수가 있을까?" 하고 물었다.

나는 즉석에서 "물론 그렇게 할 작정이다. 내가 마닐라의 입구에

섰을 때는 필리핀 대통령을 오른쪽에 호주 수상을 왼쪽에 세우고 싶어." 하고 대답했다. 케손은 몹시 감동한 모양이었고, 커틴도 "그때까지 수상으로 있을지는 알 수 없지만 개인 자격으로라도 꼭 가겠다." 하고 말했다. 그러나 내가 필리핀을 해방시켰을 때에는 두 사람이 다 이미 묘지에 가 있었다.

나는 포트 모레스비에 도착하기 전부터 부나에서 산을 넘는 유일한 루트인 코코다의 길에서 적이 움직일 것을 예상하고 있었다. 일본군은 이 루트를 이용해서 포트 모레스비에 정면 공격을 해올 것이 틀림없다고 보고, 블레이미 장군에게 보유한 빈약한 병력으로나마 가능한 한 코코다와 그 밖의 이 도로의 요소를 지키도록 계획을 세워달라고 부탁했다.

이 판단은 옳아서 내가 블레이미 장군에게 명령한 3일 후에 일본의 총사령부는 제17군에게 해군과 협력해서 〈포트 모레스비에 대한 육로로의 공격계획〉을 곧 작성하라고 명령했던 것이다.

6월 말에 나는 워싱턴으로부터 남서태평양의 병력을 내가 생각하고 있는 뉴기니 북쪽이 아니라 남쪽과 서쪽 해안으로 전개시키라는 명령을 받았다. 이 명령은 해군성에서 나온 것으로서 작전의 첫 단계에서는 티모르를 공격하도록 되어 있었다.

나는 곧 그러한 전략의 약점을 지적해서 "티모르 공격과 같은 호주의 북서쪽에서 전개하는 군사행동은 가령 성공하더라도 뒤에 유지할 수 없다. 일본군이 가까이 기지를 두고 근해를 장악하고 있는 현실로 보아 티모르를 확보할 수 있을지도 의심스럽다. 티모르와 호주 사이의 해로를 지배하는 것도 포함하여 티모르를 완전하게 유지할 가망이 없는 한 탈환을 시도해서는 안 된다."라는 의견을 제출했다.

그러한 행동은 나의 부대를 중부태평양의 니미츠 제독의 부대로부터 고립시키고, 최종 목표인 일본으로 향하기는커녕 옆으로 멀어져버리게 된다. 중부 태평양과 남서태평양은 서로의 지원이 없으면 양쪽 다 단독으로는 병력이 부족했다.

나는 연합군의 병력을 분산시키는 것에 반대하고 한정된 전력을 여러 지역으로 흐트러뜨리는 대신 동일한 사령부를 설치해서 전투행동을 단일화시키는 것이 어떠냐고 제안했다.

결국 해군의 계획은 철회되었지만 태평양에 통일된 사령부를 설치하는 안도 받아들여지지 않았다. 7월 2일에 곰리 제독이 지휘하는 남태평양 함대는 부겐빌 섬에 대한 작전행동을 개시했다.

7월 23일, 뉴기니의 일본군과 연합군 사이에 최초의 지상전투가 벌어졌다.

그렇게도 완강한 전사인 호주군 부대도 훨씬 우세한 적 앞에서는 물러서지 않을 수 없었다. 일련의 전투가 계속된 후에 8월 말에 적은 코코다 도로의 가장 높은 지역을 넘어서 내리막길을 통해 포트 모레스비로 육박해왔다.

그 동안에 적은 연합군이 밀르느 만을 장악하고 있다는 것을 알고는 우리가 거기에 구축한 전력이 어느 정도인지도 모르는 채 정면에서 일련의 공격을 해왔다. 이것은 적의 괴멸로 끝났다. 적은 우리가 파놓은 함정에 빠져서 파국을 부른 셈이었다. 9월 5일까지 이 지역의 적은 완전히 일소되었다.

그러나 코코다 도로에의 적의 압력은 자꾸 늘어나서 호주 부대 '굉장히 어려운 상황 속에서의 끈질기고 용감한 전투'를 되풀이하면서 결국은 이미타의 고지에 진을 쳤다.

이 고지는 포트 모레스비 앞에 남은 마지막 장애물로서 우리는 이 선에서 버티었다. 일본군은 부나에서의 진격 초기에 경험한 비교적 완만한 비탈 대신에 지형이 차츰 험해지고 보급선이 길어져서 어려움을 겪고 있었다. 폭격과 질병과 식량 부족도 일본군에게 크게 타격을 주었다.

오랫동안 추구해온 끝에 직선거리로 불과 32킬로미터까지 육박했으면서도 일본군의 사령관은 정세의 어려움때문에 부득이 진격을 중단하고 지친 부대를 재건하고 병력과 보급물자의 증원을 기다려야 했다.

코코다 도로에서의 전투가 일본군에게 있어서 얼마나 처절한 것이었던가는 호이리(堀井) 장군이 죽기 직전에 부대에 내린 포고문 속에서 다음과 같이 밝혀져 있다.

1. 우리는 되풀이해서 적을 추격해왔다. 우리는 이오리바이와의 격전에서 적의 마지막 저항을 분쇄하고 이제 포트 모레스비로의 진격의 가장 중요한 거점인 이 지역의 고지를 확보했다.
2. 그 동안 3주일 이상에 걸쳐서 각 부대는 깊은 밀림과 계곡을 돌파했고 적을 쫓아서 수많은 봉우리를 넘어왔다. 우리 장병은 무릎까지 빠지는 늪을 건넜고 치솟은 절벽을 기어올랐으며 한마디 불평도 없이 포탄의 무거운 짐을 졌고 보급의 부족을 극복했다. 그래서 우리는 오웬스탠리 산맥의 정복에 성공한 것이다. 그 동안에 겪은 고생의 참담함이란 필설로 다할 수 없다. 이 수많은 고생을 견디어온 것을 우리는 진심으로 감사하고, 전사한 많은 장병에게 심심한 애도의 뜻을 표한다.
3. 우리 군은 포트 모레스비의 거점에 철퇴를 가한다. 그러나 전방에는 적이 아직도 준동하고 있다. 적의 움직임은 살피기가 어렵고 장병은 아직 기운이 충분히 회복되지 않았다. 우리 군이 공격 기회를 기다리는 이 기간에 우리의 진지를 강화하고 병력을 재편성하고 필수품을 보충하고 체력을 되찾는 일은 극히 중요하다고 생각한다.
4. 다음 행동으로 옮길 때야말로 우리 부대는 모든 전력을 투입한다.

나는 지금이 적을 동부 뉴기니에서 일소시킬 반격의 시기라고 판단했다. 호리이 장군은 코코다 도로에서 보급로를 너무 늘어뜨렸고 앞으로의 그의 공격은 스피드가 붙음에 따라서 자연히 보급로에서 멀어져서 허약해질 것이 틀림없다고 보았다.

나는 3개의 축을 따라서 전진하는 반격계획을 세웠다. 첫째 축은 코코다 도로를 따른 정면공격이고 두 번째 축은 적의 통신과 보급로를 공격하기 위해서 오웬스탠리 산맥을 포트 모레스비의 동쪽에서 넘어 적의 측면으로 나가는 대규모 이동이었으며 세 번째 축은 밀르느 만에서 파푸아 북안을 따라 출격하는 대규모 침투작전이 그것이었다. 이 3개의 축은 적의 해안 거점인 부나——살라모아——고나 지역으로 집중시켜서 거기에서 마지막 일제 공격을 가한다는 계획이다.

나는 지상병력을 전부 서둘러 뉴기니로 보내어 블레이미 장군의 지휘하에 두었다. 이 중에 미군 부대는 아이켈버거 장군이 지휘하는 제1군단으로, 제32, 제41 두 사단으로 이루어져 있었다. 호주 부대는 헤링 장군이 지휘하는 제6, 제7 두 사단이었다. 미 제32사단의 2개 연대는 비행기로 포트 모레스비로 수송되었다. 이것은 모든 작전지역을 통해서 미군 부대에 의해서 행해진 최초의 대규모 공수였다.

10월 말, 파푸아의 나의 병력은 5개 사단 정도에 이르렀다. 이 병력이 3개의 축을 따라 공격을 개시하여 맹렬한 전투 후 11월 말에는 적을 동쪽은 고나에서 중앙은 부나 마을과 부나 미션을 거쳐 서쪽은 살라모아에 이르는 해안의 좁은 지역으로 밀어붙였다. 코코다 도로에서의 호주 부대와의 전투 중에 일본군의 호리이 사령관은 포위망을 벗어나다가 익사했다.

그 동안 나는 뉴기니의 보급에 애를 먹으면서도 작전이 제대로 되지 않고 있는 과달카날의 남태평양 부대를 지원하기 위해 할 수 있는 대로 노력했다. 이 점에 대해서 나는 워싱턴에 다음과 같이 보고했다.

"과달카날 작전에 나는 처음부터 솔로몬 군도, 특히 과달카날의 정세가 위험하리라는 것을 통감했고 사실 그런 사태를 예상하고 있었다. 나는 이런 판단을 7월과 8월에 곰리 제독과 함께 보고했다.

나의 공군은 최대한의 능력을 다해서 남태평양에서의 전투를 지원했고 목표까지 날아갈 수 있는 비행기는 전부 사용했다. 곰리 제독은 세 번에 걸쳐 나에게 감사의 전보를 보냈고 터너 제독도 같은 취지의 전보를 보내왔다.

제 6 장 태평양 전쟁 II 241

적에게 입힌 손실을 전부 추정하는 것은 불가능하지만 나의 공군에 의한 폭격은 적의 공군시설과 보급시설을 파괴해서 지금까지의 전투에 큰 영향을 주었다고 믿는다. 공군에 의한 공격의 주력은 라바울 지역으로 돌렸다. 그것은 라바울까지는 비행기가 폭탄을 만재하고 날 수 있는데 비해 과달카날로 향하는 비행기는 폭탄격납 탱크를 실어야 하고 그래서 적재할 수 있는 폭탄의 양이 반으로 줄기 때문이다.

나는 정찰비행의 조정에 대하여 곰리와 연락을 유지하면서 곰리의 공격 요청은 우선적으로 받아들이고 있다. 때문에 곰리의 지역 정세에 영향을 줄 만한 능력을 가진 비행기는 전부 그쪽에 투입하고 있다.

지난 1주간 이내에 나는 곰리의 요청으로 세 번 출격명령을 내려서 보유한 폭격기를 전부 그곳으로 돌렸다. 뉴기니에서의 나 자신의 작전행동은 단거리 이외의 지원은 받지 못하고 있다."

뉴기니에서는 3개의 축으로 전진한 연합군 부대가 일본군의 마지막 거점 앞에서 막혀 있었다. 나는 이 세 부대의 일제공격으로 승리를 빨리 얻기를 바라고 있었다.

그러나 일본군은 이곳에서 후퇴하면 북안의 절대로 필요한 비행장을 포기하게 되므로 어떤 희생을 치르더라도 이 선을 유지하려 하고 있었다.

일본군은 멋지게 설계된 매우 강력한 진지를 조직적으로 만들어놓고 있었다. 지형의 모든 기복을 이용하고 지면이 건조한 부분은 빈틈없이 진지가 구축되어 있었기 때문에 연합군은 옆으로 행동하려 하면 반드시 늪에 빠지지 않으면 안 되었다.

연합군이 전진할 듯한 도로는 모두 교묘하게 마련된 오솔길로 유도되었고 그곳에는 잘 숨겨진 기관총의 십자사격이 기다리고 있었다. 일본군은 매우 용감하고 끈질기게 싸웠다. 여기에서 시작되는 뉴기니전의 마지막 단계와 거기에 이어진 북안의 적 패잔병 소탕은 모든 전투를 통하여 가장 처절한 장면을 연출하게 되었다.

일본군의 방위선을 돌파하는 것은 그렇지 않아도 어려운 보급상황을 더욱 심각하게 함으로써 문제가 한층 복잡해졌다. 연합군의 보급로는 호주에서 뉴기니의 양륙 지점과 물자 집적장까지 장장 2천7백 킬로미터나 뻗어 있었다.

식량, 탄약, 장비는 포트 모레스비에서 앞으로는 대개 제 5 공군에 의해서 운반되었는데 날씨 좋은 날이 거의 없어서 보급물자를 실은 비행기는 산맥에 낮게 드리운 두꺼운 구름층을 빠져나가지 못하고 며칠이나 뜨지 못하는 날이 계속되었다.

이 절박한 시기에 보급이 중단됨으로써 적의 제한 방위선에 대한 연합군의 첫번째 공격은 결국 실패로 끝났다. 우리는 11월 19일에 고나(부나 부근의 부락)의 일본군 진지를 공격했는데 탄약의 부족으로 철수하는 수밖에 없었다.

이러한 악조건에 덧붙여서 뉴기니의 정글과 늪때문에 병으로 쓰러지는 병사가 속출했다. 장병들은 숨이 막힐 듯한 기후와 식량 부족에서 오는 피로와 쇠약으로 점점 고생이 심해졌고 계속 이 지역의 수많은 열병 중의 하나로 쓰러져 입원해서 부대의 질병률은 급속히 높아져 갔다.

적의 진지를 향한 첫 단계의 공격은 모두 별다른 효과를 올리지 못했다. 블레이미 장군은 수중의 포병력으로는 정면공격을 지원하는데 불충분하다고 보고 부나의 적 진지 후방에서 수륙 양용의 상륙작전을 펼 것을 제안했다. 그러나 소형의 상륙용 함정이 모자라고 또 해군이 해도에 표시되지도 않은 낮고 위험한 해역에 구축함이나 코르벳함(舟監)을 출동시키기를 싫어했기 때문에 이 제안은 실행되지 않았다.

이러한 연합군의 공세는 정면공격으로는 적의 강력한 진지를 돌파할 수가 없었고 측면에서의 수륙 양면작전도 불가능한 상태여서 결국 힘이 드는 침투작전으로 나가는 수밖에 없었다. 그래서 정세는 사실상 정전상태가 되었고 적이나 아군이나 독자적으로 움직이는 작은 그룹이 본대에서 고립되어서 가끔 공격을 해보는 이외에는 아무런 활동도 보이지 않게 되었다.

이 교착상태를 깨뜨리기 위해 나는 아이켈버거에게 나의 마지막 예비대를 보냈다. 새로운 병력의 도착은 즉각 효과가 있어서 12월 9일에 고나를 탈환했다. 12월 14일에 우리는 부나 부락에 대한 맹렬한 공격을 개시하여 일본군이 강경하게 저항하면서 해로로 증원부대를 끌어들이려는 것을 억제해서 드디어 이 부락을 탈취했다.

이 해안에서의 공세로 얻은 최초의 커다란 승리를 나는 다음과 같이 보고했다.

"우리 군은 12월 14일 오전 10시에 부나 부락을 점령했다. 적은 부나 지구에 증원부대를 상륙시키기 위해 순양함 2척, 구축함 3척과 함께 다수의 상륙용 주정을 발진시켰지만 우리는 심한 폭격과 총격을 가해서 주정 전부를 침몰시키거나 항행 불능으로 만들었다.

적의 생존자는 헤엄쳐서 육지로 나오려고 하다가 다시 많은 사상자를 냈다. 적의 군함은 직격탄을 맞고 물러갔고 적 공군의 구원활동도 실패로 끝났다. 적의 커다란 노력의 하나가 여기에서 분쇄되었다고 믿는다."

싸움의 마지막 단계가 찾아왔다.

일본군은 모든 증원의 길이 끊어졌고 지휘관은 전사나 자살했으며 장병들은 굶주림과 병으로 지치고 가차없는 공격 앞에 사기도 떨어져서 결국 진지를 포기했다.

1943년 1월 2일에 부나 미션이 함락되었다. 이어서 사나난다도 함락되고 파푸아의 싸움은 6개월에 걸친 끊임없는 격전 끝에 1월 22일에 드디어 종결되었다.

나는 다음과 같이 보고했다.

"호리이 부대는 괴멸했다. 이 전투의 가장 커다란 교훈은 궁군부대가 지닌 전력을 전술행동과 보급의 양면에서 지상 및 해상부대에 밀접하게 협력시킨 일이다. 공군력이라는 근대전의 무기가 지닌 효과는 이 지역이 지리적으로 부자유한 곳이었던 만큼 더욱 컸다. 몇 개월 동안 공군의 수송기는 끊임없이 전투기의 엄호를 받으면서 완전한 연대단위의 보병부대와 대대단위의 포병부대를 파푸아의 거의 돌파가 불가능한 산악과 밀림 및 해안지대에 운반했고 야전병원과 그 밖의 기지설비를 전선으로 이동시켰으며 병력 수송과 부상병의 후송을 맡았다.

또 폭격기는 몇백 킬로미터의 범위에 걸쳐서 전면적인 정찰 활동을 하고 해안을 적의 해상공격으로부터 지켰으며 보병부대의 진격로를 열었다. 이 전투에서는 삼면작전이라는 새로운 전투방법이 시험되었는데 이것은 태평양에서의 적의 궁극적인 패배를 약속하는 깃이었다. 공군이 지닌 공격과 방어 양면에서의 전력과 수송기가 지닌 적응성과 넓은 행동반경 및 높은 수송능력을 육해군 부대와 효과적으로 배합시켜서 활용한 것은 전술적으로도, 전략적으도 전쟁의 원리를 넓히는 일이 되었다.

이것은 공격력을 신속하고도 대량으로 발휘하는 것을 가능하게 하고, 일부 사람들에 의해서 적의 거점이 방대한 섬들에 넓게 산재되어 있는 전쟁에서는 필요하다고 되어있는 진격이 느리고 희생이 많은 섬을 하나하나 따라가는 작전보다는 훌륭하다. 파푸아에서는 육해공의 전력이 결집되었는데 이 결집은 전략적, 전술적 사상을 새롭게 넓혔고 충분한 전력을 가진 경우에는 승리를 약속한다."

1월 9일, 나는 많은 장교에게 파푸아 전에서의 행동에 대하여 표창장을 주었다. 나는 다음과 같이 말했다.

"파푸아전에서 보여준 걸출한 용기, 뛰어난 능률, 정확한 작전수행에 대하여 다음 장교에게 표창장을 주는 것을 나는 극히 명예롭게 생각하는 바이다.

토마스 블레이미 대장, 케니 중장, 헤링 중장, 아이켈버거 중장, 서덜랜드 소장, 베이시 소장, 윌로비 준장, 화이트헤드 준장, 워커 준장, 우튼 준장, 이더 준장, 공군의 괴링 대령 등이다.

그들이 보여준 부동의 지도정신 없이는 승리 획득은 불가능했음이 틀림없다. 나는 이들 장교들에게 내가 수여할 수 있는 최고의 훈장인 수훈십자훈장과 적당한 표창장을 수여할 것을 명했다.

이 훈장은 모든 사람들에게 그들이 위험하고 어려운 임무를 수행함에 있어서 보여준 헌신과 용기를 상징하게 될 것이다. 본부대의 장병이 모든 전쟁 중에서도 드문 어려움 속에서도 훌륭하게 행동한 것을 진심으로 칭찬한다. 여러 가지 면에서 부자유가 있었음에도 불구하고 그들은 착상의 묘와 적응성을 발휘하여 스스로를 의지해서 온갖 불리와 곤란을 극복했다. 또한 그들은 그 능력과 용기와 승리에 대한 부동의 신념에 의해서 전장에서 우리보다 우세한 자원과 가능성을 가지고 있던 대담하고도 적극적인 적을 패배시켰다. 우리 위대한 십자군의 이 성공으로 우리를 이끈 데 대하여 전능하신 신에게 감사드린다. 신에게 명예와 힘과 영원한 광휘가 있으라."

이 밖에도 고급장교가 눈부신 활약을 했는데 보급 담당인 딕 마샬 장군, 공병대장인 케이시 장군과 그 보좌관인 스버드럽 장군, 제1군단 참모장 바이어즈 장군, 독립전투대를 지휘한 맥스나이더 장군 등이다.

파푸아 전을 통해서 나는 근대적인 공군력이 지닌 대단히 큰 기동성을 언제나 이용했다. 새로운 전진 기지를 탈취해서는 폭격기의 선을 전진시킨다는 계획이었는데 비교적 작은 폭격기대가 역시 작은 전투기대의 엄호를 받으면서 단거리나 중거리 정도의 범위에서 활약하여 적에게 공격을 가할 수가 있었다.

폭격기대는 비행장을 목표로 한 번 전진해서는 다시 그 비행장을 발판으로 다음 비행장으로 전진하는 방법을 취한 것이다. 이 항공 기지의 전진에 따라 해군도 새로운 하늘에서의 지원을 받게 되어서, 적이 광대한 지역에 퍼져있는 거점으로의 동맥으로서 완전히 장악하고 있던 해로를 차례로 탈환해갔다. 우리의 육해공의 작전은 완전히 통일되어 있었다. 그것은 말하자면 삼차원의 전쟁, 삼원적인 전략 구상이라고도 할 만한 것이었다.

다시 말하면 나의 방법은 몹시 희생이 큰 전면공격을 피하여 일본군의 강한 거점은 비켜 지나가면서 보급로를 차단함으로써 무력하게 만들어서 일본군 부대가 거점에 매달린 채 고립되어 결국은 굶주리게 하는, 즉 상대의 허점을 찌르는 전법이었다.

파푸아 전 이후의 나의 행동과 작전은 모두 이 전법을 실제로 적용하는 것에 바탕을 두었다. 이것은 내가 지금까지 행한 결정 중에서 가장 중요하고 대담한 것의 하나로서 이 결정에 의해서 파푸아에서 마닐라까지의 '화살과 같은 일직선'의 전진 구상을 실현시킬 수 있었다.

이 전법은 일반인에게 〈개구리 뜀〉 작전이라고 불리면서 새로운 전략인 것처럼 칭찬을 받고 있었는데, 실제로는 전쟁사가 비롯된 이래의 오랜 생각에 현대의 전쟁 수단을 적용시킨 데 지나지 않는다. 즉 옛부터 있던 포위 전략에 현재의 조건을 적용시켜서 새로운 전형을 만든 것이다.

하나의 전쟁에서 육지와 바다가 이렇게 상대적인 관계를 차지한 것은 이 파푸아전이 처음이다. 그때까지의 싸움에서는 육지나 또는 해역의 어느 한 쪽이 대부분을 차지하고 있었다. 파푸아 전에서는 부대의 수송에 해로와 육로 양쪽이 이용되었기 때문에 실제로는 보통인 포위작전을 새로운 타입의 전장에 적용한 데 불과하다는 사실이 숨겨져버렸던 모양이다.

이 전법이 수적으로는 열세지만 움직임이 **빠른** 병력을 성공시키는 데 이상적인 수단임은 지금까지 몇 번이나 증명되었다. 나는 달리 좋은 수단이 없는 상황이었기 때문에 이 전법을 나의 임무를 성공시킬 유일한 방법으로 채택한 것이다.

다만 이 전법을 성공시키려면 전체 작전의 거점이 될 확고한 기지가 필요하다. 그것이 호주 이외에는 없다는 것도 명백했다. 해군에 항공모함이 없었다는 것은 남태평양의 작전에 대단한 장애를 주었다. 항모가 있었다면 우리의 능력은 전혀 달라져서 전투 기간은 훨씬 **짧아**졌을 것이고 결과적으로 인명과 비용이 절약되었을 것임에 틀림없다.

호주의 커틴 수상은 우리에게 항모를 배치시켜 줄 것을 처칠 수상에게 설득하려고 애썼고 나도 워싱턴에 대하여 같은 노력을 했지만 효과는 없었다. 그 때 어째서 부정적인 결정이 내려졌던 것인지 나는 지금도 이해할 수 없다.

 소위〈개구리 뜀〉전법의 생명은 한 번 뛸 때마다 새로 얻은 지역에서 제공권을 장악하는 데 있다. 전쟁 기술의 현재의 발전 단계에서는 하늘로부터의 충분한 지원이 없이는 육해군 부대를 움직일 수가 없다. 우리의 경우 그 엄호의 폭은 우리가 보유한 전투기가 얼마나 넓게 행동할 수 있는가로 결정되었다. 이 행동의 폭은 지상의 공군 기지가 어디에 설치되는가로 결정되었으므로 전진할 때마다 새로운 기지를 탈취 또는 구축할 필요가 있었다.

 이 경우에 항모함이 지닌 기동성이 있었다면 우리의 작전 규모와 스피드는 헤아릴 수 없을 만큼 커졌을 것임에 틀림없다. 항모가 이렇게 도움이 되는 지역이나 전장을 나는 더는 모른다. 적이 많은 섬과 전역에 분산되어 있었던 것은 각개격파에 안성맞춤인 형태였기 때문에 만일 우리가 항모의 기동력을 활용해서 적의 각 거점에 집중적인 기습공격을 가할 수 있었다면 그 효과는 대단했을 것이다.

 우리의 공군력이 열세였기 때문에 공군의 전진 기지를 적의 공군 기지 사이에 설치해서 기습적으로 먼저 한쪽 기지를 때린 다음 이어서 다른 쪽으로 집중시키도록 해야 했다. 적의 양쪽 기지의 전력을 합치면 우리 기지를 부술 수 있는 반면에 개별적이라면 나는 적의 기지들을 부술 수 있었던 것이다. 만일 항모가 있었다면 우리는 이런 느린 방법을 택하지 않고 일거에 결정적인 타격을 줄 수 있었을 것이다.

 이것은 전통적인 포위작전, 즉 적의 주위로 나아가서 그 보급로와 측면을 장악한다는 효과적인 방법에 새로이 육해공의 협동을 적용시킨 것이었다. 일본군은 이 전법에 혼이 난 모양이어서 제8방면군의 정보참모 이이노 마츠이치(飯野松一) 중령은 다음과 같이 얘기했다.

 "우리는 이런 형태의 전략이 제일 싫었다. 미군은 최소한의 손실로 비교적 약한 지역을 빼앗아서 비행장을 만든 다음 그 지역 부대의 보급로를 차단했다. 그때문에 우리의 강력한 거점은 대규모 전투를 해보지도 못한 채 차츰 굶주려갔다. 일본군은 독일식의 직접적인 공격을 해오기를 바랐지만 미군은 마치 물이 가장 들어가기 쉬운 곳으로 흘러들어가서 배를 가라앉히듯이 우리의 가장 약한 곳으로 스며들어와서 압도했다. 이것은 최소의 손실로 최대의 전과를 올리는 전략의 전형으로서, 우리는 그 멋진 전술에 감탄했다."

부나의 승리는 연합국의 기운을 돋우는 영양제 역할을 했다. 스팀슨 육군장관은 나에게 다음과 같이 따뜻한 축전을 보내 왔다.

"새해와 더불어 당신의 부나에 있어서의 성공 소식에 접하여 진심으로 축의와 찬사를 보낸다.

나는 당신의 뛰어난 활약을 지켜보고 있고 크게 만족하고 있다.

당신은 극히 어려운 뉴기니에서의 전투를 대단한 재능과 판단으로 완전히 성공시켰으며 다시 한편으로는 호주인과의 어려운 문제를 처리하는 데 훌륭한 외교적 수완을 보여주었고 또 한편으로는 솔로몬 군도의 해군의 작전에 일관해서 협력한 것을 나는 이중으로 기뻐하고 있다.

남태평양에서의 미국의 운명이 이렇게 숙련된 손에 맡겨져 있다고 느끼는 것은 우리에게 참으로 커다란 만족을 준다. 나는 이곳에서 케손 대통령과 항상 접촉하고 있는데, 둘 다 필리핀 인에게 한 우리의 약속이 이루어질 날을 희망을 가지고 그려보기 시작했다. 그 날이 이제 정말 가까워진 듯한 기분이 든다."

호주의 커틴 수상은 전투 종료에 대하여 의회에서 다음과 같이 말했다.

"호주에서의 맥아더 장군의 입장은 예가 없는 것이었다. 그는 이웃 나라에 사령부를 둔, 우호적이기는 하지만 외국에서 온 사령관이다. 그 이웃 나라의 정부는 계속 모든 주권을 유지하면서 그에게 전투부대를 제공했고, 더구나 그것이 오랫동안 그의 부대의 대부분을 차지했다.

맥아더 장군은 보급, 수송 및 기지 시설에 필요한 물품의 대부분을 호주 정부에 부탁했다.

맥아더 장군은 본정부와 2년 가까운 기간 동안 밀접한 관계를 유지해 왔다. 따라서 장군의 입장은 쌍방에 기지와 분별과 외교적 배려가 없으면 어려운 문제를 일으키기 쉬운 몹시 미묘한 것이었다. 그러나 양자 사이에는 가장 우호적인 관계가 유지되었고 극히 밀접한 실제적인 협력 관계가 이룩되었다는 것을 나는 기꺼이 보고할 수 있다. 맥아더 장군은 위대한 사령관일 뿐만 아니라 유능한 외교관으로서의 모든 소질을 보여주었다.

뉴기니전의 특색은 공군력이 육해군의 전력과 멋지게 융합되어서 전략, 전술, 보급의 각 면에서 새로운 공격력을 발휘할 수 있었다는 것이다. 뉴기니전이 위급한 단계에 있었을 때 호주의 모든 민간항공이 총사령관의 작전을 지원하기 위해 임시로 민간기를 제공했던 것을 나는 잘 기억하고 있다. 이 사건은 맥아더 장군과 본정부가 얼마나 밀접하게 협력하고 있었던가를 말해주는 전형적인 예이다

생명의 손실이 비교적 적게 지상부대에 의한 정면공격은 최소한에 그치면서 적의 거점을 그냥 지나쳐서 그 보급로를 먼저 공습으로, 이어서 해군부대로 차단한다는 방법이 취해졌다. 어느 전진이나 목적은 비행장의 획득에 있고 거기에 따라서 다음 전진의 규모와 거리가 결정되었다. 그래서 맥아더 장군은 호주를 장차 일본에 대한 공세를 벌이기 위한 기지로 삼아서 남서태평양에서의 일본군의 전진을 저지했고 동시에 연합군의 공세 준비를 갖춘다는 주요 목적을 달성했다."

영국의 윈스턴 처칠 수상에게서는 다음과 같은 메시지가 있었다.

"미군과 호주군에 의한 부나 점령과 귀하의 뛰어난 지휘에 의한 중요하고도 결의에 찬 작전으로 일본의 파푸아 침입군을 괴멸시킨 데 대해 진심으로 축의를 표합니다.

극히 복잡다단한 보급 문제의 해결에 수송기를 사용한 귀하의 훌륭한 방법을 나는 지켜보았고 감탄을 금할 수 없습니다. 귀하가 귀 지역의 중요한 연합국의 이익을 지켜주신 데 대하여 대영제국을 대표하여

감사드리고 있습니다."

처칠은 또 하원에서 다음과 같이 말했다.

"호주와 미국의 군대가 우수한 사령관 맥아더 장군의 지휘하에 뉴기니의 부나를 점령하고 그 방위부대를 괴멸시켰다. 고투 끝의 승리에 우리는 칭찬의 뜻을 표하지 않으면 안 된다. 비행기를 멋지게 사용해서 증원부대, 보급품, 야포를 포함한 무기와 탄약을 수송기로 운반함으로써 복잡한 전술상의 문제를 해결한 것은 맥아더 장군의 재능을 명백하게 보여주는 것이고 이 전쟁의 전술 행동에 관계하는 사람 모두가 주의깊게 검토할 필요가 있다."

나는 세 개째의 수훈장(DSM)을 받았다.

2. 1943년의 전략

파푸아 전이 승리로 끝남으로써 뉴기니의 해안을 공격해 올라갈 길이 열렸고 동시에 남서태평양에서 일본군의 전략을 교란시켜서 그 전력을 분쇄하기 위한 장기적인 공세계획을 세울 기초가 마련되었다.

다만 부나에서는 빈약한 장비를 대담하게 구사하여 승리를 거두기는 했지만 필리핀을 향하여 서북쪽으로 직선으로 밀고 나간다는 나의 기본계획을 당장 착수시킬 수는 없었다. 일본군은 아직 뉴기니의 대부분을 점령했고 라에와 살라모아에 강력한 기지를 가지고 있었던 것이다.

또 뉴기니의 북쪽에서는 일본군이 비티어스 해협이라고 불리는 좁은 해역 양쪽을 장악하고 있었다. 이 해역은 연합군이 필리핀을 향해서 행동을 벌이는 경우에 호주에서 선단을 서쪽으로 보내기 위해서는 꼭 통과해야 하는 곳이었다.

적은 라바울을 중심으로 이미 점령하고 있는 동북 지역 일대의 방위를 강화하고 있었다. 연합군이 파푸아와 과달카날에서 승리를 거둔 것은 일시적으로 적의 행동을 봉쇄하는 효과는 있었지만 적 전력의 중심에는 아무런 위협도 주지 못했던 것이다.

따라서 1943년의 나의 주된 목표는 거대한 일본 함대가 정박하는 곳을 고립시켜서 적의 비행장과 점점 커지고 있는 라바울의 보급 기지를 위협하는 일이었다. 그러나 일본군이 점령지역을 차례로 석권해가는 데 있어서 일본군이 장악하고 있는 방대한 수의 섬 하나 하나에 직접 공격을 가하다가는 시간도 터무니없이 많이 걸리고 희생도 컸다.

나의 막료들은 라바울 등 적의 강력한 거점에 대하여 골치를 앓고 있었다. 이쪽의 병력과 공군력을 훨씬 강화시키지 않는 한 라바울을 빼앗을 가망은 없고 그렇게 되면 희생은 부나 공격이나 과달카날 방어보다도 커진다. 그런데 증원부대는 가끔 아주 조금씩만 올 뿐 이어서 당장의 작전에 필요한 수를 최저한으로 채우는 것도 다행이라는 것이 막료들의 의견이었다.

언젠가 막료회의에서 막료 한 사람이 나에게 "장군님, 당신이 이쪽은 약간의 병력 손실만을 내고 적의 대군을 몰살시키는 특이한 재능을 갖고 계신다는 것은 알고 있습니다만 도대체 어떻게 하면 우리의 한정된 병력으로 이 일련의 강력한 거점을 빼앗을 수 있을지 저로서는 짐작도 가지 않습니다." 하고 말했다.

나는 사실 그렇지만 이들 거점을 빼앗을 생각은 없고, 포위해서 능력을 없애버리는, 말하자면 "적이 없는 곳을 치는, 또는 가만히 앉아서 말라 죽게 만드는 전법으로 나갈 생각이다." 하고 대답했다.

이른바 '섬을 따라가는' 작전이라고 하는 것은 정면에서 압력을 가하여 적을 차례로 밀어내는 방법으로 당연히 큰 희생이 따른다. 나의 방법은 그 '섬을 따라가는' 작전의 반대로 가는 것으로서, 적이 장악하고 있는 막대한 수의 섬들을 습격할 필요는 없다고 나는 설명했다.

"손실이 큰 데 비해 섬을 따라서 적을 공격하는 작전은 전쟁을 빨리 그리고 희생이 적게 전쟁을 끝내는 길이 아니다. 새로운 상황은 새로운 해결책을 요구한다. 새로운 병기를 최대한으로 이용하기 위해서는 새로운 상상력이 풍부한 수단을 생각해내지 않으면 안 된다. 전쟁이라는 것은 과거에 의존해서는 이기지 못한다."고 하는 것이 그때의 나의 말이었다.

이런 전략을 성공시키기 위해서는 목표로 하는 중요 지점을 신중하게 선택하고 공격에 최선의 시기를 잡는 것이 중요하다. 따라서 나는 비행장과 기지를 설치하기에 적당하고 게다가 일본군이 그다지 강력하게 지키지 않는 지역을 탈취하는 데 노력을 집중시켰다.

그래서 나는 대담한 전진공격에 나서서 적의 전력의 중심은 그냥 지나쳐서 무력화시키고 전진에는 언제나 비행기가 엄호하는 방법으로 뉴기니의 일본군을 괴멸시켜서 필리핀으로의 전진의 길을 열 것을 노렸다. 일본의 제8방면 군 정모참모 시노하라 마사루(篠原優) 대령은 후에 "연합군의 작전의 대부분은 우리가 상륙과 비행장 건설도 불가능하다고 생각되는 곳에 상륙하는 기만 행동에 의존하고 있었다고 생각한다."라고 말했다.

파푸아를 잃은 일본군은 서남태평양 지역의 거점을 굳혀서 방위의 제일선을 줄일 결심을 했다. 이 새로운 방위태세의 주변에서 가장 중요한 지점은 뉴기니 북부와 뉴브리텐 그리고 솔로몬 군도의 북부였다.

그 중에서도 뉴기니가 특히 중요한 위치를 차지하고 있었다. 이 섬은 일본군의 새로운 방위선의 우측면을 지키는 전략적인 요소일 뿐만 아니라 일본군이 이곳을 잃으면 연합군은 일본측의 작전 행도의 안뜰로 밀고 들어갈 절호의 발판을 마련하게 되기 때문이다. 일본 육군성의 전쟁보고서는 당시의 일본군의 방위 태세에서 뉴기니가 특히 중요한 위치를 차지하고 있었다는 것을 다음과 같이 강조하고 있다.

"뉴기니는 방위선 우측면의 특히 중요한 전략 거점으로서, 만일 이것이 호주와 솔로몬 군도의 일각에 강력한 작전 기지를 이미 가지고 있는 적의 손에 들어가면 필리핀과 그 밖의 남방 지역의 어느 부분에라도 쳐들어갈 절호의 루트를 적에게 제공하게 된다.

이것은 우리의 전반적인 방위망의 기초를 크게 위협하는 것이다. 뉴기니 북해안 지대는 적이 공격 기지로서 작전을 펴나가는 데 있어서, 나아가서는 뉴기니의 북부와 남부의 지리적인 차이라는 점에서도 적에게는 분명히 매우 중요한 가치를 지니고 있다.

작전 단계에서 라에와 살라모아의 전략적 가치는 극히 중요한 것이었다."

미국에서 새로운 지상병력이 도착하기 시작했으므로 마샬 장군에게 다음과 같은 전보를 보냈다.

"지금까지의 경험으로 보아 전술적으로 미 육군부대만의 군을 편성할 필요가 있다. 이곳에는 그런 군의 통할기구가 없기 때문에 그 일은 총사령부가 담당해왔다.

나는 크루거 장군을 사령관으로 하는 군을 거기에 해당시킬 것을 건의한다. 이 군이라면 사령관은 유능하고 행동부대로도 능률적이다. 나는 크루거와는 오랫동안 친밀하게 사귀었기 때문에 특히 그를 희망한다."

이 요청에 따라서 1943년 2월 16일에 크루거 장군을 사령관으로 하는 제 6 군사령부가 서남태평양 지역에 도착했고 미 전투부대는 전부 그 지휘하에 들어갔다.

월터 크루거는 내가 참모총장이었을 때 나의 전쟁계획 주임참모로서 제 6 군에 있어서는 마치 제 5 공군에서의 조지 케니와 같은 존재가 되었다. 역사는 크루거의 위대함을 충분하게 인정하지 않고 있다. 미국의 역사를 통하여 그만큼 우수한 군사령관은 없었다고 믿고 있다.

그는 공격에 있어서는 신속 정확했고 방위에 있어서는 끈질기고 당황하지 않았으며 승리를 얻었을 때는 겸손하고 신중했다. 패배한 경우에는 어떨지 모른다. 왜냐하면 크루거는 한 번도 진 일이 없었기 때문이다.

1월 말 가까이 호주군의 소부대가 지키고 있는 와우가 일본군의 공격을 받았다. 이곳은 라에와 살라모아에 있는 일본군 거점의 안전을 위협하고 있었으므로 연합군에게는 귀중한 지점이었다. 일본군은 처음에는 성공했지만 결국 격퇴되었고 포트 모레스비에서 공수되어온 우리 증원부대에게 완전히 일소당했다.

이 작전은 공수(空輸)라는 수단이 전투부대의 강력하고 신뢰할 수 있는 무기가 되었다는 것을 분명하게 보여주는 것이었다. 일본군은 이 전투를 마지막으로 뉴기니에서 새로운 지역을 탈취하는 것은 단념하고 그 후로는 연합군의 대진격에 대비해서 이미 장악하고 있는 거점을 강화하는 데 전력을 집중하게 되었다.

일본군이 와우에서 패배함으로써 뉴기니 전체의 일본군의 태세에 한층 큰 위협을 주게 되었다. 일본군은 후온 반도 이남의 방위에 차츰 불안을 느끼기 시작했을 것이 틀림없었고, 따라서 라에와 살라모아를 대대적으로 강화시키려 할 것이라고 예측했다.

이 예측을 뒷받침하는 것처럼 라바울에 일본군의 함선이 집결하기 시작했고 수송 루트가 될 만한 지역에서 비행장 건설이 두드러지게 활발하게 행해지고 있다는 정보가 빈번하게 들어왔다. 그래서 나는 각 부대에 적은 라바울에서 뉴기니로 대규모의 병력 수송을 할 가능성이 크다고 경고했다.

우리는 그런 수송이 임박했음을 확신하고 있었으므로 케니 장군의 공군병력은 실제로 닥쳤을 때와 꼭 같은 상황에서 공격 연습을 했고 전투 개시의 장소에서 우위를 차지하도록 가장 유리한 공격 루트를 정찰했다. 동시에 우리는 날씨가 나쁘고 구름이 낮게 깔린 경우에 대비해서 새로운 제공폭격의 기술을 이용할 특별한 준비를 갖추었다.

우리의 준비는 효과가 있었다. 당시 라바울에 사령부를 둔 일본의 제 8 방면군은 이마무라 히토시(今村均) 장군을 사령관으로 하여 모모다케(百武) 장군의 제 17 군을 솔로몬 군도에, 아다치(安達) 장군의 제 18 군을 뉴기니와 뉴브리텐에 배치하고 있었다. 2월 28일에 제 51

사단의 대부분과 일부 중요한 요원 및 긴급시에 필요한 보급물자를 실은 적의 수송선 8척 내지 12척의 대선단이 거의 같은 수인 구축함의 호위를 받아서 뉴기니 전선을 향해 라바울 항을 출발했다.

 케니 장군 휘하의 미국과 호주 두 비행기대는 그것을 습격해서 굉장한 전과를 올렸다. 안개와 비와 두꺼운 구름을 뚫고 벌인 전투였지만 적의 수송선은 전부 격침되었고 적의 구축함도 4척만 남기고 모두 격침되었으며 남은 구축함 중에 2척은 큰 손실을 입었다. 연합군의 함선은 1척도 관계하지 않았다는 점에서 이것은 특이한 해전이었다.

 이 해전(海戰)에서 적은 적재 병력의 대부분을 잃었고 대량의 항공연료와 4개월분의 식량을 포함한 보급물자를 전부 바다에 가라앉혔다. 그 때문에 뉴기니 동부의 일본군은 그 후의 연합군의 라에와 살라모아 공격을 견디는 데 필요한 증원부대와 보급물자를 완전히 잃어버리는 결과가 되었던 것이다.

 이 작전(비스마르크 해 해전)에 대하여 나는 다음과 같이 보고했다.

 "우리가 얻은 승리는 적에게는 커다란 파국이라고 할 수 있을 정도로 철저한 것이었다. 우리의 결정적인 성공이 적의 전략과 전술 양면의 계획에 극히 중대한 영향을 준 것은 틀림없다. 적어도 당분간은 적의 전투행위는 완전히 뒤틀렸다."

 비스마르크 해 해전은 일본군의 가장 중요한 병력과 보급물자와 함선을 소멸시켜서 이제 일본군이 수송선단이나 신속한 구축함의 호위에 의존해서 라에와 살라모아 지구로 증원군을 보내기는 불가능하다는 것을 똑똑히 보여주었다.

 이 대패 후 일본군은 라에로 대선단을 보내는 것을 완전히 단념해서 뉴기니 동부의 일본군 부대는 구축함, 주정(舟艇), 잠수함 등으로 운반하는 약간의 병력과 물자를 보급받는 것이 고작이었다. 해로의 제공권은 완전히 일본군 손에서 떠났다. 이 이후로는 일본군은 고립된 소부대가 결사적으로 반격해오는 이외에는 서남태평양에서 공세로 나오는 계획은 완전히 포기했다.

비스마르크 해 해전의 전과를 축하하는 많은 메시지가 나에게 왔다. 루스벨트 대통령에게서는,

"과거 수주일간 특히 이 며칠간 귀하의 공군부대가 솔로몬 군도의 정세를 지원하고 귀하 자신의 작전을 진행시키기 위해서 행해온 효과적인 폭격을 깊이 칭찬한다. 파푸아 해안의 괴로운 육상전에서 적을 분쇄하여 이제 살라모아를 위협하고 있다는 것은 미국민에게 깊은 감명을 주었고 일본에 대해서는 그 육상부대의 전투능력에 대한 신뢰를 잃게 하는 효과를 주었음에 틀림없다. 적과의 싸움을 모든 면에서 큰 거리를 넘고 더욱 큰 어려움에 견디면서 진행시켜온 귀하에게 나는 감사를 드린다."

커틴 수상으로부터는,

"호주연방 의회 및 호주 국민을 대표하여 귀하의 공군부대가 비스마르크 해에서 대규모의 적 해상전력을 괴멸시킨데 대해 진심으로 축의를 표한다."

뉴질랜드 수상에게서는,

"비스마르크 해에서 맥아더 장군 지휘하의 부대가 올린 결정적인 승리에 대하여 뉴질랜드 정부 및 국민의 축의를 장군에게 전해드린다. 이 행동은 틀림없이 호주와 뉴질랜드에 대한 위협을 크게 완화시켰고 태평양에서의 승리를 향하여 중요한 한걸음을 내딛었다."

윈스턴 처칠 수상에게서는,

"비스마르크 해에서 일본군 선단을 괴멸시킨 데 대해 진심으로 축의를 표한다.

이 전과는 공군력을 적당하게 사용하는 효과를 훌륭하게 보여주었다. 귀관의 역사적인 코레히돌에서의 승리와 서남태평양에 있어서의 연합군 사령관 취임까지 꼭 1년, 그 동안의 어려운 시기에 귀관의 뛰어난 지휘에 연합 제국은 깊이 감사하고 있다."

또 트렌차드 영국 공군 원수에게서는,

"영국 공군의 늙은 장교로서 일본군 선단과 호위함을 전멸시킨 굉

장한 공군의 승리를 진심으로 축하한다. 귀관은 공군력을 어떻게 사용할 것인가에 대하여 훌륭한 본보기를 보여주었다."

영국의 공군참모총장 찰스 포털 원수에게서는 다음과 같은 전보가 와서 특히 케니와 화이트헤드를 기쁘게 했다.

"영국 공군의 모든 계급을 대표해서 귀하의 부대가 최근 비스마르크 해 해전에서 거둔 굉장한 승리에 진심으로 축의를 표한다. 귀하의 비행기가 일본군의 선단을 괴멸시킴으로써 적은 또다시 큰 패배를 맛보았다. 이 전과는 말할 것도 없이 육지에 기지를 둔 비행기가 지상 또는 해상의 제공권을 장악하는 경우에 얼마나 파괴적인 힘을 발휘할 수 있는가를 증명했다."

워싱턴의 해군성에 있는 고급장교로부터의 편지에는 다음과 같이 적혀 있었다.

"비스마르크 해에서의 일을 진심으로 축하한다. 이 행동은 계획과 실행 모두 훌륭해서 일본군의 가장 아픈 곳인 선단을 두들겼다. 귀관이 필리핀 방위에서 그렇게 원했던 지상 공군력을 끝내 입수하지 못했던 것은 참으로 애석하다. 만일 입수했더라면 결과는 훨씬 달라졌을 것이다. 저공폭격은 움직이는 배에 대한 고공폭격의 약점을 제거하는 아주 교묘한 전법이라고 생각한다."

나는 나의 호주 도착 기념 축하회에 주빈으로 참석해달라는 호주 의회의 초대를 받고 캔버라에서 열린 만찬회에서 호주 국민의 감사를 전하는 의회의 인사를 받았다. 이 자리에서 수상과 야당 지도자가 정중한 연설을 한 후 나는 다음과 같은 말로 호주 국민에게 감사를 드렸다.

"수상, 오늘밤 내가 호주의 손님이 되었다는 것을 얼마나 자랑스럽게 생각하고 있는가는 말로 다할 수 없습니다. 이것은 미국과 호주 양국을 맺는 오랜 우정의 사슬을 더욱 튼튼하게 하는 것입니다. 그것은 또 단 하나의 부동의 목적인 승리 이외에는 아무것도 안중에 두지 않는 우리 모두의 노력을 상징하는 것입니다.

지난 2년간은 호주에 있어서 중대한 시기였습니다. 여러분은 목숨을 걸고 거기에 맞서서 그것을 극복했습니다. 호주에서 태평양의 전황은 일변했고 거대한 침략의 힘이 무너져서 밀려가기 시작한 것입니다.

나는 2년 전에 이 나라에 왔을 때 필리핀 사람들에게 '나는 돌아간다'고 말했습니다. 오늘밤 나는 그 말을 되풀이합니다. 필리핀과 그 인근의 섬들을 우리가 언젠가는 일본군으로부터 탈환하여 해방시킬 것은 절대로 확실합니다. 그 목적을 위해 적당한 시기에 대공세가 개시되겠지요.

신의 도움을 얻어서 이 대공세는 빼앗긴 것을 되찾을 뿐만 아니라 남방의 피점령지역에서 일본을 고립시키고 또 귀국이 다시 태평양과 접촉할 수 있을 만한 정세를 결정적으로 만들 것입니다.

이런 모임에 나와 있으면 나의 생각은 북쪽 밀림에서의 십자군에 달려가서 그곳에서의 싸움으로 이 대륙을 구한 사나이들에게 저절로 고개숙입니다. 이 사람들은 가슴에 신념을 갖고 입술에 희망의 말을 담으면서 지금 여기에서 우리가 흘리는 눈물이 닿지 않는 곳으로 가 버렸습니다. 그들이 이룩한 어제야말로 우리의 내일을 가능하게 하고 있는 것입니다.

이 사람들은 세계의 여러 지역에서 모였습니다만 그 태생이 어디건 지금은 하얗고 소박한 십자가 밑에서 영원히 오스트레일리아에 속해 있습니다. 나는 오늘밤의 이 영예와 환대를 그 사람들, 나아가서는 그들의 전우들의 이름으로 감사드립니다. 나는 이 모임을 영원히 죽어간 병사들과 결부시켜서 기억할 것입니다."

이 모임은 참으로 즐겁고 전쟁과는 너무나도 다른 분위기였으므로 별세계에 있는 듯한 느낌이 들었다. 그날 밤 나는 공로로 사령부에 돌아갔다.

당시 내가 지휘하고 있던 병력은 미국의 육군과 공군 전체의 2%를 얼마쯤 밑도는 것이었다. 나에게는 10만 명을 약간 넘는 병력이 할당되어 있었는데, 이것은 당시 미 본토 밖에 있던 1백만 명을 넘는 미 육군과 공군 병력의 10% 정도에 해당하는 것이었다. 내가 가지고 있던 해군 병력이 미 해군 전체에 대해서 차지하는 비율은 선박과 병사 양쪽을 포함해서 육군 병력의 비율보다도 더욱 낮았다.

나는 태평양 방면의 사령부를 통일시킬 것을 극구 주장했고 서열로는 내가 훨씬 선임이지만 전체의 이익을 위해서라면 종속적인 지위에 있어도 좋다고까지 말했다. 그러나 헛일이었다. 전쟁 중에 저질러진 수많은 과오 중에서도 태평양의 사령부를 통일시키지 않았던 것은 가장 이치에 맞지 않는 일이었다.

이것은 사령부라는 성격과 전통이 지닌 가장 기본적인 원칙이다. 게다가 이 경우는 국제적인 문제도 없었다. 또 다른 큰 전장에서는 이 원칙이 받아들여졌고 더구나 완전하게 성공하고 있었다. 그것을 태평양에서는 하지 않았다는 것은 전통적인 전쟁이론에서 보더라도 상식적으로 변명의 여지가 없었다.

그렇다면 달리 어떤 동기가 있었다고 보아야 된다. 어찌 되었건 그 결과는 전쟁노력을 분열시키고 전력을 분산시키거나 겹쳐지게 하는 낭비를 초래했고 장기적으로는 전쟁을 오래 끌어서 지나친 사상자와 경비가 나게 되었다.

태평양의 두 개의 사령부는 수많은 관계자들의 선의와 좋은 성격과 능력에 의해서 아주 좋은 협력관계를 유지했지만 권위를 한 군데로 뭉치는 데서 오는 본질적인 목표의 통일에 대신할 수는 없었다. 그것을 하지 않은 것은 여러 가지 불리한 점과 위험을 초래하는 결과가 되었고 그 때문에 죽지 않아도 되었을 많은 장병이 묘지에 잠들어 있다.

2월 26일에 앞서 곰리 제독과 교대한 할세이 제독이 지휘하는 남태평양 함대가 나의 작전지휘를 받게 되었다. 윌리엄 할세이는 해군사관학교의 1904년 졸업생으로, 미국의 위대한 해군 군인 중 한 사람이었다. 그때까지 개인적으로는 안면이 없었지만 그가 육군 사관학교와의 풋볼 시합에서 해군사관학교 팀의 풀백이었다는 사실은 잘 알고 있었다.

무뚝뚝하고 입이 빠르며 정력적인 할세이는 일선 사령관으로서 자타가 공인하는 제일급의 인물이었다. 그는 태평양의 사령부를 통일시킬 것을 강경하게 주장하고 있었으므로 해군성의 내부에는 언제나 반 할세이의 공기가 있었던 모양이었다. 그는 매우 공격적인 타입의 사람으로서, 적과 접근해서 죽을 때까지 싸우는 것 이외에는 아무것도 염두에 두지 않았다.

　대부분의 해군이 지니고 있는 함선을 잃는 데 대한 공포는 할세이가 생각하는 해전과는 전혀 관계가 없는 것이었다. 나는 처음 만났을 때부터 그가 좋아졌고 시간이 지남에 따라 나의 존경과 칭찬의 마음은 더욱 깊어졌다. 그의 충실함은 언제나 변하지 않았고 나는 그의 판단을 매우 신뢰했다. 미 해군사를 읽어보아도 할세이를 능가할 인물은 보이지 않는다.

　할세이는 나와 같은 연배인데, 소문에 의하면 나이가 드는 것에 몹시 신경을 쓰고 있었다고 하지만 나 자신은 그런 기색을 전혀 느끼지 못했다.

　할세이 제독의 남태평양 함대가 나의 작전지휘를 받게 된데다가 나의 해상 전력도 제7 수륙양용부대와 1개 공병여단이 추가되어 강화되었다. 수륙양용부대는 수송선, 화물선, 그리고 모든 종류의 상륙용 주정을 장비하고 있어서 대규모의 수륙양용 작전에 쓰일 예정이었다.

　한편 공병여단은 행동반경 90킬로미터인 소형 함정을 가지고 있어서 해안에서 해안으로 이동하는 경우에 쓰이게 되었다. 수륙양용부대와 함께 바비, 페첼러, 스트러블 등 우수한 제독들이 나의 사령부에 들어왔다. 3월 15일에 나의 해군 병력은 일괄해서 제7 함대가 되었고 그 후 오래지 않아 미 해군의 가장 걸출한 제독의 한 사람인 토머스 킹케이드 제독이 사령관에 취임했다.

　4월 18일, 태평양전쟁에서 가장 중대한 의의를 지닌 공격의 하나가 펼쳐졌다. 미 공군이 일본의 연합함대 사령관 야마모토 이소로쿠(山本五十六) 제독이 탄 비행기를 격추시킨 것이다.

야마토 제독은 본래 연합국과의 전쟁 개시를 반대하고 있었는데 일단 개전의 결정이 내린 후에는 그가 세운 종합적인 계획이 진주만에서 대성공을 거두게 되었다. 제독은 솔로몬 군도에서의 일본측의 작전을 전반적으로 지휘했고, 일본 해군이 행한 전쟁노력의 전략적 두뇌로 알려져 있었다.

우리는 일본측의 암호 해독에 성공하고 있었는데 얻어낸 한 통의 전보로 야마모토 제독이 현지의 격전을 직접 시찰하기 위해 라바울에서 부겐빌로 날아갈 예정이라는 것을 알았다. 이 전보는 비행 경로와 공중에서의 호위의 규모, 부겐빌 서해안 상공에서의 호위기와의 접촉 지점 등이 표시되어 있었다.

이 전보가 가짜라고 하는 의심을 갖는 사람도 상당히 있었지만 나는 야마모토 제독이 언제나 아슬아슬한 접촉점까지 밀고 나가는 전선형의 전사임을 알고 있었다. 가장 우수한 비행사의 한 사람인 T. J. 랜피어 소령에게 그의 편대를 지휘해서 야마모토의 비행기를 접촉 지점에서 요격하라는 명령을 내렸다.

그날은 안개가 짙었고 검은 구름이 거친 바다 위에서 음산하게 춤추고 있었다. 야마모토의 비행기와 만나는 시간은 3시여서 랜피어 소령은 조금전에 현지에 도착했는데 소령이 둘러보아도 별다른 것은 아무것도 보이지 않았다. 랜피어 소령의 입에서 귀환 명령이 내리려고 했다. 그때 랜피어의 바로 앞에 적의 대형 수송기 2대가 제트 전투기대의 호위를 받으면서 나타났다.

랜피어의 편대는 제트 전투기와 교전하기 위해 상공으로 날아 올라갔다. 제트 전투기를 막아서 두 수송기를 고립시키려는 것이었다. 제트 전투기는 수송기를 지키려고 필사적이었지만 곧 쌍방이 뒤섞여서 소용돌이치는 공중전때문에 두 수송기는 단독비행을 하지 않을 수 없었다.

수송기 중 야마모토 제독의 막료 대부분을 태운 2번기는 곧 추락했다. 다음에는 랜피어와 야마모토의 비행기만이 남아서 마지막까지 싸우게 되었다. 야마모토 비행기의 조종사는 간단히 처리될 상대는 아니었다. 숙련된 비행사여서 공격을 피하기 위해 온갖 수단을 썼던 것이다. 구름 속에 숨고 지그재그를 그리고 옆으로 돌고 다시 방향을 바꿔서 야마모토 비행기는 드디어 해안선에 도달했다. 거기에서 급강하하여 밀림에 닿을 듯한 저고도가 되었다.

여기에서 결국 야마모토 비행기를 놓쳐버리는가 싶었다. 랜피어가 탄 전투기에서는 모든 기총이 발사되었다. 그리고 갑자기 수송기의 뒷부분에서 검은 연기가 솟으면서 불꽃이 순식간에 번졌다. 수송기의 커다란 동체는 떨면서 기울어졌다가 큰소리를 내며 추락했다. 젖은 밀림이 찢겨지고 기체의 파편이 연기와 함께 흩어졌다. 이것이 야마모토 제독의 최후였다.

그것은 진주만의 바다에서 번쩍이는 백골로부터 일제히 함성이 울려올 것처럼 생각되는 순간이었다. 그렇게 해서 일본 해군의 제일인자는 모든 살아있는 사람이 가진 야심을 뒤로 하고 각 시대가 낳은 용사의 대열에 사라졌다.

워싱턴은 이 공격을 대전 중의 가장 큰 성과의 하나라고 칭찬했지만 암호해독반의 일이 폭로되는 것이 두려워서 이 사건을 극비로 지시하여 그 발표를 일체 금지시켰다. 때문에 랜피어는 엄청난 전공을 세웠으면서도 결국 이름이 드러나지 않는 그늘의 영웅이 되고 말았다.

5월 27일, 나는 커틴 호주 수상에게서 영국왕이 나에게 버드대십자훈장(GCB)을 수여했다는 소식을 들었다. 그때의 커틴 씨 전보는 참으로 흐뭇한 것이었다.

"국왕폐하가 당신에게 높은 명예를 수여하는 것을 나는 그지없는 기쁨과 함께 축하한다. 이것은 우리의 공통된 목적을 위해 당신이 수행하고 있는 개인적인 역할을 인정하는 최고의 증표여서 모든 호주국민이 만족하고 있는 것은 물론이고, 귀국 사람들도 자랑스럽게 생각할 것임에 틀림없다. 깊은 호의와 함께."

나는 수상에게 다음과 같이 회답했다.

"당신의 멋진 전보는 훈장에 못지않게 나를 기쁘게 했다. 국왕폐하께 나의 감사하는 기분은 별도로 하고 이것을 영원히 호주의 훈장으로 생각하겠다. 나를 추천한 것은 호주의 수상이고 그것을 받도록 해준 것은 대부분 호주의 장병이다. 나는 그것을 잊지 않겠다."

제1차 대전에서 유명한 안자크 부대의 사령관으로 대영제국의 선임원수가 되었고 일찍이 키치어 장군의 참모장이었을 무렵에 인도에서 만난 일이 있던 버드우드 경(卿)으로부터 다음과 같은 편지가 왔다.

"당신이 우리가 가진 최고의 군사적 영예인 GCB를 받은 일에 영국 육군 전체가 얼마나 큰 만족을 느끼고 있는가는 필설로 다할 수 없습니다. 당신만큼 이 훈장에 어울리는 인물은 없다고 우리 모두가 생각하고 있습니다. 나도 GCB를 받은 사람의 하나로써 당신이 들었다는 것은 서훈자 전원의 커다란 명예라고 생각하고 있습니다. 당신이 오래 사셔서 단지 영예를 장식할 뿐만 아니라 위대한 나라와 대영제국의 사람들이 느끼고 있는 당신에 대한 감사와 칭찬의 기분을 충분히 맛보시기를 빕니다."

나는 다음과 같이 회답했다.

"GCB에 대하여 멋진 축하의 말씀을 받고 후의에 감사드립니다. 나는 이 서훈에 깊이 감격하고 있습니다. 이 전역에서는 적을 끊임없이 두들겨서 우리가 본격적인 공격을 할 수 있을 만한 병력이 마련될 때까지 적을 불안정하고 균형이 잡히지 않은 상태로 해두도록 노력하고 있습니다. 나는 언제나 당신의 이름을 빌려서 부대의 전투정신을 결속시키고 있고 당신의 이름은 언제나 대단한 효과를 발휘하고 있습니다."

나는 또 처칠 수상으로부터 다음과 같은 편지를 받았다.

"태평양의 정세에 관한 당신의 견해에 대하여 듀잉 장군의 설명을 듣고 매우 흥미깊게 생각했습니다. 우리가 더욱 밀접하고 더욱 계속적인 연락을 가졌으면 좋겠다고 진심으로 생각합니다.

틀림없이 일본군은 지금 점령하고 있는 지역에 필사적으로 매달려서,

일본 본토가 중심으로부터 붕괴되는 경우를 제외하고는 일본군을 하나하나 몰아낸다는 것은 시간과 힘이 많이 드는 일이 될 것입니다. 우리가 이쪽에서 안고 있는 문제를 처리하고, 여기 저기에서 필요로 하고 있는 우리의 병력을 전부 돌려서 당신의 위대한 일을 도울 수 있는 날이 오기를 진심으로 희망합니다.

　나는 우리 모두 협력해서 일본에 대한 최종적인 공격에 대하여 전반적인 정책을 다음 회의에서 토의하도록 대통령과 측근에게 요청했습니다. 그것이 어떤 형태의 정책이 되는지가 결정되어야 비로소 우리는 여기에서 대일전에 최대한의 노력을 기울일 계획을 세울 수가 있습니다.

　이것은 극동으로 향해서 이쪽의 병력을 일부밖에 수송할 선박이 없다는 것이 명백한 만큼 몹시 어려운 문제를 내포하고 있습니다. 필요한 것은 수송할 수 있는 한 그쪽으로 돌리고 해군의 대부분과 공군의 사용가능한 것 전부도 그쪽으로 돌리게 될 것입니다. 그때까지 우리는 물론 버어마와 말레이지아, 기타 일본의 서부전선 각지에 압박을 가하겠습니다.

　만일 나의 희망대로 지금 매우 순조롭게 진행되고 있는 지중해작전에서 이탈리아 함대를 무력하게 하거나 또는 괴멸시키게 되면 인도양과 벵갈 만에 강력한 영국 함대를 둘 수 있게 될 것입니다. 연내로 그것이 실현되기를 희망하고 있습니다.

　스탈린은 지금 독일군의 창자를 상당히 씹어뜯고 있습니다만 일단 독일군의 압력이 해소되면 스탈린은 아마 대일전에 참가할 것이라고 예상하고 있습니다. 스탈린은 일본의 탐욕스러운 태도를 충분히 알고 있습니다. 소련이 대일전에 참가하면 물론 일본 본토에 대하여 공습을 가하는 면에서 매우 커다란 가능성이 생깁니다.

　이런 것들은 모두 장래의 일이고 지금의 우리는 중국을 도와 중국에서 연합군의 공군을 활동시키는 일에 최선을 다해야 합니다. 나는 일본군에 대해서는 경솔한 생각은 하지 않을테니까 안심해주십시오.

일본군은 무서운 적수이고, 그들이 지닌 군사적인 소질에 대해서는 싫지만 칭찬하지 않을 수 없습니다.

그 일본군에 대한 당신의 작전은 눈부신 것이어서 진심으로 축의와 사의를 표합니다. 공통된 목적을 향해서 당신이 이룩한 일에 대한 대영제국의 감사의 표시로서 당신에게 버드십자대훈장을 보내도록 국왕폐하에게 추천한 것을 나는 커다란 기쁨으로 삼고 있습니다."

3. 라바울의 고립

나는 드디어 1943년의 공세를 위한 최종적인 계획을 실행으로 옮길 단계에 왔다. 이 계획은 간단히 말하면 과달카날과 파푸아에서 두 개의 선을 따라서 전진하는 동시작전으로 뉴기니의 동북부와 솔로몬 군도를 완전히 수중에 넣고 이어서 두 개의 선이 하나로 모여서 라바울의 일본군 거점을 협공하여 고립시키려는 것이었다.

당장의 목표는 이 두 개의 선에 따른 비행장을 확보하고 그곳에서 적의 전력을 꺾는 동시에 연합군의 진격을 지원하도록 하는 것이었다. 이 두 지구에서의 전진작전을 하늘에서 지원하기 위하여 크루거 장군의 부대로 우들라크와 키리위나의 두 섬을 점령하고 이 두 섬에 곧 비행장을 건설하기로 계획했다.

한편 뉴기니에서는 살라모아에서 최초의 양동작전을 펴서 적의 주력부대를 그 방위에 묶어놓고 주력은 라에로 향하여 말캄 계곡에서 육지를 따라 공수되는 병력과 밀르느 만 및 부나에서 해안을 따라 전진하는 수륙양용부대의 공동 공격으로 라에의 귀중한 비행장을 탈취한 후 해안을 따라 전진해서 핀슈하펜과 후온 만 및 비티어스 해협 지대의 각 기지를 빼앗는다는 계획이었다.

솔로몬 군도 방면에서는 남태평양 지역의 각 부대가 할세이 제독의 직접 지휘하에 뉴조지아 제도를 점령할 예정이었다. 이들 목표를 달성한 다음 서남태평양과 남태평양의 두 개의 작전부대는 새로 얻은 기지로부터 지원을 받으면서 전진하여 서쪽은 뉴브리텐, 동쪽은 부겐빌에 대하여 동시에 공격한다.

이어서 라바울에 대한 일본 해군의 지원과 보급물자 공수의 길을 끊어서 연합군의 측면에 대한 라바울의 위협을 없애고 연합군은 계속 필리핀으로 전진한다는 구상이었다. 우리의 공격 방향을 적이 알아차리지 못하도록 하기 위하여 암본, 티모르, 타님바르, 그리고 네덜란드령 동인도제도의 기지에 대한 공습을 명했다.

또한 다윈, 퍼드, 마이로크의 무전통신소와 암호로 거짓 정보를 많이 교환했다. 그 덕분에 일본군은 적어도 호주 북서부에서 견제공격이 행해질 것으로 믿었다. 공세는 크루거 장군의 알라모 부대에 의해서 시작되어 우들라크와 키리위나 두 섬은 거의 저항을 받지 않고 점령했다. 이 두 섬에서의 비행장 건설은 신속히 진행되어 7월 24일에는 제 67 비행중대가 우들라크에 기지를 두고 출격할 태세가 되었다. 키리위나에서는 8월 18일에 호주 공군의 제 79 전투기중대가 행동태세에 들어갔다.

연합군 공세의 동쪽 끝에서는 남태평양 부대가 계획대로 공격을 개시했고 적은 완강히 저항했지만 미 제 14 군단과 각 해병사단 및 뉴질랜드 부대는 전부 전진했다. 적은 라바울에서 하늘과 바다의 양면으로 반격해왔다. 적은 315대를 출동시켰지만 그 반을 잃었고 해상에서도 7월 6일과 12일의 쿨라 만(灣)에서의 두 번의 해전에 져서 다수의 순양함과 구축함을 잃었다. 뉴조지아 주와 그 주변의 여러 섬은 10월 10일까지는 연합군의 수중에 들어왔다.

뉴기니 동북부로 전진해서 후온 반도를 탈취하는 나의 계획은 통칭 뉴기니 부대로 불리는 블레이미 장군 지휘하의 태반이 호주 병사로 이루어진 부대에 맡겨졌다. 나는 이 부대에 살라모아, 라에, 핀시하펜, 마당을 포함한 지역을 탈취해서 점령하라고 명했다. 최초의 주요 목표는 라에에 두었다. 이곳을 함락시키면 후온 반도에의 문이 열린다.

공세를 개시한 연합군은 우리 목표가 라에가 아니라 살라모아라고 일본군이 생각하도록 우선 일본군을 살라모아 쪽으로 밀어붙였다. 이 계획은 효과가 있어서 우리 뉴기니 부대는 살라모아 양동작전의 그늘에 숨어서 라에로의 진격 준비를 완료했다.

이 동안 일본의 총사령부는 증원 공군부대를 라바울만이 아니라 뉴기니 북안인 웨와크에도 보내기 시작했다. 때문에 우리 공군부대의 주력은 라바울과 웨와크의 두 거점에 있는 일본군 공군부대의 거의 중간에 위치하는 꼴이 되었다. 두 거점의 적 공군을 합치면 우리는 2대 1의 열세였지만 각각으로 상대하면 거의 같은 세력이었다.

나는 케니에게 우선 한쪽에 집중하고 그것이 성공하면 다음으로 옮기는, 즉 각개격파로 적을 괴멸시킬 것을 명했다. 이 준비는 극비로 진행해서 기습의 효과를 최고도로 발휘하도록 주의시켰다. 케니와 그 밑의 실전부대 지휘관 화이트헤드는 이 작전을 멋지게 해냈다.

공격은 먼저 웨와크로 향해서 완벽한 기습으로 적기 100대를 지상에서 괴멸시켰다. 일본군은 혼란에 빠져서 공군부대를 재건하려고 필사적이었지만 계속된 공중전에서도 또 100대를 격추시켰다. 나는 워싱턴에 다음과 같이 보고했다.

"이것은 호기를 택한 괴멸적인 타격이었다. 숫적으로는 적과 아군이 거의 같은 세력이었지만 한쪽은 하늘에 있고 한쪽은 지상에 있었다. 지상의 비행기만큼 약한 것은 없다. 기습은 언제나 싸움의 승패를 결정한다."

마샬 장군은 "웨와크에서의 귀공군의 대전과를 축하한다. 이 뉴스는 퀘벡에서의 미·영 합동회의에서도 기뻐했다. 이 적극적인 행동에 감사하고 거듭 축의를 표한다." 하는 축전을 보냈고 할세이 제독도 "모든 남태평양 부대는 웨와크에서의 철저하고도 중요한 공군의 전과에 갈채를 보낸다. 공격부대의 통제와 확고한 공격정신은 우리 부대의 사기를 고무했고 또 적 진지를 현혹시켰음에 틀림없다."고 타전해 왔다.

나는 할세이의 따뜻한 전보에 감사해서 "남태평양 부대와 같은 전투부대로부터 듣는 이 말은 무엇보다도 훌륭한 칭찬이다." 하고 회답했다. 이 웨와크 공격을 전기로 해서 적 공군의 활동은 차츰 둔해졌고 그때까지 높았던 적 파일롯의 기능도 현저하게 저하되었다.

나는 루스벨트 대통령으로부터 8월 15일자로 다음과 같은 편지를 받았다.

"친애하는 더글러스, 자네도 아는 바와 같이 루스벨트 부인은 곧 서남태평양을 방문할 예정이네. 아내가 자네와 만날 수 있는 것을 나는 기쁘게 생각하고 있네. 아내는 물론 모든 것을 보고 싶어하지만 어디에 가야 하고 어디에는 가지 않아야 할지는 모두 자네의 판단에 맡기네. 아내는 특히 과달카날을 보고 싶어하고 이제는 상당히 안전한 장소로 보이는데 어떨른지.

나는 과달카날만이 아니라 어떤 장소에 대해서 전적으로 현지 사령관의 판단에 맡긴다고 아내에게 말했네. 현재로서 뉴조지아나 푸나푸티(엘리스 제도)에 가는 것은 나는 의문으로 생각하고 있네. 루스벨트 부인이 육해군 장병이 있는 곳을 방문하는 것은 사기를 높이는 데 도움이 된다고 생각하고 있네. 자네는 매우 훌륭한 일을 해주고 있고 우리는 모두 자네를 자랑스럽게 생각하고 있네."

나는 마침 전선에 있었으므로 아이켈버거 장군을 호주로 파견해서 부인의 시중을 들도록 했다. 부인은 뉴기니에 오고 싶어 했지만 그것은 너무 위험하다고 나는 생각했다. 부인은 오랜 나의 친구였으므로 내가 거절한 것에 별로 신경을 쓰지 않았다. 부인이 귀국할 때 나는 다음의 메시지를 보냈다.

"이 지역에의 당신의 방문이 끝남에 있어서 나는 전원을 대표하여 당신이 하신 일에 진심으로 감사드립니다. 당신의 방문은 우리가 잊혀져 있지 않았다는 것을 알려주셨고 우리에게 고향의 따뜻한 정을 느끼게 해주셨습니다. 나는 당신을 만나지 못한 것을 매우 애석하게 생각합니다. 전선에서의 일은 내가 브리스베인까지 가서 당신에게 인사드리는 것을 도저히 허용하지 않았습니다."

부인에게서 다음과 같은 회답이 왔다.

"전보 고맙습니다. 아이켈버거 장군이 잘 보살펴주셔서 나는 훈련 중이거나 병원, 혹은 후방 지역의 장병들과 만날 수 있었습니다. 더욱 많은 사람들과 만나고, 더욱 전선 가까이까지 갈 수 있었더라면 하고 생각합니다. 당신의 모든 장병에게 당신 밑에서의 훌륭한 활약을 내가 충심으로 칭찬하고 있다는 것을 전해주십시오. 나도, 대통령도 진심으로 인사를 보냅니다. 돌보아주신데 대해 당신과 맥아더 부인에게 감사드립니다. 건강하시기를."

10월 27일, 스팀슨 육군장관으로부터 다음과 같은 친전 메시지가 왔다.

"물론 아시리라고 생각하지만, 필리핀 연방 헌법의 규정에 따라 케손 대통령의 임기는 오는 11월 15일로 만료되고 한편 오스메니아 부통령의 임기는 앞으로 2년이 남았다. 전시에 필리핀의 지도층에 그런 변화가 일어나는 것은 필리핀 인의 전투의욕과 일본의 지배에서 벗어나겠다는 결의를 손상시킬 우려가 있다고 들었고 나 자신도 그렇게 생각한다.

따라서 나는 의회에 양원 합동 결의로 케손과 오스메니아의 임기를 모두 필리핀이 일본군으로부터 해방되어 새로운 선거 실시가 가능해질 때까지 연장시키도록 요청할 것을 고려하고 있다. 의회가 그런 조치를 강구할 헌법 상의 권리를 완전히 가지고 있다는 것은 틀림이 없고 그렇게 함으로써 전쟁 수행과 필리핀 해방에 크게 도움이 된다는 것을 납득시킨다면 의회는 기꺼이 즉각 그런 조치를 취해줄 것이라고 생각한다.

케손은 병이 들었지만 현재는 상당히 회복되었다. 이 문제를 고려함에 있어서 케손의 지도가 필리핀 인의 충성을 유지하고 전쟁을 만족스럽게 수행하는데 얼마나 효과가 있는지 하는 점에서 당신의 판단을 알려주면 고맙겠다. 당신은 케손과 오스메니아를 잘 알고 있고 또 두 사람이 필리핀 인에게 얼마만한 영향력을 가지고 있으며 필리핀의 현재의 전쟁노력은 어떤 상태에 있는가 하는 점에 있어서도 지식을 가졌고 또한 당신이 장차 필리핀 해방전에 책임을 지고 있다는 점에서 이런 구체적인 문제에 대한 당신의 의견은 나에게 대단히 참고가 된다.

그리고 두 사람의 임기 연장을 의회에 제안할 때 당신도 찬성한다는 것을 내가 의회에 전하면 결의 채택을 빨리 하는 데 도움이 되리라고 생각한다. 되도록 빨리 의견을 알려주기 바란다."

나는 곧 다음과 같이 회답했다.

"현재의 연방 정부의 임기는 1945년 말에 만료된다. 필리핀이 궁극적으로 해방될 것은 틀림없지만 싸움의 진행에 따라서는 그때까지 해방이 달성되지 않을지도 모른다. 그런 경우에는 선거를 하는 것은 물론 불가능해서 정부는 후계자가 없는 채 임기가 끝나게 된다. 이것은 극히 위험한 정세를 낳을 우려가 있다. 필리핀 인은 법적인 지도자를 갖지 못하게 되고 일본에 저항하려는 필리핀 인의 결의는 꺾이게 된다.

현재의 필리핀 정부 수뇌는 과거 30년간 자타가 공인하는 필리핀 인의 지도자였던 사람들이고 필리핀 인의 희망의 상징이기 때문에 무슨 수를 써서라도 그들을 지지해야 한다고 생각한다. 그들은 일본군에게 쫓겨난 사람들이므로 미국의 군사력에 의해서 그 부활을 실현시키지 않으면 안 된다. 현재의 정세를 대책도 없이 변화시키는 것은 필리핀의 군사적 노력에 막심한 악영향을 미치리라고 생각한다."

루스벨트 대통령은 몸소 나의 메시지에 다음과 같은 답을 보냈다.

"필리핀에 관한 메시지 고맙네. 나는 그 대요를 방송으로 연설했네. 현재의 입법조치로 이미 필리핀을 독립시키도록 되어있으므로 새로운 입법조치는 필요없을 것이네. 1946년까지 필리핀을 처리하면 미국 의회는 그 시기를 당길 것이네."

우리는 그 말대로 1946년까지 필리핀을 처리했으므로 필리핀 수뇌부의 연장임기에는 이상이 없었다.

9월 4일, 호주 부대가 해안을 따라 동쪽에서 라에 공격을 개시했다. 동시에 다른 호주 부대를 말칼 계곡을 넘어 오지(奧地)로 공수하여 서쪽에서 공격할 준비를 진행시켰다. 이 제2의 호주 부대가 성공할 지의 여부는 나자브에 있는 전쟁 전의 비행장 터를 탈취할 수 있느냐의 여부에 달려 있었다. 이 옛 비행장을 빼앗아서 사용할 수 있도록 정비가 되면 지상부대를 보내서 동서에서 죄어들어가 라에의 적의 부대를 완전히 포위할 수 있다.

이것은 태평양 전쟁에서는 처음인 대규모의 공수부대를 이용한 정밀한 작전이었다. 공수되는 부대는 미 제503 낙하산연대였는데, 내가 시찰해보니까 당연한 일이지만 대원들은 불안한 표정이었다. 따라서 나도 함께 날아가는 것이 좋겠다고 판단했다. 부대 최초의 전투에 이렇게 위험한 곳으로 날아드는 것이니까 내가 있으면서 조금이라도 안도감을 주는 것이 바람직하다고 생각했기 때문인데 날아가기는 했지만 장병들은 내가 없더라도 문제가 없었다.

이 중요한 비행장에 병력이 낙하하여 작전은 시계바늘처럼 정확하게 진행되었다. 화염방사기는 키큰 쿠나이 풀의 덤불을 불태우고 비행장의 구멍은 메어졌으며 계속되는 수송기에서 보병부대가 속속 투입되었다. 입체작전은 드디어 현실이 되었다.

라에를 둘러싼 연합군의 포위망은 급속히 좁혀져갔다. 살라모아에서의 적의 피투성이의 방어는 분쇄되어 우리는 사방에서 육박해갔다. 적의 부대는 사실상 전멸했고 우리는 9월 12일에 라에는 이름만 남은 폐허에 들어갔다.

커틴 호주 수상은 나에게 다음과 같은 메시지를 보냈다.

"나는 블레이니 장군에게서 라에 점령 얘기를 들었다. 이 굉장한 무훈은 태평양전쟁에 또다시 한 획을 긋는 것이어서 나는 귀하 및 귀하의 사령관들과 미·호 양군의 육해공 각 부대의 모든 장병에게 호주 정부와 국민을 대신하여 감사와 칭찬의 말을 전한다."

같은 메시지가 스팀슨 등 많은 사람에게서 왔고 놀랍게도 공군훈장을 받았다. 지상군의 사령관이라면 누구나 그렇겠지만 이 훈장이 나에게 과분하다고는 생각하면서도 몹시 기뻤다. 그때의 표창장에는 다음과 같이 적혀 있었다.

"1943년 9월 5일, 맥아더 장군은 탈리스맨이라는 이름의 B17형 폭격기를 타고 직접 미 공수부대를 지휘하여 나자브 비행장으로의 중요한 낙하에 성공했다. 맥아더 장군은 적기가 활동하는 항로를 날아서 이 역사적 작전을 유리하게 지휘했고 그래서 작전은 성공하여 후에 호주 공수부대의 낙하와 말캄 계곡 서단의 점령을 가능하게 했다. 장군은 이 전투에서 적과의 첫번째 접촉 기간에 모든 공수부대가 도착할 때까지 전투지역 상공에 머물렀다."

그러나 그 이상으로 내가 마음 흐뭇하게 생각한 것은 나와 친한 제1차 세계대전 시절의 사랑하는 사령관 퍼싱 장군으로부터 다음과 같은 평을 받은 일이었다.

"한 사령관에게 있어서 장군이라면 누구나 가지고 있는 이상──적을 포위해서 전멸시킨다고 하는 일을 해낸다는 것은 쉽지 않다. 그러나 맥아더는 극히 열세인 병력으로 지난 18개월 사이에 세 번, 먼저 코코다와 밀르느 만의 전투에서, 이어서 비스마르크 해에서, 그리고 이번에는 라에와 살라모아에서 그것을 실현시켰다."

라에 점령 후 뉴기니부대의 일부는 후온 반도 동단에 있어서 중요한 비티어스 해협 서쪽 입구를 장악하는 전략적인 항구 핀시하펜으로 향했다. 이 작전은 일본군의 허를 찔러서 연합군은 10월 2일에 핀시하펜을 점령했다. 한편 뉴기니부대의 다른 일부는 말캄 계곡을 따라 적의 남쪽을 찌르고 들어갔다. 이것은 일거에 전선을 320킬로미터 앞으로 진전시켜서 뉴기니의 한가운데를 차단하는 행동이었다.

연합군은 이제 후온 반도를 제압했다. 뉴기니 부대의 두 가지 행동으로 이 반도의 적의 주요 진지는 전부 포위되어 뉴기니 동북 해안에 남아있는 적의 시설과 병력은 무력상태로 되었다. 이 일련의 행동이 재빨랐기 때문에 적은 의표를 찔려서 뉴기니의 제압을 완화시키지 않을 수 없게 되었고 동시에 보충이 되지 않은 병력과 물자를 대량으로 잃었다.

마샬 장군은 나에게 다음과 같은 정중한 메시지를 보냈다.

"핀시하펜의 점령이 완료된 전투에 공적, 사적으로 축의를 표한다. 일련의 작전에서 보여준 병력의 배치, 전술과 스피드, 그리고 행동의 신속함은 장래에 밝은 기대를 갖게 한다."

솔로몬 군도 방면에서는 과달카날 북쪽 부겐빌의 남부에 있는 일본군의 세력이 극히 강력했으므로 나는 할세이 제독에게 섬의 동부에 있는 이 일본군의 방위선은 그대로 두고 320킬로미터 앞인 서해안에 있는 엠프레스오거스타 만(灣)으로 나아가라고 명령했다.

이 행동이 용이하도록 하기 위해 케니에게 공군력을 총동원하여 적의 지원기지 라바울을 공격하라고 명했다. 마치 뉴기니에서의 전진을 돕기 위해 웨와크에서 일본 공군부대의 우익을 분쇄했던 것처럼 이번에는 남태평양에서의 진격을 돕기 위해 라바울에서 적의 좌익을 깨뜨리라고 명령한 것이다.

공군부대가 출발했을 때 나는 부대 목사에게 "만일 신이 오늘 우리를 지켜주신다면 눈부신 전과를 얻을지도 모른다."라고 말했는데 부대가 약간의 손실만으로 귀환했을 때 나는 "신은 오늘 우리를 가호해주셨군요. 목사님, 당신에게 훈장이나 승진을 고려해야 되겠군요." 하고 말했다.

케니는 일본군에게 마치 코브라처럼 덤벼들었다. 10월 12일, 허를 찔린 라바울의 일본 공군부대는 지상에서 150대가 파괴되고 공중에서 26대가 격추되어서 전체의 60%를 잃었다. 항구에서는 일본 해군의 구축함에서 수송선까지 합계 119척이 격침 또는 격파되었다. 나는 케니 이하 공군부대 전체에 "전쟁사를 통하여 귀하의 중형 폭격기와 전투기가 라바울에서 한 것만큼 용감하고 결의에 찼으며 또한 효과적인 전투는 찾아볼 수 없다. 이 훌륭한 전과에 대하여 나의 칭찬을 부대 전장병에게 전해주기 바란다."라는 내용의 표창장을 주었다.

그 후 케니와 직접 만났을 때 나는 "조지, 어제는 라바울을 쑥밭으로 만들었더군요." 하고 말해주었다. 케니는 즉각 "그 공격은 서남태평양전에 전기를 만들었어요."하고 응수했다. 정말 그렇게 말할 수 있을지도 모른다. 사방에서 축하가 쇄도했다. 할세이는 "라바울에 대한 귀하의 멋진 공격을 축하한다. 적은 불안과 굶주림으로 허탈해졌을 것임에 틀림없다." 또 아놀드 장군은 "라바울 공격의 대성공을 축하한다. 진주만을 거꾸로한 이 전과는 전국의 사기를 높이고 있다."는 전보를 보내 왔다.

　호주 총독 가울리 경도 영국을 대표해서 "라바울에서의 위대한 전과에 진심으로 축의를 표한다. 이 탁월한 작전의 성공은 적의 사기와 물적 전력에 대타격을 주고 있다."하는 축전을 보내왔다.

　11월 1일, 남태평양 부대의 제3 해병사단은 엠프레스오거스타를 공격해서 미약한 저항을 물리치고 오지로 돌진했다. 일본군은 이곳에서 공격을 받으리라고는 예상하지 않았던 것이다. 동해안에 집결해 있던 일본군의 주력은 산맥과 늪과 정글로 엠프레스오거스타와 가로막혔고 그 때문에 반격하지 못했다. 제8 방면군 정보참모인 이이노 마츠이치 대령은 다음과 같이 말했다.

　"적이 부겐빌 서부의 엠프레스오거스타 만에 상륙한 것은 전혀 의외였다. 우리는 이 지역의 지형이 나쁘기 때문에 적은 상륙작전을 전개할 수 없다고 보고 있었다. 특히 직접 그곳에 상륙해오리라고는 예상하지 못했고 그래서 우리에게는 적당한 준비가 되어있지 않았다. 그 지역은 도로망이 빈약해서 우리는 직접 반격에 나설 수가 없었고 따라서 적의 작전에 쩔쩔매는 결과가 되었다. 적이 비행장을 건설한다는 것은 알고 있었지만 우리는 아무것도 할 수 없었다."

　우리는 이 경원(敬遠)작전으로 부겐빌 남부에 있는 일본군의 측면을 찔러서 이 지역으로의 적의 보급로 위에 주저앉게 되었다.

　일본군은 산발적으로 해공 양면에서 공격을 가해왔지만 연합군의 해변 진지구축은 척척 진행되어 갔다. 11월 중에 일본 해군은 3개의 기동부대를 보내왔지만 모두 맞아 싸워서 큰 손실을 주어 격퇴했다.

　적의 반격에 대비해서 제37 사단과 함께 해병대가 비행장 지역의 주위에 방위선을 구축했는데, 적은 도중의 지형에 방해받아서 이듬해 3월까지 반격을 개시하지 못했다. 이 반격이 실제로 행해졌을 때에는 적군에게 전멸에 가까운 타격을 주었다. 그 이후로 일본군은 소규모의 효과도 없는 공격을 해오는 것이 전부였고 그런 상태가 종전 때까지 계속되었다.

엠프레스오거스타 만을 점령함으로써 부겐빌 작전의 전략적 목표는 달성되었다. 우리는 이제 라바울에서 400킬로미터 이내인 곳에 새로운 비행장을 갖게 되어 라바울은 더욱 고립되고 무력해져갔다. 한편 후온 반도에서 일본군을 일소함으로써 나는 비티어스 해협의 서쪽을 장악한 셈이 되었다.

이 전략적으로 중요한 해협에서 적에게 작전을 방해받을 가능성을 완전히 배제하기 위해 나는 지체없이 해협의 동쪽 해안도 탈취해서 해협 전체를 수중에 넣으려고 생각했다. 그래서 나는 알라모 부대에게 뉴브리텐 서남단의 그로스터 곶의 점령을 명했다.

12월 15일, 그로스터 작전을 엄호하기 위해 한 부대가 하늘과 바다에서의 강력한 지원하에 반대쪽 해안에 있는 아라웨를 공격했다. 12월 26일에 제1해병사단이 그로스터 곶의 해안에 상륙하여 12월 말까지는 이곳을 완전히 점령했다. 이렇게 해서 우리는 중요한 비티어스 해협의 양쪽을 확보하여 해협을 장악해서 이 전략적인 통로를 마음대로 다닐 수 있게 되었다.

한편 뉴기니 부대 전면의 일본군은 차츰 마당의 거점을 향해서 퇴각하고 있었다. 나는 그 퇴로를 끊기 위해 알라모 부대에게 수륙양용작전으로 사이도르를 탈취하라고 명했다. 부대는 1944년 1월 2일에 사이도르에 상륙했고 이 중의 미군 병력은 동쪽으로 진격해서 퇴각해오는 일본군을 맞아 공격했다. 이래서 일본군은 독안의 쥐가 되었다.

앞뒤에서 진격해오는 두 부대에 끼인 일본군 부대는 보급로도 없어서 결국 해체되어 대혼란 속에 산산이 흩어져서 정글 속으로 도망쳤다. 몇 천 명이나 되는 피골이 상접한 일본병의 시체가 산중에서 발견되어 연합군의 일을 정글이 처리해주었다는 것을 처절하게 말해주고 있었다.

2월 10일에 알라모와 뉴기니 양 부대가 서로 만나서 적은 마지막 한 명까지 모습이 사라졌다. 이 사이에 라바울은 점점 무력해져서 일찍이 강력했던 이 거점에서의 적의 공격은 차츰 약하고 효과도 없는 것으로 되었고 2월 말에는 라바울의 적은 공군의 지원도 받지 못하게 되었다. 일본군은 새로운 공군병력을 보내려고 애썼지만 이 지역에서 강력하다고 자랑하던 일본의 물자와 병기가 흩어져 있었다.

또 해안이나 정글 속에는 전사나 아사 또는 병사한 몇천 명의 일본 군인의 시체가 흩어져 있었다. 작은 섬들에는 아직도 몇천 명씩의 일본군이 남아 있었지만 전술적으로는 거의 아무런 영향력도 갖지 못했다. 고립상태에 있었고 어차피 이들 일본병은 오래지 않아서 살아가는 데에만 남아있는 정력을 전부 빼앗길 운명에 있었다.

연합군의 비행기와 잠수함이 격침시키는 적의 수송선과 그 밖의 보급용 선박의 수는 날로 늘어갔다. 서남태평양 지역에 있어서 1943년은 전과가 많은 해였다.

4. 전선의 배후에서

처칠 영국 수상은 나의 사령부와 직접 연락을 갖고 싶다고 희망하면서 10월 20일에 나에게 "귀사령부를 향해서 럼스덴 장군이 10월 18일에 출발했다. 이 기회에 라바울에서의 굉장한 성공에 진심으로 축의를 표한다." 하는 메시지를 보냈다. 나는 곧 다음과 같이 회답했다. "럼스덴 장군이 곧 내방한다니 기쁘기 한량없습니다. 장군을 통해서 이 지역의 정세에 대하여 원하시는 것은 모두 알려드리겠습니다. 나의 의견을 되도록 상세하게 알려드려서 한 지역의 사령관의 솔직한 견해를 당신의 세계적인 전략 구상에 도움이 되었으면 합니다. 라바울에 대한 축하의 말씀에 감사드립니다. 적은 심신이 모두 완강하지만 가끔 머리의 회전이 너무 느린 모양입니다."

 한편 호주에서는 커틴 수상이 장래의 작전계획때문에 고심하고 있는 모양이었다. 커틴 씨는 루스벨트와 처칠 두 수뇌가 가진 몇 번의 큰 회담에는 초청되지 않았고 스스로 런던과 워싱턴에 갔었지만 거기에서도 명확한 정보는 입수하지 못했던 모양이다.

 커틴 수상이 무시당하고 있다고 느껴서 분개하고 있었다는 것도 충분히 생각할 수 있다. 이유야 어쨌든 수상은 11월 22일에 다음과 같은 취지의 편지를 보내왔다.

 "당신의 작전의 훌륭한 진전에 대하여 앞으로 당신의 작전, 특히 당신에게 배속된 호주 부대가 사용되는 지역과 관련해서 나는 최근 여러 가지로 생각을 했고 정부도 토의를 거듭하고 있습니다. 호주 통치하의 지역에서 적을 배제하는 작전에 호주 부대가 사용되는 것에 호주는 특별한 관심을 가지고 있습니다.

 또한 호주 정부로서는 당신이 호주와 위임통치령 이외의 지역에서 호주 부대를 어떻게 사용할 생각이며, 또 이 지역에 영향을 주는 어떤 작전을 생각하고 있는가에 대해서 적어도 그 개요를 꼭 알아둘 필요가 있습니다.

 지금까지 당신의 협력은 완전한 것이었고 당신과 호주 정부의 관계를 정한 문서상의 규정을 들출 필요는 한 번도 없었습니다만 서남태평양의 형세는 아시는 바와 같이 되어 있습니다.

 앞으로 당신의 계획 중에서 호주군 부대를 사용하는 면에 대해서 언제나 알려주시고 호주 정부도 그 계획에 고려를 할 수 있도록 해 주셨으면 하고 생각합니다. 이런 부탁을 하는 것은 말할 것도 없이 절대로 당신의 작전행동에 간섭하거나 계획 작성에 참여하거나 하기 위해서는 아닙니다.

 호주 정부는 일관해서 이런 문제에 대한 당신의 조치에 전적인 신뢰를 기울이고 있고 당신이 보유한 한정된 병력과 자재로 눈부신 전과를 올리고 있는데 깊이 감사하고 있습니다. 전술한 것은 다만 나

자신과 호주 정부가 호주 국민에 대하여 지고 있는 책임상 부탁드리는 것입니다."

나는 곧 다음과 같은 전보를 치고 브리스베인으로 날아가서 커틴 수상과 긴급 회담을 가졌다.

"11월 22일자 귀서한의 취지에 완전히 동의합니다. 이 지역의 작전계획을 당신이 아시는 것이 바람직하고 또 필요하다는 것은 말할 것도 없습니다. 앞으로의 회담에서 희망하신대로 나의 전반적인 전투계획을 상세하게 설명드리겠습니다.

다만 상부에서의 지령에 의한 작전에 있어서는 나는 제한을 받고 있다는 것을 유의해주십시오. 계속해서 내려오는 명령으로 부대 사용의 변경을 하지 않을 수 없게 되기 때문에 현재로서는 장래의 기본계획이 아직 명확하지 않은 상태입니다. 거기에 덧붙여서 아시는 바와 같이 전투의 추이와 적의 반응 여하에 따라서 사령관은 거의 즉석에서 결단을 내리지 않으면 안 되고 거기에 따라서 부대의 사용계획이 크게 달라지는 경우도 있습니다.

이런 제한된 범위 내에서 내가 관계하여 알고 있는 일은 남김없이 알려드리겠습니다."

나는 이 회담에서 커틴 수상과 상세하게 얘기를 나누었고 수상은 이튿날 호주 국민에게 다음과 같이 방송했다.

"나는 지금 총사령관과 중요한 회담을 마쳤다. 호주에 있어서 전쟁 문제는 바야흐로 새로운 단계로 들어서려 하고 있다. 지금까지의 방위는 훌륭하고 완전한 성공을 거두었는데 이번에는 계속해서 공세가 시작되려 하고 있다. 이 공세에서 호주가 수행할 역할은 극히 크다. 머지 않아 호주대륙을 기지로 해서 이 전쟁에서의 가장 큰 공세의 하나가 시작되려 하고 있는 것이다.

방위에 있어서는 적의 맹렬한 공격을 저지하는 일에 우리가 가지고 있는 모든 자원을 투입하지 않으면 안 되었다. 전쟁의 요구는 절박한 것이었고 내가 취한 조치는 모두 정세가 극히 긴박해 있었다는 사실을 배경으로 했던 것이다. 하지만 우리는 적의 공격의 충격을 견뎌내고 이제 우리쪽에서 공세에 나서려 하고 있다.

그러기 위해서는 우리가 가진 자원을 재분배하고 여러 가지 면에서 재편성하며 우리의 노력 분담을 신중하게 결정하고 호주가 지닌 장기적인 능력을 세밀하게 검토할 필요가 있다. 군사행동에서 한 나라가 방위에서 공세로 옮기는 일만큼 어렵고 미묘한 문제를 내포한 것은 없다. 이 몹시 복잡한 전환에 따른 무수한 세밀한 문제에 대하여 나는 총사령관과 장기간에 걸쳐서 의견을 교환했다. 총사령관은 단순히 군사면만이 아니라 통상, 산업, 경제면에도 관계되는 모든 결정에서 중요한 역할을 맡게 된다.

이 광범위한 면에 걸쳐서 총사령관과 함께 당장 최대한의 전쟁 노력을 발휘하는 한편 장차 우리가 전후의 노력으로 옮겨갈 때에 그것을 성공시킬 것도 고려에 넣은 일반적인 원칙을 확립하는 데 노력했다. 맥아더 장군이 이 토의에 있어서 뛰어난 정치가의 식견과 넓은 세계적인 시야를 보여준 데 대하여 감사하고 있다. 장군과 나의 의견이 완전히 일치되어 있다는 것은 지금까지도 커다란 힘을 발휘해 왔는데 장차도 변함이 없다."

1943년 12월 말 마샬 장군이 루스벨트, 처칠, 스탈린 세 수뇌회담의 귀로에 서남태평양 지역을 하루 동안 방문했다.

나는 장군과 오랜 시간 솔직한 얘기를 나누었고 특히 다른 전장에 비해서 나의 지역은 병력과 물자의 공급이 적다는 점을 지적했다. 마샬 장군은 불균형하다는 것은 알고 있고 유감스럽게 생각하지만 이 지역보다 다른 지역이 우선적으로 취급되는 점은 자신도 어쩔 수 없다고 대답했다. 이 회담 직후에 내가 메모한 이때의 마샬 장군의 얘기는 다음과 같은 것이었다.

"킹 제독은 태평양은 당연히 해군이 주역을 맡아야 할 무대라고 주장하고 있다. 그는 태평양에서의 작전을 거의 자신의 개인적인 전쟁인 것처럼 간주하고 있는 모양이고 해군이 진주만의 참패로 얻은 오명을 씻는 유일한 방법은 대일전에서 해군이 대승리를 거두는 것이라고 생각하고 있는 것 같다.

킹 제독은 주요 함대를 해군장교 이외의 사령관 지휘하에 두는 것에는 강경하게 반대하고 있고 내가(맥아더) 태평양에서 두드러진 역할을 수행하고 있는 것에 분개하고 있다. 그는 나에게 맹렬한 개인적인 비평을 가하고 있고 해군이 그렇게 선전하는 것을 장려하고 있다. 이 점에서 그는 녹스 해군장관에게 완전히 지지받고 있고 원칙적으로는 루스벨트 대통령과 보좌관인 레히 제독도 거기에 찬성이며 대부분의 경우 공군참모총장 아놀드 장군도 킹을 지지하고 있다.”

나는 이에 대하여 다음의 여러 점을 들어서 마샬 장군의 고려를 요청했다.

"태평양에서 해군이 당한 패배는 진주만이건 마카사르 해협이건 또 솔로몬 해에서 적에게는 피해를 주지 못한 채 순양함 4척을 잃은 일이건 모두 해군의 사령관 밑에서 일어난 일이다. 나의 지역에서는 그렇게 커다란 해군의 손실은 아직 한 번도 나지 않았다. 나만큼 해군과 공군을 강하게 지지하고 그 명성을 높이려고 노력하는 사람은 없다.

전쟁에 이기는 일이 삼군 사이의 경쟁심이나 개인적인 야심에 의해서 방해받는다는 것은 좋게 말한다 해도 놀라운 일이다. 나의 지휘하에 있는 해군 부대는 다른 부대에 비하여 충실성이나 능률 면에서 조금도 뒤지지 않는다. 내가 이미 말한 바와 같이 지휘 계통을 통일하기 위해서라면 부수적인 자리에 앉더라도 상관없다.”

"마샬은 나의 이 의견에 동의하는 모양이었지만 나는 참모총장이었던만큼 직무에 관련되는 객관적인 문제를 일의 우열이나 상식으로 해결한다는 것이 얼마나 불가능한가를 잘 알고 있었다. 마샬은 워싱턴에 돌아간 후 나에게 다음과 같은 메시지를 보내왔다.

"어제밤 늦게 워싱턴에 도착했는데 오늘 아침 일을 시작함에 있어서 서남태평양에서 귀하에게 받은 환대와 또 귀하가 현지에서 훌륭한 기구와 전투부대를 기르고 있는 것에 감사를 드리고 싶다. 나는 보는 것 모두에게서 깊은 감명을 받았다. 오늘 아침 공군과 관련되는 사항에 대해서 이미 아놀드 장군과 얘기를 나누었는데, 2, 3일 안에 귀하에게 좋은 소식이 갈지도 모른다. 귀하와 귀하의 모든 부대의 건투를 빈다."

마샬 장군이 아놀드 장군에게 무슨 얘기를 했는지 모르지만 아놀드에게서 다음과 같은 메시지를 받았다.

"귀하는 한없는 어려움을 돌파해서 강렬하고 용서없는 결의를 가지고 전진하여 적을 우리 전력의 중압 밑에서 비틀거리게 만들고 있다. 귀하의 작전 성공에 육군 항공부대가 한몫 했다는 것을 우리는 자랑스럽게 생각하고 있고 우리는 새해를 맞이하여 귀하의 요구에 응하기 위해 더욱 노력을 쌓을 생각임을 보증해드린다."

이 이후로 서남태평양 지역에 대한 워싱턴의 대접은 두드러지게 좋아졌다. 나는 호주 육군장관으로부터 다음과 같은 크리스마스 메시지를 받고 몹시 기뻤다.

"크리스마스와 새해를 맞이하여 진심으로 인사를 보낸다. 호주인은 한결같이 이 전역에서의 귀하의 뛰어난 지도와 호주를 침략으로부터 구한 활약에 깊은 감사와 우정을 느끼고 있어서 나의 인사는 전국민의 기분과 통하는 것으로 믿는다."

그 무렵 미국에서 내가 공화당의 대통령 후보로서 자꾸 거론되고 있다는 것을 알았다. 나는 곧 다음과 같은 성명을 냈다.

"나에게는 한 조각의 정치적인 야심도 없다. 나는 군인으로서 생애를 시작한 사람이고 군인으로 끝낼 작정이다. 내가 이 세상에서 가지고 있는 유일한 희망과 야심은 이 전쟁에서 우리가 이기는 일 그것뿐이다. 싸움이 끝나면 나는 이 위대한 투쟁에 불려나오기 전의 은퇴의 환경으로 또다시 돌아간다."

그로부터 얼마쯤 있다가 다시 같은 취지의 성명을 냈지만 공화당의 한 하원의원이 나와 주고받은 편지 내용을 멋대로 공표했기 때문에 대단한 소동이 일어났다. 나에게는 여러 가지 메시지가 쇄도하고 작전에 바빴기 때문에 간단히 평범한 회답을 보내고 있었는데 결국 다음과 같은 공적인 성명을 내서 소동을 일소시키기로 했다.

"밀러 하원의원이 나와 주고받은 개인적인 서한을 공표했다고 하는데 나로서는 공표할 생각으로 이들 서한을 교환한 것은 아니다. 공정한 생각을 가진 독자는 이들 서한의 내용이 정치적인 의도를 지닌 것도 아니고 밀러 의원의 의견을 전적으로 용인할 것도 아님을 쉽게 알 수 있을 것이다.

이들 서한이 특정한 정치적 의견이나 특정한 정부 고관을 비판하고 있다는 식의 왜곡된 해석을 전적으로 부정한다. 이것들은 단순히 우리 최고입법기관의 일원으로부터 개인적으로 보내진 호의와 칭찬으로 가득찬 편지에 정중하게 사의를 표한 것에 지나지 않는다.

그 이외의 해석을 붙이는 것은 나의 의도를 왜곡시키는 일이다.

밀러 의원이 나에게 대통령 입후보 성명을 내라고 권했다는 그의 세 번째 편지라는 것은 나는 받지도 않았다. 미국의 대표제를 생명으로 하는 공화제 정체는 헌법에 바탕을 둔 고도의 수속에 의한 것이고 대통령의 선출은 국민의 성스러운 의무이지 한 개인의 설득이나 결정으로 되는 것은 아니다.

나는 전에도 말한 바와 같이 현재 대통령 후보도 아니고 장차 입후보할 생각도 없다. 나는 지금까지 전쟁 수행에 전념해왔다. 나의 유일한 야심은 나에게 현재와 장래에 걸쳐서 부과되는 임무를 완전히 수행하여 조국을 위해 이 중대한 전쟁에서 이기는 일이다."

그런데 이렇게까지 공적으로 부정하는데도 불구하고 나를 비난하는 패들은 전혀 진정되지 않아서 거듭 다음과 같은 성명을 내지 않으면 안 되었다.

"나는 많은 신문기사가 전선에서 현역으로 있는 군의 고관이 대통령 후보 지명의 대상이 되는 것은 미국의 전쟁노력을 위해서 해롭다고 하는 일반의 여론을 매우 강한 어조로 전하고 있다고 들었다. 나는 이미 몇 번에 걸쳐서 대통령 후보로 나설 의사가 없음을 공표했다. 이러한 정세에 비추어 나의 입장을 분명하게 하기 위해서 앞으로는 대통령 후보 지명에 나의 이름을 결부시키는 것을 일체 삼가해줄 것을 요청한다. 나는 지명을 원하지도 않고, 또 수락하지도 않는다."

이만큼 분명하게 말했으면 회의적인 비평가도, 내심 불안을 느끼고 있던 정치가들도 겨우 만족했음에 틀림없다. 거기에 관련해서 커틴 수상이 워싱턴 방문 후 호주로 돌아오기 직전에 백악관에서 있었던 일을 매우 유쾌한 듯이 얘기해주었다. 수상은 국빈으로서의 방문이 끝나고 공식적인 작별의 인사도 끝났으므로 비공식적으로 작별을 하기 위해 루스벨트 대통령을 방문했다.

루스벨트는 커틴을 따뜻하게 맞아서 두 사람은 잠시 담소를 나누다가 커틴은 떠나기 직전에 "대통령 각하, 이것은 내가 관계할 일은 아니고 말씀드릴 일도 아니라고 생각합니다만 당신에게 아무런 거짓도 없이 알려드리고 싶은 일이 한 가지 있습니다. 맥아더 장군은 당신과 대항해서 대통령에 입후보할 생각은 전혀 없습니다. 본인이 몇 번이나 나에게 그렇게 얘기해 주었습니다." 하고 말했다.

그 말을 들은 대통령은 의자에서 펄쩍 뛰어 일어나서 서류를 사방으로 흐트러뜨리면서 큰소리로 공보관인 스티브 얼리를 불렀다.

쾌활하고 유능한 얼리가 서재로 들어오자 대통령은 몹시도 기쁜듯이 커틴에게 들은 소식을 알리더라는 것이다. 이 얘기를 한 커틴은 "대통령은 밤마다 잠들기 전에 침대 밑을 들여다보면서 자다가 자네에게 목이 죄일 염려가 없는지 확인했을 것임에 틀림없네." 하고 말했다.

5. 서쪽으로의 진격

1944년을 맞이하여 나는 뉴기니를 따라서 서쪽으로 진격할 준비에 착수했다. 지금까지의 나의 전진의 축은 북쪽이었는데 여기에서 급 커브를 그려 서쪽으로 향하게 되었던 것이다. 뉴기니 해안에서 포겔코프 반도를 지나 몰루카 제도로――내 앞에는 필리핀으로 돌아가는 길이 일직선으로 이어져 있었다.

　아직 필리핀까지는 약 2천5백 킬로미터, 마닐라까지는 3천 킬로미터 이상의 거리가 있었지만 적에게 대규모로 타격을 가한 서남태평양전개시 이래로 내가 가슴에 그려온 꿈을 이제 본격적으로 실현시킬 수 있는 태세가 된 것이다. 일본군은 최근의 계속된 연합군의 승리로 혼란에 빠져서 전투 태세가 무너지고 있었으므로 워싱턴에 이런 정세를 곧 이용해야 한다고 다음과 같이 진언했다.

　"현재 우리는 태평양에 큰 병력을 가지고 있고 금년 중에는 증원도 예정되고 있으므로 이 병력을 효과적으로 배치해서 사용하면 12월까지는 필리핀에 도달할 수 있다. 태평양의 모든 육군 및 공군의 습격용 부대를 결집시켜서 이 해역에서 언제든지 사용할 수 있는 주요 함대와 보조병력의 지원하에 뉴기니——민다나오의 전선으로 진격해야 한다.

　태평양 전역의 병력을 최대한으로 집결시켜서 뉴기니 해안으로 진격하고 거기에 호응해서 중부태평양의 부대는 팔라오 섬에서 작전을 전개하며, 또 태평양 함대의 제일선 전력에 일본 함대의 저지 또는 격파를 명해서 지상군의 행동을 지원할 것을 제안한다. 이제 시간적인 여유는 없다.

　내가 뉴기니 서부를 경유하는 전진을 계획한 것은 이 선이 연합군 육해공의 전력을 완전히 활용하는 데 가장 적당하기 때문이다. 이 진격으로 뉴기니 연안의 일본군 방위선을 돌파하면 우리는 일본군의 방비가 두터운 지역을 그냥 지나갈 수 있다. 그러기 위해서는 새로운 비행장 용지를 차례로 탈취함으로써 폭격기대의 지상기지를 차츰 전진시키고 동시에 지상부대를 공수와 수륙양용의 행동으로 신속하게 전면에 전개시키고 새로운 목표가 손에 들어올 때마다 그 밖의 공군기지나 해군기지를 설치해 간다. 한편 적에게 증원을 허용하지 않기 위해 진격 선상에 있는 적의 해군력과 함선을 격파한다. 이런 방법을 되풀이해서 일본군의 집결지점을 무력하게 만들거나 혹은 고립시켜서 종국적으로 연합군은 필리핀의 일본군에 직접 공격을 가할 태세로 들어간다."

 이 진격의 시작으로 나는 부겐빌 섬의 북쪽에 있는 그린 제도의 탈취를 명했다. 2월 15일에 연합군 부대는 수륙양용작전으로 이 섬들에 상륙하여 약한 저항만 받은 채 전부 점령해서 이 제도 이남에 배치되어 있는 추정 병력 2만 5천 명의 일본군을 완전히 고립시켰다.
 이 부근의 일본군 부대는 군사봉쇄에 따르게 마련인 기아와 질병에 시달려서 그 처지는 절망적이었다. 여기 저기에 산재해 있는 일본군의 거점은 비행장이 파괴되고 작은 배에 의한 수송도 마비된 상태여서 보급이 불가능해져서 이미 운명이 결정되어 있었던 것이다. 전략적으로는 그린 제도의 점령으로 솔로몬 군도의 싸움은 종결되었다.
 같은 시기에 중부태평양에서는 니미츠 제독의 부대가 적에게 큰 타격을 주어 쿠에젤린 섬을 점령하고 트루크 섬에 맹렬한 공습을 가했다. 이 공격의 결과로 일본의 해군부대는 좀더 안전한 기지로 후퇴하지 않을 수 없게 되었다. 1월 하순에 나는 스팀슨 장관으로부터 다음과 같은 메시지를 받았다.
 "모든 지점에서 일본군을 쳐부수고 있는 활약에 진심으로 축의를 표한다. 귀관은 싸움에서 적의 선수를 쳐서 적의 가장 아픈 곳을 두들기고 있다. 우리는 귀관의 현재의 작전에 전적으로 지원하려고 노력하고 있다."
 이 무렵 마샬 장군은 육군 여성부대(WAC)의 한 부대를 나에게 제공했다. 나는 기꺼이 받아들였는데 여성부대는 모든 점에서 멋있었고 내 휘하의 어느 부대에도 지지 않을 훌륭한 병사였다. 그녀들의 용기와 불굴의 정신과 임무에 대한 충실성은 서남태평양에서의 군의 성공에 빼놓을 수 없는 공헌을 했다. 나는 여성부대를 필설로 다할 수 없도록 자랑스럽게 생각했다.
 군의 간호사들도 마찬가지로 뛰어난 활약을 보였다. 병사들에게 있어서 간호사는 괴로울 때에 구원과 위안의 상징이었다. 늪에 빠지거나 전쟁의 음산함도 돌보지 않고 싸움이 있는 곳에는 반드시 그녀들이 끈기있고 용감하게 부상자나 환자를 찾아다녔다. 그녀들의 따뜻한 간호는 다시 없는 것이었다. 모든 병사들의 마음에는 간호사들의 모습이 영원히 새겨져 있다.

이 무렵에 나는 워싱턴의 해군성 전사(戰史) 편집자로부터 다음과 같은 과분한 칭찬을 듣고 몹시 기쁘게 생각했다.

"라에와 살라모아에서의 훌륭한 성공을 축하하고 싶은 충동이 일어났습니다만 지금까지 그것을 억제해왔습니다. 나폴레옹도 그 이상의 일은 하지 못했습니다. 당신은 바야흐로 육해공 삼군의 병력을 조화시킨 전사에 남을 전례를 이룩하고 있습니다. 나는 칭찬의 말을 금할 수 없습니다."

3월 1일, 마샬 장군은 내가 뉴기니에 최초의 방송국을 설치한 데 대하여 편지를 주었다. 마샬 장군은 야전부대의 사기를 높이는 서비스 전반에 대해서 관심을 보이고 만일 이의가 없다면 라디오 산업 전체 특히 방송자들에게 한 마디 따뜻한 말을 해주지 않겠느냐고 청해왔다. 나는 당장 거기에 응해서 다음과 같은 성명을 냈다.

"지금의 시대에는 뉴스는 거의 식사와 마찬가지로 필요한 것으로서 방송이 없으면 문명의 진보는 멈춰버릴 것이다. 라디오의 눈부신 발전은 정보에 대한 인간의 한없는 욕망을 완전히 충족시키게 되었다. 뉴스는 전인류를 세계적인 이해로 결속시킨다는 목표를 향해서 아마 다른 무엇보다도 공헌하고 있다고 생각한다.

뉴스는 멀리 있는 전선의 병사들에게 추억을 되살리고 후방 사람들에게는 우리가 무엇을 하고 있는지를 알려서 안정을 주고 있다. 최근 뉴기니에서 방송국을 개설함에 있어서 나는 장병들에게 '지금 세계가 어떻게 움직이고 있는가를 아는 것' 때로는 음악과 웃음의 한때를 즐기는 것, 또 우리를 고향과 맺어주는 사소하고 그리운 일들에 접하는 것──그런 것을 위해서 이 방송국이 도움이 되기를 바란다.' 하고 말했다. 방송국은 바로 그런 역할을 하고 있고 서남태평양의 병사들은 거기에 감사하고 있다."

나는 또 신문과 잡지에 대해서도 다음과 같은 감사의 성명을 냈다.
"진보를 지향하는 인류의 오랜 노력에 있어서 성직(聖職)을 제외하면 보도의 자유와 언론의 자유가 어느 정도로 달성되어 있는가 하는 것만큼 일국의 문명의 정도를 뚜렷하게 나타내는 것은 없다. 취사선택을 끊임없이 되풀이함으로써만이 진리에 도달할 수 있다는 것은 오랜 경험이 가르치고 있다.

이 진리를 발견하여 사람들에게 알린다는, 미국이 가진 자유에는 불가결한 노력에 있어서 미국의 신문기자를 앞설 기자는 다시 없고 또 필적할 만한 사람도 적다. 앞으로 우리는 진리에 입각하는 경우에 비로소 올바른 결정을 내릴 수 있다. 미국민이 내리는 판단에 올바른 기초를 제공한다는 것은 미국식 저널리즘에 부과된 최대의 도전의 하나이다."

이 무렵에 나는 시드니의 호주 전도단 이사회의 회장으로 있는 사교로부터 종교와 전쟁의 관계에 대해서 편지를 받았는데 거기에 다음과 같이 회답했다.

"우리 부대는 신의 도움을 얻어서 일련의 두드러진 전과를 올렸는데 이 피투성이의 일이 그다지 멀지 않은 장래에 승리로써 끝나기를 희망하며 기원하고 있습니다. 국제적인 분쟁을 해결하는 데 무제한의 무력에 의존하기 이전에 더욱 좋은 방법을 발견하지 못했다는 것은 인류가 지닌 가장 큰 약점의 하나일 것입니다. 생각할 수 있는 방법 중에서 전쟁은 가장 좋지 못한 것입니다."

서쪽으로의 전면공격을 개시하기 전에 먼저 그것을 준비할 수 있을 만큼 가깝고 또 수륙양용의 대규모인 공격부대를 수용할 수 있을 만큼 큰 항만을 갖춘 기지가 필요했다. 동시에 우리의 우익을 지키는 한편 비스마르크와 솔로몬 지역에 못박혀 있는 일본군에 대한 증원이 이루어지는 것을 막고 싶었다.

비스마르크 군도의 애드미럴티 제도가 이 주문에 꼭 들어맞았다. 이 제도는 이상적인 천연의 항만과 비행장 용지를 가지고 있어서 장차 뉴기니의 해안이나 북쪽인 캐롤린과 마리아나 두 제도에 대한 작전을 벌이는 경우에 도움이 될 전망이 있었다. 게다가 애드미럴티 제도를 장악하면 라바울은 고립될 것이 틀림없었다.

최초의 계획으로는 4월 1일에 서남태평양군이 수륙양면작전을 벌이고 거기에 호응해서 니미츠 제독의 함대가 카비엥을 공격하기로 되어 있었다. 그러나 2월에 접어들자 비스마르크 지역의 연합군의 항공기와 함선에 대한 저항이 약해져서 그것으로 보아 적의 내부에 일시적인 혼란과 약점이 나타나고 있다는 것을 깨달았다. 나는 즉시 그것을 이용하기로 했다.

이 상황은 기습을 감행하는 데 절호의 기회로서 잘되면 태평양에서의 연합군의 시간표를 몇 개월 앞당길 수 있었고 동시에 몇천 명의 연합군 장병이 목숨을 잃지 않아도 된다고 생각했던 것이다. 애드미럴티 제도의 일본군의 병력은 불명이었지만 정찰비행의 보고로는 적은 거의 활동하고 있지 않았다.

모모테(마누스 섬)에 있는 주요 비행장은 전혀 사용되지 않아서 폭격당한 구멍이 그대로 있었고 비행장 일대는 풀이 무성하게 자라 있다는 보고였다. 비행장 주변의 건물이나 시설에도 인기척이 없이 황폐해진 모양이었다.

2월 24일, 나는 적의 세력이 가장 약하게 보이는 로스네그로스 섬의 동부에 대하여 곧 정찰을 강행하기로 결정했다. 나의 목적은 한 마디로 재빠른 공격을 가하여 기습의 효과를 올려서 해변에서의 격렬한 전투와 큰 손실을 피하는 것이었다.

불필요한 손실을 내지 않고 최초의 발판을 마련하게 되면 정찰대는 계속 전진해서 모모테 비행장을 빼앗고 곧 증원을 받고 만일 해변에서 예상 밖의 적의 병력과 부딪쳐서 정세가 불리해지는 경우에는 즉시 돌아온다는 계획이었다.

2월 29일 아침에 공격이 개시되었다. 정찰대는 큰 병력이 아니고 극히 우수한 제일선의 전사 체이스 장군이 거느린 제5 기병사단은 나에게는 옛날에 서부의 개척지에서 정이 들었던 부대였다. 나는 이 공격의 성공을 거의 전적으로 기습의 효과에 의존하고 있었다. 작전이 위태로운 성질의 것이고 또한 즉석에서 결단을 내릴 필요가 있었으므로 킹케이드 제독의 기함(旗艦)인 경순양함 〈피닉스〉호에 타고 이 공격부대와 동행했다. 기습은 완전히 성공하여 상륙할 때 거의 저항이 없었다. 체이스 장군은 지체없이 비행장 주변으로 점령지역을 넓혔다. 나는 체이스와 함께 부근의 비행장을 정찰하여 비행장은 확보할 수 있다는 확신을 가졌다. 나는 곧 무전으로 핀시하펜에서 예비부대를 보내도록 하고 체이스에게는 "어떤 장애가 생기더라도 빼앗은 것은 놓치지말라. 이제 자네는 적을 물어뜯은 것이니까 놓지말라."라고 말했다.

체이스는 물어뜯은 이빨을 놓지 않았고 후에 적이 맹렬하게 반격해 왔지만 심한 손실을 주어서 격퇴했다. 이것으로 라바울의 목을 죄고 있는 밧줄의 마지막 매듭을 죌 수가 있었다. 비스마르크-뉴브리텐-솔로몬 지역의 일본군 10만 이상이 이제 고립 상태가 되었다.

마샬 장군은 나에게 다음과 같은 메시지를 보냈다.

"애드미럴티 제도 작전을 훌륭하게 완수한데 축의를 표한다. 모든 작전의 처리를 진심으로 찬양한다."

나는 화살촉을 새긴 전투동성훈장을 받았다.

처칠 수상에게서도 다음과 같은 메시지가 왔다.

"애드미럴티 제도에 대한 초기의 진입을 재빠르게 한 솜씨에 진심으로 축의를 표한다. 이에 의해서 귀관은 예정보다 빨리 전진할 수 있게 된 것으로 짐작된다. 친애하는 맥아더 장군, 당신에게 뜨거운 인사를 보낸다. 귀관이 호주와 뉴질랜드를 사활의 위기에서 구하여 우리 영연방을 위해서 해주신 일을 우리는 영원히 잊지 않을 것이다."

한편 호주 부대는 뉴기니의 해안을 따라 서쪽으로 진격을 계속했다. 마당이 함락되고 4월 말까지는 일본군은 대거 웨와크와 아이타페로 퇴각했다.

처음 계획으로는 뉴기니 해안에서의 다음 목표를 한사 만(灣)에 두기로 되어 있었는데, 애드미럴티 제도에서의 대성공으로 나는 더욱 앞으로 나아갔으면 하는 기분이 되었다. 한사 만을 빼앗아도 190킬로미터 정도 전진한 것밖에 되지 않았다. 그래서 나는 일거에 800킬로미터 가까이 전진하고 동시에 약 4만의 일본군 부대를 연합군의 강력한 협공으로 죄어붙이려는 계획을 세웠다.

즉 한사 만을 그냥 지나가고 웨와크의 일본군 거점도 그대로 지나가서 아이타페와 홀란디아의 후방 깊숙이 쳐들어가려고 하는 계획이다. 이것이 성공하면 몇 개의 비행장이 우리 손에 들어오고 육상항공부대가 그곳에서 보겔코프를 제압하여 서쪽으로의 진격을 몇 개월 앞당길 수 있다. 한편 애드미럴티 제도의 광대한 항만과 비행장 시설을 다시 개선했으므로 카비엥의 점령과 뉴아일랜드 섬에 대한 공격은 불필요하게 되었다.

이렇게 아군의 인명을 절약할 수 있다는 것이 이 작전에서 가장 나의 마음에 드는 점이었다. 실제로 전투가 성공한 경우에 언제나 승리의 영광을 얻는 것보다도 그 전투에서 얼마만큼의 병사가 목숨을 잃지 않고 무사히 돌아올 수 있었는가 하는 점에 최대의 만족을 느꼈다.

나의 계획은 홀란디아 양쪽에 있는 홈볼트 만과 타나메라 만에 상륙하고 동시에 그보다 작은 부대를 홀란디아와 웨와크 중간에 있는 아이타페에 상륙시킨다. 이어서 홀란디아의 부대는 오지에 있는 3개의 비행장을 습격하고 한편 동쪽의 부대는 아이타페의 전투기용 비행장을 탈취하고 웨와크와 홀란디아의 일본군 부대가 합류하는 것을 막는 것이었다.

나는 4월 22일을 D데이로 정했고 니미츠 제독도 휘하의 태평양 함대로 이 작전을 전적으로 지원할 것에 동의했다. 3월부터 4월 상순에 걸쳐서 해안의 일본측 비행장을 맹렬히 공습하여 지상과 공중에서 다수의 적기를 파괴했고 적의 선박에도 큰 손해를 입혔다. 우리의 공격이 웨와크와 한사 만으로 향할 것으로 적이 믿도록 하기 위해

제 6 장 태평양 전쟁 II 291

대규모의 기만작전 계획이 실행되었고 적은 두 지점을 강화하기 위해 실제의 공격 목표는 비워버리고 말았다.

공격을 맡을 기동부대는 애드미럴티 제도의 북쪽에서 합류했고 나는 경순양함 〈내슈빌〉호에 나의 기를 게양하도록 했다. 우리는 서북쪽을 향해서 출발했다. 이 코스는 직선 코스보다 320킬로미터나 멀지만 일본군을 속여서 공중정찰로 우리의 선단을 발견하더라도 정확한 목표는 알지 못하도록 하기 위해서였다. 이 거대한 선단은 이윽고 급히 남쪽으로 방향을 바꾸어서 뉴기니 해안에 접근했다.

마치 나무 줄기에서 하늘을 향해 여러 개의 가지가 뻗듯이 선단에서 목표 지역을 향해 죽죽 발이 뻗어갔다. 최초의 발은 아이타페 공격 부대로서 왼쪽으로 방향을 돌리자마자 수평선 저쪽으로 사라져갔다. 이튿날 새벽 4시 가까이에 두 번째 그룹이 오른쪽으로 떠나서 홀란디아 북쪽 32킬로미터에 있는 타나메라 만으로 돌진했다. 선단의 주력은 그대로 코스를 유지해서 똑바로 홈볼트 만으로 향했다.

4월 22일, 아직 어두운 아침 안개를 통해서 겨우 새벽별이 빛나기 시작할 무렵에 공격군은 하늘과 바다에서의 맹렬한 폭격 후에 계획대로 상륙했다. 전술적으로도 전략적으로도 완전한 기습이었다. 선단은 일본군의 공격범위 안을 항행했던 것이지만 적은 끝내 알아차리지 못했던 모양이다.

홈볼트 만 상륙이 이렇게 쉬우리라고는 나도 예상하지 못했다. 해안에서 우리를 주춤거리게 만들 포화는 끝내 날아오지 않았다. 반대로 일본군이 혼란을 일으켰을 뿐이어서 짓다 만 밥이 밥통에서 끓고 있었고 온갖 종류의 병기와 소지품이 버려져 있었다.

어느 지점에서나 표시 정도의 저항이 있었을 뿐이었고 일본군의 공군과 해군은 모습을 보이지 않았다. 우리가 적을 속이기 위해서 취한 고심의 수는 멋진 효과를 올리고 있었다. 이 작전에 대하여 나는 다음과 같은 정식 보고서를 냈다.

"우리는 네덜란드령 뉴기니 북안의 홈볼트 만 지역을 점령했다. 우리

지상부대는 아이타페, 홀란디아, 및 타마메라 만의 합계 240킬로미터에 걸친 전선에 상륙했다. 상륙은 하늘과 바다에서의 엄호하에 행해졌고 상륙에 앞서서 우리 공군 부대와 태평양함대의 함재기가 적의 전력을 소모시키기 위한 공격을 가했다.

지상에서도 해상에서도 완전히 적의 허를 찔렀고 또 엄호가 효과적이었기 때문에 최초의 상륙은 약간의 손실만으로 완료되었다. 우리는 계속해서 부근의 비행장을 확보하기 위해 진격했다. 적은 우리가 지난 몇 주일 동안 웨와크를 향해서 전개한 양동작전에 속은 모양이어서 병력의 대부분을 그 방면으로 집중시켜 중요한 홀란디아 지역이 약체화되었고 그 결과 적의 후방에 대한 우리의 기습작전이 가능해졌다.

이 작전으로 뉴기니 해안을 따라서 알렉시스하펜-한사 만-웨와크 지역에 분산되어 있는 적 제18군은 솔로몬과 비스마르크 두 군도의 일본군이 포위된 것과 마찬가지로 포위의 테가 둘러쳐진 형태로 되었다. 동쪽에는 미군과 호주군 부대, 서쪽에는 미군, 북쪽인 바다는 연합군의 함대가 장악하고 있고 남쪽은 전인미답인 밀림의 산악이 솟아 있으며 그 전체를 포함해서 연합군이 제공권을 장악하고 있다. 적 제18군은 이제 완전히 고립되었다.

통신과 보급로가 차단된 제18군의 상황은 비스마르크와 솔로몬 두 군도에서 포위되어 있는 제17, 18 두 부대와 비슷하게 되었다. 제18군의 현재의 병력은 6만으로 추정된다. 일본측 각군의 잔존 총병력은 추정 14만, 그 중 5만은 뉴브리텐, 1만은 뉴아일랜드, 2만은 부겐빌, 6만은 뉴기니에 있었다.

뉴기니전 개시 이래 일본군은 최초의 병력 25만의 44%에 해당하는 11만을 잃었고 나머지도 이제 활동력을 잃어서 전략적으로는 무력해져 있다. 적이 입은 선박과 비행기의 손실율도 극히 높다. 포위된 적의 거점은 앞으로 포위망에서 탈출하려고 필사적으로 치고 나올 것이 예상되고 이것을 전멸시키는 데는 더욱 시간이 걸리는 전투행동이 필요하다고 생각된다.

그러나 적의 마지막 운명은 이미 정해져 있다. 일본군의 지금의 정세는 바로 바탄에서의 정세를 거꾸로 한 것이다. 현재의 작전이 완결되면 영국령 뉴기니는 적의 지배에서 해방되고 동시에 이 전쟁을 통해서 처음으로 네덜란드령 지역을 우리가 탈환하게 된다."

훔볼트 만에서도, 타마메라 만에서도 우리 부대는 사실상 무저항의 진격을 계속해서 거대한 가위의 두 날은 일본군의 양쪽에서 급격하게 육박해갔다. 일본군은 불의의 상륙에 완전히 허를 찔려 해변에는 완전히 갖추어진 레이더 장치와 기타 귀중한 장비가 아직 상자에 들어 있는 채 놓고 도망쳐서 우리 손에 들어왔다. 적의 비행장 소탕이 끝났을 때는 파괴되거나 또는 폭격당한 비행기가 500대 이상이나 발견되었다. 우리는 1개월도 지나기 전에 이 작전의 종결을 발표했다.

홀란디아 작전의 성공에 대하여 수많은 따뜻한 메시지가 나에게 보내어졌다. 마샬 장군에게서는,

"아이타페-홀란디아 작전이 적의 말레이지아 군도 동부 방위계획을 완전히 뒤틀리게 한 데 대하여 사적으로도 축의를 표한다. 계속해서 기습의 효과를 올려 손실을 적게 한 채 광대한 지역을 점령하고, 적에게 큰 손실을 주었으며 또한 방대한 일본군 부대를 고립시킨 것은 모든 지난 1개월 반의 귀하의 작전을 전략적 전술적 행동의 모범으로 삼기에 족한 것이다."

니미츠 제독에게서는,

"홀란디아 주변의 적 비행기를 파괴한데 대하여 진심으로 축의와 감사의 뜻을 표한다. 이렇게 엄청난 성과는 적에게 심각한 타격을 주었을 뿐만 아니라 우리 함선에 대해서도 극히 효과적인 지원을 하는 것이 된다. 우리 각 부대의 밀접한 협력에 의한 성공이 이렇게 멋지게 나타난 것은 참으로 믿음직하다."

나는 니미츠 제독에게 "자네 자신의 훌륭한 부대와 협력해서 전투할 수 있다는 것은 이 지역의 장병을 크게 고무시키고 있다."라는 답전을 보냈다.

동남아시아 지역의 영국군 사령관 마운트바텐 경(卿)에게서는,
"이곳의 우리는 모두, 특히 나의 막료 중의 네덜란드 인 장교는 홀란디아 상륙작전을 감탄의 눈으로 지켜보고 있다. 진심으로 축하드린다."
퍼싱 장군에게서는,
"역사상의 위대한 전략행위를 찾을 때 귀하의 홀란디아 점령은 의심할 것도 없이 가장 뛰어난 것의 하나로 헤아려질 것이다. 사실 이렇게 공격부대의 희생이 적고 기습을 통해 방어부대에 대손실을 주어서 중요한 전과를 올린 예는 드물다."
존 커틴 호주 수상은 보도진에게 한 코멘트에서 "맥아더 장군의 임무에 대한 헌신은 호주 육군에 평생 적을 두어온 호주인 장교라도 당하지 못한다."하고 얘기했다. 모두 다정한 말이어서 내가 외로울 때에 한없는 힘이 되어주었다.

6. 제 18 군의 괴멸(壞滅)

앞으로 기다리고 있는 임무는 차츰 폭이 넓어질 전망이었으므로 서남태평양 지역에 할당되어 있는 미군 부대를 대폭 증강시킬 필요가 있었다. 때문에 6월15일에 제 13 공군, 제 14 군단, 제25, 37, 40, 43, 93과 아멜리칼(제2차대전 초기, 프랑스령 뉴칼레도니아에 파견되어 있던 잡다한 미군 부대로 편성된 사단)의 각 사단 및 제1, 제2 필리핀 연대가 나의 지휘를 추가로 받게 되었다.
제 8 군이 편성되어 아이켈버거 장군이 지휘하게 되었다. 제 14 군단 사령관은 능력이 있고 경험이 많은 그리스월드 장군이었다. 내 휘하의 미 해군부대는 제 7 함대로 경순양함 3척, 구축함 27척, 잠수함 30척, 기타 다수의 기뢰 부설함과 PT보트(고속어뢰정)를 보유하고 있었다. 남태평양 함대는 나의 작전지휘에서 분리되어 니미츠 제독 휘하로 돌아갔다. 그때문에 할세이 제독도 나에게서 떠나게 되었는데 이것은

나에게 큰 손실이었다.

　할세이 제독은 떠나면서 나에게 다음과 같은 편지를 주었는데 나는 지금도 그것을 소중하게 간직하고 있다.

　"친애하는 장군,

　전보와 작별 방문으로 일단 인사는 차렸습니다만 나는 공식적인 인사만으로는 아무래도 개운치가 않습니다.

　당신과 나는 적과의 괴로운 싸움을 거듭해 왔지만 그 밖에도 전략적인 문제에 뒤지지 않을 만큼 어려운 문제에 부딪치곤 했습니다. 그러나 처리했다고 생각합니다. 당신과 나의 개인적인 관계에는 지금까지 불만스러운 점이 전혀 없었고 나는 직업적인 존경을 초월해서 경의와 호의를 언제까지라도 가질 것이 틀림없습니다.

　그리고 남태평양과 서남태평양 두 지역에서 함께 일을 잘해나갈 수 있었다는 데는 나의 막료들도 언제나 만족하게 여기고 있음을 알고 있고, 그것을 당신에게 전해드릴 수 있다는 것을 몹시 기쁘게 생각합니다.

　당신의 전역에서의 전투 템포가 빠른 것을 보고는 정직하게 말해서 좀 부럽다고도 느낍니다만 당신이 적의 약점을 최대한으로 이용하여 적에게 숨돌릴 겨를을 주지 않는 데에는 진심으로 감탄할 뿐입니다.

　가혹하고 가증스러운 적을 상대로 해서 내가 장차 또다시 당신과 함께 행동할 기회가 있기를 바라며, 또 그렇게 되리라고 확신하고 있습니다. 그때까지 당신의 목표를 향한 활약상을 자랑스럽게 주목하고 있겠습니다. 남태평양에서 이 마지막 메시지를 보냄에 있어서 전우로서 또 개인적인 친구로서의 진정한 우정을 느끼고 있습니다."

　6월 하순에 니미츠 제독은 사이판의 공격작전을 지원해달라고 청해왔다. 나는 휘하의 공군부대 전부를 투입해서 그를 지원했는데 6월 26일에 그에게서 다음과 같은 전보가 왔다.

　"켈로린 군도의 적 거점에 대한 당신의 작전은 적에게 큰 타격을 주었고 동시에 항모가 마리아나 군도에 집결할 수 있었던 것과 또한 당신이 끊임없이 광대한 해역의 초계를 계속한 것은 모두 우리의 사이판 상륙 성공과 6월 19, 20 양일의 적 함대 패주에 크게 공헌했다. 언제나 변함없는 협력과 당신의 부대가 효과적으로 지원해준 데 대하여 깊이 감사드린다."

나는 다음과 같이 회답했다.

"정중한 메시지에 감사한다. 전군이 이 메시지에 크게 만족하리라고 생각한다. 우리는 작전의 진전을 감탄의 눈으로 지켜보고 있고 우리가 조금이라도 도움이 되었다는 것을 기뻐하고 있다."

홀란디아 공략으로 나의 서쪽으로의 진격 속도는 두드러지게 달라졌다. 이어서 와크데, 비아크, 눔푸르, 산사포르에 대한 공격이 계속해서 행해졌고, 지금까지의 전투와는 달리 이제 하나의 작전이 완전히 종결된 다음에 다음 목표로 옮기는 그런 짓은 하지 않았다. 12월까지는 필리핀에 도달하겠다는 결심이었으므로 하나의 거점을 빼앗을 때마다 그것을 이용해서 곧 다음 전진을 개시하는 데 전력을 집중했다.

연합군이 서쪽으로 움직여서 네덜란드 영역에 들어감에 따라서 나는 이 영역에서의 민정(民政)은 부대에 수행하고 있는 네덜란드령 동인도제도의 관리들에게 맡긴다는 명령을 내렸다. 이와 같이 군정을 거치지 않고 바로 민정으로 일관한다는 정책은 내가 전쟁 초에 시작한 일이었다. 나는 군정관을 두기보다는 현존 정부의 법적인 권위를 보존하고 지지하는 방법을 취했다.

이 정책을 호주 북쪽의 여러 섬에서도 나의 점령기간 동안 계속 실시하여 이 섬들에서 작전이 완료되면 곧 호주인 관리가 행정권을 행사했다. 이 방법이 성공이었다는 것은 관계 각 정부 사이에 전혀 마찰이 생기지 않았다는 것으로도 알 수 있다.

4월 27일, 나는 육군성에 '공군부대를 전방으로 이동시키기 위한 비행장 획득'을 주요 목적으로 해서 5월 15일 경 와크데 지역의 적 거점으로 공격한다고 보고했다. 와크데-사르미 지역은 홀란디아 서쪽 약 220킬로미터 부근에서 시작되는 지역으로 일본군이 상당한 전략적 중요성을 지닌 육군과 공군의 거점으로 만들어놓고 있었던 것이다. 좋은 비행장이 있었고 적은 해안의 모든 도로를 따라서 숙사와 물자 저장소를 많이 설치해두고 있었다.

공격은 5월 17일에 시작되었고 적은 강력한 참호에서 완강하게 저항했지만 5월 20일에는 모든 저항이 종식되었다. 이것으로 나는 새로운 전진기지를 얻었고 그곳에서 나머지 적의 비행장과 항만 전부를 전투기의 호위를 붙인 중거리 폭격기의 행동권 안에 두게 되었다. 와크데에서 서북쪽 290킬로미터인 비아크 섬이 나의 진격로에 가로놓인 다음의 목표였다. 5월 27일, 제41사단이 먼저 비아크 섬 남부를 공격했는데, 저항은 경미했다. 그런데 해변에서의 상륙 때에 저항이 약했던 것과는 달리 그 후에는 맹렬한 전투가 펼쳐졌다.

일본군의 방어는 현지의 특이한 지형을 잘 파악해서 이용한 것으로 일본군은 우리 부대가 해변을 지나서 지형이 험한 곳에 도달할 때까지 주력을 숨겨두었다가 우리 부대를 내려다보는 절벽과 동굴에서 굉장한 반격을 가하고는 50톤짜리 전차를 앞세워 해안의 상륙 거점과 전진한 부대와의 사이에 쐐기를 박고 말았다.

우리는 증원부대를 투입했고 격렬한 전투 끝에 7월 22일에 저항을 거의 제압했다. 일본군이 얼마나 완강했던가는 그 전사자가 7천2백 명이 넘었다는 것으로도 짐작할 수 있다.

다음 목표는 눔푸르였는데 일본군은 산발적으로 저항했지만 7월 7일까지는 모두 일소시켰다.

우리가 해안을 따라 계속해서 성공적으로 약진하고 있는 사이에 홀란디아 남쪽에서 독 안의 쥐가 된 일본군은 그 슬픈 패배 이야기의 마지막 장을 써내려 하고 있었다.

고립된 이들 일본군 부대는 절망적인 상태에서 비를 맞으면서 외부에서의 구원이나 상부로부터의 어떤 뚜렷한 명령이 오기를 기다리고 있었는데 포위망 속에서의 고립상태가 2개월이나 계속되자 더는 기다리지 못하게 되었다. 식량은 떨어지고 비참한 상태에 신경은 곤두

섰으며 연합군이 다시 사르미와 아크데의 공략에 성공함으로써 뉴기니 서부로의 퇴각의 길도 끊어져서 일본군은 드디어 가만히 있지 못하게 되었다.

일찍이 강력하다고 자랑하던 군의 잔존 부대를 지휘하고 있는 아다치 장군은 논리적인 판단이나 전략적인 고려는 모조리 팽개쳐버리고 아이타페에서 필사적인 탈출을 시도하라고 명했다. 이것은 처음부터 절망적인 행위였지만 아다치 장군은 결국 굶어 죽는 수밖에 없는 정세에 질질 끌려들어가기보다는 죽든 살든 적극적인 행동으로 나와서 연합군의 전략을 조금이라도 방해하려고 했던 것이다.

장군은 휘하 부대에 다음과 같은 격정적인 훈시를 해서 사실상 자살행위와도 같은 맹목적인 총공격으로 부대를 몰아세웠다.

"전략적으로도, 전술적으로도 현 상태를 타개할 만한 수단이나 방법은 이미 없다. 따라서 나는 우리의 무사도(武士道)에 의해서 현상을 정복할까 한다. 나는 모든 부대를 아이타페 지역에 집결시켜서 가차 없는 공격을 가하여 동 지역의 적을 괴멸시킬 결심이다. 이것은 우리가 총력을 기울여서 적을 섬멸시킬 마지막 기회이다. 최고의 희생정신을 발휘하여 제국 군대의 정신을 보여주기 바란다."

적 주력의 공세는 7월 11일의 한밤중이 막 지났을 무렵에 시작되었는데 일본군 부대는 연합군 전선을 향해서 미친듯이 자살적인 기세로 돌진해왔다. 우리 기관총은 물결치면서 밀려오는 일본군을 차례로 쓰러뜨렸다. 이미 제자리에 배치되어 조준을 맞춰놓고 있던 포병대는 적의 집결 지점을 일소시켰고 한편 연합군의 비행기는 보급지점이나 공격해오는 길목에 끊임없이 정확한 폭격을 퍼부었다.

정면공격에 실패한 일본군은 이번에는 남쪽에서 연합군의 우익을 돌파하려고 시도했다. 이렇게 해서 1개월 이상이나 일본군은 연합군의 전선에 격렬하게 부딪쳐서 아이타페 방어선을 돌파하려는 헛된 노력을 되풀이했지만 공격은 모조리 분쇄되어서 일본군의 전사자 수가 급격하게 늘어갔다.

제 6 장 태평양 전쟁 II 299

　7월 31일, 우리는 드디어 이중 포위의 역공세에 나서서 일본군을 3개의 주된 부분으로 분단했다. 이어서 연합군의 포위부대는 분열된 일본군 부대를 하나하나 몰아서 섬멸하여 아다치 장군의 잔존 병력을 사실상 소멸시켰다. 8월 10일에는 적의 효과적인 저항은 완전히 종식되었고 후에 아다치 장군 자신이 침통한 표정으로 인정했듯이 "그때 일본군의 이야기는 비극적이었다." 아이트페의 마지막 공격에서 1만 명이 죽었던 것이다.
　나의 다음 공격은 뉴기니 지역에서의 적의 마지막 거점인 보겔코프 반도로 돌려졌다. 적의 대부대가 집결해있는 지점은 되도록 피한다는 원칙에 따라서 마노콰리에 집결해 있는 몇만의 일본군을 그대로 지나쳐서 반도의 서쪽 끝을 공격했다.
　우리는 반도의 오프마리아 곶과 반도의 서북쪽에 있는 미들부르그와 암스테르담 두 섬에 동시에 저항을 받지 않은 채 상륙했고 이어서 오프마리아 곶에서 해안을 따라 산사포르에 상륙했다. 이 일련의 작전으로 우리 부대는 서쪽으로 다시 320킬로미터를 전진한 것이 되었다.
　연합군은 이제 필리핀에 960킬로미터로 다가갔다. 보겔코프 반도의 일본군 방어의 중핵인 마노콰리 수비대는 연합군이 그냥 지나갔기 때문에 쓸모가 없게 되었고 2만 5천을 헤아리는 이 부대는 늪과 정글의 험한 지형을 지나는 남쪽 루트 이외에는 도망칠 길이 없는 고립상태에 놓였다.
　우리는 이제 밀르느 만 서쪽으로는 뉴기니의 전 해안선을 따라서 공군기지를 만들었다. 일본군은 서남태평양의 광대한 점령지역을 지키는 주요 방어선을 할마헤라-필리핀의 선으로 하고 있었는데 일본군은 이미 하늘과 바다 어디에서도 이 선을 넘어서 작전을 전개하는 것은 불가능하게 되었다. 이 선이 무너지면 중국 이남의 일본 점령지역은 전부 위태로워져서 측면 포위의 중대한 위기에 놓이게 된다.
　산사포르의 함락으로 길고 괴로웠던 뉴기니전은 우리의 성공을 기록하고 종결되었다. 우리 부대는 불과 1년 남짓 사이에 일본군 방어의

층을 하나하나 돌파하여 서쪽으로 2889킬로미터, 북쪽으로 1120킬로미터를 전진했던 것이다.

적에 비해서 우리의 공세는 적은 병력으로 행해졌고 부대 조작과 기습의 효과에 최대한으로 의존함으로써 손실을 적게 할 수 있었다. 또 방대한 수의 일본군 부대가 여기 저기에서 고립된 채 외부로부터의 구원의 길이 차단되어 연합군의 작전계획에 중대한 지장을 줄만한 힘을 완전히 잃어버렸다.

나는 워싱턴에서 고립된 적의 병력을 당장 어떻게 처리할 생각이냐고 물어왔을 때 무시했다가 그 후에 어떻게든 살아남은 병력을 항복시키면 된다고 진언했다. 이 진언에서 나는 다음과 같은 의견을 말했다.

"솔로몬 군도와 뉴기니에서 그냥 지나쳐온 적 수비부대는 현재와 앞으로의 작전에 조금도 위협이 되지 않는다. 이들 부대는 이미 조직적인 공세로 나올 능력은 없고 앞으로 여러 가지 수단으로 소모시킴으로써 결국은 최종적으로 처리할 수 있다.

이들 일본군이 구체적으로 언제 전멸하는가는 전혀 의미가 없는 일로서 전쟁에 공헌할 만한 능력을 이들 부대는 이미 거의 가지고 있지 않다. 지금 강습을 해서 당장에 그 전멸을 도모하는 것은 틀림없이 커다란 생명의 손실이 따르고 더구나 거기에 알맞을 만한 전력적인 잇점은 아무것도 가져오지 않는다."

뉴기니 전은 불타는 듯한 태양과 퍼붓는 비 속에서 빽빽한 밀림과 쉽게 다닐 수도 없는 산길을 무대로 하여 치러졌는데 그런 만큼 나는 장병의 건강에 몹시 신경을 썼다.

기후도 지형도 모두 험했다. 말라리아 모기는 적에게 뒤지지 않는 위험하고 무서운 상대여서 파푸아 전에서는 말라리아 모기가 다른 무엇보다도 병사의 행동불능을 일으키는 큰 원인이 되었다. 그러나 우리는 결국 이 부단한 적을 정복했던 것이다.

파나마 운하 건설 중이던 고달스와 고가스의 황열병(黃熱病) 퇴치와도 비견할 만한 이 눈부신 성과는 뉴기니에서 전투에 종사한 사람 모두의 훌륭한 협력에 의한 것이었다. 나는 미국과 호주의 두 의무반에 특별위원회를 만들어서 말라리아와의 싸움에서 이기기 위한 일반 원칙을 세우도록 하고 각 부대에 포스터와 팜플렛으로 말라리아의 위험과 예방조치를 교육하여 전원이 한 사람 한 사람 말라리아에 스스로 도전하도록 장려했다.

그 결과는 성공적이어서 우리가 필리핀으로 향할 태세가 되었을 때에는 말라리아는 신체장애의 원인으로서는 2차적인 것으로 밀려나 있었다. 이 면에서의 일본군의 노력은 효과가 없어서 거기에 의한 피해는 막대한 비율을 차지하고 있었다. 당시에 내가 한 말인데, "자연은 전쟁에는 중립이지만 그것을 이쪽이 정복하고 적은 정복하지 못하게 된다면 강력한 아군이 되는 것이다."

뉴기니전의 또하나의 큰 특색은 일본군의 선박에 대한 공격이었다. 연합군의 비행기와 잠수함과 PT보트는 일본군의 연안용 선박, 수송선, 소형 주정, 범선 등을 대량으로 격파했으므로 일본군이 고립된 잔존병력에 보급물자와 증원부대를 보내거나 또는 탈출을 도모하려고 하는 움직임은 차츰 약해져 갔다.

이러한 선박의 격파 총수는 8천 척을 넘어서, 부나-라에 지구와 솔로몬 군도에서의 전투가 끝난 다음 일본군은 주요한 해군부대를 위험에 처하게 하는 일을 주저하게 되었다. 동시에 화물선과 수송선을 대량으로 잃었기 때문에 일본군은 무엇이든 새로운 보급기술을 고안하지 않으면 안 될 곤경에 몰렸다.

잠수함은 너무 작고 간단히 조작할 수 없어서 별로 도움이 되지 못했다. 게다가 수도 너무 적었다. 그래서 이 면에서의 일본군의 가장 야심적인 노력은 주정의 왕래를 아주 활발하게 한다는 것으로 돌려졌다. 이들 주정은 일본, 중국, 필리핀 기타 여러 섬에서 제조되고 모아져서 뉴기니 지역으로 보내졌다.

이것들은 35명에서 60명의 병력과 최고 20톤까지의 화물의 수송능력을 가진 배로서 대체로 매우 잘 만들어져 있었다. 나는 무엇인가 효과적인 대응 전술을 짜내지 않을 수 없게 되었는데, 그 해답은 PT보트와 비행정과 저공공격기를 병용해서 끊임없이 활약시키는 것이었다. 이 세 가지의 배치로 적의 소형 주정은 아무리 만들어도 당해내지 못할 정도로 빨리 부서졌다.

7. 새 전략

전선의 후방에서는 흥미있는 일이 일어나고 있었다. 7월 하순에 나는 아무런 예고도 없이 마샬 장군으로부터 회의를 위해 진주만으로 오라는 호출을 받았다. 회의 상대는 누구이며 무엇을 토의할 것인가는 전혀 알리지 않았다.

나는 상대가 아마 루스벨트 대통령임에 틀림없다고 짐작하고 있었지만, 회의의 목적이 필리핀은 그냥 지나치고 대신 대만을 공격하는 계획을 토의하는 것이라고는 꿈에도 생각하지 않았다. 다만 그때까지 나는 한 번도 큰 회의에 초청된 일이 없었고 또 사실 그 후에도 두 번 다시 없었던 것이지만 어쨌든 무엇인가 나와 매우 관계가 있는 문제가 대상이 되고 있음에 틀림없다는 생각이 들었다.

나는 부관 이외에는 한 사람의 막료도 대동하지 않고 작전 지도도 갖지 않은 채 떠났다.

루스벨트 대통령을 나를 따뜻하게 맞아주었으며 내가 싸워온 전투에 대하여 다정하게 얘기했다. 대통령에게는 최고 군사보좌관 레히 제독을 비롯하여 관계자가 수행하고 있었다.

킹 제독도 먼저 와 있었는데 내가 도착하기 전에 이미 돌아갔다.

회의실에는 해군이 방대한 양의 온갖 지도, 전략도, 서류, 통계자료 기타 열람용 부속물을 준비해두고 있었다. 그것을 본 나는 나만이 고군분투하게 될 것 임을 깨달았다.

니미츠 제독은 항상 자상한 페어플레이의 기분을 살려서 나에게

회의의 의제나 주요한 막료를 데리고 오는데 대해서 통지를 받지 않았느냐고 물었다. 내가 그런 통지는 받지 못했다고 대답했더니 놀랐다는 얼굴을 하면서 좀 충격을 받은 모양이었다.

회의 벽두에 루스벨트 대통령이 먼저 이 회의의 전반적인 목적은 대일전의 다음 단계를 결정하는 것이라고 설명했다.

그리고 해군이 계획을 제출했는데 그것은 필리핀을 그냥 지나쳐서 대만을 공격한다는 것이었다. 이 목적을 위해서 나의 지휘하의 미군 부대는 2개사단과 약간의 비행중대로 이루어진 정도의 병력을 제외하고는 전부 니미츠 제독의 지휘하로 옮기고 니미츠 제독은 종전대로 중부태평양에서의 전진을 계속하고 1945년 여름까지 니미츠 제독은 대만에 진입할 태세를 갖춘다는 것이었다.

그 경우에 배후인 필리핀에 남겨져 있는 30만의 일본군을 어떻게 제압하여 무력화시킬 것인가에 대해서는 끝내 명확한 설명을 들을 수 없었다.

회의석상에서 해군의 이 계획을 제출한 것은 니미츠 제독이었지만 이 계획은 니미츠가 아니라 킹이 만들었다는 것을 대략 짐작할 수 있었다. 해군의 설명이 끝날 무렵에는 어째서 이 회의에 나를 불렀는가 하는 것을 알게 되었다.

대통령은 이 계획의 대체적인 구상을 알고 있는 것 같았는데 거기에 명확한 확신을 갖지 못한 모양이어서 토의의 진행 방법에서도 완전히 중립적인 입장을 취했다. 나는 이때에 한 나의 대답을 회의 직후에 기록해두었으므로 이하는 거기에서 인용한다.

"나는 먼저 '각군 사이의 단결'을 얼마나 중요하게 생각하고 또 실천해왔는가 하는 것, 해군을 사랑하는 점에서는 해군의 누구에게도 뒤지지 않는다는 것에 대해서 얘기했다. 나는 또 니미츠 제독이나 제독의 동료 여러분에게 대단한 존경과 호의를 가지고 있다는 것, 니미츠 제독의 사령부와 나의 사령부는 언제나 훌륭하게 협력해왔다는 것 등에 대해서 얘기하면서도 해군의 이 계획에는 전략적인 견지에서도 심리적인 영향이라는 점에서도 전혀 찬성할 수 없다."고 말했다.
　이어서 나는 다음과 같이 설명했다.
　군사적으로 보아 내가 만일 필리핀을 확보하게 되면 우리는 남방에서 일본으로의 일체의 보급물자의 유입을 하늘과 바다에서 막아버림으로써 일본의 산업을 마비시켜 조기 항복을 강요할 수 있다. 서태평양에서 유황도나 오키나와와 같은 섬에 주둔한 적의 강력한 거점에 대하여 정면 공격을 한다는 해군의 생각에는 나는 찬성할 수 없다.
　이들 섬은 적을 패배시키기 위해서는 필요하지 않고 보급을 차단함으로써 우리쪽은 거의 손실을 입지 않고 간단히 약화시켜서 전쟁에 대한 영향력을 완전히 없애버릴 수 있다. 이들 섬은 어느 것이나 섬 자체로는 우리의 중요한 전진 기지가 될 만한 이점이 없다. 마찬가지로 대만도 주민이 우리에게 적의를 가지고 있다는 점과 일본 본토에 대한 공격의 기지로서 사용할 수 있을지의 여부는 의심스럽다.
　본래 태평양전쟁의 초기에 필리핀을 구원하려는 노력을 일체 포기해버린 것이 내가 보기에는 커다란 실수였다. 당시 우리에게 그런 뜻만 있었다면 바탄과 코레히돌에 증원을 보낼 길은 열렸을 것이고 그렇게 했더라면 필리핀을 구했을 뿐만 아니라 적들의 뉴기니아 호주로의 전진을 저지시킬 수도 있었음에 틀림없다. 또다시 필리핀을 희생시키는 것은 허용될 수 없다.
　심리적으로도 이 우호적인 지역을 적으로부터 해방시킨다는 것은 그것이 가능해진 지금, 우리의 도의적인 의무이고 우리가 그것을 하지 않는다는 것은 동양인의 기분으로는 이해가 되지 않는다. 일본에게 있어서도 필리핀의 해방은 일본이 범해온 모든 실수와 앞으로의 운명의 상징으로 받아들여질 것임에 틀림없다.
　그리고 필리핀을 해방시키지 않으면 필리핀의 포로수용소에 있는 몇천 명의 미국인 남녀노소를 죽게 만드는 것이 된다. 1천7백만의 필리핀 인은 거의 한 사람도 빠짐없이 충성스러운데도 우리가 구원의 손길을 뻗치지 않았기 때문에 지금 무서운 고난을 겪고 있다. 고립된 섬을 그냥 지나간다는 것과 이것과는 별개로서, 필리핀과 같은 적의 대부대가 집결해 있는 지역을 배후에 남겨두는 것은 극히 위험하고, 더구나 불필요한 위험이다——.

나는 다시 육군성의 태도가 한 마디도 설명되어 있지 않았다는 것을 지적하고, 어째서 마샬 장군의 견해가 이 자리에서 발표되지 않는 것인지 이해할 수 없다고 말했다.

대통령이 최종적인 결정을 내리지 못하여 회의는 이튿날 아침으로 연기되었다.

이튿날의 회의에서 나는 거듭 루손의 점령이 이 싸움에 이기기 위해서 얼마나 필요한가, 또 마닐라 만과 북루손이 미군의 손에 들어오면 얼마나 손쉽게 일본의 점령지역에서 일본으로 가는 석유, 고무, 쌀, 주석 등의 공급을 차단할 수 있는가를 열심히 설명했다.

루스벨트 대통령은 나의 얘기 도중에 끼여들어서 "그러나 더글러스, 루손 공략은 우리가 견디지 못할 정도로 커다란 희생이 따르게 되네." 하고 말했다.

나는 "대통령 각하, 내가 내는 손실은 지금 이상으로 커지지는 않습니다. 이제 정면공격을 할 시대는 아닙니다. 보병이 가진 현대 병기의 위력은 너무나 굉장해서 정면공격은 평범한 사령관이 하는 짓입니다. 큰 손실을 내지 않은 채 끝내는 것이 아니라면 훌륭한 사령관이라고 할 수 없습니다."라고 대답했다.

나는 이어서 서남태양 지역에서의 장차의 작전에 대해서 전반적인 구상을 대략 설명했다. 그 중에서 필리핀 전역을 수중에 넣으면 네덜란드령 동인도제도의 탈환에 착수하는데 그때 지상작전에는 대부분 호주 부대를 투입하여 북쪽의 나의 기지에서 남하하여 이 제도를 배후에서 공격하는 전법을 취하겠다고 설명했다.

나는 또 킹 제독이 태평양은 세계적인 전략구상에서 중요한 위치로 차지하는 곳이라고 현명한 평가를 내리고 있다는 점에서 그를 존경하지만 그 전략적 판단에 내가 동의할 수 없는 경우가 있는 것은 부득이하다고도 덧붙였다.

　레히 제독은 나의 견해를 지지하는 모양이었다. 대통령은 나의 진언을 받아들여서 필리핀 탈환계획을 승인했다.

　회의가 끝났을 때 나는 곧 나의 사령부로 돌아올 생각이었지만 대통령이 리처드슨 장군이 호놀룰루 부근에 만든 방대한 수의 병영을 함께 돌아보지 않겠느냐고 권유했다. 대통령과 나는 전쟁 얘기 이외의 여러 가지 일——인생이 보다 단순하고 보다 평화로웠던 옛날의 추억과 그 밖에 이미 시간의 저쪽으로 사라져간 여러 가지 일들에 대해서 얘기를 나누었다.

　대통령은 차에서 내릴 때마다 병사들에게 짧게 말을 걸었는데 어디에서나 떠들썩한 환영을 받았다. 나는 다음 선거에 대해서 물어보았더니 대통령은 완전히 자신을 가지고 있는 모양이었다. 대통령은 거꾸로 내가 어떻게 생각하느냐고 물어 왔으므로 나는 미국 내의 정치 정세에 대해서는 아무것도 모르지만 대통령이 부대 안에서는 압도적으로 인기가 있다고 대답했다. 대통령은 그 말을 듣고 몹시 기쁜 모양이었다.

　나는 대통령의 모습에서 충격을 받고 있었다. 상당히 오래 만나지 못했었는데 대통령은 그 동안 몹시 여위어서 내가 알고 있던 시절의 모습은 불과 윤곽으로만 남아있을 뿐이었다. 대통령의 목숨이 앞으로 얼마 남지 않았다는 것은 누구의 눈에도 분명했다. 나는 침통한 기분으로 작별을 고했다. 루스벨트 대통령은 그로부터 1년도 못 되어서 별세했다.

　그런데 이 진주만 회의에서 나는 마리아나 군도와 유구(琉球) 등, 섬의 거점에 대한 공격은 우리 부대의 큰 손실을 초래할 뿐이라는 평가를 내렸는데 역사는 그 평가가 얼마나 옳았으며 이 섬들이 전쟁의 종국적인 승리의 획득에서 한 역할은 그것을 점령하는 데 따른 희생과 노력에 비해서 얼마나 작은 것이었는가를 증명했다.

　8월 2일에 마누엘 케손이 죽었다. 나는 40년 전에 마닐라의 육해군

클럽에서 가졌던, 몇 사람뿐이었지만 화려했던 만찬회가 생각나서 가슴을 찌르는 듯한 아픔을 느꼈다. 이렇게 좋은 친구를 잃었을 때 나는 죽음을 가까이서 느끼지 않을 수 없었다.

8월 9일에 나는 루스벨트 대통령으로부터 다음과 같은 편지를 받았다.

"나는 지금 워싱턴으로의 귀로의 마지막 단계에 있네. 이번 진주만 방문은 큰 성과가 있었지만 너무도 짧았네.

다만 그중에서 가장 기뻤던 것은 호놀룰루에서 3일간 자네와 함께 지낼 수 있었던 일이었네. 덕분에 나는 광대한 지역 전체를 매우 잘 파악할 수 있었고 워싱턴을 떠날 때보다는 훨씬 잘 알게 되었네.

나쁜 기후와 야성적인 인간들을 상대로 한 대단한 어려움 속에서 자네는 정말 훌륭한 성과를 올리고 있었네. 나는 자네의 계획이 합리적이고 또 가능하다고 생각하기 때문에 돌아가면 곧 그것을 추진하겠네. 자네를 다시 만날 수 있었던 것은 매우 기쁜 일이었네. 사실은 호놀룰루에서 자네와 내가 처지를 바꾸어 놓을 수 있었으면 하고 무척 생각했었네. 다만 나는 속으로 만약 자네가 대통령이었더라면 자네의 필리핀 탈환 역할을 맡은 장군으로서의 나보다는 훨씬 더 잘 해낼 것이라는 생각이 들었네.

알류션 열도를 향해서 출발한 다음에 나는 케손이 죽고 오스메니아가 필리핀 대통령의 선서를 했다는 보고를 받았네. 언젠가는 마닐라에서 승리의 국기 게양식을 갖게 되겠지. 그때는 꼭 자네가 그것을 해주었으면 하네. 앞으로 그날이 다가옴에 따라 자네가 느끼는 것은 무엇이건 나에게 개인적으로 꼭 알려주기 바라네. 그때면 나는 하이드 파크에서 무료한 나날을 보내고 있을지도 모르지만 어찌 되었든 자네에 대한 호의만은 변하지 않겠네.

부인과 아기에게 안부 전해주게. 언젠가 가까운 시일 안에 두 사람과도 만날 수 있었으면 하네."

나는 곧 다음과 같은 회답을 보냈다.

"정중한 편지를 주셔서 감사의 말을 다할 수 없습니다. 이 전쟁을 통해서 이번에 각하를 뵈올 수 있었던 것만큼 큰 기쁨은 없습니다. 내가 당신을 얼마나 경애하고 있는가는 여러 말이 필요하지 않으리라고 생각합니다. 이번 회담에서 저는 일찍이 당신의 육군참모총장으로서 이 지난날 전쟁의 기본적인 준비를 추진하는 일에 함께 노력했던 일이 생각났습니다. 당신이 이 전쟁에서 이긴다는 것은 확실하며 그것도 멀지 않았다고 믿습니다.

각하께서 멀리 호놀룰루까지 여행해서 태평양전쟁의 전략을 토의한 것은 전쟁 수행에 크게 효과를 가져올 것입니다. 나는 각하의 메시지를 휘하 부대에 전하여 각하가 이 전쟁 중 장병의 목숨을 지키는 일에 관심을 가지고 있을 뿐만 아니라 전후 장병들의 장래까지도 지켜줄 결의를 갖고 계신다는 것을 알렸습니다.

편지에 언젠가는 마닐라에서 국기 게양식을 갖게 되리라고 하셨습니다만 이것은 미국으로서는 참으로 의의가 큰일일 것입니다. 마닐라에 국기를 올리는 것은 미국이 적에게 짓밟힌 영토의 탈환에 성공했다는 것을 상징적으로 보여주는 일이고 동시에 극동 전역에 걸쳐서 미국의 권위가 회복되고 있다는 표시도 될 것입니다.

편지에서는 내가 마닐라에서 국기를 올리도록 하라고 친절하게 말씀하셨는데 나로서는 만족스러운 일입니다만 그보다 더욱 의의가 크고 더욱 모두의 영혼을 감동시킬 일을 생각하고 있습니다.

당신이 참석하신다면 헤아릴 수 없는 좋은 영향이 생길 것이고 그것은 오래도록 이어질 것입니다. 또 유사 이래 전무후무한 대전 중 가장 극적인 사건으로도 기억될 것입니다. 각하를 통하여 극동에서의 미국의 운명의 기초가 구축되는 것입니다. 나는 그럴 생각으로 계획을 세우겠습니다.

전에도 말씀드린 바와 같이 필리핀 탈환은 태평양전쟁 수행을 위해서는 빼놓을 수 없는 전략적 전제조건이라는 것이 신중하게 생각한 나의 견해입니다. 그리고 나는 필리핀 탈환의 성공은 결정적인 효과를

제 6 장 태평양 전쟁 II   309

가져오고, 그 결과 전쟁이 극히 빨리 종결될 가능성도 충분히 있다고 확신합니다.

아내와 아들은 각하의 안부 말씀에 몹시 기뻐하고 있습니다.

하와이 회의에 참가할 기회를 주신 것에 거듭 감사드립니다."

루스벨트 대통령은 9월 15일 퀘백(제2차 퀘백회담은 1944년 9월 11일부터 16일까지 처칠 영국수상, 루스벨트 미국 대통령사이에서 열렸으며, 일본과 독일과의 싸움에서 승리를 쟁취하기 위한 최종 전략이 논의되었다)에서 다음과 같은 편지를 나에게 보냈다.

"친애하는 더글러스

8월 22일자 자네의 편지는 이곳에서 받았네. 고맙네. 나는 이곳에서 서남태평양 관계의 영국측 계획에 대해서 토의해보았는데, 자네가 매우 잘 아는 지역의 일이므로 자네도 함께 있었으면 하고 생각했네.

처칠 수상과 영국의 삼군 참모장들이 대독전(對獨戰)이 끝나는 대로 말레이 반도 등에 육해공군의 병력을 있는대로 보내겠다고 생각하고 있음은 의심할 여지가 없네.

미군에 있어서 정세는 하와이에서 결정된 것에서 변함이 없네. 다만 자네가 싫어하겠지만 조금 옆길로 빠지려고 하는 움직임은 있는 모양이네. 그러나 나는 여전히 전반적인 정세를 억제하고 있네.

약 1주일 전에 나는 우리의 오랜 친구인 오스메니아와 그의 각료들과 정식으로 회견했네. 오스메니아는 우리가 확고한 발판을 만드는대로 12명 정도의 동료와 함께 필리핀으로 돌아가겠다고 했네. 이 일에 대해서는 얼마쯤 있다가 자네 생각을 전보로 묻겠네.

예의 중요한 식(필리핀 탈환 후 마닐라에서 있을 국기게양식)에 되도록 직접 참석했으면 하지만, 이러한 일에는 '하느님의 뜻에 맞기는' 것이 좋겠지. 안녕히."

이 편지에 앞서서 8월 3일에 나는 호주 총독 가우리 경으로부터 다음과 같은 작별 편지를 받았다.

"나는 곧 영국으로 돌아가서 호주 총독의 자리에서 은퇴합니다. 애석하게도 직접 당신을 뵙고 작별 인사를 드릴 기회가 없습니다만, 이 땅을 떠나면서 당신이 호주를 위해서 하신 일 모두에 대하여 감사를 드리고 1942년 초에 당신이 이 지역의 사령관이 되었을 때 직면했던 수많은 큰 문제를 훌륭하게 처리하신 수완에 경의를 표합니다.

당신이 이곳에 오셨을 때는 연전연승의 강력한 적이 승리를 자랑하면서 다시 새로운 정복을 노려 우리 문 앞까지 와있었습니다. 우리 방어군은 수가 적어서 절박한 위기에 처해 있었습니다. 그런 어려운 정세에도 불구하고 당신은 적을 하나의 거점에서 다음 거점으로 차례로 밀어내고 적에게 큰 손실을 주면서 우리의 손실은 최소한에 머물게 해서 완전히 실지를 회복하는 길을 열었습니다.

이들 작전은 사상 최대의 전과로 꼽힐 만한 것이고 당신의 이름은 가장 위대한 장군들의 줄에 끼일 것이 틀림없습니다. 나는 당신과의 접촉을 언제나 즐거워했고 당신도 나를 진심으로 신뢰해주셨습니다. 당신이 영국의 수상 이하 각료들과 좋은 관계에 있고 또 호주군의 모든 장병에게서 존경과 신뢰를 받고 있다는 것도 알고 있습니다.

나의 친애하는 장군, 호주를 위해서 진력하신 데 감사하면서 작별의 인사를 드립니다."

9월 6일, 커틴 수상으로부터 다음과 같은 메시지가 왔다.

"당신은 가까운 장래의 어느 시기 이후에는 전선을 여기저기 다니실 예정이라고 듣고 있으므로 되도록이면 뵙고 간단한 얘기를 하고 싶은데, 어떻게 하는 것이 형편이 좋으신지 알려주실 수 없겠습니까? 내가 당신에게 얼마나 깊은 감사와 칭찬과 경애의 정을 느끼고 있는가는 공적인 면만이 아니라 사적인 이유에서도 당신이 알고 계셨으면 하고 생각합니다.

그런 이유로 당신이 행동을 개시하여 회견이 어렵게 되기 전에 꼭 만나고 싶은 것입니다."

나는 곧 커틴 수상에게 다음과 같은 전보를 보냈다.

"다음 작전에는 내가 있어야 할 필요가 있으므로 그 후에 캔버러로 가서 만날까 합니다. 만사가 잘되면 이달 하순이나 내달 상순이 될 전망입니다. 당신의 형편을 알아서 날짜를 정하기 위해 훗날 연락하도록 하겠습니다."

그때 만났던 것이 내가 살아 있는 커틴 수상을 마지막으로 보는 것이었다.

이 무렵에 나는 처칠 영국 수상으로부터 대일전에서 영국군 부대를 사용하는 문제에 대하여 몇 통의 서한을 받았다. 그 한 통은 다음과 같은 내용이었다.

"영국에 관한 한 결정적인 문제는 우리가 대일전의 중점을 벵갈만에서 서남태평양으로 옮겨야 하느냐 하는 일입니다. 우리는 기지와 보급문제를 조사하기 위해 호주로 조사단을 파견할 준비를 진행시키고 있습니다.

우리는 우리의 모든 함대를 미국측의 지휘하에 두어서 미 함대와 함께 일본 본토 또는 원해(遠海)의 섬들을 공격하도록 할 것을 제안했습니다만 미국측 얘기로는 영국 함대에 보급할 여력이 없다는 것입니다.

나는 인도양에서 전투에 종사하는 데 대하여 여러 가지로 나의 생각을 가지고 있습니다만 영국 함대를 서남태평양으로 돌리더라도 절대로 당신의 계획 전반에 지장을 주지는 않습니다. 반대로 우리는 서로 협력해서 해나갈 수 있을 것입니다. 일본군으로부터 영국령 지역을 탈환하는 일은 나에게 있어서 당연히 대단히 큰 의미를 지니고 있습니다.

앞으로의 회의에서 무엇인가 계획이 결정되면 당신과 마운트바텐(동남아시아 지역 최고 사령관)은 그 계획에 따라 잘 해나가리라고 확신합니다. 우리들, 그리고 호주와 뉴질랜드는 우리들 공통의 문제를 당신이 훌륭하게 처리하고 계시는 것에 감사히 생각하고 있으며, 무엇보다도 당신의 호의적인 합의를 얻어서 해나갔으면 하고 생각하고 있습니다."

나는 럼스덴(오스트레일리아의 맥아더 사령부 파견 영국 군사 대표) 장군에게 다음과 같은 회답을 보내도록 했다.

"맥아더 장군은 나에게 편지 받은 것을 진심으로 감사드린다고 전하라고 했습니다. 장군은 편지로 회의가 있음을 알고 기뻐하고 있으며 건전하고 사려 깊은 의견이 채택되리라는 것에 확신을 가지고 있습니다.

아시는 바와 같이 맥아더 장군은 영국 함대 등 태평양으로 돌릴 수 있는 영국측 전력은 무엇이든지 사용할 것을 일찍부터 주장해왔습니다. 마운트바텐 때문에 어떤 계획이 채택되더라도 서로의 관계는 극히 우호적인 협력 이외의 다른 것이 될 수는 없다는 것이 장군의 생각입니다.

장군은 현재의 필리핀을 향하여 진격하고 있는 전투는 적의 중심을 꿰뚫고 그 후 북쪽이나 남쪽, 혹은 최선의 경우에는 남북 양쪽으로 신속하게 경제적 포위망을 펼치는 전략적인 효과가 있다고 믿고 있습니다. 적의 중심을 무찌른 후에는 필리핀을 이상적인 기지로 하여 충분히 활용하면서 위와 같은 전개를 도모해야 하고, 거기에서 일단 물러나 현재의 기지에서 각 지역의 일본군 방어선에 정면공격을 가하는 것은 바람직하지 않다는 것이 장군의 생각입니다.

장군은 또 필리핀 공략 후에도 통수기구 전체를 재편성해서 현재의 인위적인 지역 구분(그 당시 연합군의 부대 배치는 태평양(북부, 중부), 남부, 남서태평양, 동남 아시아로 나뉘어져 있었다)은 폐지해야 한다고 생각하고 있습니다. 이들 지역은 좋게 말해서 방어적인 성격의 것이어서 필리핀 점령으로 그 목적은 이미 달성되었으므로 더는 필요하지 않게 되며 태평양에서 다시 최종적인 진격이 필요한 경우에는 모든 부대를 훨씬 더 간단하고 정돈된 형태로 통합해야 한다는 것이 장군의 견해입니다.

맥아더 장군은 이 방면의 전략 구상과 전술적 계획을 내가 자세하게 알고 있으므로 워싱턴 회의에서는 내가 당신의 막료로 참석하도록 하라고 말했습니다."

전선에서는 다음 목표가 할마헤라-팔라오의 선으로 향해져 있었다. 이 일본군 방어선을 돌파하기 위해서 서남 태평양과 중부 태평양 두 지역의 부대가 각기 담당 부분을 공격하기로 되었다.

9월 15일, 두 지역에서 동시에 상륙이 감행되었다. 할마헤라 제도의 북단에 있는 모로타이 섬은 방어가 소홀하다는 보고가 들어왔으므로 이 섬을 공격의 목표로 선정했다. 모로타이 섬 공격은 오랜 전투나 큰 손실을 수반하지 않고 필리핀에서 480킬로미터 이내인 곳에 기지를 장악할 절호의 기회를 제공해주었다.

전략적으로는 할마헤라 제도에 침투하면 남쪽의 일본군 점령지역을 연합군의 포위 위협 속에 두게 된다. 또 네덜란드령 동인도제도의 일본군 제16, 19 양군의 합계 20만의 병력을 고립시키고 일본 본토로의 석유나 기타 중요한 전쟁 자재의 공급을 차단할 수 있다.

나는 상륙부대로 제11군단을 선정하고 심한 저항이 있는 경우에 공격을 계속할 것인가 철수할 것인가를 즉석에서 결정할 필요가 있었으므로 기함 〈내슈빌 호〉를 타고 공격에 동행했다. 나는 이때의 상륙 광경을 워싱턴에 다음과 같이 보고했다.

"우리는 뉴기니에서 480킬로미터 전진하여 할마헤라 제도에 상륙했다. 우리 지상부대는 하늘과 바다에서의 엄호공격 속에 동 제도의 북단 모로타이 섬에 교두보를 구축했다. 적은 제도의 남쪽 부분을 공격할 것으로 예상했던 모양이어서 그 쪽에 강력한 방어진지를 구축하고 강력한 부대를 집결시키고 있었기 때문에 우리의 상륙 지점은 적의 의표를 찌르게 되었다.

적은 우리가 강력한 부대를 그냥 지나쳐서 북쪽에 상륙하리라고는 생각하지도 않았던 모양이어서 약간의 저항밖에 보이지 않았다.

우리 지상부대의 손실은 44명이라는 극히 적은 것이었고 바다와 하늘에서의 손실은 전혀 없었다. 이 지역에서의 우리 태세는 현재 안전하고, 당장의 작전은 목적을 달성했다. 우리는 이제 몰루카 제도를 제압하고 있다. 이 성과를 약간의 손실로 얻을 수 있었던 것에 기뻐한다. 전투는 지금 결정적인 단계로 들어서려 한다.

일본군의 지상부대는 아직도 무섭게 완강하게 저항하고 있다. 일본군 병사의 소질은 여전히 최고의 수준에 있다. 그러나 일본군 장교는 위로 갈수록 소질이 떨어진다. 일본군 장교단은 기본적으로 계급주의와 봉건적인 제도로 이루어져 있어서, 엄밀한 직업적인 능력에 의해서 선발되지 않았다. 여기에 일본의 약점이 있다. 일본의 아들들은 심신이 모두 늠름하지만 좋은 지휘관이 없다.

일본의 군인 계급은 국가를 꽁꽁 묶어 놓았으면서도 이제 와서 그 국가의 기대를 배반하고 있다. 그들은 전면전쟁을 위해서 일본의 자원을 조직적으로 활용할 만한 상상력도, 정세판단의 능력도 가지고 있지 않다. 지금 일본은 패배에 직면해 있다. 일본이 지닌 무사(武士)의 규범은 수세기에 걸쳐서 일본인의 성격과 문화를 지배해왔으나 일본인의 기본적인 성벽(性癖)에서는 이상하게 동떨어진 일종의 국가적인 야만 행위를 낳고 있다.

군인의 규범이 이렇게 지배력을 유지해온 것은 주로 일본 국민이 일본 군인의 불패를 믿었기 때문이었다. 일본 국민이 장군이나 제독들이 실제의 전투 장면에서 실패하고 있다는 것을 안다면 일본의 국민감정에 나타나는 감정은 굉장할 것이다. 그런 점에서 일본의 민중은 언젠가는 군부에 대한 거의 우상 숭배에 가까운 감정을 버리고 좀더 합리적인 사고방식을 갖게 되리라는 희망을 가질 수 있다.

일본이 최대의 시련에 빠져있을 때 일본 군부가 국민의 기대를 배반하고 있다는 사실을 어떠한 궤변으로도 숨길 수는 없다. 이 군부의 실패는 혹은 일본으로서는 새로운, 궁극적으로는 보다 행복한 시대를 초래하는 것이 될지도 모른다. 일본 국민이 결단을 내릴 시기는 임박해 있다."

한편 중부 태평양에서는 그다지 운이 좋지 않아서 파라오 섬 공략에 8천 명 이상의 사상자를 냈다.

이 무렵 뉴욕의 유대 교회 목사로부터 '미군 중의 유대인의 애국심에 대한 반유대적인 중상'이 공산주의자에 의해서 자꾸 유포되고 있어서 전쟁에 참여하고 있는 유대계 미국인의 활약상에 대하여 나의 공식적인 의견을 발표해 달라고 청해 왔다. 나는 대략 다음과 같이 회답했다.

"한 인종이 전쟁에서 다른 인종보다 우수하다고 하는 억지는 미국역사의 어느 페이지에서도 볼 수 있는데 이러한 사상은 도의적으로 잘못되었을 뿐만 아니라 과학적으로도 잘못되어 있다. 각 시민의 평가를 선조가 아니라 본인의 가치에 의해서 내린다는 것은 미국이 전쟁에 임했을 때 보여주는 가장 고상한 전통이고 미국 장래의 안전도 또한 거기에 달려 있다. 미국 사람의 전투 소질은 이 전쟁의 처참한 전화 속에서 되풀이하여 시험되고 있는데 미군 전사자들이 보여주고 있는 바와 같이 이 도전에 대하여 카톨릭도, 프로테스탄트도, 유대인도 비유대인도 한결같이 맞서고 있다."

8. 게릴라 활동

코레히돌과 필리핀 남부의 여러 섬이 함락된 후 필리핀에서의 일본군에 대한 조직적인 저항은 일단 끝났다고 생각하고 있었는데 실제로는 여전히 싸움이 계속되고 있었다.

나는 이런 사태가 될 것을 예측해서 일찍부터 일본군에 대한 게릴라 부대의 지하 활동을 계획하고 있었다.

그 끈기있는 바탄과 코레히돌의 방위자들이 산이나 밀림으로 많이 도망쳐서 이미 일본군에 대한 저항을 시작했다는 것이 분명했는데 애석하게도 얼마 동안은 이 사람들의 활동에 대하여 전혀 정보를 얻을 수가 없었다. 모든 필리핀 군도가 완전한 침묵에 잠겨 있었던 것이다.

마닐라 만의 방어가 무너지고 나서 2개월 후에 루손 섬의 어딘가 약한 발신소에서 짧고 보기에도 가련한 메시지가 나에게 보내져왔다. 짧기는 했지만 이 메시지는 침묵과 불안의 커튼을 걷어 올리고 전사(戰史)에서도 보기 드문 하나의 인간극을 펼치려 하고 있다는 것을 알려주었던 것이다.

이 메시지를 받았을 때 나는 필리핀 인은 역시 내가 생각했던대로 도의적인 신념의 소유자이고 그들의 불굴의 정신력과 정열은 여전히 쇠퇴하지 않았다는 것을 절실하게 느꼈다. 나는 또한 살아남은 옛 부하들이 살아있는 한, 무엇인가 수단이 남아있는 한 끝까지 싸움을 계속할 결심을 새삼스럽게 굳혔다.

메시지의 문구 가운데 "당신이 승리와 함께 돌아오기를 필리핀의 모든 가정이 밤마다 기도하고 있다."고 하는 말에 가슴이 뭉클했다. 나는 이제 일본군 전선의 배후에 앞으로의 전국을 크게 좌우할 정도의 전력을 갖게 되었던 것이다.

이 필리핀에서 온 하나의 메시지를 절대로 과소평가해서는 안 된다. 이 메시지의 배후에는 인류의 역사에서도 보기 드문 비극적인 처지에 놓인 채 희망을 가질 수도 없고 손톱만큼의 지원도 받지 못하는 하나의 국민이 준엄한 현실에 항거하면서 감연히 자유의 등불을 켜려고 애쓰고 있었던 것이다.

나는 이 메시지 속에서 적에게서 가해진 육체적, 정신적인 결박에서 벗어나려고 하는 자유로운 인간의 충동적인 몸부림을 느끼지 않을 수가 없었다. 불행하게도 이 마지막 메시지를 보낸 전 필리핀 군 14보병 연대장 나카르 중령은 후에 일본군에게 잡혀서 고문 끝에 참수형을 당했다.

이렇게 무참하게 죽은 사람은 나카르만이 아니어서 한 사람의 애국자가 가련하게도 쓸쓸한 죽음을 당하면 바로 새로운 지도자가 나서서 싸움을 계속했다. 싸움 소식은 섬에서 섬으로, 부락에서 부락으로 전해져서 침략자에 대한 저항의 불꽃이 북쪽은 아파리에서 남쪽은 잠보앙가까지 골고루 퍼졌다.

모습을 드러내지 않는 이 병력에 대항하기 위해 일본군은 다른 전쟁에 필요한 귀중한 부대를 차출하지 않으면 안 되었던 것이다. 여기에서 펼쳐진 싸움의 처절함은 세계사의 기록에서도 별로 유례가 없으리라. 하나의 강력하고도 무자비한 전력이 때로는 야만적인 수단에 호소하면서도 우리가 언젠가는 돌아온다는 신념 외에는 거의 아무런 무기도 없는 이 솔직하고 용감한 사람들을 끝내 완전히 정복하지는 못했던 것이다.

필리핀 내부에서의 저항이 어느 정도의 규모인가는 차츰 밝혀졌다. 나카르 중령에게서의 메시지가 있고 나서 4개월 후인 11월에 전에 제61필리핀 사단에 속해있던 마카리오 페랄타 소령이 비사야 지구의 게릴라부대를 지휘하고 있다는 보고가 들어왔다.

페랄타 소령의 메시지는 다음과 같았다.

"제4 필리핀 군단은 제61 사단만 남았고 동 사단의 병력 8천 명은 파네이 섬에서 완전히 재편성되었다. 이 섬의 일본군은 각 지구의 중심도시 전부를 합쳐서 약 800명에 불과하다. 우리 파네이 부대는 섬의 내부 전역과 서해안을 장악하고 있다. 민간인과 관리는 99%까지 충성스럽다. 시내에서 떨어진 지점이면 어디든지 보급물자의 투하가 가능함. 잠수함도 각 지구 중심 도시에서 30킬로미터 이상 떨어진 곳이면 어디든지 접안(椄岸)할 수 있다.

카피스의 괴뢰 지사인 헤르난데스는 게릴라의 습격부대에 체포되어 군사재판에서 사형선고를 받았다. 나는 적에게 투항을 거부한 콘페서 지사를 전 섬의 지사로 임명했다. 나는 파네이 섬에 계엄령을 선포했다. 재정면의 일반적인 정책에 대해서 알려주기 바란다."

나는 곧 다음과 같이 회답했다.

"귀관의 필리핀군 재편성은 크게 칭찬할만한 행위이고 우리 모두를 몹시 고무시키고 있다. 귀관이 계속해서 지휘를 맡아주기 바란다. 당면한 주요 임무는 귀관의 부대를 유지시키면서 가능한 한의 정보를 모으는 것이다.

게릴라 활동은 이곳에서 명령할 때까지 기다려라. 이런 유의 행동은 서둘다가는 죄없는 국민만 심한 보복을 받을 뿐이다. 광범위한 지역에 대해서 정보를 보내주면 매우 도움이 되겠다. 적에게 점령되어 있는 필리핀에서 계엄령을 펴고 행동하는 것은 무리이다. 또 화폐 발행은 현실적이 못 된다.

부하에게는 미국이 급료 지불의 채무를 진다는 뜻의 증명서를 발급해주고 그 밖에도 필요에 따라서 목적을 명시한 같은 증명서를 발행하라. 미국은 언젠가는 그 채무를 이행한다. 내가 필리핀으로 돌아가는 시기를 예언할 수는 없지만 지금 그쪽으로 가고 있다."

페랄타는 어느 메시지에서나 내가 필리핀으로부터 받은 원수 칭호(Field Marshal, 미 육군 원수는 General of the Army)로 나를 불렀다. 나는 그것을 볼 때마다 일찍이 내가 필리핀의 '군사고문'으로서 맡은 책임과 부하들의 일이 생각났다. 페랄타는 "우리에게 부과된 임무는 완수한다. 나는 일개 병사로서 당신에게 무조건 신뢰를 바친다."라고 회답해왔다.

필리핀의 다른 지역에서도 연락이 오기 시작했다. 1943년 1월에는 전에 필리핀 스카우츠 제 26 기병대의 대장이었던 랄프 프래거 대위가 북루손의 카가얀 계곡으로부터 다음과 같은 메시지를 타전해왔다. "나는 법적으로도 도의적으로도 정략이나 사욕이 따르지 않도록 극히 신중한 태도로 정무를 맡고 있다. 군민 쌍방의 당국은 완전히 일치되어 서로 협력하고 있다. 카가얀과 아파요 지구의 스카우츠와 경찰대와 필리핀 병사로 군을 편성해서 필요한 것은 모두 갖추었다. 허락만 해주면 다시 5천 명을 조직화할 수 있다."

프래거는 다시 제 11 필리핀 사단에서 중요한 자리에 있던 미국인 장교 아서 노블과 마틴 모지스 두 중령도 바탄에서 탈출하여 루손 섬 북단에서 게릴라 활동을 지휘하고 있다고 알려주었다. 그 후 노블 자신에게서도 나에게 연락이 되었다. 노블과 모지스는 "마닐라 북쪽 지역에 통일된 사령부를 두고 6천 명의 게릴라 부대를 관리하고 있다."는 것이었는데, 두 사람 모두 일본군에 잡혀서 공개된 고문 끝에 살해되었다.

다그판, 레이테, 팡가니난, 민다나오의 각 지역에서도 게릴라 부대가 활동하기 시작했다.

민다나오 섬에서는 전 공병대 장교인 웬델 퍼티그 대령이 게릴라의 활동 상황에 대하여 "강력한 병력을 갖고 민중의 완전한 지지를 얻고 있다."고 알려온 외에 다음과 같은 보고를 보내왔다.

"다수의 적 차량과 다리를 파괴했다. 전신주도 많이 쓰러뜨렸고 식량 집적장을 불태웠으며 다량의 적의 무기와 탄약을 노획했다. 몇천 명의 필리핀 청년이 무기만 있으면 게릴라에 참여하려 하고 있다. 명령만 내리면 언제든지 적과 교전할 준비가 되어있고 그것을 기다리고 있다."

이미 수많은 고난을 겪어온 이 용감한 사람들은 이제부터 타오르려는 불꽃에 최초로 불을 붙인 것이라고도 말할 수 있었다. 나의 일은 태평양 바다를 넘어서 이 사람들에게 손을 뻗쳐 지도해주고 그리고 무엇보다도 그 넘치는 신념에 양식을 주는 것이었다.

나는 게릴라 활동 전반을 통할해서 지휘하는 일을 휘트니 장군에게 맡겼다. 휘트니는 이런 임무에는 안성맞춤이었다. 마닐라의 저명한 변호사로서 13년간 필리핀에서 생활한 그는 현지 상황이나 인간관계를 잘 알고 있었다. 거칠고 적극적인데다가 두려움을 모르고 군사 경험도 풍부한 휘트니는 게릴라 부대 담당이라는 임무에서 그 능력을 크게 발휘했다.

나는 휘트니에게 다음과 같은 목표를 주었다.

필리핀의 모든 중요한 지역에 전투대를 두어서 우리의 전선이 전진함에 따라 적의 후방을 찌르도록 한다. 군사목표 부근의 지역을 확보하도록 하고 상황에 따라서는 우리 공군 부대가 낙하하여 게릴라 부대의 지원과 보호를 맡는다. 민중의 중심이 될 만한 무기를 가진 강력한 저항 거점을 마련하고 민중 전체의 충성스러운 적개심을 더욱 진작시킨다.

몇천 명이나 되는 방대한 정보원의 망을 쳐서 주요한 적의 행동이나 시설에 대하여 정확하고 상세한 정보를 수집하도록 한다. 필리핀 전역에 걸쳐서 적의 활동이나 부대 집결의 중심점으로 보이는 곳을 전부 포함하는 광대한 무선통신망을 만든다. 필리핀의 주요한 섬들에 장비와 인원을 충분히 갖춘 기상관측소를 두어서 매일 아침, 낮, 밤의 기상상황을 나의 사령부로 보고하도록 한다.

필리핀 전역에 걸쳐서 시각을 통한 하늘의 관찰을 포함한 방공경보망을 깔아서 적의 비행기나 잠수함의 활동을 목격하는 경우에는 곧 필리핀 근해에서 초계하고 있는 우리 잠수함에 경보를 보낸다. 필리핀 내부의 상황을 끊임없이 주의 깊게 감시하고 우리에게 군사적으로 도움이 될 만한 귀중한 적의 문서를 입수하도록 한다. 기타 상황에 따라서 우리의 군사행동에 도움이 될만한 것은 놓치지 말고 확보하도록 한다는 것이었다.

이들 목표는 모두 실행에 옮겨졌는데 그 때문에 펼쳐진 피와 충성의 수많은 이야기를 나는 영원히 잊을 수 없다. 일본군은 화가 나서 가차없는 탄압을 가했고 헤아릴 수 없을 만큼 잔학한 행위를 했다. 때로는 부락을 모조리 불태워버린 일이 있었는데 일본의 필사적인 노력에도 불구하고 그 불굴의 정신은 끝내 좌절되지 않았으며 때로는 일본군의 전력을 마비시킬 정도의 위력을 발휘했던 것이다.

그러기 위해서는 수많은 사람들이 일련의 모험담을 연출했는데 그 중에는 후에 필리핀 공화국의 대통령이 된 로하스, 막사이사이, 가르시아 세 사람이 있었다. 그 밖에도 오자미스, 캉글레온, 앤더슨, 폴크머, 파슨즈, 윌라모어, 콘페서, 다투 민달라노, 예이 판릴리오 등 그 이름은 이루 헤아릴 수 없이 많았다.

태평양전쟁을 통해서 가장 극적인 사건의 하나로 간주되는 것이 제임스 쿠싱 중령이 지휘하는 게릴라 부대가 있는 세부 지역에서 일어났다. 이것은 전에 야마모토 제독의 비행기 격추에 이은 중요한 사건으로 야마모토 제독의 후임으로 일본 연합대 총사령관이 된 고가 미네이치(古賀峯一) 제독이 이때에 전사했던 것이다.

이 적극적인 총사령관은 차츰 밀고오는 우리의 수륙양용작전에 대항하는 대규모 공격계획을 지휘하기 위해 사령부를 팔라우 섬에서 좀더 편리한 민다나오 섬으로 옮기려 하고 있었다. 1944년 3월 31일, 고가 제독과 막료들은 2대의 쌍발 비행기에 분승하여 새로운 사령부로 향했다. 한 대에는 고가 제독, 또 한 대는 총사령관 다음 지위에 있는 참모장 후크도메 시게루(福留繁) 해군 중장이 타고 있었는데 운명은 고가 제독에게 불리했다.

　그날의 필리핀 남부는 이 지방 특유의 뜨거운 습기에 싸여 있었다. 답답했던 오후가 열대의 짧은 황혼으로 옮아가려 할 무렵에 새까만 구름이 음침하게 하늘을 덮었고 끊임없이 번개가 치기 시작했다. 황혼이 밤으로 바뀌어감에 따라 폭풍우가 최고로 격렬하게 수평선 위의 구름 사이에서 날뛰다가 이윽고 진정되었다.

　달이 나왔다가 곧 졌는데 그 빛으로 바루드 지역 부근의 필리핀인 게릴라 부대가 해상에 비행기가 한 대 떨어져서 불타고 있는 것을 발견했다. 작고 검은 어선들이 떼지어 구조하러 나섰다. 떨어진 비행기는 후쿠도메 중장의 비행정이었는데 중장은 일본군이 예정하고 있는 귀중한 공격 계획서를 지니고 있었다.

　고가 제독의 비행기는 폭풍우에 휩쓸려서 사라져버렸다. 그러나 일본 정부는 발견될 가망이 없어질 때까지는 이런 지도적인 지위에 있는 해군 고관이 행방불명이 되었다는 사실은 비밀에 붙여둔다는 방침을 취했다.

　한편 일본군은 후쿠도메의 비행기 승무원들이 포로가 되었다는 것을 알고는 그것을 탈환하려고 눈앞에 살아 있는 것은 모조리 죽여버리겠다는 기세로 저항도 안 하는 세부의 남부 지역을 짓밟고 다녔다.

　이윽고 이 지방에는 밤낮없이 일본군이 찾아왔고 남자도 여자도 아이들도 한결같이 쑥밭이 된 땅에서 죽어갔다. 그래서 쿠싱은 만일 일본군이 민중을 살해하는 것을 그만둔다면 중장 이하 일본인 포로를 송환하겠다고 후쿠도메 중장에게 제의했다. 일본측은 그것을 받아들였다.

　이 제의는 통상의 관례에서 벗어난 거의 유례가 없는 것이지만 인간적인 배려에서 나온 것이고, 결과는 죄없는 사람들의 많은 생명을 구하게 되었다.

　그러나 태평양 깊숙이 잠든 고가 제독은 도저히 구할 길이 없어서 일본은 또다시 새로운 연합함대 총사령관을 임명하지 않으면 안 되었다.

나는 해군의 이해심 깊은 도움으로 필리핀 각지의 게릴라 부대에 무기와 탄약과 의료품 등을 잠수함으로 보낼 수 있었다.

이 수송은 처음에는 미미한 것이었지만 첫 배가 현지에 도착했다는 뉴스는 입에서 입으로 전해져 곧 필리핀 전체에 퍼졌고, 필리핀 민중이 미국은 그들을 버리지도, 잊지도 않았다는 것을 섬광처럼 느끼게 만들었다.

그 후 필리핀의 게릴라는 연합군의 부대로 승인되어 정식으로 편입되었다. 그리고 나는 우리 물자의 양이 많아짐에 따라 게릴라 부대에 보내는 필수물자의 양을 차츰 늘려갈 수 있었다. 이 보급은 필리핀 해안에서의 접촉에 의해서 행해졌고 잠수함 4척이 항상 그 임무에 배치되었다.

일본의 필리핀 점령에 대한 필리핀 인의 저항은 40년간의 미국의 지배하에서 필리핀 인이 가슴에 새겨 넣은 자유의 정신을 끝까지 관철하고, 바야흐로 인간의 자유가 사라지려 할 때 감연히 자유의 횃불을 들어서 미국 및 미국민에 대한 충성심을 조금도 흔들어 놓지 않았다는 상징이었다.

이 필리핀 인의 헌신과 충성과 의지력을 가장 잘 대변해주는 기록으로서 필리핀 내륙에서 많이 떨어진 지점에 있던 두 사람의 애국자가 보낸 편지가 있다. 이 두 통의 편지는 당시 필리핀 전역에 그 사본이 배부되었고 나에게도 그 사본이 1943년 가을에 잠수함으로 운반되어 왔다. 한 통은 필리핀의 정치 지도자로서 기독교인인 토머스 콘페서가 쓴 것인데, 퍼민 캘럼이라는 인물이 콘페서에게 일본군에 협력한 것을 권유한데 대한 회답이었다. 편지는 1943년 2월 20일에 부친 것이었는데 다음과 같이 적혀 있었다.

"이 싸움은 전면전이고 싸움의 대상은 단순한 영토의 문제가 아니라 오히려 정치형태와 생활양식, 나아가서는 각 개인의 사상과 감정에까지

쪽이 필리핀을 손에 넣느냐 하는 것이 아니라 좀더 기본적으로 어떠한 정치형태와 생활양식이 필리핀을 지배하고, 어떠한 사회구조와 도의적 기준이 필리핀 인의 존재를 규제하느냐 하는 것이다.

당신의 메시지는 파네이 섬에서 이 이상 피를 흘리고 재산이 파괴되는 것을 막고 필리핀 인이 더 이상 일본과의 싸움으로 괴롭게 신음하는 것을 끝내도록 하라고 나에게 호소하고 있다. 그러나 그것은 우리의 책임이 아니라 전적으로 일본에 충성을 맹세한 당신의 친구들 책임이다. 왜냐하면 현재와 같은 상태를 계획적으로 일으킨 것은 일본이고 극동에서 이 처참한 전화를 야기시킨 책임은 모두 일본에 있기 때문이다.

당신은 그렇게 생각하지 않을지도 모르지만 이 전쟁은 우리 필리핀 인에게 있어서는 사실은 형태를 바꾼 은혜라고도 할 만한 것으로서 이 싸움이 우리에게 지운 부담과 고난은 우리의 신념이 얼마나 강하며 우리의 영혼이 얼마나 부동인가를 확인하는 시련이 되고 있다. 바꾸어 말하면 이 전쟁은 우리 성격의 강인성을 확인하는 준엄한 시련인 것이다.

과거 40년간 우리는 세계적으로 인정받은 입헌정체의 원칙 속에 정의와 자유에 입각한 정부 밑에서 생활해왔다. 우리는 개인의 특권이나 민권을 그다지 고생도 하지 않은 채 획득했고 즐겨왔다. 이것들은 사실상 관대한 미국민으로부터 얻은 선물이었던 것이다.

현재 일본이 그런 자유를 파괴하려 하고 있는데, 우리는 그것을 지키기 위한 노력을 하지 않아도 되는 것일까? 우리는 그것을 지키기 위해 기꺼이 고난의 길을 가야 하는 것이 아닐까? 필리핀 인이 지금 고생하고 있는 것은 기꺼이 그렇게 하고 있기 때문이고 헌법이 약속한 자유와 권리를 위해서는 대가를 치루어도 좋다는 생각을 가지고 있기 때문이다.

정직한 방법으로 부(富)를 얻기 위해서는 이마에 땀을 흘리지 않으면

비로소 실현된 것임을 당신도 잘 알고 있을 것이다. 우리들이 일본에 저항하는 것은 민주주의의 원칙과 기구를 믿고 있고 그것을 믿는 이상 그것을 파괴와 유린으로부터 지키기 위함이다. 그런 대가는 지금까지 이 원칙을 위해서 역사상의 많은 사람들이 겪은 것과 같은 통화——괴로운 희생으로 지불하지 않으면 안 된다.

항복이 불명예는 아니라고 하는 당신의 의견은 절대로 잘못되어 있다. 우세한 적에게 포위되어 탈출할 길이 완전히 차단된 군인들의 경우에는 혹시 그럴지도 모른다. 군인들도 훌륭한 정치적인 원칙과 생활의 철학을 위해서 당신의 표현에 따르면 영웅적으로 용감하게 싸우고 있지만 군인이 항복하는 경우에는 그러한 목적을 포기하는 것이 아니다.

하지만 만일 내가 다른 필리핀 인들과 함께 나나 가족이나 그 밖의 사람들의 생명을 보장한다는 당신의 말에 따른다면 생명보다도 더욱 귀중한 민주주의의 원칙과 정의, 필리핀 인의 명예와 운명을 포기하는 것이 된다. 당신은 편지에서 필리핀 인의 평화만을 강조하고 있는데 고의인지 또는 잊어버린 것인지 필리핀 인의 명예와 운명에 대해서는 조금도 언급하지 않았다. 일본군이 필리핀에 온 지 아직 1년도 되지 않았는데 당신은 그런 고귀한 정신을 벌써 잊어버린 모양이다.

따라서 이 어려운 시기에 필리핀 인을 이끌어가는 방법에 대하여 당신과 나 사이에는 분명히 커다란 차이가 있다. 당신이나 당신의 동료인 꼭두각시들은 필리핀 인의 존엄과 명예를 짓밟고 그 대신 아무런 고생도 하지 않은 채 혹은 아주 약간의 고생만으로 필리핀 인에게 평화를 주려고 한다. 한편 우리는 어려움과 맞서서 온갖 희생에 견딜만한 용기를 필리핀 인에게 주어서 인민에 의한 지배와 법에 바탕을 둔 정치의 고귀한 원칙을 지키고 동시에 필리핀 인의 명예와 존엄을 높이 앙양시키려고 한다.

링컨이 미국의 남부 여러 주가 탈퇴하는 것은 잘못이라고 굳게 믿고 링컨이 대통령에 취임하고 남부가 탈퇴했을 때 그는 남부를 강제적으로 미국에 묶어두기 위해서 무력을 사용하기를 주저하지 않았다. 그 직접적인 결과로서 남북전쟁이 일어났고, 미국 전체가 처참한 전장으로 화해서 권위있는 역사가에 의하면 인구 비율로는 제1차대전 이상으로 생명을 잃는 고난의 모습을 펼쳤다.

남부 사람들의 괴로움도 심했지만 미국은 구출되었고 현재로는 지상에서 가장 강하고 가장 신뢰받는 국가가 되었다. 만일 그때 링컨이 당신처럼 평화를 위해 자기 신념을 굽혀서 포기했더라면 미국민에게는 치명적인 비극이 찾아왔을 것임에 틀림없다. 역사가 이러한 교훈을 가르치고 있을 때, 나는 당신이나 당신의 동료인 꼭두각시들보다도 링컨의 길을 가겠다.

나는 살아있는 한 절대로 항복하지 않는다. 필리핀 인은 현재 고통받고 있고 장차 더욱 고통을 받을지도 모른다. 사도 바울의 말을 빌리면 '지금 이때의 고통은 장차 우리에게 찾아오려고 하는 영광에 비하면 아무것도 아닌' 것이다."

또 한 통의 편지는 1943년 7월 3일, 마호메트 교도인 모로족의 지도자 다투 마날레오 민다라노가 현지 일본군 부대의 지휘관인 다케모토 대위의 협력 권고에 회답한 것으로 다음과 같이 씌어 있었다.

"당신들 일본인은 언제나 선의를 가지고 필리핀에 찾아왔다고 말하고 있으니까 같은 이론을 되풀이하는 것은 의외가 아니다. 하지만 당신들이 라나오에서 한 짓이 우리가 감사할 만한 일이었을까?

당신들이 오면 반드시 닭을 죽이듯이 주민들을 죽이고 죄도 없는 도시나 부락을 공격한다. 이제 우리를 굴복시키는 것이 불가능해지고 당신들의 종말이 다가오고 있기 때문에 이번 당신의 편지는 슬픈 빛을 띠기 시작했다. 일본군의 기척이 있는 곳이면 앞으로 우리는 노력을 배가해서 공격을 계속할 것을 굳게 약속한다.

나는 단독으로 싸웠던 때에는 활발했으니까 군의 명령을 받아서 앞으로 내가 가하는 공격이 얼마나 격렬해질 것인가는 상상이 가리라고 생각한다. 가령 나에게 악마와 일본인 중 어느 쪽을 편들겠느냐고 묻는다면 필리핀에 있는 모든 일본인에게 저항하기 위해 나는 기꺼이 악마 쪽을 택하겠다.

만일 당신이 우리들 마라나오 사람들의 심리상태, 희망, 행복 등에 대해서 조금이라도 이해하고 있다면 멋진 선전이나 달콤한 약속에 내가 어째서 속지 않는 것인지, 필리핀에서의 미군의 저항이 일시적으로 붕괴된 현재 어째서 내가 계속 일본군 부대를 괴롭히고 있고 언젠가는 일본군이 자신의 요새 안에서 독 안의 쥐가 될 날을 기다리고 있는지를 쉽게 이해할 수 있을 것이다.

나는 단언하지만 이 세상에서 불가능한 일이 있다고 한다면 그것은 일본이 필리핀에 독립을 부여하는 일이다. 전쟁 전에 미국은 필리핀에 대하여 1946년까지 독립시킬 것을 약속했다. 우리는 미국민의 성격을 과거 40년간 밀접하게 지켜보아 와서 미국의 약속을 절대적으로 믿고 있다. 일본과의 불과 1년의 접촉에서 보아도 일본이 독립을 부여한다는 약속은 가령 그 날짜를 내일로 잡는다 하더라도 신뢰할 마음이 들지 않는다.”

이 두 통의 편지를 읽은 나는 한없는 긍지와 함께 필리핀 해방은 반드시 실현된다고 하는 자신이 굳어졌다. 이들 편지에서 약동하고 있는 애국심은 어떤 시대의 어떤 애국자에게도 뒤지지 않는 것으로서 싸움이 필리핀 땅에서 벌어졌을 때에 내가 필리핀 내부로부터 어느 정도의 지지를 기대할 수 있는가를 명백하게 보여주었다.

필리핀 상륙 후인 1944년 10월 25일, 나는 그때까지 극비로 되어있던 필리핀의 저항운동 내막을 공표할 시기가 왔다고 생각해서 다음과 같은 공식 성명을 발표했다.

“우리 해방군은 전진함에 따라서 목표지역 주변과 인접한 섬들의 게릴라 부대로부터 끊임없이 훌륭한 지원을 받고 있어서, 나는 차제에 1942년의 암흑의 날 이래로 필리핀의 저항운동을 이끌고 지탱해온 필리핀 인과 미국인의 위대한 애국자들에게 공식으로 경의를 표하려 한다. 이 애국자들은 불완전한 무기로 2년 이상이나 적과 싸움을 계속해 왔다. 그 대부분은 필리핀 인이지만 그 중에도 혹은 항복을 거부하고 혹은 포로수용소에서 탈출했으며 혹은 특수임무를 띠고 잠입한 미국 인도 많이 포함되어 있다.

우리의 용감한 부대가 압도적으로 우세한 적 앞에 붕괴되어서 파국이 찾아온 후로는 필리핀 전역이 깊은 침묵에 싸여서 그런 상태를 벗어 나는 것은 불가능했다. 그 동안 필리핀 내부의 정세는 외부에는 전혀 알려지지 않았는데 그 운명적인 해의 가을도 끝날 무렵 육군성의 수 신소가 파네이 섬의 무전기에서 보내온 약한 신호를 잡아서 곧 나의 사령부로 알려왔다. 이 신호는 짧고 약한 것이기는 했지만 침묵과 불안의 장막을 걷어올리고 전쟁사에서도 보기 드문 하나의 인간극이 시작되었음을 알려주었다.

나는 이 메시지에서 적이 필리핀 인에게 씌우려고 하는 육체적 정 신적인 구속에서 벗어나려는 자발적인 반발의 움직임을 볼 수 있었다. 그것은 희망과 물질적인 원조의 길도 막힌 채 준엄한 현실에 저항해서 끝까지 자유의 빛나는 횃불을 켜들려고 하는 인류사에서 보기 드문 비극이었다. 나는 보유한 자원이 허용하는 한 이 운동에 가능한 모든 정신적 물질적 지원을 제공했다.

그 후 자원이 늘어감에 따라서 나는 게릴라 부대를 군대의 일부로 인정하여 긴급히 필요한 자재를 필리핀 해안으로 보냈다. 이 보급은 차츰 늘어났고 나중에는 잠수함 4척이 이 일을 전담했다. 나는 이 필리핀과 미국의 역사에 남을 이야기의 영웅들의 이름을 밝히고 싶지만 본인이나 가족 그리고 게릴라 활동 자체에 대한 배려에서 여기에서는 게릴라 활동을 전반적으로 얘기해서 그 훌륭한 성과를 소개하는데 그치겠다.

필리핀전에 있어서 우리는 거의 모든 필리핀의 마을에서 강력한 역전의 병력의 지원을 받고 있고 이 병력은 우리의 전선이 전진함에 따라 적의 후방에 큰 타격을 가할 태세에 있으며, 동시에 군사목표에 접근해서 무수히 큰 지점을 확보하여 우리 공군부대가 낙하하는 경우에는 곧 보호와 지원을 제공해주고 있다.

이 늠름한 애국자들은 물질적으로는 비참한 상태에 있으면서도 불굴의 정신으로 뒷받침된 결의에 찬 대규모 저항운동의 중심세력이 되었고 그 주위에는 모든 필리핀 인이 결속해서 충성스러운 태도로 우리를 지원해주고 있다.

방대한 그물을 치고 있는 몇십 만이나 되는 정보원들은 몇 개월 동안이나 필리핀 전역의 적의 주요한 행동이나 시설에 대하여 정확하고 상세한 정보를 모아서 우리의 전투계획을 지원해주었다.

또 필리핀 전역의 적의 활동 중심지나 적 부대의 집결지점에 게릴라의 거대한 무선통신망이 둘러쳐져서 나에게는 끊임없이 여러 방면에서 정보가 들어왔다. 또한 필리핀의 주요한 섬에는 반드시 인원과 장비가 완전한 기상관측소가 1개소 때로는 2개소 이상 설치되어 있어서 매일 아침, 낮, 밤의 기상을 나의 사령부로 통고했고 거기에 따라 정확한 기상 판단을 해서 우리 작전계획의 실행에 도움이 될 수 있었다.

이 기상정보는 태평양 전역과 중국의 연합군에게도 통보되어 광범위한 전선에 걸쳐서 군사행동에 구체적으로 이바지하게 되었다.

한편 필리핀의 거의 모든 장소에 관측에 의한 공습경보망이 설치되어서 적기의 행동에 대한 경보는 즉석에서 방대한 무선통신망으로 전해졌다. 또한 모든 강의 어구나 해안에 적 해군의 행동 감시소가 설치되어 필리핀 해역 내지 근해를 경계 중인 우리 잠수함에 목표를 알려왔다. 이 정보에 의해서 격침된 적의 함선은 막대한 양에 이르고 마리아나 군도 주변의 해전 때에 필리핀 서해안에 모여있던 적의 함대를 괴멸시킨 것도 이 정보망에 의한 것이었다.

끝으로 필리핀 내부에서의 끊임없는 경계에 의하여 우리 군에 참고가 될 만한 귀중한 적의 문서를 무수히 얻어냈는데, 그 중에는 일본의 연합함대 총사령관이 내린 비밀 방어계획과 명령서 및 적 해상부대의 전력과 배치에 대한 완전한 정보도 포함되어 있었다. 이러한 정보활동은 그 밖에도 많이 있어서 모두 우리 군의 행동에 크게 도움이 되었으며 이것이 내가 장차 이름을 발표할 것을 고려하고 있는 군과 민중의 지도자들과 그 충실한 부하들의 불굴의 투지와 조국을 구하기 위해 자발적으로 잠입해온 미국 본토에 있던 필리핀 인들, 그들과 행동을 함께 한 미국인들, 나아가서는 필리핀 대중의 굳건한 충성심과 불굴의 정신력에서 생겨난 것이다.

필리핀 해방군의 총사령관으로서, 나는 전쟁사에서 보기 드문 위대하고 빛나는 성과를 낳은 훌륭한 이들의 정신력을 여기에 공식적으로 인정하고 감사의 뜻을 표한다.

위급한 때를 당하여 이 훌륭한 운동을 지도하고 그 책임을 용감하게 맡은 현존하는, 혹은 이미 별세한 미국과 필리핀의 위대한 애국자들은 그 이름이 밝혀질 때에 반드시 양국의 역사에 영웅으로서 이름이 남을 것임에 틀림없다. 인류의 자유를 위해서 사심을 버리고 감연히 모든 것을 내던진 영웅으로서, 그들의 이름과 행위는 암흑의 시기에 필리핀을 노예화시키려고 온갖 포악한 수단을 다 쓴 적에 대하여 물러서지 않고 싸움을 계속한 사람으로서 영원히 미국과 필리핀 양국민의 가슴에 새겨질 것이다.

나는 이 위대한 애국자들에게 작별의 말을 보내는 동시에 지금이야말로 전선의 자기 위치에 서서 우리 군이 적을 일소하여 여러분을 구출할 때까지 경계를 게을리하지 말 것을 당부한다."

이것이 세계의 역사에서도 보기 드문 고귀한 이야기, 인류의 자유라는 성스러운 이상을 잃기보다는 감연히 죽음에 도전한 무수한 사람들의 피로 물들여진 기록이다. 그들은 40년간 미국의 보호하에 있었는데 미국의 신뢰를 조금도 배반하지 않았다. 앞으로 영원히 모든 세대의 미국인이 거기에 감사와 칭찬의 뜻을 바치지 않으면 안 된다. 그 일을 잊어서는 안 된다.

일본의 제14방면군 고급참모인 고바야시 슈지로(小林修治郎) 대령도 다음과 같은 의견을 얘기했다.

"필리핀은 일본 본토 방위의 제일선이었다. 그렇기 때문에 연합함대는 필리핀 방위에 배치되었고 결정적인 싸움은 필리핀에서 치러야 한다고 생각하고 있었다."

또 총사령부 정보부장인 아리스에 세이조(有末精三) 중장은 다음과 같이 말했다.

"미국의 전쟁계획을 분쇄하기 위해서 일본군은 필리핀을 끝까지 유지하고 필리핀 탈환을 시도하는 미군과 결정적인 싸움을 할 필요가 있다고 생각했다. 더구나 필리핀은 일본과 남방지역의 왕래의 안전을 유지하기 위해서는 절대로 필요했다."

당신을 영원한 감동의 세계로 안내할

完訳版 世界 名作100選

No.	제목	저자	No.	제목	저자
1	누구를 위하여 종은 울리나	E. 헤밍웨이	25	백 경	허먼 멜빌
2	폭풍의 언덕	에밀리 브론테	26	죄와 벌	도스토예프스키
3	그리스 로마신화	T. 불핀치	27 28	안나 카레니나 I II	톨스토이
4	보바리 부인	플로베리	29	닥터 지바고	보리스파스테르니크
5	인간 조건	A. 말로	30 31	카라마조프가의 형제 I II	도스토예프스키
6	생의 한가운데	루이제 린저	32	슈바이쩌의 생애	슈바이쩌
7	분노의 포도	존 스타인 백	33	채털리부인의 사랑	D. H. 로렌스
8	제인 에어	샤일럿 브론테	34	파우스트	괴 테
9	25時	게오르규	35	데카메론	보카치오
10	무기여 잘 있거라	E. 헤밍웨이	36	에덴의 동쪽	존 스타인 백
11	생활의 발견	임어당	37	신 곡	단 테
12	변신 / 심판	프란츠 카프카	38 39 40	장 크리스토프 I II III	R. 롤랑
13	지와 사랑	H. 헤세	41	오만과 편견	제인 오스틴
14 15	인간의 굴레 I II	S. 모옴	42	전원교향곡·배덕자·좁은문	A. 지드
16	적과 흑	스탕달	43 44 45	레 미제라블	빅토르 위고
17	테 스	T. 하디	46	여자의 일생·목걸이	모파상
18	부 활	톨스토이	47	빙 점 48 (속)빙 점	미우라 아야꼬
19 20	바람과 함께 사라지다 I II	마가렛 미첼	49	크눌프·데미안	H. 헤세
21	개선문	레마르크	50	페스트·이방인	A. 카뮈
22 23 24	전쟁과 평화 I II III	톨스토이	51 52 53	대 지 I II III	펄 벅

일신서적출판사

121-110 서울·마포구 신수동 177-3호
공급처 : ☎ 703-3001~6, FAX. 703-3009

당신을 영원한 감동의 세계로 안내할

完訳版 世界 名作100選

번호	제목	저자
54	안네의 일기	안네 프랑크
55	달과 6펜스	서머셋 모옴
56	나 나	에밀 졸라
57	목로주점	에밀 졸라
58	골짜기의 백합(外)	오노레 드 발자크
59 60	마의 산 I II	도스토예프스키
61 62	악 령 I II	도스토예프스키
63 64	백 치 I II	도스토예프스키
65 66	돈키호테 I II	세르반테스
67	미 성 년	도스토예프스키
68 69 70	몽테크리스토백작 I II III	알렉상드르 뒤마
71	인간의 대지(外)	생텍쥐페리
72 73	양철북 I II	G. 그라스
74 75	삼총사 I II	알렉상드르 뒤마
76	크리스마스 캐럴	찰스 디킨스
77	싯다르타(外)	헤르만 헤세
78	햄릿·리어 왕(外)	셰익스피어
79 80	쿠오 바디스	셍키에비치
81	동물농장·1984년	조지 오웰
82	도리안 그레이의 초상	오스카 와일드
83	오만과 편견	제인 오스틴
84	설 국	가와바타 야스나리

일신서적출판사

121-110 서울·마포구 신수동 177-3호
공급처 : ☎ 703-3001~6, FAX. 703-3009

*계속 간행중입니다.

세계명작학술문고 일신 그랜드 북스

① 여자의 일생	㊽ 리어왕·오셀로
② 데미안	㊾ 도리안그레이의 초상
③ 달과 6펜스	㊿ 수레바퀴 밑에서
④ 어린 왕자	㉛ 싯다르타
⑤ 로미오와 줄리엣	㊼ 이방인
⑥ 안네의 일기	㊾㊿ 무기여 잘 있거라(ⅠⅡ)
⑦ 마지막 잎새	㊻㊼ 지와 사랑(ⅠⅡ)
⑧ 젊은 베르테르의 슬픔	㊾㊿ 생활의 발견
⑨⑩ 부활(ⅠⅡ)	㊾㊿ 생의 한가운데(ⅠⅡ)
⑪⑫ 죄와 벌(ⅠⅡ)	㊽㊾ 인간 조건(ⅠⅡ)
⑬⑭ 테스(ⅠⅡ)	㊿ 이반 데니소비치의 하루
⑮⑯ 적과 흑(ⅠⅡ)	㊻㊼ 25시(ⅠⅡ)
⑰⑱ 채털리 부인의 사랑(ⅠⅡ)	㊻~㊾ 분노의 포도(Ⅰ~Ⅲ)
⑲⑳ 파우스트(ⅠⅡ)	㊽ 나의 생활과 사색에서
㉑㉒ 셜롬홈즈의 모험(ⅠⅡ)	㊾~㊿ 누구를 위하여 종은 울리나(Ⅰ~Ⅲ)
㉓ 이이솝 우화	㊽ 주홍글씨
㉔ 탈무드	㊾ 슬픔이여 안녕
㉕㉖ 한국 민화(ⅠⅡ)	㊿ 80일간의 세계일주
㉗ 철학이란 무엇인가	㊻ 물과 원시림 사이에서
㉘ 역사란 무엇인가	㊼ 람바레네 통신
㉙ 인생론	㊽~㊿ 인간의 굴레(Ⅰ~Ⅲ)
㉚㉛ 정신 분석 입문(ⅠⅡ)	㊶ 독일인의 사랑
㉜ 소크라테스의 변명	㊷ 죽음에 이르는 병
㉝ 금오신화·사씨남정기	㊸ 목걸이
㉞ 청춘·꿈	㊹ 크리스마스 캐럴
㉟ 날개	㊺ 노인과 바다
㊱ 황토기	㊻㊼ 허클베리 핀의 모험(ⅠⅡ)
㊲ 백범 일지	㊽ 인형의 집
㊳ 삼대(上)	㊾㊿ 그리스 로마 신화(ⅠⅡ)
㊴ 삼대(下)	㊶ 인간론
㊵ 조선의 예술	㊷ 대지
㊶㊷ 조선 상고사(ⅠⅡ)	㊸㊹ 보봐리 부인(ⅠⅡ)
㊸ 백두산 근참기	㊺ 가난한 사람들
㊹ 선과 인생	㊻ 변신
㊺㊻ 삼국유사(ⅠⅡ)	㊼ 킬리만자로의 눈
㊼ 유리동물원(外)	㊽ 말테의 수기

판형 / 4·6판 ✽ 면수 / 평균 256면

세계명작학술문고 일신 그랜드 북스

⑨⑨ 마농 레스꼬	⑭⓪ 잠 못 이루는 밤을 위하여
⑩⓪ 젊은이여, 시를 이야기하자	⑭① 페스트
⑩① 피아노 명곡 해설	⑭② 크눌프
⑩② 관현악・협주곡 해설	⑭③⑭④ 빙점(ⅠⅡ)
⑩③ 교향곡 명곡 해설	⑭⑤ 페이터의 산문
⑩④ 바로크 명곡 해설	⑭⑥ 적극적 사고방식
⑩⑤ 혈의 누	⑭⑦ 신념의 마력
⑩⑥ 자유종・추월색	⑭⑧ 행복의 길
⑩⑦ 벙어리 삼룡이	⑭⑨ 카네기 처세술
⑩⑧ 동백꽃	⑮⓪ 한중록
⑩⑨ 메밀꽃 필 무렵	⑮① 구운몽
⑩⓪ 상록수	⑮② 양치는 언덕
⑪①⑪② 아들들(ⅠⅡ)	⑮③ 아들과 연인
⑪③ 감자・배따라기	⑮④⑮⑤ 에밀(ⅠⅡ)
⑪④ B사감과 러브레터	⑮⑥⑮⑦ 광세(ⅠⅡ)
⑪⑤ 레디 메이드 인생	⑮⑧⑮⑨ 짜라투스트라는 이렇게 말했다(ⅠⅡ)
⑪⑥ 좁은문	⑯⓪ 광란자
⑪⑦ 운현궁의 봄	⑯① 행복한 죽음
⑪⑧ 카르멘	⑯② 김소월시선
⑪⑨ 군주론	⑯③ 윤동주시선
⑫⓪⑫① 제인 에어(ⅠⅡ)	⑯④ 한용운시선
⑫② 논어 이야기	⑯⑤ 英・美명시선
⑫③⑫④ 탁류(ⅠⅡ)	⑯⑥⑯⑦ 쇼펜하워 인생론
⑫⑤ 에반제린 이녹 아든	⑯⑧⑯⑨ 수상록
⑫⑥⑫⑦ 폭풍의 언덕(ⅠⅡ)	⑰⓪⑰① 철학이야기
⑫⑧ 내훈	⑰②⑰③ 백경
⑫⑨ 명심보감과 동몽선습	⑰④⑰⑤ 개선문
⑬⓪ 난중일기	⑰⑥ 전원교향곡・배덕자
⑬① 대위의 딸	⑰⑦ 소나기(外)
⑬② 아버지와 아들	⑰⑧ 무너도(外)
⑬③ 나의 라임오렌지나무	⑰⑨ 표본실의 청개구리(外)
⑬④ 갈매기의 꿈	⑱⓪ 사랑방 손님과 어머니(外)
⑬⑤⑬⑥ 젊은 그들(ⅠⅡ)	⑱① 순애보(上)
⑬⑦ 한국의 영혼	⑱② 순애보(下)
⑬⑧ 명상록	
⑬⑨ 마지막 수업	

판형 / 4・6판 ※ 면수 / 평균 256면

맥아더 회고록 1

지은이 D. 맥아더
옮긴이 반　광　식
펴낸이 남　　　용
펴낸데 ―信書籍出版社

①②①－①①⓪ 서울 마포구 신수동 177－3
등 록 : 1969. 9. 12. No. 10－70
전 화 : 703－3001~6
FAX : 703－3009
ⓒ ILSIN PUBLISHING Co. 995.

ISBN 89-366-1507-6　값 12,000원